Wörlen · Metzler-Müller · Kokemoor | Schuldrecht BT

Schuldrecht BT

Begründet von

Dr. iur. Rainer Wörlen †

seinerzeit Professor an der Hochschule Schmalkalden

unter Mitarbeit sowie von der 10. bis zur 13. Auflage fortgeführt von

Dr. iur. Karin Metzler-Müller

Professorin a.D. an der
Hessischen Hochschule für Polizei und Verwaltung

überarbeitet von

Dr. iur. Axel Kokemoor

Professor an der Hochschule Fulda

und

Dr. iur. Kristina Balleis

Professorin an der Technischen Hochschule Aschaffenburg

14., völlig überarbeitete und verbesserte Auflage 2022

Verlag Franz Vahlen

Zitiervorschlag: *Wörlen/Metzler-Müller/Kokemoor* SchuldR BT Rn.

www.vahlen.de

ISBN Print 978 3 8006 6546 4
ISBN E-Book 978 3 8006 6715 4

Wilhelmstraße 9, 80801 München
Druck: Druckerei C.H. Beck
(Adresse wie Verlag)

Satz: R. John + W. John GbR, Köln
Umschlaggestaltung: Martina Busch Grafikdesign, Homburg Saar

CO_2 neutral
vahlen.de/nachhaltig

Gedruckt auf säurefreiem, alterungsbeständigem Papier
(hergestellt aus chlorfrei gebleichtem Zellstoff)

Natürlich achte ich das Recht.
Aber auch mit dem Recht darf man nicht so pingelig sein.*

* *Konrad Adenauer* (Jurist, von 1949–1963 Bundeskanzler) – aus: *Zimmermanns* Zitatenlexikon für Juristen, 1998.

Vorwort zur 14. Auflage

Am 1. Januar 2022 tritt die wohl umfassendste Reform des BGB-Vertragsrechts seit der Schuldrechtsreform (1. Januar 2002) in Kraft. Sie erfolgte zur Umsetzung der Digitale-Inhalte-Richtlinie (EU) 2019/770 und der Warenkauf-Richtlinie (EU) 2019/771 durch das Gesetz zur Umsetzung der Richtlinie über bestimmte vertragsrechtliche Aspekte der Bereitstellung digitaler Inhalte und digitaler Dienstleistungen vom 25.6.2021 (BGBl I 2021, 2123) und das Gesetz zur Regelung des Verkaufs von Sachen mit digitalen Elementen und anderer Aspekte des Kaufvertrags vom 25.6.2021 (BGBl I 2021, 2133).

Die Umsetzung der Digitale-Inhalte-Richtlinie vollzieht sich schwerpunktmäßig in den Vorschriften des Allgemeinen Schuldrechts mit den neuen §§ 327–327s nF, auf die im Besonderen Schuldrecht bei vielen Vertragstypen im Hinblick auf digitale Produkte nun Bezug genommen wird. Die Vorgaben der Warenkauf-Richtlinie führten u.a. zu einem neuen Sachmangelbegriff im gesamten Kaufrecht (§ 434 nF) sowie Sonderregeln in den §§ 475b IV nF, 475c nF für die Sachmangelhaftung beim Verbrauchsgüterkauf einer Ware mit digitalen Elementen (zB Handy, Smartwatch, Smart-TV) einschließlich einer Update-Verpflichtung und einer Ausdehnung der Beweislastumkehr in § 477 I 1 nF auf ein Jahr.

Aber nicht nur inhaltlich ist die 14. Auflage mit Veränderungen verbunden: Unsere liebe Kollegin *Karin Metzler-Müller*, die seit der ersten, 1991 erschienen Auflage an diesem Werk mitgearbeitet und es nach dem Tod *Rainer Wörlens* im Jahr 2009 von der 10. bis zur 13. Auflage als Alleinautorin fortgeführt hat, ist in Pension gegangen. Sie hat uns die Zukunft dieses Buches anvertraut, was uns eine Ehre wie auch Ansporn ist, es in der bewährten Konzeption weiterzuführen und in den Details fortzuentwickeln.

Prägend für dieses Buches und die von *Rainer Wörlen* begründete Lehrbuchreihe ist das didaktische Konzept des »Lernens im Dialog«, das mit Spaß am Lernen den *aktiven* Einstieg in ein Rechtsgebiet ermöglichen will. Hinweisen möchten wir Sie auf Wörlens **»Vorwort zur ersten Auflage«**. Es vermittelt **Studierenden**, wie sie mit diesem Lehrbuch **besonders effektiv** arbeiten. Sie sollten es daher **lesen**!

Inhaltlich berücksichtigt die Neuauflage neben der im Mittelpunkt stehenden Reform des BGB-Vertragsrechts u.a. auch die Umsetzung der Modernisierungsrichtline (EU) 2019/2161 durch das Gesetz vom 10.8.2021 (BGBl. I 2021, 3483), das Gesetz für faire Verbraucherverträge vom 10.8.2021 (BGBl. I 2021, 3433) sowie diverse Gerichtsentscheidungen, etwa des BVerfG zum Berliner Mietendeckel und des BGH zum Diesel-Abgasskandal. Ergänzt wurden außerdem weitere Übersichten, Beispiele, Tipps sowie Lernhinweise.

Für Hinweise und Verbesserungsvorschläge sowie »Fehlermeldungen« sind wir stets dankbar. Sie erreichen uns am besten per E-Mail (axel.kokemoor@sk.hs-fulda.de; kristina.balleis@th-ab.de) oder an der Hochschule Fulda, Leipziger Str. 123, 36037 Fulda, Fax: 0661/9 640 452 bzw. Aschaffenburg, Würzburger Str. 45, 63743 Aschaffenburg, Fax: 06021/4206701.

Fulda und Aschaffenburg, im Oktober 2021

Axel Kokemoor
Kristina Balleis

Aus dem Vorwort zur ersten Auflage* – zugleich eine Arbeitsanleitung

Der in meinem »BGB AT« und in meinem »Schuldrecht AT« behandelte Stoff wird in diesem Buch als bekannt vorausgesetzt.[1] Im Übrigen gilt für das **didaktische** Konzept und das Lernen mit allen meinen Bänden dasselbe:

»Einführungen«, »Grundzüge« und dergleichen haben gemeinsam, dass sie niemals vollständig sein können. So ist es nicht Ziel dieses Buchs, die Vielzahl der auf dem Markt befindlichen, zum Teil vorzüglichen und viel umfassenderen Einführungswerke nur um eine andersartige Stoffauswahl zu ergänzen.

Der Zweck dieses Grundrisses ist vielmehr ein »didaktisch-pädagogischer«: Den Studierenden soll der Stoff nicht in einem vortragsähnlichen Monolog nahe gebracht werden, sondern – wie es zB in der praxis- und anwendungsbezogenen Lehre an Fachhochschulen üblich ist – in Form eines »Lehrgesprächs«. Ihnen soll anhand von zur Thematik hinführenden Fragen oft Gelegenheit gegeben werden, sich zunächst eigene Gedanken zu machen, bevor sie die Antworten lesen, die den Stoff lehrbuchartig darbieten.

Bei der Darstellung des Stoffes wird weitgehend die sog. »Fall-Methode« angewandt: »Das Recht« wird in der Praxis des täglichen Lebens von Rechtsfällen (Rechtsstreitigkeiten) beherrscht; so liegt es nahe, eine praxis- und anwendungsbezogene Lehre am »Fall« zu orientieren. Ein solcher Fall endet regelmäßig mit einer Frage, und zu dieser Frage sollten die Studierenden bei der Durcharbeitung dieses Buches wiederum – **auch ohne besondere Aufforderung – zunächst eigene Überlegungen** anstellen, bevor sie weiterlesen.

Erfolgreiches Lernen bedeutet schließlich nicht nur **Lesen** und **Nachdenken**, sondern immer und immer wieder: **Wiederholen!** Um den Studierenden Gelegenheit zu geben, zu überprüfen, was von dem zuvor im Lehrgespräch Erarbeiteten (bzw. hier Gelesenen) im Gedächtnis haften geblieben ist, werden ihnen am Ende von Teilabschnitten Stoffgliederungsübersichten, Merksätze und Prüfungsschemata dargeboten. Sollte man bei der Lektüre dieser Übersichten feststellen, dass man der Zusammenfassung nicht ohne Schwierigkeiten folgen kann, so sollte man tunlichst zurückblättern, um den Stoff nachzuarbeiten! Gegebenenfalls mache man sich Notizen, um einem »Problem« anhand von vertiefender Literatur nachzugehen.

Juristische »Probleme« werden in diesem Buch ohnehin bewusst nicht vertieft erörtert – dies bleibe den Juristen »unter sich« überlassen! Wer sich an der Fachhochschule (aber auch an der Universität) als Wirtschaftswissenschaftler mit »Recht« (gemeint ist dann überwiegend »Privat-« bzw. »Wirtschaftsrecht«) befassen muss, soll nur einen Blick über die Grenze seiner (Wirtschafts-)Wissenschaft werfen; nicht mehr und nicht weniger!

* Mit notwendigen Aktualisierungen.

1 Die früher von mir publizierte Reihe »Grundzüge des Privatrechts« wurde durch Einzelbände ersetzt.

[...]

Schließlich sollen diese »Grundzüge« bei der Stoffvermittlung auch ein wenig an die zivilrechtliche, gutachtliche Denkweise heranführen, deren Beherrschung für die Anfertigung von Prüfungsklausuren geboten ist. Bisweilen wird der Stoff, den ein Fall vermitteln soll, daher in gutachtenähnlicher Form »klausurmäßig« aufbereitet.

Zur Perfektionierung ihrer Klausurentechnik sollten die Studierenden das Buch von *Wörlen/Schindler/Balleis* »Anleitung zur Lösung von Zivilrechtsfällen« durcharbeiten.

Es ist kein Zufall, dass in diesem Vorwort so häufig vom »**Arbeiten**« (**Durch**arbeiten, **Nach**arbeiten – auch **Vor**arbeiten kann nicht schaden!) die Rede ist. Es soll ja zugleich eine **Arbeits**anleitung sein!

»Ohne Arbeit kein Erfolg!« oder »Ohne Fleiß kein Preis!« sind nicht etwa Allgemeinplätze, sondern reine Wahrheit, »nichts als die Wahrheit«! Das **Arbeiten** (Synonym: Studieren!) kann dieses Buch, wie auch andere, nicht ersetzen. Es kann und soll die Arbeit aber erleichtern und auflockern!

Bevor Sie mit der Lektüre beginnen, noch ein letzter Ratschlag, der, obwohl eigentlich selbstverständlich, nicht oft genug wiederholt werden kann: **Lesen Sie jede zitierte Vorschrift (= §!) sorgfältig durch**; wenn Sie dieses Buch durcharbeiten, ist die ständige Benutzung (Lektüre) eines Textes des BGB unerlässlich. Ausreichend und empfehlenswert ist die Anschaffung der neuesten Auflage von »BGB mit wichtigen Nebengesetzen«, »Beck-Texte im dtv« Nr. 5001, mit einer lesenswerten Einführung von *Köhler*. Gleiches gilt für die NWB-Textausgabe »Wichtige Gesetze des Wirtschaftsprivatrechts« mit der Einführung von *Güllemann*. Den Hinweis »Lesen!« werden Sie im Text dieses Buches immer wieder finden. Wenn ich die Wichtigkeit der Gesetzeslektüre in meiner »Anleitung zur Lösung von Zivilrechtsfällen« noch mit dem Satz »Die halbe Juristenwahrheit steht im Gesetz« unterstrichen habe, so möchte/muss ich dem noch hinzufügen: »**Die Hälfte aller Fehler in juristischen Anfängerklausuren könnte vermieden werden, wenn die Bearbeiter die zitierten Vorschriften (genauer) lesen würden.**«

Köln, im März 1991 *Rainer Wörlen*

Inhaltsverzeichnis

Verzeichnis der Übersichten

Verzeichnis der Prüfungsschemata

Abkürzungsverzeichnis

aA	anderer Ansicht
ABl.	Amtsblatt der Europäischen Gemeinschaften/Europäischen Union
Abs.	Absatz
Abschn.	Abschnitt
AcP	Archiv für die civilistische Praxis (Zeitschrift)
aE	am Ende
AEG.	Allgemeines Eisenbahngesetz
AEUV	Vertrag über die Arbeitsweise der Europäischen Union
aF	alte Fassung
AG	Aktiengesellschaft/Amtsgericht
AGB	Allgemeine Geschäftsbedingungen
AGBG	Gesetz zur Regelung des Rechts der Allgemeinen Geschäftsbedingungen
AGG	Allgemeines Gleichbehandlungsgesetz
AKB	Allgemeine Bedingungen für die Kraftverkehrsversicherung
AktG	Aktiengesetz
AMG	Gesetz über den Verkehr mit Arzneimitteln (Arzneimittelgesetz)
Anl.	Anlage
Anm.	Anmerkung
ArbR	Arbeitsrecht
arg.	argumentum (Argument)
Art.	Artikel
AT	Allgemeiner Teil
AtomG	Gesetz über die friedliche Verwendung der Kernenergie und dem Schutz gegen ihre Gefahren (Atomgesetz)
Aufl.	Auflage
BB	Betriebsberater (Zeitschrift)
BayObLG	Bayerisches Oberstes Landesgericht
BayObLGZ	Sammlung des BayObLG in Zivilsachen
BBergG	Bundesberggesetz
Bd.	Band
BeckOK	Beck'scher Onlinekommentar (Literaturverzeichnis)
BeckRS	Beck-Rechtsprechung
Beil.	Beilage
Bek.	Bekanntmachung
Bekl.	Beklagte/r
Beschl.	Beschluss
BGB	Bürgerliches Gesetzbuch
BGBl.	Bundesgesetzblatt
BGH	Bundesgerichtshof
BGHZ	Entscheidungen des Bundesgerichtshofs in Zivilsachen
BJagdG	Bundesjagdgesetz
BT	Besonderer Teil/Bundestag
II. BV	Verordnung über wohnungswirtschaftliche Berechnungen nach dem Zweiten Wohnungsbaugesetz (Zweite Berechnungsverordnung – II. BV)
BVerfG	Bundesverfassungsgericht
bzw.	beziehungsweise
c.i.c.	culpa in contrahendo
CISG	United Nations Convention on Contracts for the International Sale of Goods
CR	Computer und Recht (Zeitschrift)
d.	der/des

DB . . . . Der Betrieb (Zeitschrift)
dh . . . . das heißt
Drs. . . . . Drucksache
dtv . . . . Deutscher Taschenbuch Verlag

EG . . . . Europäische Gemeinschaften
EGBGB . . . . Einführungsgesetz zum Bürgerlichen Gesetzbuch
eGbR . . . . eingetragene Gesellschaft bürgerlichen Rechts
EGHGB . . . . Einführungsgesetz zum Handelsgesetzbuch
EGV . . . . Vertrag zur Gründung der Europäischen Gemeinschaft
Einf. . . . . Einführung
Einl. . . . . Einleitung
etc. . . . . et cetera
EU . . . . Europäische Union
EuGH . . . . Europäischer Gerichtshof
evtl. . . . . eventuell
EWG . . . . Europäische Wirtschaftsgemeinschaft
EZB . . . . Europäische Zentralbank

f. . . . . folgende (Seite)
FamRZ . . . . Zeitschrift für das gesamte Familienrecht mit Betreuungsrecht, Erbrecht, Verfahrensrecht, Öffentlichem Recht
FernAbsG . . . . Fernabsatzgesetz
ff. . . . . fortfolgende (Seiten)
FHZivR . . . . Fundheft für Zivilrecht
Fn. . . . . Fußnote

GBO . . . . Grundbuchordnung
GbR . . . . Gesellschaft bürgerlichen Rechts
gem. . . . . gemäß
GenTG . . . . Gesetz zur Regelung der Gentechnik (Gentechnikgesetz)
GewO . . . . Gewerbeordnung
GF . . . . Geschäftsführer
GH . . . . Geschäftsherr
GoA . . . . Geschäftsführung ohne Auftrag
GOÄ . . . . Gebührenordnung für Ärzte
GOZ . . . . Gebührenordnung für Zahnärzte

HandelsR . . . . Handelsrecht
HGB . . . . Handelsgesetzbuch
HK . . . . Handkommentar
hL . . . . herrschende Lehre
hM . . . . herrschende Meinung
HOAI . . . . Honorarordnung für Architekten und Ingenieure
HPflG . . . . Haftpflichtgesetz
Hrsg. . . . . Herausgeber
Hs. . . . . Halbsatz

idR . . . . in der Regel
iHv . . . . in Höhe von
inkl. . . . . inklusive
IPR . . . . Internationales Privatrecht
iSd . . . . im Sinne der/des
iSv . . . . im Sinne von
iVm . . . . in Verbindung mit

JA . . . . Juristische Arbeitsblätter (Zeitschrift)
JR . . . . Juristische Rundschau (Zeitschrift)
JURA . . . . Juristische Ausbildung (Zeitschrift)

JuS . . . . Juristische Schulung (Zeitschrift)
JZ . . . . Juristenzeitung

Kfz . . . . Kraftfahrzeug
KfzPflVV . . . . Verordnung für den Versicherungsschutz in der Kraftfahrzeug-Haftpflichtversicherung (Kraftfahrzeug-Pflichtversicherungsverordnung)
Kl. . . . . Kläger
KWG . . . . Gesetz über das Kreditwesen (Kreditwesengesetz)

L . . . . Lernbogen
lat. . . . . Lateinisch
LG . . . . Leasinggeber
lit. . . . . litera (= Buchstabe)
LN . . . . Leasingnehmer
LPartG . . . . Gesetz über die Eingetragene Lebenspartnerschaft (Lebenspartnerschaftsgesetz)
LuftVG . . . . Luftverkehrsgesetz

MDR . . . . Monatsschrift für Deutsches Recht (Zeitschrift)
mE . . . . meines Erachtens
MietRÄndG . . . . . . Gesetz über die energetische Modernisierung von vermietetem Wohnraum und über die vereinfachte Durchsetzung von Räumungstiteln (Mietrechtsänderungsgesetz)
MietNovG . . . . Gesetz zur Dämpfung des Mietanstiegs auf angespannten Wohnmärkten und zur Stärkung des Bestellerprinzips bei der Wohnungsvermittlung (Mietrechtsnovellierungsgesetz)
MMR . . . . Multi Media und Recht (Zeitschrift)
MiLoG . . . . Gesetz zur Regelung des allgemeinen Mindestlohns (Mindestlohngesetz)
Mio. . . . . Millionen
MüKo . . . . Münchener Kommentar (Literaturverzeichnis)
mwN . . . . mit weiteren Nachweisen

n. Chr. . . . . nach Christus
nF . . . . neue Fassung
NJOZ . . . . Neue Juristische Online-Zeitschrift
NJW . . . . Neue Juristische Wochenschrift
NJW-RR . . . . NJW-Rechtsprechungs-Report Zivilrecht
NK . . . . Nomos Kommentar (Literaturverzeichnis)
Nr. . . . . Nummer(n)
NZA . . . . Neue Zeitschrift für Arbeitsrecht
NZM . . . . Neue Zeitschrift für Miet- und Wohnungsrecht

PAngV . . . . Preisangabenverordnung
PBefG . . . . Personenbeförderungsgesetz
PIN . . . . Persönliche Identifikationsnummer
PK . . . . Praxiskommentar (Literaturverzeichnis)
Pkw . . . . Personenkraftwagen
ProdHaftG . . . . Gesetz über die Haftung für fehlerhafte Produkte (Produkthaftungsgesetz)

RE . . . . Regierungsentwurf
RL . . . . Richtlinie
Rn. . . . . Randnummer/n
r + s . . . . Recht und Schaden (Zeitschrift)
Rspr. . . . . Rechtsprechung
RVG . . . . Gesetz über die Vergütung von Rechtsanwältinnen und Rechtsanwälten (Rechtsanwaltsvergütungsgesetz)

S.	Satz/Seite/Siehe
SachenR	Sachenrecht
Schriftltg.	Schriftleitung
SchuldR	Schuldrecht
SchwarzArbG	Gesetz zur Bekämpfung der Schwarzarbeit und illegalen Beschäftigung (Schwarzarbeitsbekämpfungsgesetz)
SGB V	Sozialgesetzbuch Fünftes Buch – Gesetzliche Krankenversicherung
sog.	sogenannt/e/r/en
StBVV	Steuerberatervergütungsordnung
StGB	Strafgesetzbuch
StVG	Straßenverkehrsgesetz
StVO	Straßenverkehrsordnung
TzWrG	Gesetz über die Veräußerung von Teilzeitnutzungsrechten an Wohngebäuden (Teilzeit-Wohnrechtegesetz)
ua	und andere
UAbs.	Unterabsatz
Überbl.	Überblick
UmweltHG	Umwelthaftungsgesetz
UN	United Nations
Urt.	Urteil
usw	und so weiter
v.	von/vom/vor
Var.	Variante
VDE	Verband der Elektrotechnik Elektronik Informationstechnik e.V.
VerbrKrG	Verbraucherkreditgesetz
VerbrKrRL-UG	Gesetz zur Umsetzung der Verbraucherkreditrichtlinie, des zivilrechtlichen Teils der Zahlungsdiensterichtlinie sowie zur Neuordnung der Vorschriften über das Widerrufs- und Rückgaberecht
VersR	Zeitschrift für Versicherungsrecht, Haftungs- und Schadensrecht
v.g.	vorgenannte/r
vgl.	vergleiche
Vol.	Volume (= Bd.)
Vorb/Vorbem.	Vorbemerkung
VuR	Verbraucher und Recht (Zeitschrift)
VVG	Gesetz über den Versicherungsvertrag (Versicherungsvertragsgesetz)
WiStG	Gesetz zur weiteren Vereinfachung des Wirtschaftsstrafrechts (Wirtschaftsstrafgesetz)
WHG	Gesetz zur Ordnung des Wasserhaushalts (Wasserhaushaltsgesetz)
WiVerw	Zeitschrift für Wirtschaftsverwaltungsrecht
WKRL	Richtlinie (EU) 2019/771 des Europäischen Parlaments und des Rates über bestimmte vertragsrechtliche Aspekte des Warenkaufs, zur Änderung der Verordnung (EU) 2017/2394 und der Richtlinie 2009/22/EG sowie zur Aufhebung der Richtlinie 1999/44/EG v. 20.5.2019 (Warenkaufrichtlinie)
WM	Wertpapier-Mitteilungen (Zeitschrift)
WoVermRG	Gesetz zur Regelung der Wohnungsvermittlung
WuM	Wohnungswirtschaft und Mietrecht (Zeitschrift)
ZAG	Gesetz über die Beaufsichtigung von Zahlungsdiensten (Zahlungsdiensteaufsichtsgesetz)
zB	zum Beispiel
ZfBR	Zeitschrift für deutsches und internationales Bau- und Vergaberecht
ZDL	Zahlungsdienstleister
ZDN	Zahlungsdienstnutzer

ZGS . . . . Zeitschrift für Vertragsgestaltung, Schuld- und Haftungsrecht
ZIP . . . . Zeitschrift für Wirtschaftsrecht
ZPO . . . . Zivilprozessordnung
ZR . . . . Zivilrecht (bei Gerichtsurteil: Zivilrechts-Senat)

Literaturverzeichnis

Alpmann und Schmidt, Langkamp, T., Schuldrecht BT 1, 22. Aufl. 2021 (zit.: *Alpmann und Schmidt* SchuldR BT 1); *Langkamp, T./Lüdde, S.*, Schuldrecht BT 2, 19. Aufl. 2020 (zit.: *Alpmann und Schmidt* SchuldR BT 2); *Langkamp, T.*, Schuldrecht BT 3, 19. Aufl. 2020 (zit.: *Alpmann und Schmidt* SchuldR BT 3); *Haack, C.*, Schuldrecht BT 4, 22. Aufl. 2021 (zit.: *Alpmann und Schmidt* SchuldR BT 4)

Benning, A./Oberrath, J.-D., Computer- und Internetrecht, 2. Aufl. 2008 (zit.: *Benning/Oberrath* Computer/InternetR)

Brox, H./Walker, W.-D., Besonderes Schuldrecht, 44. Aufl. 2020 (zit.: *Brox/Walker* SchuldR BT)

Creifelds, C., Rechtswörterbuch, 25. Edition 2020 (zit.: *Bearbeiter* in Creifelds RechtsWB)

Dauner-Lieb, B./Langen, W., Nomos Kommentar BGB, Bd. 2: Schuldrecht, 4. Aufl. 2021 (zit.: NK-BGB/*Bearbeiter*)

Deutsch, E./Ahrens, H.-J., Deliktsrecht, 6. Aufl. 2014 (zit.: *Deutsch/Ahrens* DeliktsR)

Erman, W., Bürgerliches Gesetzbuch, Handkommentar, Bd. 1, 16. Aufl. 2020 (zit.: Erman/*Bearbeiter*)

Fikentscher, W./Heinemann, A., Schuldrecht, 11. Aufl. 2017 (zit.: *Fikentscher/Heinemann* SchuldR)

Führich, E., Wirtschaftsprivatrecht, 13. Aufl. 2017 (zit.: *Führich* WirtschaftsPrivR)

Gsell, B./Krüger, W./Lorenz, S./Reymann, C., beck-online Großkommentar zum Zivilrecht (zit.: BeckOGK/*Bearbeiter*)

Güllemann, D., Internationales Vertragsrecht, 3. Aufl. 2018 (zit.: *Güllemann* IntVertragsR)

Hau, W./Poseck, R., Beck'scher Online-Kommentar BGB, Stand: 1.2.2021, 57. Edition (zit.: BeckOK BGB/*Bearbeiter*)

Heidel, T./Hüßtege, R./Mansel, H.-P./Noack, U., Nomos Kommentar BGB, Bd. 1: Allgemeiner Teil, EGBGB, 4. Aufl. 2021 (zit.: NK-BGB/*Bearbeiter*)

Herberger, M./Martinek, M./Rüßmann, H./Weth, S./Würdinger, M., juris Praxiskommentar BGB, Bd. 1 – Allgemeiner Teil, Bd. 2 – Schuldrecht, jeweils 9. Aufl. 2020 (zit.: jurisPK-BGB/*Bearbeiter*)

Hirsch, C., Besonderes Schuldrecht, 6. Aufl. 2020 (zit.: *Hirsch* SchuldR BT)

Jauernig, O., Bürgerliches Gesetzbuch, Kommentar, 18. Aufl. 2021 (zit.: Jauernig/*Bearbeiter*)

Klunzinger, E., Einführung in das Bürgerliche Recht, 17. Aufl. 2019 (zit.: *Klunzinger* BürgerlR)

Looschelders, D., Schuldrecht Besonderer Teil, 16. Aufl. 2021 (zit.: *Looschelders* SchuldR BT)

Medicus, D./Lorenz, S., Schuldrecht II, Besonderer Teil, 18. Aufl. 2018 (zit.: *Medicus/Lorenz* SchuldR BT)

Medicus, D./Petersen, J., Bürgerliches Recht, 27. Aufl. 2019 (zit.: *Medicus/Petersen* BürgerlR)

Medicus, D./Petersen, J., Grundwissen zum Bürgerlichen Recht, 12. Aufl. 2021 (zit.: *Medicus/Petersen* BürgerlR Grundwissen)

Metzler-Müller, K., Wie löse ich einen Privatrechtsfall? – Aufbauschemata – Mustergutachten – Klausurschwerpunkte, 7. Aufl. 2016 (zit.: *Metzler-Müller* PrivatRFall)

Münchener Kommentar zum Bürgerlichen Gesetzbuch
Bd. 1: §§ 1–240, AllgPersönlR, ProstG, AGG, 8. Aufl. 2018, Bd. 2: §§ 241–310, 8. Aufl. 2019, Bd. 3: §§ 311–432, 8. Aufl. 2019, Bd. 4: §§ 433–534, Finanzierungsleasing, CISG, 8. Aufl. 2019, Bd. 6: §§ 631–704, 8. Aufl. 2020,Bd. 7: §§ 705–853, PartGG, ProdHaftG, 8. Aufl. 2020 (zit.: MüKoBGB/*Bearbeiter*)

Münchener Kommentar zum Handelsgesetzbuch, Bd. 7: Transportrecht, Viertes Buch, Handelsgeschäfte, §§ 407–619, SvertO, CMR, CIM, CUV, MÜ, CMNI, 4. Aufl. 2020 (zit.: MüKoHGB/*Bearbeiter*)

Oetker, H./Maultzsch, F., Vertragliche Schuldverhältnisse, 5. Aufl. 2018 (zit.: *Oetker/Maultzsch* Schuldverhältnisse)

Palandt, O. (Begr.), Bürgerliches Gesetzbuch, Kommentar, 80. Aufl. 2021 (zit.: Palandt/*Bearbeiter*)

Reinicke, D./Tiedtke, K., Kaufrecht, 8. Aufl. 2008 (zit.: *Reinicke/Tiedtke* KaufR)

Richter, T., Vertragsrecht, 2. Aufl. 2013 (zit.: *Richter* VertragsR)

Schade, F./Graewe, D., Wirtschaftsprivatrecht – Grundlagen des Bürgerlichen sowie des Handels- und Wirtschaftsrechts, 4. Aufl. 2017 (zit.: *Schade/Graewe* WirtschaftsPrivR)

Schmidt-Futterer, W., Großkommentar des Wohn- und Gewerberaummietrechts, 14. Aufl. 2019 (zit.: Schmidt-Futterer/*Bearbeiter*)

Schulze, R. ua, Bürgerliches Gesetzbuch – Handkommentar, 10. Aufl. 2019 (zit.: HK-BGB/*Bearbeiter*)

Steckler, B./Tekidou-Kühlke, D., Kompendium Wirtschaftsrecht, 8. Aufl. 2016 (zit.: *Steckler/Tekidou-Kühlke* WirtschaftsR)

Wandt, M., Gesetzliche Schuldverhältnisse, 10. Aufl. 2020 (zit.: *Wandt* Gesetzl. Schuldverhältnisse)

Wörlen, R./Kokemoor, A./Lohrer, S., Handelsrecht mit Gesellschaftsrecht, 14. Aufl. 2021 (zit.: *Wörlen/Kokemoor/Lohrer* HandelsR)

Wörlen, R./Kokemoor, A., Sachenrecht, 11. Aufl. 2020 (zit.: *Wörlen/Kokemoor* SachenR)

Wörlen, R./Kokemoor, A., Arbeitsrecht, 13. Aufl. 2019 (zit.: *Wörlen/Kokemoor* ArbR)

Wörlen, R./Metzler-Müller, K., BGB AT, Einführung in das Recht und Allgemeiner Teil des BGB, 15. Aufl. 2019 (zit.: *Wörlen/Metzler-Müller* BGB AT)

Wörlen, R./Metzler-Müller, K., Schuldrecht AT, 14. Aufl. 2020 (zit.: *Wörlen/Metzler-Müller* SchuldR AT)

Wörlen, R./Schindler, S./Balleis, K., Anleitung zur Lösung von Zivilrechtsfällen – Methodische Hinweise und 22 Musterklausuren, 10. Aufl. 2020 (zit.: *Wörlen/Schindler/Balleis* ZivilR)

1. Teil. Überblick über das Besondere Schuldrecht des Bürgerlichen Gesetzbuchs

I. Einleitung

Das »Besondere Schuldrecht«, das vom Gesetzgeber nicht als solches bezeichnet wird, ist bekanntlich[2] in Abschnitt 8 von Buch 2 (»Einzelne Schuldverhältnisse«) des BGB[3] (§§ 433–853) geregelt.

1. Rechtsgeschäftliche Schuldverhältnisse

Bei den dort typisierten »einzelnen Schuldverhältnissen« handelt es sich größtenteils um rechtsgeschäftliche Schuldverhältnisse. 1

■[4] Wissen Sie (noch?), wie rechtsgeschäftliche Schuldverhältnisse in der Regel entstehen und in welcher Vorschrift des BGB darüber etwas zu finden ist?[5]

▶ Rechtsgeschäftliche Schuldverhältnisse entstehen in der Regel durch einen Vertrag. § 311 I bestimmt ausdrücklich, dass »zur Begründung eines Schuldverhältnisses durch Rechtsgeschäft … ein Vertrag zwischen den Beteiligten erforderlich ist, soweit nicht das Gesetz ein anderes vorschreibt.«

Ausnahmsweise entstehen rechtsgeschäftliche Schuldverhältnisse auch durch ein einseitiges Rechtsgeschäft.

■ Kennen Sie dafür Beispiele?[6]

▶ Beispiele für einseitige Rechtsgeschäfte sind die Auslobung (§ 657) oder das Testament (§ 1937).

Einseitige Gestaltungsrechte, wie zB die Anfechtung, der Widerruf, die Kündigung, die Aufrechnung, begründen hingegen kein Schuldverhältnis, sondern ändern lediglich den Inhalt eines bereits bestehenden Schuldverhältnisses.

Das Entstehen von »vertraglichen Schuldverhältnissen« ist vom Willen der beteiligten Parteien abhängig. Wie Sie im »Allgemeinen Schuldrecht« zur »Vertragsfreiheit« gelernt haben,[7] steht es den Parteien weitgehend frei, die im Besonderen Schuldrecht normierten typischen Rechte und Pflichten durch Vereinbarung zu modifizieren, da die meisten Vorschriften dispositives (= abänderbares) Recht enthalten. Die Bestimmungen über die »gesetzlichen Schuldverhältnisse«, deren Entstehung nicht vom Willen der Beteiligten, sondern allein von der Verwirklichung des gesetzlich umschriebenen Tatbestands abhängt,[8] unterliegen nicht der freien Gestaltung durch die Parteien! 2

---

2 **Vgl. zur Systematik von Buch 2 des BGB: *Wörlen/Metzler-Müller* SchuldR AT Rn. 2–4 sowie *Wörlen/Metzler-Müller* BGB AT Rn. 62–65.**

3 **Alle §§ ohne Bezeichnung sind in diesem Buch solche des BGB.**

4 »■« bedeutet im Folgenden immer, auch wenn das nicht ausdrücklich erwähnt wird: »Achtung, erst selbst nachdenken! Dann weiterlesen!« Der Pfeil (»▶«) weist auf die Antwort hin.

5 Falls nicht mehr gewusst: In *Wörlen/Metzler-Müller* SchuldR AT unter Rn. 9 nachlesen!

6 Ggf. in *Wörlen/Metzler-Müller* BGB AT unter Rn. 116 und Rn. 125 nachlesen!

7 Vgl. *Wörlen/Metzler-Müller* SchuldR AT Rn. 17–27.

8 *Wörlen/Metzler-Müller* SchuldR AT Rn. 110–112.

3 Die vertraglichen Schuldverhältnisse kann man nach der Art der Leistung in folgende Gruppen von Vertragstypen einteilen:[9]

a) Veräußerungsverträge: Diese sind auf die dauerhafte Übertragung einer Sache, eines Rechts oder eines sonstigen Gegenstandes gerichtet.

Beispiele: Kaufvertrag (§§ 433 ff.), Tausch (§ 480), Schenkung (§§ 516 ff.), Teilzeit-Wohnrechtevertrag (§§ 481 ff.).

b) Überlassungsverträge: Sie beinhalten die vorübergehende Überlassung eines Gegenstandes.

Beispiele: Mietvertrag (§§ 535 ff.), Pachtvertrag (§§ 581 ff.), Leihvertrag (§§ 598 ff.), Sachdarlehensvertrag (§§ 607 ff.).

c) Tätigkeitsverträge: Sie sind auf die Ausführung einer Tätigkeit gerichtet.

Beispiele: Dienst-/Arbeitsvertrag (§§ 611 ff.), Werkvertrag (§§ 631 ff.), Pauschalreisevertrag (§§ 651a ff.), Maklervertrag (§§ 652 ff.), Auftrag (§§ 662 ff.), Geschäftsbesorgungsvertrag (§§ 675 ff.), Verwahrung (§§ 688 ff.).

d) Vertragliche Schuldverhältnisse, die durch das Zusammenwirken mehrerer Personen zustande kommen.

Beispiele: BGB-Gesellschaft (§§ 705 ff.).[10]

e) Verträge über ein Risiko (»gewagte Verträge«[11]).

Beispiele: Leibrente (§§ 759 ff.), Spiel, Wette (§ 762), Lotterie- und Ausspielvertrag (§ 763). Hierzu zählt auch – der nicht im BGB geregelte – Versicherungsvertrag.

f) Verträge zur Sicherung und Feststellung von Forderungen.

Beispiele: Bürgschaft (§§ 765 ff.), Vergleich (§ 779), Schuldversprechen (§ 780), Schuldanerkenntnis (§ 781).

g) Verträge, die dem Wertpapierrecht zugeordnet werden.

Beispiele: Anweisung (§§ 783 ff.), Inhaberschuldverschreibung (§§ 793 ff.).

2. Gesetzliche Schuldverhältnisse

4 Wie Sie bei der Lektüre des »Schuldrecht AT« (Fn. 2, 5) gelernt haben, kennt das Besondere Schuldrecht gesetzliche Schuldverhältnisse (insbesondere § 311 II = Geschäftlicher Kontakt, §§ 677 ff. = GoA, §§ 701 ff. = Haftung des Gastwirts, §§ 812 ff. = Ungerechtfertigte Bereicherung, §§ 823 ff. = Unerlaubte Handlungen). Allerdings ist dem hinzuzufügen, dass die »Haftung des Gastwirts« gewissermaßen eine Zwischenstellung[12] einnimmt.

9 S. *Looschelders* SchuldR BT Einleitung Rn. 3 ff.

10 Die Gemeinschaft nach Bruchteilen (§§ 741 ff.) zählt zu den gesetzlichen Schuldverhältnissen. Hierzu *Looschelders* SchuldR BT Einleitung Rn. 6 mwN.

11 So *Klunzinger* BürgerlR § 55 – Lernhinweis.

12 Vgl. *Medicus/Lorenz* SchuldR II BT § 1 Rn. 2, wo auch die §§ 741 ff. und die §§ 809–811 als gesetzliche Schuldverhältnisse mit einer Zwischenstellung eingereiht werden.

- Warum ist das der Fall? Überlegen Sie zunächst und schauen sich dann § 701 I an.
- ▶ Voraussetzung dafür, dass die Haftungsregeln der §§ 701 ff. eingreifen, ist selbstverständlich ein Vertrag: der Beherbergungsvertrag zwischen Gast und Wirt! Wurde ein solcher geschlossen, wird der Gastwirt nach Maßgabe der §§ 701 ff. ohne seinen Willen Beteiligter des dort geregelten (gesetzlichen) Schuldverhältnisses!

II. Gemischte, atypische und verkehrstypische Verträge

Die im »Besonderen Schuldrecht« geregelten Schuldverhältnisse sind nur typische Beispiele. Die Parteien eines Schuldverhältnisses sind nicht auf die im BGB ab den §§ 433 ff. genannten »**typischen Verträge**«[13] festgelegt. Sie können vielmehr im Rahmen der Privatautonomie (Vertragsfreiheit) die gesetzlich geregelten Vertragstypen mischen (sog. **gemischter Vertrag**) oder andere als die dort normierten Verträge abschließen (sog. **atypischer Vertrag**). Darüber hinaus haben sich im Wirtschaftsleben weitere Verträge herausgebildet, die im BGB nicht geregelt sind (sog. **verkehrstypische Verträge**). 5

Beim **gemischten Vertrag** ist es möglich, einen typischen Vertrag mit einer andersartigen Nebenleistung zu verbinden. 6

Beispiel: Miete eines Zimmers (§ 535) mit Bedienung.

Es können aber auch die Hauptleistungen aus mehreren Vertragstypen kombiniert werden.

Beispiele:
- Eigenheimerwerbsvertrag = Kaufvertrag (§ 433) und Werkvertrag (§ 631)
- Krankenhausaufnahmevertrag = Dienstvertrag (§ 630a – Behandlung), Mietvertrag (§ 535 – Bett), Werklieferungsvertrag (§ 650 I – Verpflegung) usw.

Leistungen aus den verschiedenen typischen Verträgen können auch gekoppelt werden, indem die Parteien die Leistungen austauschen, die verschiedenen typischen Verträgen entsprechen.

Beispiel: Warenlieferung gegen Werkleistung.[14]

Ein **atypischer Vertrag** liegt vor, wenn der Vertrag weder einem gesetzlich normierten noch einem verkehrstypischen Vertragstyp zugeordnet werden kann – er ist vielmehr »individuell geprägt«. Sein Inhalt richtet sich in erster Linie nach dem, was die Parteien vereinbaren. Daneben können auch die Vorschriften des Allgemeinen Teils des BGB und des Allgemeinen Schuldrechts herangezogen werden.[15] 7

Beispiele: Unentgeltliche Theaternutzung[16] oder Sponsorzahlung.[17]

Verkehrstypische Verträge haben sich im Laufe der Zeit aufgrund wirtschaftlicher Notwendigkeit entwickelt. Es handelt sich um Vertragsformen, die zum Zeitpunkt 8

---

13 Diese werden auch als »benannte Verträge« bezeichnet; s. Palandt/*Grüneberg* Überbl. v. § 311 Rn. 11. Weitere typische Verträge finden sich auch außerhalb des BGB, wie zB in §§ 383 ff. HGB (Kommissionsgeschäft) und im VVG (Versicherungsvertrag).

14 Bei Interesse an weiteren Beispielen und der rechtlichen Behandlung dieser gemischten Verträge: MüKoBGB/*Emmerich* § 311 Rn. 28 f.; Palandt/*Grüneberg* Überbl. v. § 311 Rn. 16 ff.

15 HK-BGB/*Schulze* Vorbem. zu §§ 311–319 Rn. 18.

16 BGH NJW 1992, 496.

17 Jauernig/*Stadler* § 311 Rn. 25 mwN.

des Inkrafttretens des BGB am 1.1.1900[18] noch nicht existierten, da ihnen keinerlei wirtschaftliche Bedeutung zukam. Einige von ihnen sind zwischenzeitlich ins BGB eingefügt worden, wie zB der Pauschalreisevertrag oder der Teilzeit-Wohnrechtevertrag. Andere allerdings (noch) nicht.

Beispiele:
- Leasingvertrag[19] (entgeltliche Gebrauchsüberlassung, in der Regel kombiniert mit der Einräumung einer Erwerbsposition),
- Factoring-Vertrag (Ankauf von Forderungen gegen Gewinn-, Kosten- und Bonitätsabschlag),
- Baubetreuungsvertrag (umfasst die einem Bauherrn zufallenden Dienstleistungen – meist bei Erstellung von Eigentumswohnungen),
- Franchisevertrag[20] (Benutzungsüberlassung eines Warenzeichens in Verbindung mit Lizenzen, Know-how).

9 Die Einteilung und Darstellung der »Besonderen Schuldverhältnisse« in diesem Buch berücksichtigt zunächst die Unterscheidung von »vertraglichen und »gesetzlichen Schuldverhältnissen«[21] und ist innerhalb der »vertraglichen Schuldverhältnisse« im Wesentlichen nach der Art der versprochenen Leistung – unentgeltlich oder gegen Entgelt – ausgerichtet.[22] Die Reihenfolge der Darstellung lehnt sich dabei, unabhängig davon, ob es sich um einseitig, unvollkommen zweiseitig oder gegenseitig verpflichtende vertragliche Schuldverhältnisse handelt, weitgehend an die gesetzliche Reihenfolge an. Da es sich bei diesem Buch um einen »Grundriss«[23] handelt, werden nicht sämtliche Schuldverhältnisse des Besonderen Schuldrechts behandelt, sondern nur eine Auswahl.

Auf den folgenden Seiten wollen wir zunächst die Veräußerungsverträge (1. Kapitel) kennenlernen, anschließend die Gebrauchsüberlassungsverträge (2. Kapitel), Dienstleistungsverträge und ähnliche Verträge (3. Kapitel) sowie weitere rechtsgeschäftliche Schuldverhältnisse (4. Kapitel). Danach beschäftigen wir uns mit den gesetzlichen Schuldverhältnissen.

18 Zur Entstehungsgeschichte des BGB vgl. *Wörlen/Metzler-Müller* BGB AT Rn. 36 ff.

19 Mehr dazu → Rn. 214 f.

20 → Rn. 219. Dieser wird auch als gemischter Vertrag angesehen; vgl. Palandt/*Weidenkaff* Einf v. § 581 Rn. 22.

21 Zur Information vgl. *Wörlen/Metzler-Müller* SchuldR AT Übersicht 4 Rn. 113.

22 **Vgl. *Wörlen/Metzler-Müller* SchuldR AT Übersicht 5 Rn. 151; außerdem: Sofern noch nicht geschehen, sollte nun das Inhaltsverzeichnis zu Buch 2 des BGB gelesen werden!**

23 Dazu *Wörlen/Metzler-Müller* BGB AT Rn. 70.

2. Teil. Vertragliche Schuldverhältnisse

1. Kapitel. Veräußerungsverträge (Vermögensverschaffung)

A. Kaufvertrag

I. Wesen und Inhalt des Kaufvertrags

Den Kaufvertrag haben wir so häufig als Beispiel für ein vertragliches Schuldverhältnis genannt,[24] dass Sie die in § 433 normierten »vertragstypischen Pflichten beim Kaufvertrag« eigentlich schon auswendig können müssten – lesen Sie § 433 trotzdem noch einmal! 10

Bevor den Verkäufer und den Käufer die in § 433 geregelten Rechte und Pflichten treffen können, muss ein Kaufvertrag aufgrund des freien, rechtsgeschäftlichen Willens beider Parteien zustande gekommen (§§ 145 ff.) sein.

Dabei steht es den Parteien aufgrund der Vertragsfreiheit frei, den Leistungsgegenstand und den Preis sowie die Abwicklungsmodalitäten zu bestimmen. Haben sie das getan, bestimmen sich die Rechte und Pflichten der Parteien nach den §§ 433 ff. Jede Partei kann gegenüber der anderen Erfüllungsansprüche geltend machen.

Wird der Vertrag von beiden Seiten ordnungsgemäß erfüllt, ist das Schuldverhältnis nach § 362, wie Sie wissen,[25] erloschen. 11

Wird dagegen **nicht** ordnungsgemäß erfüllt, wird also die Abwicklung des Vertrags **gestört**, können je nach Art der Leistungsstörung Ersatzansprüche nach den Regeln des allgemeinen Schuldrechts entstehen, auf die § 437 Nr. 3 ausdrücklich verweist. Da § 437 verlangt, dass die **Voraussetzungen** der dort genannten Vorschriften erfüllt sein müssen, handelt es sich hier um eine sog. »Rechtsgrundverweisung«.

Beachte: Dass in vielen Vorschriften des BGB Verweisungen auf andere Vorschriften vorgenommen werden, haben Sie bereits öfter erfahren. Mit diesen Verweisungsnormen sollen Wiederholungen im Gesetzestext vermieden werden. Der Rechtsanwender wird »auf eine Reise durch das Gesetz« geschickt und aufgefordert, eine andere, genau bezeichnete Rechtsnorm (Zielnorm) anzuwenden. Man unterscheidet zwischen »**Rechtsgrundverweisung**« und »**Rechtsfolgenverweisung**«:
Bei einer **Rechtsfolgenverweisung** enthält die Verweisungsnorm einen eigenen, nicht notwendig mit den Voraussetzungen der Zielnorm deckungsgleichen Tatbestand. Die Ausgangsnorm liefert den zu prüfenden Tatbestand. Die Zielnorm enthält die Rechtsfolge, die an die Erfüllung dieses Tatbestands zu knüpfen ist. Die Tatbestandsvoraussetzungen der Zielnorm sind **nicht** relevant.
Bei der **Rechtsgrundverweisung** hingegen liefert die Verweisungsnorm keine eigenständige Anspruchsgrundlage. Der Sachverhalt muss auch unter den Tatbestand der Zielnorm subsumiert werden. Mit anderen Worten: Es müssen bei der Rechtsgrundverweisung sowohl der (unvollständig geregelte)

24 Nicht nur in *Wörlen/Metzler-Müller* SchuldR AT, sondern auch schon in *Wörlen/Metzler-Müller* BGB AT.

25 Vgl. *Wörlen/Metzler-Müller* SchuldR AT Rn. 173.

Tatbestand der Ausgangsnorm als auch der (diesen ergänzende) Tatbestand der Zielnorm erfüllt sein. Die Bezeichnung Rechtsgrundverweisung ist insofern missverständlich, denn es wird bei dieser auch auf die Rechtsfolgen der Zielvorschrift verwiesen.[26]

Da wir in diesem »Grundriss« nicht in jedes Detail gehen können, begnügen wir uns mit diesen Feststellungen und kommen gleich zu den Regeln des Kaufrechts, die für die nicht ordnungsgemäße Erfüllung des Vertrags durch den Verkäufer gelten.

12 Merken Sie sich zum Kaufvertrag unbedingt das, was Sie schon wissen sollten:[27] Der Kaufvertrag ist ein schuldrechtliches **Verpflichtungs**geschäft, durch das für den Verkäufer gem. § 433 I zunächst nur die Pflicht begründet wird, dem Käufer die Sache frei von Sach- und Rechtsmängeln zu übergeben und das Eigentum daran zu verschaffen. »Nach § 433 I 1« kann der Käufer also niemals Eigentümer der Kaufsache bzw. Inhaber eines verkauften Rechts werden.

■ Nach welcher Vorschrift wird vielmehr dem Käufer vom Verkäufer das Eigentum an einer verkauften beweglichen Sache übertragen? (Überlegen Sie!)

▶ Die Vorschrift ist im Sachenrecht[28] angesiedelt! Lesen Sie nochmals § 929 S. 1, unterstreichen Sie sich in § 433 I 1 das Wort »Eigentum« und schreiben Sie »§ 929« rechts an den Rand des Gesetzestextes!

13 Mit der Übergabe der Sache geht übrigens gem. § 446 I (lesen) die Gefahr[29] des zufälligen Untergangs bzw. einer zufälligen Verschlechterung auf den Käufer über. Für den Gefahrübergang beim Versendungskauf gilt § 447 (lesen). Maßgeblicher Zeitpunkt ist danach der der ordnungsgemäßen Absendung.

Wenn der Verkäufer die Kaufsache liefert, kann es vorkommen, dass es sich um eine »Schlechterfüllung«[30] handelt, weil die Kaufsache bei der Übergabe einen Sach- oder Rechtsmangel (vgl. § 433 I 2) hat. Damit sind wir bei der:

II. Mängelhaftung

1. Mängel der Kaufsache

14 Gemäß § 433 I 2 gehört es beim Kaufvertrag zu den **vertragstypischen Pflichten** des Verkäufers, dem Käufer die Sache frei von Sach- und Rechtsmängeln zu verschaffen. Somit stellt jede Lieferung einer mangelhaften Sache eine **Pflichtverletzung** des Verkäufers iSv § 280 I dar. Die Haftung für Sach- und Rechtsmängel richtet sich einheitlich nach dem allgemeinen Leistungsstörungsrecht.

a) Sachmängel

Was ein Sachmangel ist, ergibt sich aus § 434 (lesen Sie die recht umfangreiche Vorschrift zunächst einmal ganz durch!).

26 *Wörlen/Leinhas* JA 2006, 22 (23).
27 Vgl. *Wörlen/Metzler-Müller* BGB AT Rn. 268–276.
28 Dazu *Wörlen/Kokemoor* SachenR Rn. 102 ff.
29 Vgl. *Wörlen/Metzler-Müller* SchuldR AT Übersicht 16 Rn. 327.
30 *Wörlen/Metzler-Müller* SchuldR AT Rn. 334–357.

Möglicherweise sind Sie nach der Lektüre von § 434 I etwas überrascht: Dort erfahren wir zunächst, wann **kein** Sachmangel vorliegt!

Nach § 434 I nF liegt **kein** Sachmangel vor, wenn die Sache bei Gefahrübergang (vgl. §§ 446, 447) den *subjektiven* Anforderungen, den *objektiven* Anforderungen und den *Montageanforderungen* gem. § 434 II-IV nF entspricht.

Überblick: Die Regelungen zum Sachmangel in § 434 sind mit Wirkung **zum 1.1.2022 neu** gefasst worden.[31] Nach § 434 I nF ist die Sache frei von Sachmängeln, wenn sie bei Gefahrübergang den subjektiven Anforderungen (§ 434 II nF), den objektiven Anforderungen (§ 434 III nF) und den Montageanforderungen (§ 434 IV nF) entspricht. Da die objektiven Anforderungen aber nur maßgeblich sind, soweit »nicht wirksam etwas anders vereinbart wurde« (§ 434 III 1 nF), kommt es durch den geänderten systematischen Ansatz nicht zu einer grundsätzlichen Veränderung der Rechtslage. Prinzipiell kann auch weiterhin **vorrangig** die Beschaffenheit der Kaufsache **subjektiv vereinbart** werden. Einem Sachmangel steht es ferner unverändert gleich, wenn der Verkäufer eine andere Sache als die vertraglich geschuldete Sache liefert (§ 434 V nF), während die Lieferung einer zu **geringen Menge nun den subjektiven und objektiven Anforderungen zugeordnet wird** (§ 434 II 2, III 2 nF).[32]

aa) Subjektive Anforderungen

Den subjektiven Anforderungen entspricht die Sache gem. § 434 II 1 nF, wenn sie **15**

(1.) die *vereinbarte Beschaffenheit* hat,
(2.) sich für die nach dem *Vertrag vorausgesetzte* Verwendung eignet und
(3.) mit dem *vereinbarten* Zubehör und den *vereinbarten* Anleitungen, einschließlich Montage- und Installationsanleitungen, übergeben wird.

Den Begriff der **Beschaffenheit** (§ 434 II 1 Nr. 1 nF) hat der Gesetzgeber nicht definiert. Nach § 434 II 2 nF gehören dazu aber jedenfalls »Art, Menge, Qualität, Funktionalität, Kompatibilität, Interoperabilität und *sonstige Merkmale* der Sache, für die die Parteien *Anforderungen vereinbart* haben«. Dem lässt sich entnehmen, dass vertragliche Vereinbarungen iSv § 434 II 1 Nr. 1 nF vorliegen, wenn als Inhalt des Kaufvertrags ausdrücklich oder konkludent die Pflicht des Verkäufers festgelegt wurde, die gekaufte Sache mit bestimmten Merkmalen zu übereignen, die der Sache selbst anhaften oder sich aus ihrer Beziehung zur Umwelt ergeben.[33]

■ Welche Beispiele für eine (vertraglich) vereinbarte Beschaffenheit (»Sollbeschaffenheit«) idS fallen Ihnen ein?

▶ Beispiele dafür sind Vereinbarungen wie zB »werkstattgeprüft« bei einem Gebrauchtwagen oder »Sportfahrwerk« bei einem Pkw.[34]

Für eine Beschaffenheitsvereinbarung verlangte der BGH zu § 434 aF, dass der Verkäufer »in vertragsgemäß bindender Weise die Gewähr für das Vorhandensein einer

31 Mit der Änderung von § 434 wollte der Gesetzgeber die (nur) den Verbrauchsgüterkauf betreffenden Art. 5 bis 8 der **Warenkauf-RL** (→ Rn. 96, 141) umsetzen, zugleich aber die Regelungen zum Sachmangel grundsätzlich an die Richtlinie anpassen, s. RegBegr. BT-Drs. 19/27424, 20.

32 Geändert durch das Gesetz zur Regelung des Verkaufs von Sachen mit digitalen Elementen und anderer Aspekte des Kaufvertrags v. 25.6.2021, BGBl. 2021 I 2133.

33 RegBegr. BT-Drs. 19/27424, 21.

34 Weitere Beispiele bei *Richter* VertragsR 454 (zu § 434 I 1 aF).

Eigenschaft der Kaufsache übernimmt«, was nur (noch) in eindeutigen Fällen bejaht wurde.[35]

Während auch § 434 II 1 Nr. 3 nF im Hinblick auf *Zubehör und Anleitungen* eine Vereinbarung voraussetzt, sollen nach dem Willen des Gesetzgebers bei § 434 II 1 Nr. 2 nF weniger strenge Voraussetzungen gelten. Für die **nach dem Vertrag vorausgesetzte Verwendung** (§ 434 II 1 Nr. 2 nF) kommt es darauf an, dass der Verkäufer beim Abschluss des Kaufvertrags weiß, wofür der Käufer die Kaufsache verwenden will, ihm aber nicht mitteilt, dass sich die Kaufsache nicht für diese Verwendung eignet. Denn dadurch gibt der Verkäufer zu erkennen, dass er der vorgesehenen Verwendung zustimmt.[36]

> **Beispiel:** K möchte bei V einen Fön kaufen, will das Gerät aber nicht zum Trocknen der Haare verwenden, sondern als Heißluftpistole zum Verschweißen von Kunststofffolie einsetzen. Wenn V davon weiß, sich aber beim Vertragsschluss nicht dazu äußert, handelt es sich um »die nach dem Vertrag vorausgesetzte Verwendung«.

16 Ist der Fön zum Trocknen der Haare (= gewöhnliche Verwendung iSv § 434 III 1 Nr. 1 nF) uneingeschränkt geeignet, die durch das Gerät erwärmte Luft aber nicht heiß genug zum Verschweißen von Kunststofffolie (= vertraglich vorausgesetzte Verwendung iSv § 434 II 1 Nr. 2 nF), läge grundsätzlich ein Sachmangel vor!

Allerdings ergibt sich aus § 434 I nF nur scheinbar ein **Gleichrang** der subjektiven Anforderungen, der objektiven Anforderungen und der Montageanforderungen. Denn die objektiven Anforderungen des § 434 III nF, zu denen die Eignung für die gewöhnliche Verwendung gehört, sind nur maßgeblich, soweit »nicht wirksam etwas anders vereinbart wurde«.

> **Tipp:** Unterstreichen Sie »nicht wirksam« und »vereinbart« im Gesetzestext des § 434 III 1 nF!

Das Gesetz stellt also auch weiterhin in erster Linie auf den Inhalt der getroffenen Vereinbarung sowie die vertraglich vorausgesetzte Verwendung ab und hält damit an einem **»subjektiven Fehlerbegriff«** fest.[37] Wichtig ist dies bei sog. »negativen Beschaffenheitsvereinbarungen«, bei denen die Parteien einig sind, dass auch eine Kaufsache vertragsgemäß sein soll, die eine schlechtere als die übliche Beschaffenheit hat.

> **Beispiel** für eine negative Beschaffenheitsvereinbarung: Pkw wird nach einem Unfall als »Bastlerfahrzeug zum Ausschlachten« verkauft.

Wäre in unserem Fön-Beispiel der Fön zum Trocknen der Haare (= gewöhnliche Verwendung iSv § 434 III 1 Nr. 1 nF) vollkommen ungeeignet, weil er viel zu heiße Luft ausstößt, dadurch aber zum Verschweißen von Kunststofffolie (= vertraglich vorausgesetzte Verwendung iSv § 434 II 1 Nr. 2 nF) geeignet, läge kein Sachmangel vor, wenn diese Beschaffenheit zwischen den Parteien vereinbart worden wäre!

Zwischen Unternehmern untereinander (»B2B«) wie auch zwischen Privatpersonen untereinander (»C2C«) ist eine negative Beschaffenheitsvereinbarung formfrei und auch konkludent möglich.

---

35 Vgl. BGH, NJW 2019, 1937, Rn. 22 mwN (zu § 434 aF).

36 RegBegr BT-Drs. 19/27424, 21.

37 Vgl. dazu *Brox/Walker* SchuldR BT § 4 Rn. 9 sowie die RegBegr BT-Drs. 19/27424, 20.

Hinweis: Verträge zwischen Unternehmerinnen und Unternehmern werden auch mit »B2B« = »Business to Business«, die zwischen Verbraucherinnen und Verbrauchern mit »C2C« = »Consumer to Consumer«, die Verbrauchsgüterkaufverträge (§ 474 I 1) mit »B2C« = »Business to Consumer« abgekürzt.

Bei Verbrauchsgüterkaufverträgen (»B2C«) zwischen Unternehmern und Verbrauchern kann nicht ohne weiteres von § 434 III nF abgewichen werden, sondern nur bei Beachtung der besonderen Formanforderungen des § 476 I nF (→ Rn. 102).[38]

Tipp: Notieren Sie § 476 I 1 nF in Ihrer Gesetzessammlung über »wirksam« in § 434 III nF!

Bei Verträgen, die einer bestimmten Form bedürfen (zB Grundstückskaufverträge, die nach § 311b I 1 notariell beurkundet werden müssen), ist diese auch für eine wirksame Beschaffenheitsvereinbarung erforderlich; wurde sie nicht gewahrt, kann aber eine öffentliche Äußerung des Verkäufers iSv § 434 III Nr. 3 Buchst. b nF vorliegen.[39]

Für die **Prüfungsreihenfolge** ergibt sich aus der Formulierung des § 434 III 1 nF (»soweit nicht«), dass die subjektiven Anforderungen des § 434 II nF vor den objektiven des § 434 III nF geprüft werden müssen. Denn regelmäßig kommt es auf die objektiven Anforderungen nur an, soweit die Beschaffenheit oder eine besondere Verwendung nicht vertraglich wirksam vereinbart wurde.

Tipp: Prüfen Sie in einer Klausur grundsätzlich zunächst § 434 II 1 Nr. 1 nF, dann § 434 II 1 Nr. 2, 3 nF und erst danach § 434 III nF (sowie bei einer durchzuführenden Montage § 434 IV nF)!

bb) Objektive Anforderungen

Den objektiven Anforderungen entspricht die Sache gem. § 434 III 1 nF, wenn sie **17**

(1.) sich für die *gewöhnliche Verwendung* eignet,
(2.) eine übliche Beschaffenheit aufweist,
(3.) in ihrer Beschaffenheit vom Verkäufer vorgelegten *Proben oder Mustern* entspricht und
(4.) mit dem *Zubehör* einschließlich der Verpackung sowie *Anleitungen* übergeben wird, deren Erhalt der Käufer erwarten kann.

Bei diesen Anforderungen geht es nicht um die Vorstellungen der Vertragsparteien, sondern um diejenigen eines Durchschnittskäufers oder einer Durchschnittskäuferin.

Bei der Beurteilung der **gewöhnlichen Verwendungseignung** (§ 434 III 1 Nr. 1 nF) kommt es vor allem auf die Übereinstimmung mit rechtlichen Bestimmungen und technischen Normen (zB DIN, ISO) an.[40]

Beispiel:[41] V verkauft dem K einen Neuwagen, der mit einer nach Art. 5 II 1 VO 715/2007/EG unzulässigen Abschalteinrichtung ausgestattet ist, die den Stickoxidausstoß auf dem Prüfstand gegenüber dem normalen Fahrbetrieb reduziert. Weil dadurch die Gefahr einer Betriebsuntersagung durch die für die Zulassung zum Straßenverkehr zuständige Behörde besteht, ist der weitere (ungestörte) Betrieb des Fahrzeugs im öffentlichen Straßenverkehr nicht gewährleistet. Damit fehlt dem Fahrzeug die Eignung für die gewöhnliche Verwendung im Sinne von § 434 III 1 Nr. 1 nF.

38 RegBegr BT-Drs. 19/27424, 22.
39 Vgl. *Looschelders* SchuldR BT § 3 Rn. 12 (zu § 434 aF).
40 RegBegr BT-Drs. 19/27424, 22.
41 Vgl. BGH NJW 2019, 1133; BGH Urt. v. 21.7.2021 – VIII ZR 254/20, BeckRS 2021, 20912 (jeweils zu § 434 I 2 Nr. 2 aF).

Bei der **üblichen Beschaffenheit** (§ 434 III 1 Nr. 2 nF) geht es um die Beschaffenheit, »die bei Sachen derselben Art üblich ist und die der Käufer erwarten kann«, also um den Vergleich mit »Konkurrenzprodukten«. Aus § 434 III 2 nF ergibt sich, dass die übliche Beschaffenheit grundsätzlich jegliche Merkmale der Kaufsache umfasst,[42] wobei zur Klarstellung die Menge, die Qualität, die Haltbarkeit, die Funktionalität, die Kompatibilität und die Sicherheit der Sache genannt werden.

Tipp: Notieren Sie neben § 434 III 1 Nr. 2 nF einen Verweis auf Satz 2 und unterstreichen Sie dort »Merkmale der Sache«.

> **Beispiel:**[43] In der Einfahrt des Grundstücks, das K von V gekauft hat, staut sich nach Regenfällen regelmäßig über längere Zeit knöchelhoch Wasser. Derartige Überschwemmungen entsprechen selbst bei einem tieferliegenden Grundstück nicht der üblichen Beschaffenheit, für die eine funktionierende Entwässerung erwartet werden kann.

In § 434 III 1 Nr. 2 Buchst. b nF wird die Relevanz öffentlicher Äußerungen des Verkäufers oder auch des Herstellers (= andere Person in einem vorhergehenden »Glied der Vertragskette«) über bestimmte Eigenschaften der Sache – insbesondere in der **Werbung** oder auf dem **Etikett** für die übliche Beschaffenheit – festgeschrieben. Da Werbeaussagen des Verkäufers meist schon als Beschaffenheitsvereinbarungen nach § 434 II 1 Nr. 1 gelten, hat die Norm vor allem bei Äußerungen Dritter (zB des Herstellers oder dessen Gehilfen) Bedeutung. Grund dafür ist, dass auch der Verkäufer von diesen Äußerungen Dritter profitiert. Der Verkäufer ist durch eine derartige Äußerung aber nicht gebunden, wenn er sie nicht kannte und auch nicht kennen musste, die unzutreffende Äußerung bereits berichtigt wurde oder die Kaufentscheidung nicht beeinflussen konnte, etwa weil sie für die vom Käufer beabsichtigte Verwendung nicht relevant war (§ 434 III 3 nF).

Tipp: Im Wortlaut von § 434 III 1 Nr. 2 Buchst. b nF sollten Sie »Werbung« unterstreichen und daneben Satz 3 notieren.

Hat der Verkäufer allerdings die Sache vor Vertragsschluss unter Verweis auf die Werbung oder einen Prospekt beschrieben, liegt regelmäßig bereits eine (uU konkludente) Beschaffenheitsvereinbarung iSv § 434 II 1 Nr. 1 nF vor.[44]

Auch wenn vor oder bei Vertragsschluss ein **Muster** oder eine **Probe** zur Darstellung der Eigenschaften der Kaufsache vorgelegen hat, handelt es sich regelmäßig um eine Beschaffenheitsvereinbarung iSv § 434 II 1 Nr. 1 nF. Weicht die Kaufsache in ihrer Beschaffenheit von dem Muster oder der Probe ab, dann stellt dies einen Sachmangel iSv § 434 II nF dar.[45] Lässt sich eine Beschaffenheitsvereinbarung aber nicht feststellen, etwa weil das Muster oder die Probe vor oder bei Vertragsschluss nur zu Werbezwecken[46] zur Verfügung gestellt wurde, ist eine Abweichung gem. § 434 III 1 Nr. 3 nF im Hinblick auf die objektiven Anforderungen als Sachmangel anzusehen.

---

42 RegBegr BT-Drs. 19/27424, 22.

43 Vgl. BGH Beschl. v. 15.4.2021 – V ZR 170/20, BeckRS 2021, 11537, Rn. 8 (zu § 434 I 2 Nr. 2 aF).

44 Vgl. *Brox/Walker* SchuldR BT § 4 Rn. 9 (zu § 434 aF).

45 Vgl. *Looschelders* SchuldR BT § 3 Rn. 12, 18 (zu § 434 aF).

46 Vgl. *Brox/Walker* SchuldR BT § 4 Rn. 9 (zu § 434 aF).

cc) Montageanforderungen; Falschlieferung

Aus § 434 IV Nr. 2 Alt. 1 nF ergibt sich, dass die Kaufsache mangelhaft ist, soweit eine Montage durchzuführen ist und diese unsachgemäß durchgeführt worden ist und die **Montage vom Verkäufer** oder unter seiner Verantwortung (§ 278)[47] vorgenommen wurde. 18

> **Beispiel:**[48] K kauft bei V eine Einbauküche, die V liefern und einbauen soll. V hängt beim Einbau einzelne Schränke schief auf (= unsachgemäße Montage), diese können aber ohne weiteres genutzt werden und werden dabei auch nicht beschädigt. Demnach liegt ein Mangel vor.

Ein Mangel liegt nach § 434 IV Nr. 2 Alt. 2 nF ferner dann vor, wenn die Montage vom Käufer durchzuführen war, aber die unsachgemäße Montage auf einen Mangel in der vom Verkäufer zur Verfügung gestellten Anleitung zurückzuführen ist (»**IKEA-Klausel**«[49]).

Nach § 434 V nF steht es einem Sachmangel gleich, wenn der Verkäufer eine **andere Sache** als die vertraglich geschuldete Sache liefert. Wird hingegen eine **zu geringe Menge** geliefert, ist dies nach § 434 II 2, III 2 nF den subjektiven und objektiven Anforderungen zuzuordnen.[50]

■ Lesen Sie nun noch einmal die »Negativbeschreibungen« des kompletten Wortlauts des § 434 nF. Bevor Sie weiterlesen, machen Sie sich Notizen, wann danach tatsächlich ein Sachmangel vorliegt.

▶ Ihr »Ergebnis« sollte in etwa Folgendes enthalten:

47 RegBegr BT-Drs. 19/27424, 23.

48 Vgl. FraktionsBegr SchuldrechtsmodG, BT-Drs. 14/6040, 215 (zu § 434 II 1 aF).

49 Vgl. BeckOK BGB/*Faust* § 434 Rn. 93; jurisPK-BGB/*Pammler* § 434 Rn. 134 (jeweils zu § 434 II 1 aF).

50 Geändert durch das Gesetz zur Regelung des Verkaufs von Sachen mit digitalen Elementen und anderer Aspekte des Kaufvertrags v. 25.6.2021, BGBl. 2021 I 2133.

Sachmangel

liegt gem. § 434 I nF vor, wenn die Kaufsache bei Gefahrübergang (§§ 446 f.)			steht es gleich, wenn
• nicht die **vereinbarte Beschaffenheit** hat (§ 434 II 1 Nr. 1 nF) • sich nicht für die vertraglich **vorausgesetzte Verwendung** eignet (§ 434 II 1 Nr. 2 nF) • nicht mit dem vereinbarten **Zubehör** und den vereinbarten **Anleitungen** übergeben wird (§ 434 II 1 Nr. 3 nF)	• sich nicht für die **gewöhnliche Verwendung** eignet → rechtliche/ techn. Bestimmungen (§ 434 III 1 Nr. 1 nF) • nicht die **übliche** und **zu erwartende Beschaffenheit** aufweist → Vergleich: Konkurrenzprodukte → Werbung uÄ (§ 434 III 1 Nr. 2 nF) • nicht der Beschaffenheit einer **Probe** oder eines **Musters** entspricht (§ 434 III 1 Nr. 3 nF) • nicht mit **Zubehör** und **Anleitungen** übergeben wird, die zu erwarten waren (§ 434 III 1 Nr. 4 nF)	nicht den Montageanforderungen entspricht, weil die • vereinbarte **Montage** durch den **Verkäufer unsachgemäß** durchgeführt worden ist (§ 434 IV Nr. 2 Alt. 1 nF) oder • aufgrund **mangelhafter Montageanleitung** unsachgemäß durchgeführt worden ist (»IKEA-Klausel«) (§ 434 IV Nr. 2 Alt. 2 nF)	• der Verkäufer »falsch«, dh eine **andere Sache** (»aliud«) liefert (wird zu wenig geliefert, unterfällt die **Mengenabweichung nicht** § 434 V nF, sondern § 434 II 2, 1 Nr. 1 nF und § 434 III 2, 1 Nr. 2 nF)
§ 434 II nF	**§ 434 III nF**	**§ 434 IV nF**	**§ 434 V nF**
Subjektive Anforderungen	**Objektive Anforderungen**	**Montageanforderungen**	**Falschlieferung**

b) Rechtsmängel

Ein **Rechtsmangel** liegt gem. § 435 S. 1 (bzw. im Umkehrschluss aus dessen Formulierung!) vor, wenn Dritte irgendwelche Rechte in Bezug auf die Kaufsache gegen den Käufer geltend machen können. 19

Beispiele: Dingliche Rechte eines Dritten, wie Nießbrauch, Dienstbarkeit, Hypothek.[51]

Einem (solchen) Rechtsmangel »steht es« nach § 435 S. 2 »gleich«[52], wenn im Grundbuch ein Recht eingetragen ist, das nicht besteht. Kein Rechtsmangel, um es einfacher zu sagen, liegt also vor, wenn die Kaufsache beim Erwerb (Eigentumsübertragung) durch den Käufer frei von Rechten Dritter ist! Maßgeblicher Zeitpunkt ist also nicht der Abschluss des Kaufvertrags, sondern der Zeitpunkt, in dem der **Erwerb** durch den Käufer **vollzogen** werden soll. Bei beweglichen Sachen ist dies der Eigentumsübergang gem. §§ 929 ff., nicht die Besitzverschaffung; bei Grundstücken der Zeitpunkt, in dem der Eigentumserwerb durch Auflassung und Eintragung im Grundbuch vollendet wird (§§ 873, 925).[53]

c) Haftungsausschluss

Hat man festgestellt, dass der Käufer aufgrund eines Mangels der Kaufsache Ansprüche gegen den Verkäufer haben kann, ist zu erwägen, ob die Haftung des Verkäufers möglicherweise ausgeschlossen ist. 20

■ Wodurch könnte Ihrer Meinung nach die Haftung des Verkäufers ausgeschlossen sein? (Denken Sie nach, bevor Sie weiterlesen!)

▶ Zu denken ist zunächst an einen **vertraglichen Ausschluss** der Haftung, sei es durch eine Individualvereinbarung oder durch eine AGB-Klausel.[54]

Aufgrund der im Schuldrecht bestehenden Vertrags(gestaltungs)freiheit ist dieser grundsätzlich möglich. Eine Ausnahme gilt allerdings für den Verbrauchsgüterkauf (§ 474 I 1, → Rn. 96 ff.): Gemäß § 476 sind die meisten kaufrechtlichen Vorschriften zugunsten des Verbrauchers (einseitig) zwingend (→ Rn. 102).

Auch aus § 444, der Ihnen schon bekannt sein sollte,[55] ergibt sich die Zulässigkeit vertraglicher Haftungsbeschränkungen. Lesen Sie diese Vorschrift (nochmals?).

§ 444 umschreibt negativ die Grenzen einer vertraglichen Haftungsbeschränkung: Der Verkäufer, der den Mangel arglistig verschwiegen oder eine Garantie für die Beschaffenheit der Sache übernommen hat, kann sich auf einen Haftungsausschluss nicht berufen.

■ Wie kann ein Verkäufer den Mangel arglistig verschweigen?

▶ In Betracht kommt aktives Tun oder Unterlassen des Hinweises auf den vorhandenen Mangel. Dies muss arglistig geschehen, der Verkäufer muss also den Mangel kennen oder für möglich halten.[56]

51 Hierzu *Wörlen/Kokemoor* SachenR Rn. 315 ff. und Rn. 345 ff.

52 Gesetzgeberisches Juristendeutsch! Vgl. dazu *Wörlen/Metzler-Müller* BGB AT Rn. 1 f.

53 Vgl. Palandt/*Weidenkaff* § 435 Rn. 7. Mit diesen Vorschriften beschäftigen Sie sich im Sachenrecht. Wenn Sie jetzt schon mehr wissen wollen: Nachschlagen bei *Wörlen/Kokemoor* SachenR Rn. 102 ff. und Rn. 186 ff.

54 Dazu *Wörlen/Metzler-Müller* SchuldR AT Übungsfall 2 Rn. 59 ff.

55 *Wörlen/Metzler-Müller* SchuldR AT Rn. 62.

56 BGH NJW 2011, 1280 (1281); Palandt/*Weidenkaff* § 444 Rn. 11 mwN.

Beispiele:[57] Geringe Fahrleistung eines Kfz durch Verstellen des Tachometers; oberflächliche Renovierung von Immobilien durch kurzfristiges Übertünchen von mit Schimmelpilz belegten Wänden oder von Feuchtigkeitsschäden, wodurch der Eindruck eines qualitativ hochwertigen Zustandes der Kaufsache erweckt werden soll.

Das **arglistige Verschweigen** muss für den Kaufentschluss des Käufers nicht ursächlich gewesen sein. Denn § 444 schützt – anders als § 123 – nicht die Freiheit der Willensentschließung des Vertragspartners. Vielmehr wird die Unredlichkeit des Verkäufers beim vertraglichen Haftungsausschluss sanktioniert. Dieser hat sein Recht, sich auf den Haftungsausschluss zu berufen, verwirkt.[58]

Die **Garantie für die Beschaffenheit** der Sache ist – ebenso wie die in § 276 – eine sog. **Zusicherungsgarantie.** Es wird damit vor allem der Fall erfasst, dass der Verkäufer das Vorliegen einer bestimmten Eigenschaft oder aber das Fehlen des Mangels zugesichert und somit eine unbedingte Einstandspflicht übernommen hat.[59]

Beispiel:[60] Der Verkäufer erklärt bei den vorvertraglichen Verhandlungen auf ausdrückliche Frage des Käufers, dass die Gesamtfahrleistung eines gebrauchten Pkw mit dem Tachostand übereinstimmt.
Hier liegt eine Beschaffenheitsgarantie vor. Ein vertraglicher Gewährleistungsausschluss greift daher nicht.

Nach § 444 können nur Haftungsbeschränkungen für umfassende Garantien ausgeschlossen werden. Hingegen sind dem Umfang nach von vornherein beschränkte Garantien möglich,[61] was sich aus der Formulierung »soweit« ergibt.

21 Des Weiteren kann die Haftung des Verkäufers für einen Mangel der Kaufsache ausgeschlossen sein, wenn ein **gesetzlicher Ausschlussgrund** vorliegt.

Lesen Sie dazu § 442! Wenn der Käufer den Mangel bei Vertragsschluss kennt, ist er nicht schützenswert (§ 442 I 1). Hat der Käufer den Mangel wegen grober Fahrlässigkeit nicht erkannt, haftet der Verkäufer nur, wenn er den Mangel arglistig verschwiegen oder eine Garantie übernommen hat (§ 442 I 2).

Für im Grundbuch eingetragene Rechte, die den Grundstückskäufer belasten, gilt dieser Haftungsausschluss nicht (§ 442 II).

§ 442 findet beim **Verbrauchsgüterkauf** (→ Rn. 96 ff.) keine Anwendung (vgl. § 475 III 2 nF). Gleiches gilt für § 445, wonach die Privilegierung des Pfandgläubigers bei Arglist und Garantieübernahme entfällt. Zweck dieser Regelung ist: Dem Verkäufer ist bei einer öffentlichen Versteigerung die gewöhnliche Sachmängelhaftung nicht zumutbar, da er beim Pfandverkauf die in der Regel fremde Sache nicht so kennt wie der Verkäufer einer eigenen Sache.[62] Dafür zahlt der Käufer meist einen niedrigeren Preis als beim frei vereinbarten Kauf.

---

57 Nach NK-BGB/*Büdenbender* § 444 Rn. 17.

58 *Brox/Walker* SchuldR BT § 4 Rn. 32.

59 *Looschelders* SchuldR BT § 3 Rn. 13, § 4 Rn. 70 mwN. Das Verhältnis zwischen Haftungsausschluss und Garantie spielt vor allem beim Unternehmenskauf eine große Rolle. Bei Interesse: *Brox/Walker* SchuldR BT § 4 Rn. 32.

60 Nach OLG Koblenz NJW 2004, 1670 = MDR 2004, 1182.

61 NK-BGB/*Büdenbender* § 444 Rn. 22 mwN.

62 Vgl. HK-BGB/*Saenger* § 445 Rn. 1.

Wenn beide Vertragspartner Kaufleute im Sinne des Handelsrechts[63] sind, besteht für den Käufer gem. § 377 HGB die Pflicht, die Sache sofort zu untersuchen und einen Mangel unverzüglich anzuzeigen. Kommt er dieser Verpflichtung nicht nach, gilt die Ware als genehmigt, und er verliert seinen Mängelanspruch bzw. die Haftung des Verkäufers ist ausgeschlossen.

2. Nacherfüllung

a) Anspruch des Käufers

Sofern die Sache mangelhaft und die Haftung nicht ausgeschlossen ist, hat der Käufer gegen den Verkäufer gem. § 437 Nr. 1 zunächst einen Anspruch auf Nacherfüllung nach § 439 (ganz lesen!). 22

Die Priorität dieses Nacherfüllungsanspruchs vor Rücktritt und Minderung (vgl. § 437 Nr. 2) und Schadensersatz (§ 437 Nr. 3) folgt daraus, dass die Lieferung einer mangelfreien Sache als Inhalt des Erfüllungsanspruchs eine Hauptleistungspflicht des Verkäufers darstellt. Bei dem Anspruch des Käufers auf Nacherfüllung handelt es sich nach hM um eine **Modifikation** des ursprünglichen Anspruchs nach § 433 I 2 auf eine mangelfreie Leistung, der sich im Nacherfüllungsanspruch in abgewandelter Form fortsetzt.[64]

Da der Vertrag noch nicht erfüllt ist, sollen der Käufer das Recht und der Verkäufer die Möglichkeit zur Nacherfüllung erhalten.

Gemäß § 439 I kann der Käufer nach seiner **Wahl** entweder die Beseitigung des Mangels (= **Nachbesserung – 1. Var.**) **oder** die **Ersatzlieferung** einer mangelfreien Sache (= **Nachlieferung – 2. Var.**) verlangen. 23

> **Beispiel:** K kauft bei V ein Fahrrad und muss einige Tage später feststellen, dass der Gepäckträger angebrochen ist. Da ihm das Fahrrad ansonsten sehr gut gefällt, möchte er einen neuen Gepäckträger, also Nachbesserung.
> Aus § 437 Nr. 1 iVm § 439 I, 1. Var. folgt, dass K gegen V einen Anspruch auf Beseitigung des Mangels hat. Er hätte nach § 439 I, 2. Var. grundsätzlich auch ein ganz neues, mangelfreies Fahrrad verlangen können, wobei allerdings § 439 IV zu beachten ist (→ Rn. 26).

Der Verkäufer ist bei der Nachbesserung verpflichtet, den Mangel selbst zu beseitigen oder durch einen Dritten beseitigen zu lassen. Sofern eine Mangelbeseitigung auf unterschiedliche Weise möglich ist, kann der Verkäufer über die konkrete Art der Nachbesserung entscheiden – diesbezüglich besteht kein Wahlrecht des Käufers aus § 439 I.[65] 24

Wenn der Käufer die **Ersatzlieferung** wählt, muss der Verkäufer eine andere – mangelfreie – Sache liefern. Wenn es sich um eine **Gattungsschuld**[66] handelt, besteht die Verkäuferpflicht, eine andere Sache aus der vereinbarten Gattung zu leisten. Bei einer **Stückschuld** ist dies streitig.

> **Beispiel:**[67] K kauft bei V nach einer Probefahrt ein gebrauchtes Motorrad (= Stückschuld), das sich nach Übergabe als mangelhaft erweist. V hat noch ein anderes Motorrad desselben Typs und in einem vergleichbaren Erhaltungszustand.

---

63 Dazu *Wörlen/Kokemoor/Lohrer* HandelsR Rn. 7–31.
64 BT-Drs. 14/6040, 221; BGH NJW 2013, 220 (222).
65 *Reinicke/Tiedtke* KaufR Rn. 418.
66 Hierzu *Metzler-Müller* SchuldR AT Rn. 160 ff., 313 ff.
67 Nach *Heinemann/Pickartz* ZGS 2003, 149 mit Musterlösung.

- Kann K von V die Lieferung des anderen Motorrads gem. § 437 Nr. 1 iVm § 439 I, 2. Var. verlangen? Wie würden Sie entscheiden? Was spricht gegen den Anspruch?
- ▶ Da der Verkäufer beim Stückkauf nur die Leistung einer ganz bestimmten Sache schuldet, kann er nicht zur Lieferung einer anderen Sache verpflichtet sein.

Der Nacherfüllungsanspruch ist daher beim Stückkauf grundsätzlich auf die Nachbesserung beschränkt.[68]

- Mit welcher Argumentation könnte man aber einen Nacherfüllungsanspruch bejahen?
- ▶ Wenn es den Parteien nicht auf die konkrete Kaufsache ankommt (was im Wege der Vertragsauslegung ermittelt werden muss), ist der Anspruch auf Lieferung des anderen Motorrads gem. § 437 Nr. 1 iVm § 439 I, 2. Var. gegeben.

Der Bundesgerichtshof hat klargestellt, dass Nacherfüllung durch Lieferung einer mangelfreien Sache auch beim Stückkauf nicht grundsätzlich ausgeschlossen ist, bei gebrauchten Kaufsachen wie beim Gebrauchtwagenkauf allerdings fraglich erscheint. Möglich ist die Ersatzlieferung nach der Vorstellung der Parteien dann, wenn die Kaufsache im Falle ihrer Mangelhaftigkeit durch eine gleichartige und gleichwertige ersetzt werden kann. Eine Nachlieferung bei der Stückschuld soll laut BGH aber dann nicht möglich sein, wenn das Fahrzeug Probe gefahren wurde. Denn bei einem Gebrauchtwagenkauf begründet der Gesamteindruck im Rahmen der Probefahrt die Kaufentscheidung. Das Fahrzeug stellt dann ein Unikat dar, sodass eine Nachlieferung bei der Stückschuld in diesen Fällen nicht mehr möglich ist.[69] Danach scheidet auch in unserem Motorrad-Beispiel eine Nacherfüllung aus.

b) Aufwendungsersatz

24a Die Kosten der Nacherfüllung hat gem. § 439 II der Verkäufer zu tragen.

Eigene Aufwendungen darf der Verkäufer dem Käufer nicht in Rechnung stellen. Wenn der Käufer diese – in Unkenntnis seines Anspruchs auf kostenfreie Nacherfüllung – bezahlt, hat er gegenüber dem Verkäufer einen Herausgabeanspruch nach § 812 I 1, 1. Var.[70]

- Wie würden Sie den folgenden Beispielsfall entscheiden?

> **Beispiel:**[71] K kauft bei V Fertigholzparkett. Da er sich nicht sicher ist, ob das Parkett mangelhaft ist, lässt er es von einem Sachverständigen untersuchen. Dieser stellt einen Mangel fest. K verlangt von V Ersatz für die Sachverständigenkosten.

- ▶ K hat gegen V einen Anspruch auf Zahlung der Sachverständigenkosten nach § 439 II. Denn unter die »zum Zwecke der Nacherfüllung erforderlichen Aufwendungen« fallen auch die Aufwendungen des Käufers zur Klärung einer ungewissen Mangelursache; das damit verbundene Kostenrisiko ist grundsätzlich dem Verkäufer zugewiesen.

---

68 *Medicus/Lorenz* SchuldR BT § 7 Rn. 13 f.; Jauernig/*Berger* § 439 Rn. 24 mwN.
69 BGH NJW 2006, 2838 (2849); s. hierzu auch *Canaris* JZ 2003, 831 (833).
70 BGH NJW 2009, 580 (582). Diese Anspruchsgrundlage lernen Sie unter → Rn. 373 kennen.
71 Nach *Alpmann und Schmidt* SchuldR BT 1 Rn. 50.

Dies hat auch der BGH entschieden – ebenfalls für den Fall, dass der Käufer später nicht Nacherfüllung verlangt, sondern zur Minderung übergeht.[72]

Beachte: § 439 II stellt eine eigenständige verschuldensunabhängige Anspruchsgrundlage dar.[73]

Wenn es sich um einen Verbrauchsgüterkauf handelt (§ 474 I 1, → Rn. 96 ff.), hat der Verbraucher (= Käufer) außerdem gem. § 475 IV nF einen Anspruch gegen den Unternehmer (= Verkäufer) auf Vorschuss für seine Aufwendungen.

c) Nacherfüllung bei Einbau einer mangelhaften Sache

Wenn Baumaterialien, wie zB Parkett oder Bodenfliesen, gekauft werden, tritt der Mangel an der Kaufsache häufig erst auf, wenn diese Sachen vom Käufer – oder einem von ihm beauftragten Dritten – eingebaut worden sind. **24b**

Die Frage, ob der Verkäufer, sofern der Käufer Ersatzlieferung verlangt, auch die **Kosten für den Ausbau** und den Abtransport der vom Käufer bereits eingebauten mangelhaften Kaufsache **und für den Einbau** der – im Wege der Nacherfüllung gelieferten – mangelfreien Ersatzsache tragen muss, war lange umstritten.[74]

Beispiele: 1) Der Käufer hatte Parkettstäbe gekauft und diese eingebaut. Erst danach entdeckte er den Mangel. Die fehlerhafte Ware musste deshalb wieder ausgebaut und fehlerfreie Parkettstäbe mussten erneut verlegt werden.[75]
2) Der Käufer hatte 45,36 m² Bodenfliesen zum Preis von 1.382,27 EUR gekauft und ließ rund 33 m² der Fliesen in seinem Wohnhaus verlegen. Danach zeigten sich Mängel. Ein Sachverständiger kam zu dem Ergebnis, dass Abhilfe nur durch einen kompletten Austausch der Fliesen möglich sei. Die Kosten dafür bezifferte der Sachverständige mit 5.830,57 EUR.[76]

■ Testen Sie Ihr bereits erworbenes Wissen und überlegen Sie, welche Anspruchsgrundlage für den Anspruch des Käufers gegen den Verkäufer auf Lieferung mangelfreier Parkettstäbe bzw. Fliesen in Betracht kommt!

▶ Ihre Antwort lautet hoffentlich: § 437 Nr. 1 iVm § 439 I, 2. Var.?

■ Umfasst dieser Anspruch auch die Kosten für den Ausbau der mangelhaften und den Einbau der mangelfreien Ware? Was meinen Sie?

▶ Ja. Dies regelt § 439 III!

Diese Regelung wurde geschaffen,[77] nachdem der EuGH entschieden hatte,[78] dass der Verkäufer nach der Verbrauchsgüterkaufrichtlinie[79] verpflichtet ist, entweder selbst den Ausbau der vertragswidrigen Kaufsache vorzunehmen und die als Ersatz gelie-

72 BGH NJW 2014, 2351.

73 BGHZ 189, 196 (210) = NJW 2011, 2278; BGH NJW 2014, 2351 (2352); Palandt/*Weidenkaff* § 439 Rn. 9; jurisPK-BGB/*Pammler* § 439 Rn. 54 (58.1); *Reinking/Eggert*, Der Autokauf, 12. Aufl. 2013, Rn. 757 f.

74 Bei Interesse: *Brox/Walker* SchuldR BT § 4 Rn. 41a; *Looschelders* SchuldR BT § 4 Rn. 6 f., jurisPK-BGB/*Pammler* § 439 Rn. 67 ff.

75 BGH NJW 2008, 2837, 2839: Nur Kosten für die Anlieferung mangelfreier Parkettstäbe zu tragen, Kosten für deren Verlegung (= Einbau) nur bei Vertretenmüssen als Schadensersatz statt der Leistung nach §§ 437 Nr. 3, 280 I und III, 281 ff.

76 BGH NJW 2009, 1660.

77 Mit Wirkung vom 1.1.2018 durch das Gesetz zur Reform des Bauvertragsrechts und zur Änderung der kaufrechtlichen Mängelhaftung v. 28.4.2017, BGBl. 2017 I 969.

78 EuGH NJW 2011, 2269 – aufgrund einer Vorlage des BGH v. 14.1.2009 (NJW 2009, 1660).

79 RL 1999/44/EG des Europäischen Parlaments und des Rates 1999 zu bestimmten Aspekten des Verbrauchsgüterkaufs und der Garantien für Verbrauchsgüter v. 25.5.1999, ABl. 1999 L 171, 12, zum 1.1.2022 ersetzt durch die **Warenkauf-RL** (EU) 2019/771 (→ Rn. 96, 141).

ferte Sache einzubauen oder die hierfür erforderlichen Kosten zu tragen. Gemäß § 439 III ist der Verkäufer verpflichtet, dem Käufer im Rahmen der Nacherfüllung die erforderlichen **Aufwendungen für** das **Entfernen** der mangelhaften **und** den **Einbau** oder das Anbringen der nachgebesserten oder gelieferten mangelfreien Sache **zu ersetzen**, wenn der Käufer die mangelhafte Sache gemäß ihrer Art und ihrem Verwendungszweck in eine andere Sache eingebaut hat. Dieser Anspruch ist **unabhängig** von der **Art der Nacherfüllung** und gilt für **alle Kaufverträge** – also nicht nur für den Bereich des Verbrauchsgüterkaufs.[80]

24c Der Anspruch des Käufers auf Ausbau der gekauften mangelhaften und Einbau der als Ersatz zu liefernden Sache setzt voraus, dass der Käufer die gekaufte Sache eingebaut hat, bevor der Mangel offenbar wurde (§ 439 III 1 nF).[81] Auch muss der Einbau der Art der Sache und ihrem Verwendungszweck gemäß in eine andere Sache erfolgt sein. Ansonsten würde der Anspruch auf die Aus- und Einbauleistung auf Fälle erstreckt, in denen der Käufer nicht schutzwürdig ist und die Ansprüche für den Verkäufer nicht vorhersehbar wären. Der **art- und verwendungszweckgemäße Einbau** der Sache ist grundsätzlich **objektiv zu beurteilen**. Es kommt darauf an, dass der Käufer die Kaufsache durch den vorgenommenen Einbau bestimmungsgemäß verwendet hat. Sofern der Käufer die Kaufsache durch den Einbau entgegen ihrer funktionellen Bestimmung verwendet, kann ein Anspruch auf ihren Ausbau und Einbau einer Ersatzsache abzulehnen sein.[82]

Beispiel: Der Käufer nutzt einen für Bekleidung gedachten Stoff als Vorhangstoff.[83]

§ 439 III erstreckt die Verpflichtung des Verkäufers – über die von der oben aufgezeigten Rechtsprechung des EuGH zu »Ein- und Ausbau« hinaus – auch auf Fälle, in denen die Kaufsache »an eine andere Sache **angebracht**« worden ist. Mit dieser Alternative des Anbringens werden Fälle erfasst, in denen Baumaterialien nicht in ein Bauwerk eingebaut, sondern nur an dieses angebracht werden.

Beispiel: Montage von Dachrinnen oder Leuchten.

Weitere Beispiele hierfür sind mangelhafte Farben und Lacke, die zum Zwecke der Nacherfüllung abgeschliffen und erneut angebracht werden müssen.[84]

Der Verkäufer kann nicht wählen, ob er den Aus- und Einbau der mangelhaften Sache selbst vornimmt oder Wertersatz leistet.[85] Diese Problematik kann sich dann ergeben, wenn der Käufer die mangelhafte Kaufsache vor Auftreten des Mangels im Rahmen eines Werkvertrages bei einem Dritten verbaut hatte. Hier würde zugleich auch in ein fremdes Vertragsverhältnis eingegriffen. Der Verkäufer wird insoweit hinreichend dadurch geschützt, dass der Käufer nur **Ersatz der erforderlichen Aufwendungen**

80 BT-Drs. 18/8486, 39.

81 Zu den Gründen der durch die Warenkauf-RL (EU) 2019/771 (→ Rn. 96, 141) bedingten Änderungen zum 1.1.2022 durch das Gesetz v. 25.6.2021 (BGBl. 2021 I 2133) s. die RegBegr BT-Drs. 19/27424, 24.

82 BT-Drs. 18/8486, 39 f.

83 Erman/*Grunewald* § 439 Rn. 10.

84 BT-Drs. 18/11437, 40.

85 BT-Drs. 18/11437, 40.

verlangen kann.[86] Also solche, die ein vernünftiger, wirtschaftlich denkender Auftraggeber aufgrund sachkundiger Beratung oder Feststellung für eine vertretbare, dh **geeignete und Erfolg versprechende Maßnahme** zur Mängelbeseitigung erbringen konnte und musste.[87]

d) Rechtsfolgen der Nacherfüllung

Damit der Verkäufer prüfen kann, ob die Kaufsache tatsächlich mangelhaft ist, hat der Käufer dem Verkäufer die Sache zum Zwecke der Nacherfüllung zur Verfügung zu stellen, § 439 V nF. Sofern der Verkäufer je nach Wahl des Käufers als Nacherfüllung eine mangelfreie Sache liefert oder mangelfrei nachbessert, erlischt seine Leistungspflicht nach §§ 433 I, 437 Nr. 1, 362. Bei Lieferung einer mangelfreien Sache hat der Verkäufer gegen den Käufer einen Anspruch auf Rückgewähr der zuvor gelieferten mangelhaften Sache nach § 439 VI 1 nF iVm §§ 346–348 (= Rechtsfolgenverweisung, → Rn. 11), wobei er die ersetzte Sache gem. § 439 VI 2 nF auf seine Kosten zurückzunehmen hat. **25**

Beachte: § 439 VI 1 nF ist eine Anspruchsgrundlage!

Der Käufer muss gem. § 346 I, II auch die gezogenen Nutzungen sowie die Gebrauchsvorteile (§ 100) herausgeben bzw. deren Wert ersetzen. Denn er erhält durch die Ersatzlieferung eine neue Sache und muss deshalb für die zwischenzeitige Nutzung der mangelhaften Sache ein Entgelt zahlen.[88] Dies gilt nach § 475 III 1 allerdings nicht für den Verbrauchsgüterkauf, wenn also ein Verbraucher von einem Unternehmer eine Ware kauft (vgl. die Definition in § 474 I 1). Die Kosten der Rückgewähr, insbesondere des Transports, fallen unter § 439 II und sind vom Verkäufer zu tragen.[89]

e) Erfüllungsort der Nacherfüllung

Die Frage, wo sich der **Erfüllungsort der Nacherfüllung** befindet, ist im Kaufrecht nicht geregelt. **25a**

■ Welche beiden Örtlichkeiten kommen hierfür in Betracht? Denken Sie nach!

▶ In Betracht kommt die Nacherfüllung
- am tatsächlichen Lageort/Belegenheitsort der Kaufsache (zB Wohnung des Käufers) oder
- am ursprünglichen Erfüllungsort der Primärleistungspflicht (zB Geschäft des Verkäufers).

Nach der Rechtsprechung[90] ist der **Erfüllungsort der Nacherfüllung** nach **§ 269 I** zu beurteilen. In erster Linie ist die **Parteivereinbarung** maßgebend. Hilfsweise wird auf die jeweiligen Umstände des Einzelfalles, vor allem die Natur des Schuldverhältnisses abgestellt. Wenn sich hieraus keine abschließenden Erkenntnisse gewinnen lassen, ist der Erfüllungsort der Ort, an dem der Verkäufer zum Zeitpunkt der Entstehung des Schuldverhältnisses seinen Wohnsitz oder seine gewerbliche Niederlassung (§ 269 II) hatte.[91]

---

86 BT-Drs. 18/11437, 40. Es kann zur Auslegung dieses Begriffs auf die Rechtsprechung zum Selbstvornahmerecht des Bestellers eines Werkes nach § 637 zurückgegriffen werden, das ebenfalls einen Anspruch auf Ersatz der erforderlichen Aufwendungen vorsieht (§ 637 I, II).
87 BGH NJW-RR 1991, 789; Palandt/*Retzlaff* § 637 Rn. 6 mwN.
88 BT-Drs. 14/6040, 232 f.
89 Palandt/*Weidenkaff* § 439 Rn. 26.
90 BGH NJW 2011, 2278 (2279 f.).
91 *Looschelders* SchuldR BT § 4 Rn. 24 mwN.

Beispiele:[92] Der Käufer muss beim Kauf im Ladengeschäft die mangelhafte Sache zum Laden zurückbringen. Wenn ein Fahrzeug gekauft wird, muss dieses zur Mangelbeseitigung in die Werkstatt des Händlers gebracht werden, weil dort die Reparatur möglich ist. Die Kosten hierfür hat nach § 439 II der Verkäufer zu tragen.

f) Verweigerungsrecht des Verkäufers

26 ■ Lesen Sie § 439 IV 1 (nochmals) sowie die Verweisungen auf § 275 und versuchen Sie, die drei Möglichkeiten des Verkäufers, die Nacherfüllung zu verweigern, aufzulisten!

▶ **Der Verkäufer kann die Nacherfüllung gem. § 439 IV 1 verweigern:**

(1) gem. § 275 II (unangemessener Aufwand),
(2) gem. § 275 III (Unzumutbarkeit) und
(3) wenn die Nacherfüllung nur mit unverhältnismäßig hohen Kosten möglich ist (§ 439 IV 1 Hs. 2).

27 Selbstverständlich ist, dass der Verkäufer die Nacherfüllung auch verweigern kann, wenn seine Leistungspflicht gem. § 275 I ausgeschlossen ist, dh wenn er weder nachbessern noch einen mangelfreien Ersatz liefern kann. Beide Formen der Nacherfüllung müssen ihm unmöglich sein.

Wie Sie gerade gelesen haben, kann der Verkäufer gem. § 439 IV 1 die vom Käufer gewählte Art der Nacherfüllung verweigern, wenn sie nur mit **unverhältnismäßigen Kosten** möglich ist. Bei dieser Vorschrift handelt es sich um eine Ausprägung des Grundsatzes von Treu und Glauben.[93] Nach § 439 IV 2 ist hierbei insbesondere der Wert der Sache in mangelfreiem Zustand und die Bedeutung des Mangels (sog. **absolute Unverhältnismäßigkeit**) sowie die Frage zu berücksichtigen, ob auf die andere Art der Nacherfüllung ohne erhebliche Nachteile für den Käufer zurückgegriffen werden kann (sog. **relative Unverhältnismäßigkeit**). Es handelt sich hierbei um Abwägungskriterien.

Beispiele für die relative Unverhältnismäßigkeit:[94] Bei einer Armbanduhr für 10 EUR ist eine Nachbesserung in der Regel mit unverhältnismäßigen Aufwendungen verbunden, so dass in diesem Fall nur eine Nachlieferung in Betracht kommt.
Wenn der Mangel an der Waschmaschine durch ein einfaches Auswechseln einer Schraube behoben werden kann, kann der Verkäufer, sofern der Käufer die Lieferung eines neuen Geräts verlangt, diese Art der Nacherfüllung wegen der damit verbundenen unverhältnismäßigen Kosten verweigern.

Für die **absolute Unverhältnismäßigkeit** werden verschiedene Prozentgrenzen vorgeschlagen. In der Regel wird diese angenommen, wenn die Nacherfüllungskosten 150% des Werts der Sache in mangelfreiem Zustand oder 200% des mangelbedingten Minderwerts übersteigen.[95]

92 Nach *Fikentscher/Heinemann* SchuldR Rn. 861 mwN.
93 *Brox/Walker* SchuldR BT § 4 Rn. 45.
94 Vgl. BT-Drs. 14/6040, 232.
95 BeckOK BGB/*Faust* § 439 Rn. 66 mwN. Der BGH nimmt jedenfalls bei Überschreitung dieser Grenzwerte absolute Unverhältnismäßigkeit an, hält jedoch eine Bewertung aller Umstände des Einzelfalls für maßgeblich; vgl. BGH NJW 2009, 1660.

Merke: Unter mangelbedingtem bzw. merkantilem Minderwert ist die Wertminderung zu verstehen, die sich als Folge des Mangels ergibt. In Betracht kommt ein merkantiler Minderwert infolge einer geringeren Wertschätzung, die die Kaufsache am Markt infolge des Mangels durch die maßgeblichen Verkehrskreise erfährt.[96] Der merkantile Minderwert ist vor allem bei einer durch einen Unfall beschädigten Sache relevant: Er bezeichnet die Wertminderung, die dieser Sache auch nach vollständiger und erfolgreicher Reparatur anhaftet.

■ Fällt Ihnen nach dem bisher Gelesenen ein Beispiel für die absolute Unverhältnismäßigkeit ein?

▶ Richtig geraten oder wussten Sie es sofort? Der erwähnte Bodenfliesenfall (→ Rn. 24b) ist **das** Beispiel für die absolute Unverhältnismäßigkeit.

Der EuGH hatte allerdings in seiner oben genannten Entscheidung zum »Bodenfliesenfall« auch ausgeführt, dass die Anknüpfung des Leistungsverweigerungsrechts des Verkäufers an die absolute Unverhältnismäßigkeit beim **Verbrauchsgüterkauf** (§ 474 I 1, → Rn. 96 ff.) nicht mit der Verbrauchsgüterkauf-RL[97] vereinbar sei.[98] Die so verstandene Rechtslage wurde jedoch nicht in die **Warenkauf-Richtlinie** übernommen, die die Verbrauchsgüterkauf-RL ersetzt, weil es nicht als gerechtfertigt angesehen wurde, den Verkäufer zur Erbringung einer unverhältnismäßigen Leistung zu verpflichten. Daraufhin hat auch der deutsche Gesetzgeber die zwischenzeitlich geschaffenen Sonderregelungen für den Verbrauchsgüterkauf in § 475 IV aF und V aF mit Wirkung vom 1.1.2022 wieder gestrichen.[99] Es gelten daher insoweit keine Besonderheiten mehr.

Nach § 439 IV 3 Hs. 1 beschränkt sich der Anspruch des Käufers im Fall der **relativen Unverhältnismäßigkeit** auf die von ihm nicht gewählte andere (= verhältnismäßigere) Art der Nacherfüllung. Satz 3 dieser Vorschrift enthält also eine Klarstellung des Verhältnisses der beiden Arten der Nacherfüllung zueinander. Die in § 439 IV 1 vorgesehene Verhältnismäßigkeitsprüfung bezieht sich (→ Rn. 26 f.) allein auf die vom Käufer gewählte Art der Nacherfüllung. Ist sie zu Recht vom Verkäufer verweigert worden, hat dies nicht einen Ausschluss des Nacherfüllungsanspruchs des Käufers insgesamt zur Folge. Der Nacherfüllungsanspruch beschränkt sich dann nur auf »die andere Art der Nacherfüllung«, falls der Verkäufer nicht auch diese verweigern kann (vgl. § 439 IV 3 Hs. 2). Erst dann kann der Käufer vom Vertrag zurücktreten **oder** Minderung verlangen **und** gegebenenfalls seinen Anspruch auf Schadensersatz oder auf Ersatz vergeblicher Aufwendungen geltend machen. Eine Fristsetzung ist hierfür nicht erforderlich (§ 440 S. 1). 28

■ Versuchen Sie abschließend, die Fälle, in denen der Nacherfüllungsanspruch auf **eine Art der Nacherfüllung beschränkt** ist, herauszuarbeiten!

---

96 NK-BGB/*Raab* § 638 Rn. 8 mwN.

97 RL 1999/44/EG des Europäischen Parlaments und des Rates zu bestimmten Aspekten des Verbrauchsgüterkaufs und der Garantien für Verbrauchsgüter v. 25.5.1999, ABl. 1999 L 171, 12, zum 1.1.2022 ersetzt durch die **Warenkauf-RL** (EU) 2019/771 (→ Rn. 96, 141).

98 EuGH NJW 2011, 2269 (2274).

99 Durch das Gesetz zur Regelung des Verkaufs von Sachen mit digitalen Elementen und anderer Aspekte des Kaufvertrags v. 25.6.2021, BGBl. 2021 I 2133; s. dazu die RegBegr BT-Drs. 19/27424, 27.

Der Nachererfüllungs**anspruch** ist auf **eine Art der Nacherfüllung beschränkt:**	
Wenn die gewählte Art der Nacherfüllung gem. § 275 I unmöglich ist.	Wenn sich der Verkäufer hinsichtlich der gewählten Art der Nacherfüllung auf ein Leistungsverweigerungsrecht beruft: • falls die Nacherfüllung in einem groben Missverhältnis zu dem Leistungsinteresse des Käufers steht (§§ 439 IV 1, 275 II), • falls der Verkäufer die Nacherfüllung persönlich zu erbringen hat und ihm dies nicht zumutbar ist (§§ 439 IV 1, 275 III), • falls die Nacherfüllung mit unverhältnismäßigen Kosten verbunden ist (§ 439 IV 1).

Nach alledem ergibt sich für den Nacherfüllungsanspruch des Käufers folgendes Prüfungsschema.

29

Prüfungsschema

Anspruch des Käufers auf Nacherfüllung gem. § 437 Nr. 1 iVm § 439

Voraussetzungen:

1. Wirksamer Kaufvertrag (iSd § 433)
2. Lieferung einer mangelhaften Kaufsache (§§ 434 f.) durch den Verkäufer (= Pflichtverletzung)
3. Sachmangel bei Gefahrübergang (§§ 446 f.) oder Rechtsmangel bei Eigentumsübertragung (§ 435)
4. Kein Haftungsausschluss durch Vertrag (vgl. § 444) oder Gesetz (§§ 442, 445 oder § 377 HGB)

Rechtsfolgen: Diese verdeutlicht die Übersicht 1

Übersicht 1 30

Rechtsfolgen des Anspruchs des Käufers auf Nacherfüllung

(§ 437 Nr. 1 iVm § 439)

Rechtsfolgen

Nach Wahl des Käufers

Beseitigung des Mangels
= **Nachbesserung**
(§ 439 I, 1. Var.)

Ersatzlieferung
einer mangelfreien Sache
(§ 439 I, 2. Var.)
beachte § 439 VI nF

Verkäufer hat die zur Nacherfüllung erforderlichen Aufwendungen zu tragen (§ 439 II = Anspruchsgrundlage),

es sei denn:

Verweigerungsrecht des Verkäufers

Verkäufer kann die vom Käufer gewählte Art der Nacherfüllung gem. § 439 IV 1 verweigern, wenn

- die Voraussetzungen von § 275 II (unangemessener Aufwand),
- die Voraussetzungen von § 275 III (Unzumutbarkeit)

vorliegen oder

- die Nacherfüllung unverhältnismäßig teuer wäre.

31

Übungsfall 1

Kaufmann Karl (K) hatte von dem Kraftfahrzeughändler Volker (V) am 1.2. einen bei diesem als »fabrikneu« ausgestellten Personenkraftwagen gegen Barzahlung gekauft. Auf einer längeren Fahrt, die er am nächsten Tag unternahm, hatte K mit dem Wagen Schwierigkeiten und musste zu einer Reparaturwerkstatt. Dort wurde festgestellt, dass der Motor einen schweren Schaden hatte und zudem zwei Reifen auf der Innenseite stark abgefahren waren. Der Motorschaden wurde behelfsmäßig behoben, damit K wenigstens nach Hause fahren konnte.
K schrieb daraufhin an V, dass er wegen der erwähnten Mängel den Wagen zur Verfügung stelle und um Rückzahlung des Kaufpreises sowie um Erstattung der in der Reparaturwerkstatt entstandenen Kosten bitte.

Welche Ansprüche hat K gegen V?

Anmerkung: Sonderregelungen für den Verbrauchsgüterkauf (§§ 474 ff.) sind in diesem Fall nicht zu beachten.

Es ist nach mehreren Ansprüchen gefragt, die wir unterscheiden und getrennt prüfen müssen.

■ Was will K von V?

▶ (1) Er will den Wagen zurückgeben und den Kaufpreis zurückgezahlt bekommen sowie
(2) Erstattung (Ersatz) der entstandenen Reparaturkosten.

Wir prüfen zunächst den Anspruch des K gegen V auf Rückzahlung des Kaufpreises.

Als Anspruchsgrundlage brauchen wir eine Vorschrift, aus der sich ergibt, dass ein Vertragspartner von dem anderen etwas, das er aufgrund des Vertrags bereits geleistet hat, wieder zurückverlangen kann.

■ Welche Vorschrift könnte das sein?
Überfliegen Sie die amtlichen Überschriften der §§ 433 ff.!

32 ▶ Wenn Sie das getan haben, ist Ihr Blick sicher bei der Überschrift »Rechte des Käufers bei Mängeln«, also bei § 437 (Vorschrift ganz lesen!) haften geblieben, die bereits oben (→ Rn. 11 und → Rn. 22) erwähnt wurde.

■ Können Sie aus dem Wortlaut dieser Vorschrift entnehmen, dass K gegen V einen **Anspruch** auf Rückzahlung des Kaufpreises hat?

▶ Wenn Sie sich erinnern,[100] dass eine Anspruchsgrundlage eine Norm ist, aus deren Wortlaut man herauslesen kann, dass einer vom anderen etwas verlangen kann (vgl. § 194 I), müssten Sie diese Frage bezüglich des **Rückzahlungsanspruchs** verneint haben.

Zwar gewährt § 437 Nr. 1, 1. Var. (iVm § 439) dem Käufer einen Anspruch auf Nacherfüllung, und § 437 Nr. 3, 1. Var. gewährt ihm unter den Voraussetzungen der dort genannten Vorschriften einen Anspruch auf Schadensersatz, aber nicht einen Anspruch auf Rückzahlung des Kaufpreises.

Allerdings stellt § 437 Nr. 2 die **Gestaltungsrechte** des Rücktritts und der Minderung zur Verfügung. Wenn Sie sich an das erinnern, was Sie im Allgemeinen Schuldrecht zum Rücktritt gelernt haben,[101] könnte Ihnen § 346 als mögliche Anspruchsgrundlage eingefallen sein.

100 Vgl. *Wörlen/Metzler-Müller* BGB AT Rn. 205.

101 *Wörlen/Metzler-Müller* SchuldR AT Rn. 237 ff. (Verzug), Rn. 306 ff. (Unmöglichkeit) und Rn. 351 ff. (Schlechterfüllung).

3. Rücktritt

Ein Anspruch des K gegen V auf Rückzahlung des Kaufpreises (verbunden mit der Rückgabe des Kfz) könnte sich also aus § 346 I (lesen!) iVm den §§ 437 Nr. 2, 1. Var., 440, 323 sowie § 434 I 1 ergeben. 33

§ 346 I Hs. 1 setzt zunächst voraus, dass der Gläubiger ein vertragliches oder gesetzliches Rücktrittsrecht hat. Hier kommt das gesetzliche Rücktrittsrecht des K gem. § 437 Nr. 2, 1. Var. unter den Voraussetzungen der §§ 440, 323 und gegebenenfalls § 326 V in Betracht. 34

Außerdem muss der Gläubiger das Rücktrittsrecht ausüben. Dies folgt aus der Formulierung, dass die empfangenen Leistungen »im Fall des Rücktritts« zurück zu gewähren sind. Die Ausübung erfolgt durch Erklärung des Rücktritts gem. § 349.

In unserem Fall ist daher zu prüfen, ob dem K ein gesetzliches Rücktrittsrecht zusteht. In Betracht kommt das Rücktrittsrecht nach §§ 437 Nr. 2, 1. Var., 323 I. Dies setzt voraus:

> **Lernhinweis:** Die folgende Nummerierung der Tatbestandsvoraussetzungen orientiert sich an dem unter → Rn. 39 abgedruckten Prüfungsschema.

a) Voraussetzungen für das Bestehen des Rücktrittsrechts nach § 437 Nr. 2, 1. Var. iVm § 323 I

aa) Wirksamer Kaufvertrag

Diese Voraussetzung haben V und K durch Abschluss eines Kaufvertrags iSv § 433 am 1.2. erfüllt.

bb) Pflichtverletzung des Schuldners durch Lieferung mangelhafter Kaufsache

Gemäß § 433 I 2 hatte V dem K das Auto frei von Sachmängeln zu verschaffen. Dies setzt gem. § 434 I nF voraus, dass die Sache bei Gefahrübergang (vgl. § 446) den subjektiven Anforderungen, den objektiven Anforderungen und den Montageanforderungen des § 434 entspricht. Da V ein »fabrikneues« und damit fahrtüchtiges Auto schuldete und stattdessen ein mangelhaftes Fahrzeug mit defektem Motor und abgefahrenen Reifen lieferte, wies der Wagen Sachmängel sowohl hinsichtlich der subjektiven als auch der objektiven Anforderungen auf, sodass auch diese Voraussetzung erfüllt ist. 35

cc) Gefahrübergang

Da das Auto dem K von V bereits übergeben wurde, ist die Gefahr des zufälligen Untergangs gem. § 446 auf K übergegangen.

dd) Angemessene und erfolglose Fristsetzung zur Nacherfüllung

Mit der Fristsetzung (§ 323 I) soll der Verkäufer grundsätzlich Gelegenheit zur Nacherfüllung gem. § 439 I (→ Rn. 22–29) erhalten. Aus ihrer Notwendigkeit folgt daher das Prioritätsverhältnis zwischen dem vorrangigen Nacherfüllungsanspruch und dem Rücktritt. Zwar hat K dem V hier keine Frist gesetzt, doch bei Lieferung einer mangelhaften Sache ist in Ausnahmefällen ein sofortiger Rücktritt möglich: 36

- § 440 (lesen)

oder

- § 323 II Nr. 1–3 (lesen).

■ Überlegen Sie, auf welche dieser Vorschriften sich K berufen könnte!

▶ Hier kommen zugunsten des K sowohl die speziellere Vorschrift des § 440 S. 1, 3. Var. als auch die allgemeine Regelung von § 323 II Nr. 3 in Betracht.

Zwar ist eine Nacherfüllung in Form von Ersatzlieferung eines neuen Autos gleichen Typs grundsätzlich noch möglich. Da aber V dem K ein »fabrikneues« Auto offenbar ungeprüft mit erheblichen Mängeln verkauft hat, ist das Vertrauensverhältnis von K zu V derart gestört, dass dem K eine Nacherfüllung gem. § 440 S. 1, 3. Var. unzumutbar ist.

Wenn ein »fabrikneues« Auto einen schweren Motorschaden und abgefahrene Reifen aufweist, liegen auch besondere Umstände vor, die unter Abwägung der beiderseitigen Interessen den sofortigen Rücktritt rechtfertigen (§ 323 II Nr. 3).

Beachte: Für einen Rücktritt wegen eines Mangels der Ware sind beim **Verbrauchsgüterkauf** die § 323 II und § 440 nicht anwendbar und die Fälle, in denen eine Fristsetzung zur Nacherfüllung entbehrlich ist, sind eigenständig in § 475d I nF geregelt.

ee) Kein Haftungsausschluss

37 Ein grundsätzlich möglicher Haftungsausschluss (vgl. § 444) wurde zwischen V und K nicht vereinbart. Gesetzliche Ausschlussgründe (§§ 442, 445) sind nicht ersichtlich.

ff) Kein Ausschluss gem. § 323 V oder VI

§ 323 V 1 greift nicht ein, da keine Teilleistung vorliegt.

Wenn ein als »fabrikneu« verkauftes Auto einen schweren Motorschaden und abgefahrene Reifen aufweist, ist auch die Erheblichkeit des Mangels bzw. der Pflichtverletzung durch V zu bejahen (§ 323 V 2).

K hat die Sachmängel des Autos weder zu vertreten noch befand er sich im Annahmeverzug (§ 323 VI).

gg) Erklärung des Rücktritts

K müsste den Rücktritt gem. § 349 erklärt haben. Ausdrücklich hat er den Rücktritt nicht erklärt. K hat dem V aber geschrieben, dass er wegen der erwähnten Mängel den Wagen zur Verfügung stelle und um Rückzahlung des Kaufpreises bittet. Damit hat er den Rücktritt konkludent erklärt.

b) Rechtsfolgen des Rücktritts

38 Nach § 346 I Hs. 2 hat V dem K den Kaufpreis für den Pkw herauszugeben, während K das Auto herausgeben muss (bzw. zurückgeben darf, was seinem Verlangen sehr entgegenkommt). Da davon auszugehen ist, dass V den Kaufpreis nicht von seinem sonstigen Bar- bzw. Buchgeld getrennt hat und eine Rückgewähr in Natur dementsprechend unmöglich ist, schuldet V gem. § 346 II 1 Nr. 1 **Wertersatz in Höhe des Kaufpreises;** dies Zug um Zug gegen Rückgabe und Rückübereignung des Kraftfahrzeugs (§ 348).

Der Rücktritt führt nach § 346 I zu einer ex nunc (lat. » ab jetzt, von nun an«) eintretenden Umwandlung des Schuldverhältnisses in ein **Rückgewährschuldverhältnis.** Er beseitigt nicht den Kaufvertrag, sondern verändert nur seinen Inhalt. Das alte Schuldverhältnis bleibt – unter Umkehr der Leistungspflichten – bestehen. Die vertraglichen Primärleistungspflichten gehen unter. Wurden schon Leistungen in Hinblick auf das Schuldverhältnis erbracht, so sind diese der Gegenseite zurückzugewähren. Eine Anwendung von § 812[102] ist wegen dieser besonderen Rechtsfolge des

102 Näheres dazu unter → Rn. 373 f.

Rücktritts nicht möglich. Aufgrund des fortbestehenden, aber umgewandelten Schuldverhältnisses liegt kein Fall des fehlenden Rechtsgrundes vor.

Die folgende Skizze verdeutlicht dieses:

Schuldverhältnis **vor** dem **Rücktritt:**

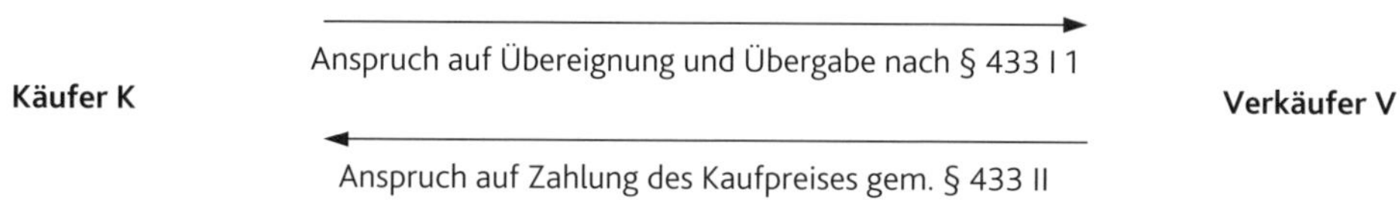

Schuldverhältnis **nach** dem **Rücktritt:**

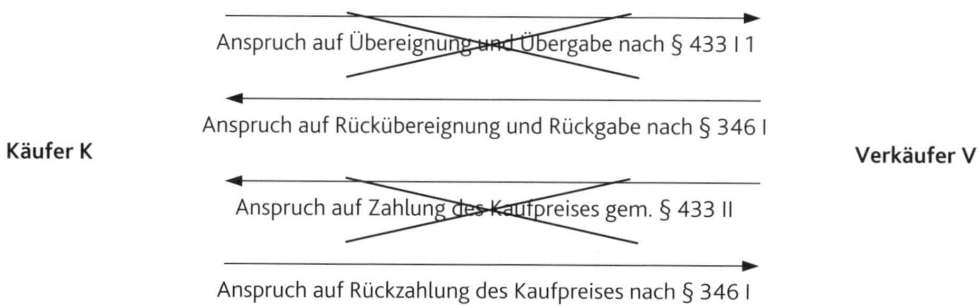

Beachte: Bei einem Rücktritt wird das Schuldverhältnis nie über §§ 812 ff., sondern immer über § 346 rückabgewickelt. Die §§ 812 ff. regeln die Rückgewähr von Vermögenswerten insbesondere in den Fällen, in denen ein Schuldverhältnis nicht besteht oder weggefallen ist. Nach §§ 346 ff. wird ein altes Schuldverhältnis mit neuem Inhalt fortgesetzt, nach §§ 812 ff. hingegen ein neues gesetzliches Schuldverhältnis begründet.

■ Gehen Sie in Übungsfall 1 davon aus, dass der Sachmangel erst später auftritt und K nach einem Jahr wirksam vom Kaufvertag, den er mit V über den neuen Pkw geschlossen hatte, zurücktritt. V will Ersatz für die vorübergehende Benutzung des Pkw durch K und für die schon durch die Zulassung eingetretene Wertminderung, zumal es sich jetzt nur noch um einen Gebrauchtwagen handelt. Hat V einen entsprechenden Anspruch?

▶ Neben der Rückgewähr der empfangenen Leistung (= Rückgabe des Pkw) schuldet K dem V gem. § 346 I die Herausgabe der gezogenen Nutzungen, wozu gem. § 100 auch die Gebrauchsvorteile gehören.

Die einjährige Nutzung des Pkw ist für K also nicht gratis. Zur Ermittlung des Nutzungswertes ist der (aufgrund des Sachmangels geminderte) Kaufpreis in Beziehung zur Gesamtnutzungsdauer zu setzen und hieraus der Wert für den Nutzungszeitraum zu ermitteln. Bei Kraftfahrzeugen wird auf die gefahrenen Kilometer abgestellt. Die Nutzungsentschädigung wird für 1.000 km auf 0,3% bis 1% des Kaufpreises geschätzt.[103]

103 Palandt/*Grüneberg* § 346 Rn. 10 mwN.

V kann allerdings keinen Ersatz für die durch allein die Zulassung entstandene Wertminderung verlangen, da diese durch die bestimmungsgemäße Ingebrauchnahme entstanden ist (§ 346 II 1 Nr. 3 Hs. 2).

Beachte: Wenn der Verkäufer einer mangelhaften Sache zum Zwecke der **Nacherfüllung** (§ 437 Nr. 1 iVm § 439 I) eine mangelfreie Sache liefert, kann er vom Käufer die Rückgabe der mangelhaften Sache nach den §§ 346–348 verlangen (§ 439 VI 1 nF).
Beim **Verbrauchsgüterkauf** ist der Käufer allerdings entgegen § 346 I **nicht** zur Herausgabe oder **zum Ersatz der bisher gezogenen Nutzungen verpflichtet (§ 475 III 1)**. Wenn der Verbraucher aber nicht Nacherfüllung verlangt, sondern vom Vertrag **zurücktritt**, muss er im Rahmen der Rückabwicklung auch **Nutzungswertersatz** nach § 346 I leisten. In diesem Fall trägt der Unternehmer aber die Kosten der Rückgabe der Ware und ein Nachweis über die Rücksendung steht bei der Rückabwicklung Zug um Zug der Rückgewähr der Ware gleich (§ 475 V nF).

Wenn die Kaufsache nicht zurückgewährt werden kann, hat der Käufer in den in § 346 II 1 genannten Fällen eine Wertersatzpflicht. So zB, wenn die Rückgewähr oder die Herausgabe typischerweise bei unkörperlichen Leistungen nach der Natur des Erlangten ausgeschlossen ist (vgl. § 346 II 1 Nr. 1). Bei der Wertersatzberechnung ist § 346 II 2 zu beachten. Die Pflicht zum Wertersatz entfällt in den Fällen des § 346 III (bei Interesse lesen!).

Merken Sie sich das folgende

39

Prüfungsschema

Rücktrittsrecht des Käufers bei mangelhafter Kaufsache gem. § 437 Nr. 2, 1. Var. iVm §§ 440, 323, 326 V

I. Voraussetzungen:

1. Wirksamer Kaufvertrag (iSd § 433)
2. Lieferung einer mangelhaften Kaufsache (§§ 434 f.) durch den Verkäufer (= Pflichtverletzung)
3. Sachmangel bei Gefahrübergang (§§ 446 f.) oder Rechtsmangel bei Eigentumsübertragung (§ 435)
4. Angemessene Fristsetzung zur Nacherfüllung und erfolgloser Fristablauf (§ 323 I), es sei denn: Fristsetzung entbehrlich
   - gem. § 440
   - gem. § 323 II
   - gem. § 326 V
5. Kein Haftungsausschluss durch Vertrag (vgl. § 444) oder Gesetz (§§ 442, 445 oder § 377 HGB)
6. Kein Ausschluss des Rücktrittsrechts gem. § 323 V oder VI
7. Erklärung des Rücktritts gem. § 349

II. Rechtsfolgen:

- Anspruch aus § 346 I: Herausgabe der empfangenen Leistungen und gegebenenfalls gezogenen Nutzungen (Beendigung des Vertrags und Umwandlung in Rückgewährschuldverhältnis)
- Eventuell Wertersatz nach § 346 II, falls nicht § 346 III
- Nutzungen und Verwendungen nach Rücktritt: § 347

4. Minderung

Da in Fall 1 auch nach dem Anspruch auf Ersatz der Reparaturkosten für das Auto gefragt war, müssten wir nun, nachdem wir den Anspruch auf Rücktritt bejaht haben, eigentlich diesen zweiten Anspruch (= Schadensersatz) des K gegen V prüfen. Wir stellen dies aber zunächst zurück, da in § 437 Nr. 2 dem Käufer außer der Möglichkeit, vom Vertrag zurückzutreten, auch das Recht, den Kaufpreis nach § 441 zu mindern, gegeben wird. Bevor wir die zweite Fallfrage von Übungsfall 1 beantworten,[104] zunächst ein Fall zur **Minderung**. 40

Übungsfall 2

Kurt Kungel (K) kauft am 1.2. im Antiquitätenladen von Victor Various (V) einen englischen Schreibtisch »Queen-Victorian-Style« für 6.200 EUR. Die Zahlung des Kaufpreises soll nach Lieferung an K erfolgen. V versichert, dass es sich um ein echtes antikes viktorianisches Stück handelt, das von einem Fachmann »restauriert« wurde. Nach der Lieferung am 14.2. stellt K fest, dass die Schubladenböden aus einfachem neuem Sperrholz sind, die »antiken Messingbeschläge« an Türen und Schubladen aus Blech. Unter der Lederoberfläche zeigt das Holz irreparable Risse. K bittet V, den Schreibtisch wieder abzuholen und die Mängel bis zum 28.2. zu beseitigen. Nachdem V auf das Ersuchen des K nicht reagiert hat, möchte K den Schreibtisch trotzdem behalten, aber erheblich weniger zahlen. Der tatsächliche Wert des mangelhaften Schreibtischs beträgt nur 4.000 EUR. Der Wert eines gleichaltrigen unversehrten antiken Schreibtischs beträgt – nach einer Expertise (Sachverständigengutachten) – 7.500 EUR.

Kann K die Herabsetzung des Kaufpreises verlangen? Wenn ja, wieviel muss er bezahlen?

■ Was will K – juristisch ausgedrückt – von V? 41

▶ Herabsetzung des Kaufpreises bedeutet »Minderung«! Welches Recht könnte K deshalb gegen V geltend machen?

■ Versuchen Sie, bevor Sie weiterlesen, das Begehren des K im Gutachtenstil zu formulieren!

▶ »K könnte gegenüber V den Kaufpreis gem. § 437 Nr. 2, 2. Var. iVm § 441 mindern.«

■ **Zivilrechtliche Methodik**: Warum wurde hier nicht formuliert: »K könnte gegen V einen »Anspruch auf Minderung« haben«? Was eine »Anspruchsgrundlage« ist, haben Sie (→ Rn. 32) soeben (wieder) gelernt (nachdenken!).

▶ Aus § 437 Nr. 2, 2. Var. iVm § 441 ergibt sich nicht, dass K von V etwas »verlangen«, sondern dass K etwas »tun« kann!

Diese Vorschriften gewähren dem Käufer **Gestaltungsrechte**: entweder Rücktritt oder Minderung.

Dass die Minderung ein Gestaltungsrecht ist, wird in § 441 I 1 durch die Formulierung »kann durch Erklärung gegenüber dem Verkäufer mindern« verdeutlicht.

Gemäß § 437 Nr. 2 kann der Käufer **unter den Voraussetzungen** der §§ 440, 323 und 326 V »von dem Vertrag zurücktreten« oder nach § 441 den Kaufpreis mindern. Das bedeutet, dass die **Voraussetzungen für den Rücktritt** (→ Rn. 34 ff.) auch für die Minderung vorliegen müssen. Demnach kann der Käufer auch nur mindern, wenn er eine Frist zur Nacherfüllung gesetzt hat, sofern diese nicht entbehrlich ist. § 441 I lässt die Minderung »**statt**« des Rücktritts zu! 42

104 Falls Sie auf die Lösung »neugierig« sind: Unter → Rn. 51 ff. werden Sie fündig.

- Lesen Sie § 441 I 2 und § 323 V 2! Was bedeutet diese Verweisung für die Minderung im Hinblick auf die Erheblichkeit des Mangels?
- ▶ Daraus ergibt sich, dass die Minderung – im Gegensatz zum Rücktritt – auch bei unerheblichen Mängeln möglich ist.

a) **Voraussetzungen**

43 Für die Minderung nach § 437 Nr. 2, 2. Var. iVm § 441 müssen demnach folgende Voraussetzungen erfüllt sein:

Lernhinweis: Die folgende Nummerierung der Tatbestandsvoraussetzungen orientiert sich an dem unter → Rn. 47 abgedruckten Prüfungsschema.

aa) **Wirksamer Kaufvertrag**

Diese Voraussetzung ist in Übungsfall 2 dadurch erfüllt, dass K mit V in dessen Laden am 1.2. einen Kaufvertrag schließt.

bb) **Pflichtverletzung des Verkäufers durch Lieferung einer mangelhaften Sache**

44 Dadurch, dass der antike Schreibtisch mit Schubladenböden aus einfachem Sperrholz, Blechbeschlägen und Rissen auf der Arbeitsfläche versehen ist, entspricht er nicht den objektiven Anforderungen des § 434 III 1 Nr. 2 nF und ist deshalb nicht frei von Sachmängeln iSv § 434 I nF. Zwar eignet sich ein Schreibtisch mit Rissen unter der Lederoberfläche grundsätzlich noch für die gewöhnliche Verwendung, doch ist es bei antiken Schreibtischen nicht üblich, dass die Schubladenböden aus einfachem, neuem Sperrholz und die »Messingbeschläge« aus Blech sind.

cc) **Gefahrübergang**

Lesen Sie § 446: Mit der Anlieferung des Schreibtischs wurde dieser an K übergeben. Die »Gefahr« ist somit auf den Käufer übergegangen.

dd) **Angemessene und erfolglose Fristsetzung zur Nacherfüllung**

Dadurch, dass K dem V 14 Tage Zeit zur Nacherfüllung (in Form der Nachbesserung) eingeräumt hat, ist diese Voraussetzung (§ 323 I) erfüllt. Da V auf das Ersuchen des K nicht reagiert hat, ist diese Frist auch erfolglos abgelaufen.

ee) **Kein Haftungsausschluss**

Ein Haftungsausschluss liegt nicht vor: Lesen Sie nochmals § 444 sowie §§ 442 und 445 (Selbstkontrolle!).

ff) **Kein Ausschluss nach § 323 V 1 oder VI**

Da keine Teilleistung vorliegt, kommt § 323 V 1 nicht zur Anwendung. Der Ausschlussgrund des § 323 V 2 findet nach § 441 I 2 keine Anwendung.

45 K hat die Mängel an dem Schreibtisch weder zu vertreten noch befand er sich im Annahmeverzug (vgl. § 323 VI).

Somit sind alle Voraussetzungen für die Ausübung des Gestaltungsrechts Minderung erfüllt.

gg) **Erklärung der Minderung**

Gemäß § 441 I 1 erfolgt die Minderung durch Erklärung des Käufers gegenüber dem Verkäufer.

Die Voraussetzungen zur Geltendmachung der Minderung sind – wie Sie bemerkt haben werden – im Wesentlichen dieselben wie für den Rücktritt mit dem Unterschied, dass die Minderung auch bei unerheblichen Mängeln möglich ist. Wie bereits angedeutet, findet § 323 V 2 bei der Minderung keine Anwendung (§ 441 I 2).

Der maßgebliche Unterschied der Minderung zum Rücktritt liegt bei den Rechtsfolgen.

b) Rechtsfolgen

Rechtsfolge der Minderung ist die Herabsetzung des Kaufpreises nach Maßgabe von **46**
§ 441 III (lesen!), wobei der Vertrag, anders als beim Rücktritt, gültig bleibt. Soweit erforderlich – falls zB keine Berechnung möglich ist, weil der wirkliche Wert der Sache nicht bekannt ist – ist die Minderung gem. § 441 III 2 durch Schätzung (vgl. § 287 ZPO) zu ermitteln.

Lesen Sie nun zur Minderung das folgende Prüfungsschema. Die Voraussetzungen (1)–(5) sind identisch mit den Voraussetzungen für den Rücktritt des Käufers bei einem Mangel der Kaufsache (vgl. Prüfungsschema → Rn. 39).

Prüfungsschema **47**

Minderungsrecht des Käufers bei mangelhafter Kaufsache gem. § 437 Nr. 2, 2. Var. iVm § 441

I. Voraussetzungen: §§ 437 Nr. 2, 2. Var., 440, 323, 326 V
1. Wirksamer Kaufvertrag (iSd § 433)
2. Lieferung einer mangelhaften Kaufsache (§§ 434 f.) durch den Verkäufer (= Pflichtverletzung)
3. Sachmangel bei Gefahrübergang (§§ 446 f.) oder Rechtsmangel bei Eigentumsübertragung (§ 435)
4. Angemessene Fristsetzung zur Nacherfüllung und erfolgloser Fristablauf (§ 323 I), es sei denn: Fristsetzung entbehrlich
   - gem. § 440
   - gem. § 323 II
   - gem. § 326 V
5. Kein Haftungsausschluss durch Vertrag (vgl. § 444) oder Gesetz (§§ 442, 445 oder § 377 HGB)
6. Kein Ausschluss des Minderungsrechts gem. § 323 V 1 oder VI (Minderungsrecht ist auch bei unerheblichem Mangel möglich, § 441 I 2)
7. Erklärung der Minderung (§ 441 I 1)

Beachte: Der Ausschlussgrund des § 323 V 2 findet keine Anwendung (§ 441 I 2)

II. Rechtsfolgen:
- Herabsetzung des Kaufpreises gem. § 441 III (gegebenenfalls Schätzung)
- Berechnungsformel: → Rn. 48
- gegebenenfalls Rückforderungsanspruch des Käufers nach §§ 441 IV, 346

c) Berechnung

Die Berechnung des verminderten Kaufpreises gem. § 441 III 1 nimmt man am besten **48**
mit einer »mathematischen« Gleichung vor, die sich aus folgender Analyse dieser Vorschrift ergibt. § 441 III 1 enthält vier Posten:

(1) »Minderung« = herabgesetzter Preis (= **unbekannt**!),
(2) »Kaufpreis« = vereinbarter Preis (= bekannt),

(3) »Wert der Sache in mangelfreiem Zustand« zur Zeit des Vertragsabschlusses = Wert ohne Mangel (= bekannt),
(4) »wirklicher Wert« = Wert mit Mangel (= bekannt).

Der herabgesetzte Preis, den wir als unbekannte Größe mit »y« bezeichnen, muss sich zu dem vereinbarten Preis verhalten wie der wirkliche Wert mit Mangel zu dem Wert ohne Mangel. Das bedeutet »mathematisch«:

$$\frac{\textbf{y}}{\textbf{vereinbarter Kaufpreis}} = \frac{\textbf{Wert mit Mangel}}{\textbf{Wert ohne Mangel}}$$

Daraus folgt:

$$\textbf{y} = \frac{\textbf{Wert mit Mangel x vereinbarter Kaufpreis}}{\textbf{Wert ohne Mangel}}$$

Diese Gleichung sollten Sie am besten auswendig lernen!

■ Wenn Sie die Zahlen aus Fall 2 in die Gleichung einsetzen, wozu Sie hiermit aufgefordert sind, bevor Sie – zur Kontrolle – weiterlesen, müssten Sie das folgende Ergebnis unseres Falls gefunden haben:

▶ K kann gegenüber V gem. § 437 Nr. 2, 2. Var. iVm § 441 I 1 den Kaufpreis mindern.

Berechnung nach § 441 III: $y = \frac{4.000 \text{ EUR} \times 6.200 \text{ EUR}}{7.500 \text{ EUR}} = 3.306{,}67 \text{ EUR}$

K muss anstelle der ursprünglich vereinbarten 6.200 EUR nur noch 3.306,67 EUR bezahlen.

Hat der Käufer den vollen Kaufpreis bereits bezahlt, hat er gem. § 441 IV 2 iVm § 346 I einen Rückforderungsanspruch über den Mehrbetrag zwischen dem gezahlten Kaufpreis und dem geminderten Kaufpreis.

Beachte: Ein Rückzahlungsanspruch aus § 812 I 1, 1. Var. kommt nicht in Betracht. Denn § 441 IV 1 regelt, dass der Mehrbetrag vom Verkäufer zu erstatten ist; in dessen Satz 2 wird auf die Rücktrittsvorschriften verwiesen.

Klausurtipp: Wenn der Käufer wegen der Mangelhaftigkeit der Sache den zu viel gezahlten Kaufpreis zurückverlangt, ist – je nach Fragestellung – auch ein Schadensersatzanspruch statt der Leistung (nach § 437 Nr. 3, 1. Var. iVm §§ 280 I, III, 281 oder § 437 Nr. 3, 1. Var. iVm § 311a oder § 437 Nr. 3, 1. Var. iVm §§ 280 I, III, 283) in Form des kleinen Schadensersatzanspruchs möglich. Die Minderung schließt diesen nicht aus. Denn wenn gem. § 325 der Rücktritt das Recht, Schadensersatz zu verlangen, nicht ausschließt, gilt dies erst recht für die Minderung. Der Schadensersatzanspruch nach einer Minderung umfasst jedoch nicht den Schaden, der durch die Minderung des Kaufpreises ausgeglichen wird.

5. Schadensersatz

49 Wie beim Rücktritt wegen Lieferung einer mangelhaften Sache verweist das Kaufrecht auch beim Schadensersatz wegen Lieferung einer mangelhaften Sache außer auf § 440 auf die Vorschriften des allgemeinen Leistungsstörungsrechts; hier nun zu-

nächst auf die §§ 280, 281, 283 und 311a (§ 437 Nr. 3, 1. Var. und alle dort genannten Vorschriften lesen!).

Die Pflichtverletzung durch den Verkäufer iSv § 280 I 1 besteht auch hier in der Verletzung seiner Pflicht aus § 433 I 2, die Sache frei von Sach- und Rechtsmängeln zu liefern.

Dabei bezieht sich die Schadensersatzhaftung auf **jeden** Mangel der Kaufsache, den der Verkäufer zu vertreten hat. Die Verantwortlichkeit des Verkäufers als Schuldner richtet sich nach § 276. 50

Gemäß § 276 I 1 hat der Schuldner (Verkäufer) Vorsatz und Fahrlässigkeit (§ 276 II) zu vertreten, wenn eine strengere oder mildere Haftung weder bestimmt noch aus dem sonstigen Inhalt des Kaufvertrags – insbesondere aus der Übernahme einer Garantie (vgl. § 443) oder eines Beschaffungsrisikos (zB bei einer Gattungsschuld) – zu entnehmen ist.

Beispiel: K lässt sich von V beim Kauf eines Gebrauchtwagens ausdrücklich die Unfallfreiheit des Autos zusichern. Damit hat V eine Garantie für die Beschaffenheit des Autos erklärt.[105]

■ Was bedeutet dies für die Haftung des V, wenn K in dem eben genannten Beispiel mit dem Auto einen Unfall erleidet, dessen Ursache ein aus einem früheren Unfall herrührender Defekt des Autos war, und Schaden nimmt? (Überlegen Sie, lesen Sie § 443 I und § 276 I 1 nochmals!)

▶ Aus der Übernahme dieser (Beschaffenheits-)Garantie folgt eine »strengere Haftung« des V iSv § 276 I 1. Das heißt, in diesem Fall haftet V dem K für den entstandenen Schaden aufgrund der Garantieerklärung – unabhängig davon, ob V den Mangel (hier: die nicht vorhandene Unfallfreiheit) zu vertreten hat oder nicht!

a) Schadensersatz statt der Leistung (»kleiner Schadensersatz«)

Lesen Sie nun nochmals Übungsfall 1 (→ Rn. 31), der nicht vollständig gelöst wurde. Es fehlt noch die Antwort auf die Frage, ob K gegen V einen Anspruch auf Ersatz der Reparaturkosten hat. 51

■ Nehmen Sie an, Sie müssten diese Fallfrage in einer Klausur lösen und den ersten Satz des Gutachtens formulieren, der die mögliche Anspruchsgrundlage voranstellt. Wie könnte dieser Satz sinngemäß lauten?

▶ K könnte gegen V einen Anspruch auf Ersatz der Reparaturkosten gem. §§ 437 Nr. 3, 1. Var. iVm 280 I und III, 281 I 1, 2. Var. haben.

Lernhinweis: Die folgende Nummerierung der Tatbestandsvoraussetzungen entspricht dem unter → Rn. 57 abgedruckten Prüfungsschema.

aa) Voraussetzungen

(1) Damit die §§ 280 und 281 über § 437 Nr. 3, 1. Var. zur Anwendung kommen können, muss zunächst ein wirksamer Kaufvertrag vorliegen, den K und V am 1.2. geschlossen haben. 52

(2) Weiterhin muss eine Pflichtverletzung des Verkäufers durch Lieferung einer mangelhaften Sache vorliegen (§§ 433 I 2, 434 iVm § 280 I 1).
Da V dem K ein mit Mängeln behaftetes Auto als »fabrikneu« lieferte, liegt ein Sachmangel nach § 434 I nF (→ Rn. 35) vor.

105 Andere mögliche Argumentation: Es handelt sich um eine Beschaffenheitsvereinbarung iSd § 434 II 1 Nr. 1 nF.

(3) Dies war bereits bei Gefahrübergang (§ 446) der Fall.

(4) Grundsätzlich muss der Gläubiger dem Schuldner gem. § 281 I 1 erfolglos eine angemessene Frist zur Nacherfüllung setzen, falls diese nicht nach § 440 S. 1 oder § 281 II entbehrlich ist.
Angesichts der erheblichen Mängel, die das »fabrikneue« Auto aufwies, ist dem K eine Nacherfüllung unzumutbar, sodass die Fristsetzung gem. § 440 S. 1, 3. Var. entbehrlich war.

Beachte: Für einen Anspruch auf Schadensersatz wegen eines Mangels der Ware sind beim **Verbrauchsgüterkauf** die § 281 II und § 440 nicht anwendbar und die Fälle, in denen eine Fristsetzung zur Nacherfüllung entbehrlich ist, eigenständig in § 475d II iVm I nF geregelt.

(5) Da V die vorhandenen Mängel an dem als »fabrikneu« ausgestellten Auto nicht bemerkt hat, handelte er fahrlässig iSv § 276 II, sodass er die Pflichtverletzung gem. § 280 I 2 iVm § 276 I 1 zu vertreten hat.

(6) Da K Reparaturkosten aufwenden musste, ist ihm ein Schaden entstanden.

(7) Ein vertraglicher (§ 444) oder gesetzlicher (§§ 442, 445; § 377 HGB) Haftungsausschluss ist nicht ersichtlich.

bb) Rechtsfolgen

53 Da alle Voraussetzungen vorliegen, kann K von V Schadensersatz statt der Leistung (§ 281 I 1) verlangen.

Für den Umfang des Schadens gilt § 249 (lesen[106]). Danach hat der Schuldner, der zum Schadensersatz verpflichtet ist, den Zustand herzustellen, der bestehen würde, wenn der zum Ersatz verpflichtende Umstand nicht eingetreten wäre. Für unseren Fall bedeutet das: Wenn V ein mangelfreies Kfz geliefert hätte, hätte K die unmittelbar durch den Mangel verursachten Reparaturkosten (= »Mangelschaden«) nicht aufwenden müssen. Er kann diese Kosten daher im Rahmen der §§ 437 Nr. 3, 1. Var. iVm §§ 280 I und III, 281 I 1 als sog. »**kleinen Schadensersatz**« geltend machen.

54 Dass K bereits zurückgetreten ist (→ Rn. 33–38), steht dem nicht entgegen: Die Rechte aus § 437 Nr. 2 (Rücktritt **oder** Minderung) können **neben** dem Schadensersatzanspruch geltend gemacht werden, wie sich aus dem letzten Wort »**und**« von § 437 Nr. 2 vor Nr. 3 ergibt! Damit wird in der speziellen Kaufrechtsvorschrift das wiederholt, was sich grundsätzlich schon aus der allgemeinen Vorschrift des § 325 (lesen) ergibt: Das Rücktrittsrecht und der Schadensersatzanspruch bestehen nicht alternativ, sondern kumulativ!

55 Dieser »kleine Schadensersatz«[107], bei dem der Käufer die Kaufsache grundsätzlich behält, umfasst also den Schaden, der aus der Mangelhaftigkeit der Sache selbst entsteht, und den damit verbundenen sog. »allgemeinen Vermögensschaden«, der – wie in unserem Übungsfall 1 – durch die Reparaturkosten zur Beseitigung des Mangels entstanden ist.

Des Weiteren kann dieser Anspruch nicht nur auf den Ersatz der Kosten für die Beseitigung des Mangels, sondern auch auf Ersatz solcher Vermögensschäden gerichtet sein, die in unmittelbarem Zusammenhang mit der Mangelhaftigkeit der Kaufsache

106 Lesen Sie dazu möglichst auch (nochmals?) *Wörlen/Metzler-Müller* SchuldR AT Rn. 367 ff. (= »Exkurs« zu § 249).

107 Vgl. zum »kleinen« und »großen Schadensersatz« *Wörlen/Metzler-Müller* SchuldR AT Rn. 337–342.

stehen, zB mangelbedingter Nutzungsausfall und mangelbedingter entgangener Gewinn, etwa bei Weiterveräußerung der Kaufsache.

Der Anspruch tritt insofern an die Stelle der Leistung. Im Übrigen wird der Vertrag – anders als beim »großen Schadensersatzanspruch« – abgewickelt.

In unserem Übungsfall 1 hat K nun den gem. § 325 (und § 437 Nr. 2, 1. Var. **und** 56
Nr. 3, 1. Var.) **neben** dem »kleinen Schadensersatzanspruch« zulässigen Rücktritt geltend gemacht und damit insgesamt »großen Schadensersatz« verlangt. Denn der Vertrag wird ja aufgrund des Rücktritts gerade nicht mehr abgewickelt, sondern wurde aufgelöst und hat sich in ein Rückgewährschuldverhältnis umgewandelt. Unser Übungsfall 1 ist also ein »Zwitter«: K kann sozusagen gleichzeitig den »kleinen« und »großen Schadensersatz« beanspruchen, die eigentlich nicht zusammen passen: Beim »kleinen Schadensatz« besteht der Vertrag grundsätzlich weiter, beim »großen Schadensersatz« hingegen nicht.

Im Ergebnis bleibt unsere Lösung richtig:

Die Rücktrittsvoraussetzungen, die Voraussetzungen des kleinen Schadensersatzes (Mangelschaden) und auch die Voraussetzungen des großen Schadensersatzes (»statt der ganzen Leistung« – dazu → Rn. 58 ff.) – »erhebliche Pflichtverletzung« (»fabrikneues« Auto mit gravierenden Mängeln) – liegen vor.

Als **Prüfungsschema** für den »kleinen Schadenersatzanspruch« im Kaufrecht können wir somit Folgendes festhalten:

Prüfungsschema 57

(Kleiner) Schadensersatz statt der Leistung des Käufers bei mangelhafter Kaufsache gem. § 437 Nr. 3, 1. Var. iVm §§ 280 I und III, 281 I 1, 2. Var.

I. **Voraussetzungen:**
1. Wirksamer Kaufvertrag
2. Pflichtverletzung des Verkäufers:
   Lieferung mangelhafter Kaufsache (§§ 433 I 2, 434 I iVm § 280 I 1)
3. Sachmangel bei Gefahrübergang (§§ 446 f.) oder Rechtsmangel bei Eigentumsübertragung (§ 435)
4. Angemessene Fristsetzung zur Nacherfüllung und erfolgloser Fristablauf (§ 281 I 1),
   es sei denn: Fristsetzung entbehrlich
   - gem. § 440 S. 1
   - gem. § 281 II
5. Vertretenmüssen (§ 280 I 2 iVm §§ 276 ff.)
6. Schaden beim Gläubiger
7. Kein Haftungsausschluss (§ 444 oder §§ 442, 445 oder § 377 HGB)

II. **Rechtsfolge:**
(Kleiner) Schadensersatz statt der Leistung gem. § 437 Nr. 3, 1. Var. iVm §§ 280 I und III, 281 I 1.
Umfang des Schadensersatzanspruchs: §§ 249 ff.

b) Schadensersatz statt der ganzen Leistung (»großer Schadensersatz«)

58 Bleiben wir beim Lieblingskind des (deutschen) Verbrauchers, dem Auto. Lesen Sie den folgenden Fall (ähnlich unserem Übungsfall 1):[108]

> **Übungsfall 3**
>
> Gebrauchtwagenhändlerin Viola Vauweh (V) verkauft Karlo Kaufgut (K) einen fünf Jahre alten »Audi A 8« für 20.000 EUR als neuen Firmenwagen. An dem Pkw, der auf dem Betriebsgelände von V steht, befindet sich ein Schild im Fenster mit dem Vermerk: »TÜV- und werkstattgeprüft«. Auf seiner ersten Fahrt, nachdem ihm der Wagen übereignet wurde, verursacht K einen Unfall, weil die Bremsen versagen. Das Auto hat einen Totalschaden, K wird verletzt und muss für zwei Wochen ins Krankenhaus. K verlangt von V Schadensersatz: 20.000 EUR Kaufpreis, 800 EUR für das Kfz-Sachverständigengutachten, 2.000 EUR für Arzt- und Krankenhauskosten und 4.000 EUR Verdienstausfall für vier Wochen, da er nach dem Krankenhausaufenthalt noch zwei Wochen arbeitsunfähig war (K ist weder Angestellter noch Beamter, sondern Freiberufler!).
>
> Sind die Ansprüche des K berechtigt?
>
> **Anmerkung:** Vorschriften über den Verbrauchsgüterkauf (§§ 474 ff.) sind hier belanglos.

Der Fall ist lang, die Lösung relativ kurz und »einfach«:

Da K den Kaufpreis zurückverlangt und weitere (inkl. Mangelfolge-)Schäden geltend macht, verlangt er offenbar den »großen Schadensersatz«.

Sowohl der kleine als auch der große Schadensersatzanspruch sind auf die Zahlung von Geld gerichtet, großer Schadensersatz ist aber ausschließlich bei einem **erheblichen Mangel** (bzw. allgemeiner: **erheblicher Pflichtverletzung**) möglich (vgl. § 281 I 3).

K könnte gegen V einen Anspruch auf (»großen«) Schadensersatz statt der ganzen Leistung gem. § 437 Nr. 3, 1. Var. iVm §§ 280 I und III, 281 I 3 haben.

aa) Voraussetzungen

59 (Ausnahmsweise im Urteilsstil[109])

(1) Zwischen K und V wurde ein wirksamer Kaufvertrag geschlossen (§ 433).

(2) V hat eine Pflichtverletzung iSv §§ 433 I 2, 280 I 1 begangen, da sie das Auto mit defekten Bremsen und damit eine mangelhafte Kaufsache geliefert hat. Wenn ein Kaufvertrag über ein »TÜV- und werkstattgeprüftes« Fahrzeug geschlossen wird, liegt einerseits eine Beschaffenheitsvereinbarung iSd § 434 II 1 Nr. 1 nF vor, andererseits eignet sich das Fahrzeug angesichts der defekten Bremsen weder für die gewöhnliche Verwendung noch weist es die für ein Auto übliche Beschaffenheit aus (§ 434 III 1 Nr. 1, 2 nF).

(3) Gefahrübergang (§ 446): Das mangelhafte Auto wurde K übergeben.

(4) Aus § 437 Nr. 3, 1. Var. iVm § 281 I 1 ergibt sich, dass K erfolglos eine angemessene Frist zur Nacherfüllung setzen muss, falls diese nicht nach § 440 S. 1 oder § 281 II entbehrlich ist. Letzteres ist hier – ebenso wie unter → Rn. 52 beim »kleinen Schadensersatz« – der Fall (lesen Sie – nochmals – §§ 440 S. 1, 281 II).

(5) Gemäß § 280 I 2 iVm § 276 I 1 und II hat V diese Pflichtverletzung auch zu vertreten: Wer als Gebrauchtwagenhändlerin behauptet, dass das Auto »werkstattgeprüft« ist, hat eine Garantie dahingehend übernommen, dass keine Mängel vor-

108 Vgl. auch *Wörlen/Metzler-Müller* SchuldR AT Übungsfall 21 Rn. 351.

109 Vgl. dazu *Wörlen/Metzler-Müller* BGB AT Rn. 132 ff.

handen sind, die bei einer sorgfältigen äußeren Untersuchung ohne Zerlegen des Fahrzeugs in Einzelteile hätten erkannt und behoben werden müssen.[110] Für diese Beschaffenheitsgarantie sieht § 276 I 1 eine strengere, verschuldensunabhängige Haftung vor.

(6) »Großer Schadensersatz« ist aber ausschließlich bei einem **erheblichen** Mangel (bzw. erheblicher Pflichtverletzung) möglich (§ 281 I 3).
Wenn eine Gebrauchtwagenhändlerin ein »werkstattgeprüftes« Auto anpreist, geht man als »Otto Normal« davon aus, dass sie es auf Mängel überprüft hat. Wenn sie eine defekte Bremsanlage nicht bemerkt, liegt darin eine **erhebliche** Pflichtverletzung iSv § 281 I 3.

(7) Da K (vergeblich) den Kaufpreis gezahlt hat sowie Kosten für Arzt und Krankenhaus aufwenden musste, hat er einen Schaden erlitten.

(8) Haftungsausschlussgründe (§ 444 bzw. §§ 442, 445) sind nicht ersichtlich.

Der Anspruch des K gegen V aus §§ 437 Nr. 3, 1. Var. iVm 280 I und III, 281 I 3 ist somit begründet.

Das Prüfungsschema der Voraussetzungen für den großen Schadensersatzanspruch 60
entspricht dem unter → Rn. 57 für den kleinen Schadensersatz mit dem Unterschied, dass als zusätzliche Voraussetzung die Erheblichkeit der Pflichtverletzung nach § 281 I 3 hinzukommen muss.

bb) Rechtsfolge

Da K Schadensersatz statt der ganzen Leistung verlangen kann, ergibt sich für den 61
Umfang des Schadens aus §§ 249 ff. Folgendes: K kann sowohl den Ersatz des Kaufpreises, die Kosten für das Sachverständigengutachten sowie die Arztkosten und den Verdienstausfall von V verlangen. Ökonomisch (nicht rechtlich) liegt darin eine Kombination von Rücktritt und Schadensersatz – in der besonderen Form der Schadensberechnung als großer Schadensersatz.[111]

c) Ersatz von Mangelfolgeschäden

Nehmen Sie an, die Pflichtverletzung der V in Übungsfall 3 war **unerheblich** und das 62
Auto des K trug nur leicht reparable Beulen und Kratzer davon. Ansonsten hat K dieselben Schäden.

Da K wegen § 281 I 3 nicht »Schadensersatz statt der ganzen Leistung« verlangen kann, kommt der »große Schadensersatzanspruch« nicht in Betracht.

Bezüglich der Reparaturkosten (für die Behebung des reinen **Mangelschadens**) hat K den »kleinen Schadensersatzanspruch« statt der Leistung nach § 437 Nr. 3, 1. Var. iVm §§ 280 I und III, 281 I 1, 2. Var. (→ Rn. 55, 57).

Durch diesen Anspruch werden jedoch nicht die sog. **Mangelfolgeschäden**, dh Schäden an anderen Rechtsgütern des Käufers als der Kaufsache, erfasst. Den Ersatz solcher Mangelfolgeschäden kann der Käufer aber als »einfachen« Schadensersatz wegen Pflichtverletzung nach den § 437 Nr. 3, 1. Var. iVm § 280 I verlangen. Dies folgt aus einem Umkehrschluss zu § 280 III: Dort ist geregelt, dass der (kleine) Schadensersatz statt der Leistung, also der reine Mangelschaden, nur unter den **zusätzlichen** Voraussetzungen von § 281 (oder § 282 oder § 283) verlangt werden kann. Daher muss der

110 MüKoBGB/*Westermann* § 437 Rn. 41.
111 NK-BGB/*Büdenbender* § 437 Rn. 62.

Schadensersatz des § 280 I gerade andere Schäden erfassen als den reinen Mangelschaden.[112]

Aufgrund der Pflichtverletzung »Lieferung einer mangelhaften Sache« sind dem K Mangelfolgeschäden in Form von Sachverständigen- und Arztkosten sowie Verdienstausfall entstanden.

Diese Mangelfolgeschäden kann K von V gem. §§ 437 Nr. 3, 1. Var., 280 I iVm §§ 249 ff. ersetzt verlangen.

Für die Mangelfolgeschäden ergibt sich also das folgende

Prüfungsschema

Schadensersatz neben der Leistung bei Mangelfolgeschaden aufgrund einer mangelhaften Kaufsache gem. § 437 Nr. 3, 1. Var. iVm § 280 I

I. **Voraussetzungen:**
   1. Wirksamer Kaufvertrag (iSd § 433)
   2. Pflichtverletzung des Verkäufers:
      Lieferung mangelhafter Kaufsache (§§ 433 I 2, 434 iVm § 280 I 1)
   3. Sachmangel bei Gefahrübergang (§§ 446 f.) oder Rechtsmangel bei Eigentumsübertragung (§ 435)
   4. Vertretenmüssen, § 280 I 2 iVm §§ 276 ff.
   5. Schaden beim Gläubiger (Käufer)
   6. Kein Haftungsausschluss (§ 444 oder §§ 442, 445 oder § 377 HGB)

II. **Rechtsfolge:**
   Schadensersatz
   Umfang des Schadensersatzanspruchs: §§ 249 ff.

Beachte: Im Beispielsfall rückt der Ersatz dieses Schadens nicht an die Stelle eines mangelfreien Wagens, sondern stellt sich als **Schadensersatz neben der Leistung** dar. Mit Ersatz der dem K entstandenen Sachverständigen- und Arztkosten sowie des Verdienstausfalls ist nicht der Anspruch auf einen mangelfreien Pkw ausgeschlossen.

■ Können Sie abschließend – zur Wiederholung – den Unterschied zwischen Mangelschaden und Mangelfolgeschaden sowie dem kleinen und großen Schadensersatzanspruch zusammenfassend skizzieren und mit Beispielen erläutern?

▶ Ihr »Ergebnis« ist hoffentlich wie die folgende Übersicht 2:

112 *Brox/Walker* SchuldR BT § 4 Rn. 108.

Übersicht 2

63

<table>
<tr><th colspan="2">Schadensersatzarten bei Lieferung einer mangelhaften Sache</th></tr>
<tr><td>Mangelschaden
an der Sache selbst</td><td>Mangelfolgeschaden
an anderen Rechtsgütern
als der Kaufsache</td></tr>
<tr><td>§ 437 Nr. 3, 1. Var. iVm §§ 280 I, III, 281 I</td><td>§ 437 Nr. 3, 1. Var. iVm § 280 I</td></tr>
<tr><td>Käufer hat Wahlrecht:
kleiner Schadensersatzanspruch (§ 281 I 1)
(»Schadensersatz statt der Leistung«)
Beispiele:
• Ersatz des Minderwerts
• Aufwendungen für Mängelbeseitigung
• Nutzungsausfallschaden
• Ausgleich des entgangenen Gewinns für Weiterveräußerung
oder
großer Schadensersatzanspruch (§ 281 I 3)
(»Schadensersatz statt der ganzen Leistung«)
Beispiele:
• Rückzahlung geleisteter Kaufpreis[113] (= Mindestschaden)
• entgangener Gewinn für den infolge des Mangels gescheiterten Weiterverkauf
• Kosten der Ersatzbeschaffung</td><td>Beispiele:
• Körper-/Gesundheitsschaden
• Eigentumsschaden
• Nutzungsausfall</td></tr>
<tr><td>Schadensersatz <u>statt</u> der Leistung</td><td>Schadensersatz <u>neben</u> der Leistung</td></tr>
</table>

d) Ersatz vergeblicher Aufwendungen

Aus der Verweisung in § 437 Nr. 3, 2. Var. folgt, dass der Käufer vom Verkäufer anstelle des Schadensersatzanspruchs – also alternativ – gem. § 284 den Ersatz vergeblicher (»frustrierter«) Aufwendungen verlangen kann.[114] Dazu gehören zB auch die Vertragskosten (wie Notargebühren), Kosten für Werbung, für Anmietung einer Lagerhalle oder Zinsen für eine Darlehensaufnahme, Versendung und Beurkundung, Zölle, Fracht- und Montagekosten.[115] Dies betrifft die Fälle, in denen der Gläubiger aus dem Geschäft keine materielle, kostendeckende und damit »rentable« Gegenleistung, sondern immaterielle Vorteile erhofft hatte. Der Käufer muss gegen den Verkäufer einen Anspruch auf Schadensersatz nach Maßgabe der § 437 Nr. 3, 1. Var. iVm §§ 440, 280, 281, 283 bzw. § 311a haben. Dies folgt aus der Formulierung, dass der 64

113 Zug um Zug gegen Rückgabe der Kaufsache.

114 Dazu *Wörlen/Metzler-Müller* SchuldR AT Rn. 378–381.

115 Weitere Beispiele bei Palandt/*Grüneberg* § 284 Rn. 5 sowie BeckOK BGB/*Unberath* § 284 Rn. 12 ff.

Ersatz vergeblicher Aufwendungen nur »**anstelle des Schadensersatzes**« verlangt werden kann. Es müssen also sämtliche Voraussetzungen eines Schadensersatzanspruchs des Käufers vorliegen. Dieser Anspruch setzt folglich auch ein – vermutetes – Verschulden des Verkäufers voraus (§ 284 iVm § 280 I 2).

> **Beispiel**: K kauft von V ein Grundstück; der Kaufvertrag wird notariell beurkundet; die Vertragskosten werden von K übernommen. Als K feststellt, dass sich Altlasten im Erdboden befinden (was dem V bekannt war), tritt er vom Kaufvertrag zurück. Die Notarkosten kann K von V gem. § 437 Nr. 3, 2. Var. iVm §§ 280 I, III, 440, 281 I 1 iVm § 284 verlangen.

Allerdings scheidet ein Aufwendungsersatzanspruch aus, wenn der Zweck der Aufwendungen auch ohne die Pflichtverletzung des Verkäufers nicht erreicht worden wäre (§ 437 Nr. 3, 2. Var. iVm § 284 Hs. 2).

> **Beispiel:**[116] Wenn jemand zum Verkauf von letztlich unverkäuflichen Kunstwerken ein Ladenlokal anmietet, macht er in jedem Fall einen Verlust.

Diese Aufwendungen dürfen mangels Kausalität der Pflichtverletzung nicht dem Verkäufer auferlegt werden. Denn sie sind ohnehin – also auch bei Lieferung einer mangelfreien Sache – verfehlt.

Für den Ersatzanspruch des Käufers wegen vergeblicher Aufwendungen ergibt sich folgendes

Prüfungsschema

Aufwendungsersatz statt der Leistung wegen mangelhafter Kaufsache gem. §§ 437 Nr. 3, 2. Var., 440, 280 I, III, 281 I 1 iVm § 284

I. Voraussetzungen:

1. Wirksamer Kaufvertrag (iSd § 433)
2. Pflichtverletzung des Verkäufers:
   Lieferung mangelhafter Kaufsache (§§ 433 I 2, 434 iVm § 280 I 1)
3. Sachmangel bei Gefahrübergang (§§ 446 f.) oder Rechtsmangel bei Eigentumsübertragung (§ 435)
4. Vertretenmüssen, § 280 I 2 iVm §§ 276 ff.
5. Angemessene Fristsetzung zur Nacherfüllung und erfolgloser Fristablauf (§ 281 I 1),
   es sei denn: Fristsetzung entbehrlich
   - gem. § 440 S. 1
   - gem. § 281 II
6. Gläubiger (Käufer) hatte Aufwendungen (§ 284)
7. Kein Haftungsausschluss (§ 444 oder §§ 442, 445 oder § 377 HGB)

II. Rechtsfolge:

Aufwendungsersatz iRd § 284

Bei einer unbehebbar mangelhaften Kaufsache ist das Prüfungsschema ebenfalls anzuwenden, allerdings sind die Fristsetzung und deren Ablauf (Prüfungspunkt 5) entbehrlich.

116 BT-Drs. 14/6040, 144.

Die Gewährleistungsansprüche bei Mängeln der Kaufsache (vgl. §§ 434 und 435) und ihr Konkurrenzverhältnis verdeutlicht die folgende Übersicht 3.

Übersicht 3 65

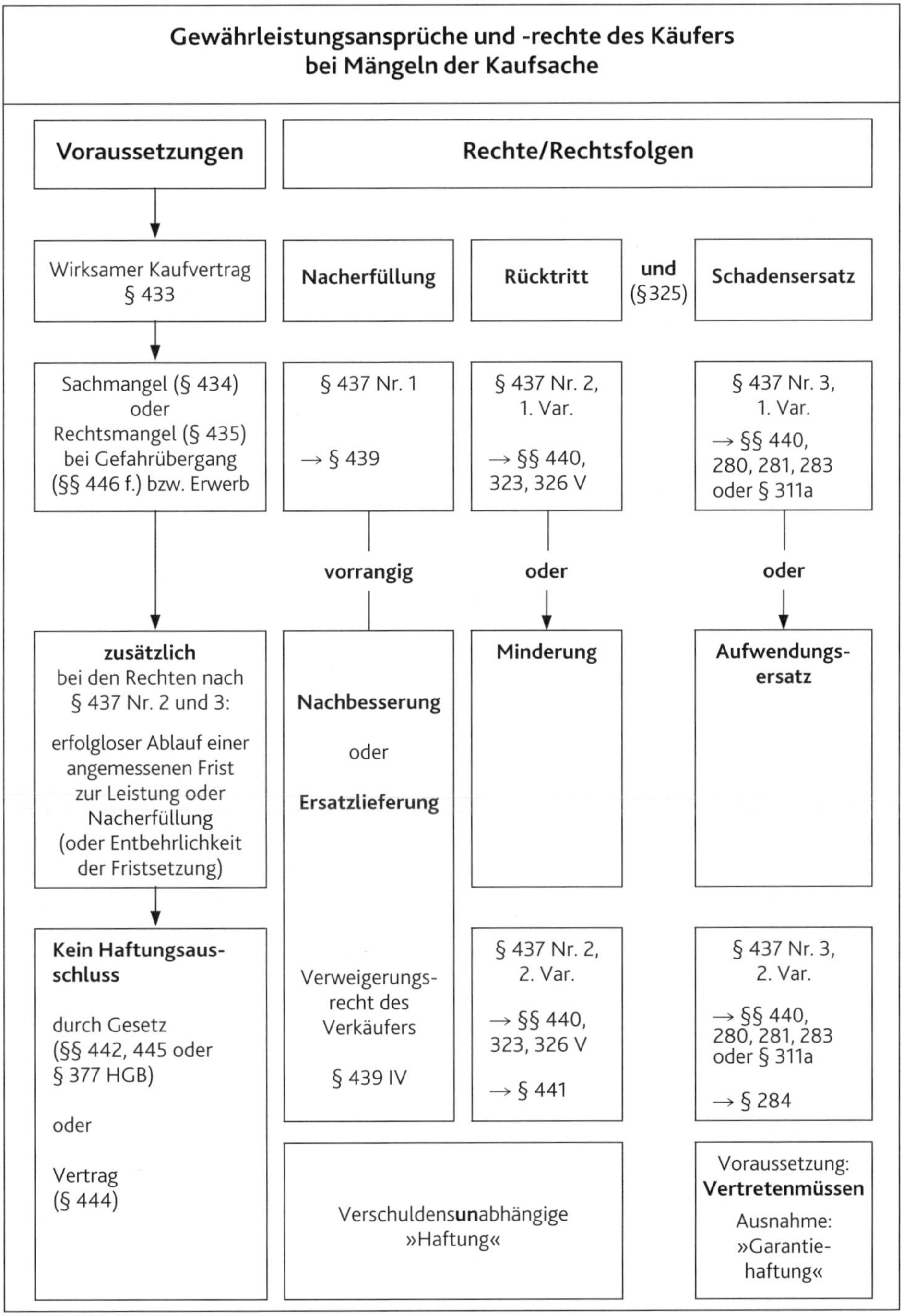

6. Verjährung der Mängelansprüche und -rechte

a) Regeltatbestand

66 Gemäß § 438 I Nr. 3 beträgt die regelmäßige kaufrechtliche Verjährungsfrist der in § 437 Nr. 1 und Nr. 3 genannten Mängelansprüche an beweglichen Sachen zwei Jahre (lesen Sie § 438 einmal ganz durch!).

Sofern der Verkäufer den Mangel arglistig verschwiegen hat, gilt die regelmäßige Verjährungsfrist von drei Jahren (§ 438 III 1 iVm § 195), sofern nicht eine längere Verjährungsfrist bestimmt ist.

b) Kauf von Bauwerken und Baumaterialien

67 Mängelansprüche beim Kauf von mangelhaften Bauwerken (§ 438 I Nr. 2a) oder Baumaterialien – zB Fensterrahmen oder Badewannen (§ 438 I Nr. 2b) –, die die Mangelhaftigkeit des Bauwerks verursacht haben, verjähren in fünf Jahren.

c) Besondere Mängel der Kaufsache

68 Wenn der Mangel der Kaufsache in einem dinglichen Recht eines Dritten (zB Eigentum, Pfandrecht),[117] aufgrund dessen Herausgabe der Sache verlangt werden kann, oder in einem sonstigen Recht besteht, das im Grundbuch eingetragen ist (zB Nießbrauch),[118] verjähren die Ansprüche aus § 437 Nr. 1 und Nr. 3 in 30 Jahren, vgl. § 438 I Nr. 1a und b. Der Rückgriffsanspruch des Käufers gegen den Verkäufer soll nicht über einen kürzeren Zeitraum verjähren als der Anspruch, der von dem Dritten gem. § 197 I Nr. 1 gegen den Käufer geltend gemacht werden kann.

d) Verjährungsbeginn

69 Die Verjährung beginnt bei beweglichen Sachen mit der Ablieferung der Sache, bei Grundstücken mit der Übergabe, also der einverständlichen Übertragung des unmittelbaren Besitzes (§ 854 I) vom Verkäufer auf den Käufer[119] (§ 438 II).

e) Rücktritt und Minderung

70 Da Rücktritt und Minderung keine Ansprüche, sondern Gestaltungsrechte sind, bedurfte es hier der Sonderregelungen von § 438 IV und V; denn gem. § 194 unterliegen nur Ansprüche der Verjährung (zur Erinnerung: alle zitierten Vorschriften immer wieder lesen!). Für den Rücktritt und die Minderung gilt durch die Verweisungen in § 438 IV und V auf § 218 – insbesondere § 218 I –, wonach der Rücktritt (und entsprechend die Minderung) einer Art »Quasi-Verjährung« unterliegt, Folgendes: Rücktritt und Minderung wegen nicht vertragsgemäß (mangelhaft) erbrachter Leistung sind unwirksam, wenn der Anspruch auf die Leistung oder der Nacherfüllungsanspruch verjährt ist und der Schuldner sich hierauf beruft.

> **Beispiel:** K und V schließen einen Kaufvertrag über ein Auto, der von beiden Seiten erfüllt wird. Da das Auto einen Sachmangel aufweist, wandelt sich der Erfüllungsanspruch des K in einen Nacherfüllungsanspruch (§ 437 Nr. 1 iVm § 439) um. Zwei Jahre später (nach Eintritt der Verjährung des Nacherfüllungsanspruchs) stellt K den Mangel fest und setzt dem V eine Frist zur Nacherfüllung nach § 323 I. Nach erfolglosem Fristablauf erklärt K den Rücktritt und verlangt Rückerstattung des Kaufpreises.

■ Was kann V dagegen einwenden?

---

117 Vgl. *Wörlen/Kokemoor* SachenR Rn. 255 ff.

118 Dazu *Wörlen/Kokemoor* SachenR Rn. 366 ff.

119 Palandt/*Weidenkaff* § 439 Rn. 14 mwN.

▶ V kann sich auf die Unwirksamkeit des Rücktritts gem. § 218 I berufen!

f) Ausschluss der Anfechtung nach § 119 II

Die kurzen Verjährungsfristen haben zur Folge, dass nach Rechtsprechung und Lehre die Anfechtung gem. § 119 II wegen eines Irrtums über eine »verkehrswesentliche Eigenschaft«, der vorliegen kann, wenn der auf die Lieferung einer mangelfreien Sache vertrauende Käufer eine mangelhafte Sache geliefert bekommt, nicht zulässig ist.[120] Anderenfalls wäre die kurze Verjährungsfrist von zwei Jahren nach »Ablieferung« sinnlos, da die Anfechtungsfrist des § 121 I (nachlesen!) erst »unverzüglich« nach Kenntnisnahme vom Irrtum (bzw. vom Mangel der Kaufsache), welche durchaus später als zwei Jahre nach Ablieferung erfolgen kann, beginnt. Sofern das Fehlen einer verkehrswesentlichen Eigenschaft nicht mit einem Mangel der Kaufsache im Sinne des Gewährleistungsrechts identisch ist, ist eine Anfechtung aus anderen Gründen selbstverständlich möglich. 71

7. Besonderheiten beim Computerkauf

Grundsätzlich ist der Computerkauf ein Sachkauf – wie der Kauf von anderen Geräten oder Maschinen auch –, auf den die Gewährleistungsvorschriften der §§ 434 ff. Anwendung finden. Die Benutzung der Maschine »Computer« als sog. »Hardware« ist jedoch nur möglich und sinnvoll, wenn man mit dem Computer auch Computerprogramme, dh »Software«, erwirbt. 72

Spätestens bei der Software wird die ungeheure Bandbreite der modernen Technik sichtbar. Kaum ein Produkt besteht aus so vielen austauschbaren und individuell auf den Erwerber zugeschnittenen (nicht aus Zufall ist allgemein vom »PC«, vom »Personal Computer«, die Rede) Komponenten, und kaum ein Produkt hat so kurze Innovationszyklen.

Handelt es sich um sog. »**Standardsoftware**«, dh für eine Vielzahl von Anwendern vorgefertigte Software, die nicht auf spezielle Bedürfnisse eines bestimmten Konsumenten zugeschnitten ist, ist das Kaufrecht mit seinen §§ 434 ff.[121] anwendbar.

Wird indessen die Software nach besonderen Instruktionen des Bestellers gefertigt (sog. »**Individualsoftware**«), liegt ein Werkvertrag iSd § 631 zugrunde, für den die Gewährleistungsvorschriften der §§ 633 ff. (→ Rn. 286 ff.) gelten.[122]

Zu einem komplizierten technischen Gerät wie einem PC gehört neben Hard- und Software auch eine für den Laien verständliche **Bedienungsanleitung**.[123] Fehlt sie oder fehlt ihr die Verständlichkeit, zB weil die Anleitung in einer schwierigen Fremdsprache gehalten ist, stellt dies einen Sachmangel dar.[124]

Darüber hinaus treffen den PC-Lieferanten angesichts seines Wissensvorsprungs besondere **Informations-, Aufklärungs- und Nachfragepflichten,**[125] deren Verletzung einen Schadensersatzanspruch aus § 280 I iVm § 241 II begründen kann.

120 Ausführlich hierzu BeckOK BGB/*Faust* § 437 Rn. 200 f. mwN.

121 BGH NJW 2000, 1415. Hierzu *Benning/Oberrath* Computer/InternetR 33 ff.

122 BGH NJW 1990, 3008; OLG Karlsruhe CR 1995, 397; S. auch *Benning/Oberrath* Computer/InternetR 41 ff.

123 Vgl. dazu *Wörlen/Metzler-Müller* SchuldR AT Fall 7 Rn. 141.

124 So schon OLG Stuttgart NJW-RR 1986, 1245 = BB 1986, 1675.

125 OLG Celle CR 1995, 152.

Zur Software gehören nicht nur die Programme selbst, sondern bisweilen auch Installations-DVDs oder -USB-Sticks. Liegt die Fehlerhaftigkeit eines Programms in einem Mangel des Datenträgers, steht dem Käufer auch ein **Nacherfüllungsanspruch** aus § 437 Nr. 1 iVm § 439 zu.

Sofern dem Käufer wegen mangelhafter Standardsoftware[126] ein Recht zum Rücktritt oder zur Minderung zusteht, kann sich das Rücktrittsrecht gegebenenfalls auf den gesamten Computerkaufvertrag erstrecken. Dies richtet sich danach, ob der PC mit dem Programm als einheitliche Kaufsache verkauft worden ist.

(Nur) für **Verbraucherverträge** wurden mit dem »Gesetz zur Umsetzung der Richtlinie über bestimmte vertragsrechtliche Aspekte der Bereitstellung digitaler Inhalte und digitaler Dienstleistungen«[127] sowie dem »Gesetz zur Regelung des Verkaufs von Sachen mit digitalen Elementen und anderer Aspekte des Kaufvertrags«[128] zum 1.1.2022 Sonderregeln für digitale Inhalte und Sachen mit digitalen Elementen in das Kaufvertragsrecht eingefügt. Für Verbraucherverträge über digitale Produkte (§ 327 I nF) gelten ab dem 1.1.2022 nun die §§ 327–327s nF,[129] auf die § 475a nF für den Verbrauchsgüterkaufvertrag über **körperliche Datenträger** als Träger digitaler Inhalte (zB Software auf USB-Stick) ebenso verweist, wie § 453 I 3 nF für den Verbrauchervertrag über den Verkauf **digitaler Inhalte** als solcher (zB Cloud-Software, App zum Herunterladen). Verpflichtet sich der Unternehmer beim Verkauf einer **Ware mit digitalen Elementen** (§ 327a III 1 nF – zB Handy, Tablet, Smartwatch, Smart-TV) digitale Elemente (insbesondere Software) bereitzustellen, gelten die §§ 475b, 475c nF. Die Produkt- oder Sachmangelhaftung umfasst dabei eine Aktualisierungsverpflichtung (also eine Verpflichtung zur Bereitstellung von **Updates**), s. §§ 475b IV Nr. 2, 475c nF (lesen!) sowie §§ 327e, 327f nF.[130] Wir werden darauf sogleich bei → **Rn. 96 f. und 103a** noch einmal zurückkommen.

Literatur zur Vertiefung (→ Rn. 1–72): *Alpmann und Schmidt* SchuldR BT 1, 1. Teil, 1.–3. Abschn.; *Armbrüster/Prill,* Schuldverträge in Zeiten der Corona-Pandemie JuS 2020, 1008 u. 1144; *Benning/Oberrath* Computer/InternetR 33 ff.; *Bergmann*, Die Kenntnis des Gläubigers vom Mangel, JURA 2018, 107; *Braunschmidt/Vesper,* Die Garantiebegriffe des Kaufrechts – Auslegung von Garantieerklärungen und Abgrenzung zur Beschaffenheitsvereinbarung, JuS 2011, 393; *Brox/Walker* SchuldR BT §§ 1–7; *Brugger*, Anfängerklausur zum Kaufrecht, JURA 2021, 419; *Canaris*, Die Nacherfüllung durch Lieferung einer mangelfreien Sache beim Stückkauf, JZ 2003, 831; *Czerny,* Die wichtigsten Anspruchsgrundlagen des kaufrechtlichen Gewährleistungsrechts – Ihr Aufbau und Verhältnis zueinander, JURA 2015, 1024 (Teil 1), JURA 2015, 1157 (Teil 2); *Dastis/Lotz*, Die Abgrenzung von Sach- und Rechtsmängeln, JURA 2017, 1355; *Eichel*, Minderung und kleiner Schadensersatz im Kauf- und Werkrecht, JuS 2011, 1064; *Eichelberger/Gruschinske*, Tiere im Kaufrecht, JuS 2009, 201; *Fervers*, Das System der schuldrechtlichen Anspruchsgrundlagen im Kaufrecht, JURA 2015, 1064; *Fikentscher/Heinemann* SchuldR §§ 68 ff.; *Firsching*, Der Kauf von Sachen mit digitalen Elementen, ZUM 2021, 210; *Führich* WirtschaftsPrivR Rn. 468 ff.; *Jäckel/Tonikidis*, Der kaufrechtliche Ausbesserungsanspruch – Ein ungeschriebenes Rechtsinstitut im Gefüge der Sachmängelhaftung, JuS 2013, 302; *Hirsch* SchuldR BT §§ 1–8; *Hofmann*, Klausur Zivilrecht: »Der Pferde-

126 Dazu *Brox/Walker* SchuldR BT § 1 Rn. 7 sowie insbesondere *Dauner-Lieb/Konzen/Schmidt/Hoeren*, Das neue Schuldrecht in der Praxis, 2002, Gewährleistung bei Softwareüberlassungsverträgen, 493 ff., unter Hinweis auf BGHZ 110, 130 = NJW 1990, 1290.

127 V. 25.6.2021, BGBl. 2021 I 2123.

128 V. 25.6.2021, BGBl. 2021 I 2133.

129 S. dazu die RegBegr v. 17.3.2021, BT-Drs. 19/27653. Auf Verträge **zwischen Unternehmern** sind die **§§ 327t, 327u nF** anzuwenden.

130 S. dazu die RegBegr v. 9.3.2021, BT-Drs. 19/27424.

kauf«, JA 2013, 16; *Körber/Sieber*, ZR-Anfängerklausur zum Kaufrecht, JURA 2021, 74; *Kreutz*, Die kaufrechtliche Gewährleistung und ihre Grenzen – Überlegungen zu § 434 III Alt. 1 BGB bei Lieferung eines höherwertigen aliud durch den Verkäufer, JA 2017, 655; *Looschelders* SchuldR BT §§ 1–6; *Looschelders*, Neuregelungen im Kaufrecht durch das Gesetz zur Reform des Bauvertragsrechts und zur Änderung der kaufrechtlichen Mängelhaftung, JA 2018, 81; *Lorenz*, Grundwissen Zivilrecht: Neuregelungen im Gewährleistungsrecht zum 1.1.2018, JuS 2018, 10; *Lorenz*, Grundwissen Zivilrecht: Der Nacherfüllungsanspruch, JuS 2014, 7; *Markworth*, Die Reform der kaufrechtlichen Mängelgewährleistung, JURA 2018, 1; *Medicus/Lorenz* SchuldR BT §§ 3–10; *Medicus/Petersen* BürgerlR § 14 I, 1–8; *Metzger*, Verträge über digitale Inhalte und digitale Dienstleistungen: Neuer BGB-Vertragstyp oder punktuelle Reform?, JZ 2019, 577; *Metzler-Müller* PrivatRFall 216 ff. sowie Fall 8; *Oetker/Maultzsch* Schuldverhältnisse § 2 Rn. 1–421; *Pahlow*, Der Rechtsmangel beim Sachkauf, JuS 2006, 289; *Picht*, Gesetzgeberische Aus- und Einbaukosten in der kaufrechtlichen Nacherfüllung, JZ 2017, 807; *Riehm/Thomas*, Das Leistungsstörungsrecht und seine Grenzen in Zeiten von Covid-19, JURA 2020, 1046; *Ruks*, Anfängerklausur zum Kaufrecht, JURA 2021, 534; *Samhat*, Der Kostenvorschussanspruch des Käufers zur Mängelbeseitigung, JURA 2014, 455; *Schade/Graewe* WirtschaftsPrivR Rn. 287 ff.; *Schmitt*, Klausurrelevante Probleme beim Aus- und Wiedereinbau einer mangelhaften Kaufsache im Rahmen der Nacherfüllung, JURA 2018, 431; *Schollmeyer/Utlu*, Die Nacherfüllung im Kauf, JURA 2009, 712 ff.; Schrader, Verträge über digitale Produkte: »lediglich rechtlicher Vorteil« für den Minderjährigen?, JA 2021, 177; *Staudenmayer*, Auf dem Weg zum digitalen Privatrecht – Verträge über digitale Inhalte, NJW 2019, 2497; *Steckler/Tekidou-Kühlke* WirtschaftsR C/043; *Sutschet*, Probleme des kaufrechtlichen Gewährleistungsrechts, JA 2007, 61; *Stöber*, Die Echtheit der Kaufsache als Gegenstand der Beschaffenheitsvereinbarung, JA 2017, 561; *Traut*, Selbstvornahmerecht durch den Verkäufer?, JURA 2013, 12 ff.; *Wörlen/Leinhas*, Rechtsfolgen- und Rechtsgrundverweisungen im BGB, JA 2006, 22; *Zurth*, Die Selbstvornahme in der kaufrechtlichen Klausur, JA 2014, 494.

III. Besondere Kaufverträge

Die schuldrechtliche Vertragsfreiheit und einige Spezialvorschriften des BGB bzw. seiner Nebengesetze ermöglichen eine Vielzahl von Kaufvertragstypen, die vom gesetzlichen Grundtyp des in § 433 umschriebenen Vertrags abweichen.

1. Kauf unter Eigentumsvorbehalt

a) Einfacher Eigentumsvorbehalt

Beim »Eigentumsvorbehalt« handelt es sich um eine Vereinbarung zwischen dem Verkäufer und dem Käufer einer beweglichen Sache, wonach das Eigentum an der Sache trotz (Besitz-)Übergabe an den Käufer bis zur vollständigen Zahlung des Kaufpreises beim Verkäufer verbleiben soll. Das setzt voraus, dass der Verkäufer dem Käufer gestattet hat, den Kaufpreis für die Sache nicht sofort (»Zug um Zug«) zu bezahlen, sondern einen Kredit (ratenweise Zahlung des Kaufpreises) gewährt hat. **73**

Lesen Sie § 449 I. Sofern Sie bei der »aufschiebenden Bedingung« nicht sogleich an § 158 gedacht haben, unterstreichen Sie diesen Begriff im Gesetzestext und notieren »§ 158 I« (nachlesen!) am Rand!

Zweck des Eigentumsvorbehalts ist in erster Linie, Lieferantenkrediten (Warenkrediten) als Sicherungsmittel zu dienen. Die rechtliche Konstruktion des Eigentumsvorbehalts zeigt, wie wichtig es ist, das Abstraktionsprinzip[131] zu beherrschen: Nicht die Kaufpreisforderung wird dadurch gesichert, sondern der Herausgabeanspruch des Verkäufers.[132] Anders ausgedrückt: Der Kaufvertrag, das schuldrechtliche Verpflich- **74**

131 *Wörlen/Metzler-Müller* BGB AT Rn. 268 ff.
132 *Reinicke/Tiedtke* KaufR Rn. 1274.

tungsgeschäft, wird sofort wirksam, während das sachenrechtliche Verfügungsgeschäft, die Übertragung des Eigentums gem. § 929 S. 1, noch nicht vollständig vollzogen wird. Auch wenn der Eigentumsvorbehalt im Kaufrecht in § 449 angesiedelt ist, handelt es sich primär um ein sachenrechtliches Rechtsinstitut.[133] Zwar erhält der Käufer die Sache schon zu Besitz (Übergabe iSv § 929 S. 1), doch die Einigung über den Eigentumsübergang erfolgt unter der aufschiebenden Bedingung (§ 158 I), dass das Eigentum erst mit Zahlung des vollständigen Kaufpreises (der letzten Rate) vom Verkäufer auf den Käufer übergehen soll. Nicht »der Kaufvertrag« (was von Anfängern leider häufig verwechselt wird, obwohl der Wortlaut von § 449 I eindeutig ist) ist »aufschiebend bedingt«, sondern »die Übertragung des Eigentums«! Das ist so wichtig, dass wir uns die rechtliche Konstruktion des Eigentumsvorbehalts anhand von Übersicht 4 (Teil 1) verdeutlichen wollen, bevor wir mehr dazu erfahren:

Übersicht 4 (Teil 1)

75

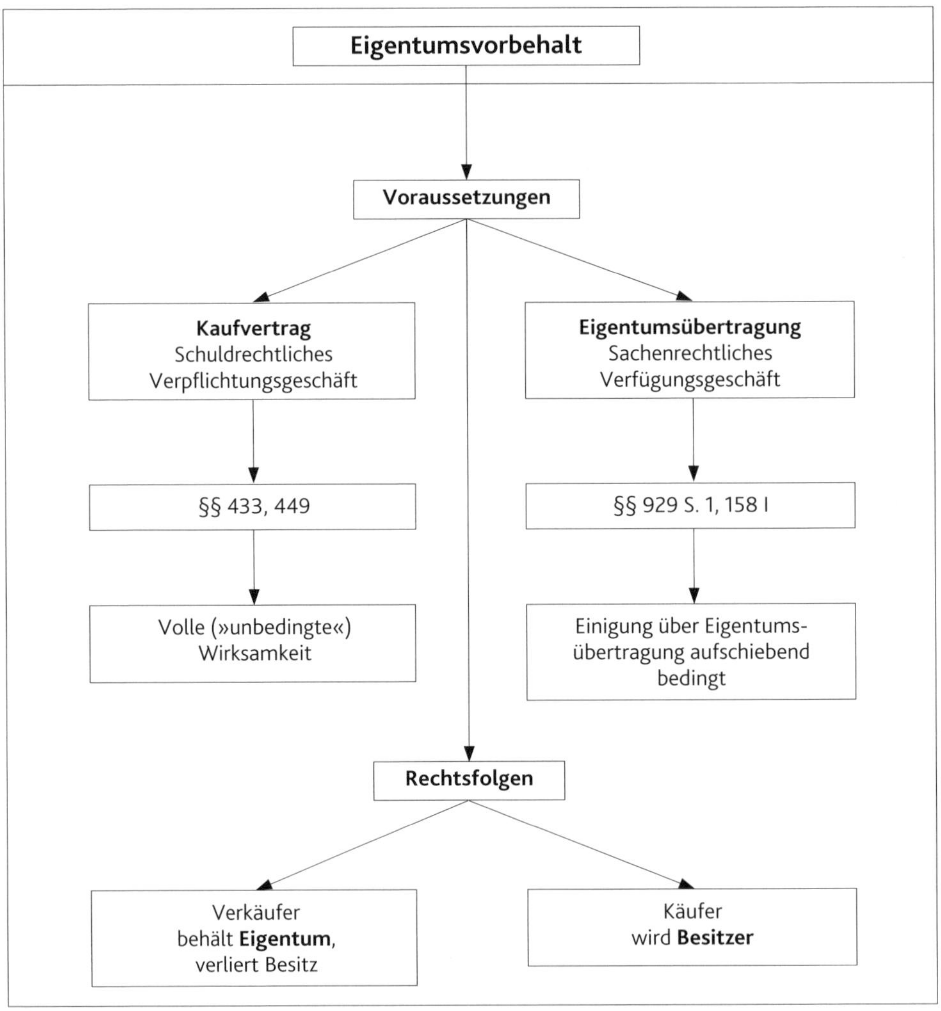

133 Vgl. *Medicus/Lorenz* SchuldR BT § 13 Rn. 2.

■ Wenn wir uns die rechtliche Konstruktion des Eigentumsvorbehalts klar gemacht haben, liegt es nahe zu fragen: »Worin liegen die wirtschaftlichen und rechtlichen Vorteile eines Eigentumsvorbehalts, und zwar zunächst aus der Sicht des Verkäufers?« Den wirtschaftlichen Vorteil zu erkennen, dürfte (angehenden) Juristen und Wirtschaftswissenschaftlern kaum Schwierigkeiten bereiten (überlegen Sie!). 76

▶ Der wirtschaftliche Vorteil aus der Sicht des Verkäufers liegt vor allem darin, dass durch die mit dem Zahlungsaufschub verbundene Kreditgewährung die Kaufbereitschaft seiner Kunden gefördert wird. Der rechtliche Vorteil bestand vor der Schuldrechtsreform (§ 455 aF) darin, dass der Verkäufer sofort ohne Fristsetzung zurücktreten konnte, wenn der Käufer in Zahlungsverzug kam. Dieser Vorteil ist durch die Neufassung von § 449 II entfallen.

Danach kann der Verkäufer die Sache aufgrund des Eigentumsvorbehalts erst herausverlangen (§ 449 II), wenn die Voraussetzungen des Rücktrittsrechts nach § 323 oder § 324 vorliegen.

■ Wiederholungsfrage: Welche Vorschriften fallen Ihnen beim Stichwort »gesetzliches Rücktrittsrecht« ein? Denken Sie nach und notieren Sie die Vorschriften auf einem Blatt Papier, bevor Sie die folgenden Fußnoten lesen! 77

▶ Wir haben diese Rücktrittsrechte bei der Behandlung des Schuldnerverzugs,[134] der Schlechterfüllung[135] und beim Ausschluss der Leistung wegen Unmöglichkeit[136] sowie bei § 437 Nr. 2 kennen gelernt. Außerdem gibt § 324 dem Gläubiger ein Rücktrittsrecht wegen Verletzung einer Pflicht nach § 241 II.[137]

Für die Ausübung dieser Rücktrittsrechte ist grundsätzlich (sofern nicht ausnahmsweise entbehrlich) Voraussetzung, dass der Gläubiger dem Schuldner erfolglos eine angemessene Frist zur Nachholung der Leistung setzt (vgl. nur § 323 I).

Somit muss auch der Eigentumsvorbehaltsverkäufer dem Käufer, der mit der Abzahlung des Kaufpreises in Verzug gekommen ist, eine Frist setzen und deren erfolglosen Ablauf abwarten, bevor er sein Rücktrittsrecht ausüben darf. Die Ausübung des Rücktritts und seine Rechtsfolgen sind in §§ 346 ff. geregelt.

Für den Käufer hat der Eigentumsvorbehalt ebenfalls Vorteile. 78

■ Worin liegt wohl der wirtschaftliche Vorteil?

▶ Darin, dass der Käufer über die Sache bereits verfügen und sie nutzen (= damit wirtschaften) kann, obwohl er sie noch nicht bezahlt hat. Der erwirtschaftete Gewinn erleichtert ihm in der Regel die Kreditrückzahlung.

Die rechtlichen Vorteile des Eigentumsvorbehalts für den Käufer wollen wir anhand des nächsten Falls untersuchen.

134 § 323 I Hs. 1, 1. Var. (vgl. dazu *Wörlen/Metzler-Müller* SchuldR AT Rn. 240 ff.).
135 § 323 I Hs. 1, 2. Var. (vgl. dazu *Wörlen/Metzler-Müller* SchuldR AT Rn. 351 ff.).
136 § 326 V (vgl. dazu *Wörlen/Metzler-Müller* SchuldR AT Rn. 306).
137 Vgl. *Wörlen/Metzler-Müller* SchuldR AT Rn. 355 ff.

Übungsfall 4

Karl Keule (K) hat sich bei Viola Voth (V) ein Smart-TV (Fernsehgerät mit Internetanbindung) unter Eigentumsvorbehalt gekauft und von dem Kaufpreis von 1.000 EUR bereits 900 EUR bezahlt. Er will das Gerät, da er plötzlich dringend Geld braucht, an Daria Dohm (D) für 900 EUR weiterverkaufen. Er tritt an D »alle Rechte bezüglich des Smart-TV-Geräts ab« und verpflichtet sich, die letzten 100 EUR an V selbst zu bezahlen.

Wie kann D, die von dem Eigentumsvorbehalt weiß, Eigentum an dem Fernseher erwerben?

b) Anwartschaftsrecht

79 An der Fallfrage erkennen Sie, dass wir uns ein weiteres Mal mit dem Sachenrecht beschäftigen müssen. Dass der Erwerb des Eigentums im Sachenrecht, nämlich in den §§ 929 ff., geregelt ist, wissen Sie schon.

■ Überlegen Sie vorab, auf welche Weise D das Eigentum erwerben könnte, wenn K ihr den Eigentumsvorbehalt verschwiegen hätte?

▶ Die Antwort gibt § 932 I 1 (lesen!), der natürlich nicht »passt«, da D der Eigentumsvorbehalt bekannt ist.

Beim Eigentumsvorbehalt räumt, wie Sie gelesen haben, der Verkäufer dem Käufer die Chance ein, durch Zahlung des vollen Kaufpreises Eigentümer zu werden. Da die Sache bereits übergeben ist, hängt die Verwirklichung dieser Chance nur noch vom Käufer ab.

■ Wieso? Überlegen Sie wieder selbst, bevor Sie weiterlesen!

▶ Je mehr er schon von dem Kaufpreis bezahlt hat, desto näher rückt er dem Eigentumserwerb. Mit anderen Worten: Sein Recht auf den Eigentumserwerb wird mit jeder Zahlung stärker.

80 Man bezeichnet dieses Recht als »Anwartschaftsrecht«[138]. Das Anwartschaftsrecht ist einerseits erst ein im Wachsen begriffenes Eigentum, wird aber andererseits in vielen Beziehungen schon dem Eigentum gleichgestellt. Manche bezeichnen es gegenüber dem Eigentum als ein »wesensgleiches Minus«[139]. Andere ordnen es als ein »Erwerbsrecht eigener Art« ein.[140] Das Anwartschaftsrecht ist jedenfalls ein dingliches, selbstständiges Recht wie das Vollrecht Eigentum und kann unter entsprechender Anwendung der §§ 929 ff. übertragen werden. So kann der Käufer sein Anwartschaftsrecht zB auch verpfänden oder abtreten. Letzteres hat auch K in unserem Fall getan, indem er alle Rechte bezüglich des Smart-TV-Geräts an D abgetreten hat. Damit müssten Sie eigentlich auch schon unsere Fallfrage beantworten können.

■ Wie kann D das Eigentum an dem Smart-TV-Gerät erwerben? (Wie hätte K selbst das Eigentum erworben?)

▶ Mit Zahlung der letzten Kaufpreisrate durch K an V wird D automatisch Eigentümerin. Das Anwartschaftsrecht, aufgrund dessen K selbst mit Zahlung der letzten Rate Eigentümer geworden wäre, hat K wirksam an D abgetreten. D ist in die Stellung des K als Anwartschaftsberechtigter eingerückt.

---

138 Zur Einordnung des Begriffs vgl. *Medicus/Petersen* BürgerlR Rn. 456 sowie *Wörlen/Kokemoor* SachenR Rn. 291a.

139 So BGHZ 28, 16 (21) = NJW 1958, 1133; s. auch MüKoBGB/*Westermann* § 449 Rn. 2 mwN.

140 Palandt/*Ellenberger* Einf v. § 158 Rn. 9 – mwN zum Meinungsstreit, auf den hier nicht eingegangen wird.

Was passiert mit dem Anwartschaftsrecht, wenn zB der Verkäufer, dem aufgrund des Eigentumsvorbehalts vorerst noch das Eigentum zusteht, über dieses Eigentum nochmals verfügt? Dass dies nicht nur eine theoretische Überlegung, sondern auch praktisch möglich ist, verdeutlicht der nächste Fall. 81

Übungsfall 5

Die Volta-Computertechnik-AG (V) liefert an die Kara-Filmgesellschaft mbH (K) eine Kamera-Drohne (fernsteuerbarer Helikopter) unter Eigentumsvorbehalt. K verwendet die Drohne für die Fernsehwerbung und macht sie daher weit bekannt. Unter anderem interessiert sich die Jungfilmerin Dido von Dorfhausen (D) für das Gerät. Es kommt zu Kaufverhandlungen zwischen V und D, bei denen V vorgibt, sie habe die Drohne an K nur kurzfristig vermietet und könne diese sofort liefern. Daraufhin kauft D die Drohne und lässt sich die Herausgabeansprüche der V gegen K abtreten. Alsdann verlangt D die Drohne von K heraus.

Ist sie dazu berechtigt, wenn K ihre Kaufpreisrate an V bisher immer pünktlich gezahlt hat?

D wäre berechtigt, die Drohne heraus zu verlangen, wenn V ihr wirksam das Eigentum an der Drohne übertragen hätte, da D als neue Eigentümerin gegen K einen Herausgabeanspruch nach § 985 (lesen!) hätte. 82

- ■ Was ist zur Eigentumsübertragung grundsätzlich erforderlich?
- ▶ § 929 S. 1: Einigung und Übergabe!
- ■ Die Einigung zwischen V und D liegt vor. Wie aber steht es mit der Übergabe? Die Drohne ist im Besitz der K. Konnte V trotzdem über das Eigentum verfügen?
- ▶ Die Antwort gibt § 931 (lesen): Danach kann, wenn ein Dritter (hier: K) im Besitz der Sache ist, die von § 929 S. 1 für den Eigentumsübergang geforderte Übergabe grundsätzlich durch die Abtretung (§ 398) des **schuldrechtlichen** Herausgabeanspruchs[141] ersetzt werden. Demnach konnte V an D gem. § 929 S. 1 iVm § 931 durch Einigung und Abtretung des schuldrechtlichen Herausgabeanspruchs das Eigentum übertragen, sodass der Herausgabeanspruch der D gegen K aus § 985 begründet sein könnte.
- ■ Unabhängig davon, ob diese Übereignung wirksam ist: Was könnte dem Herausgabeanspruch entgegenstehen? Was würden Sie anstelle von K der D entgegenhalten, wenn diese die Herausgabe der Drohne verlangt? 83
- ▶ Dass K aufgrund des vereinbarten Eigentumsvorbehalts zum Besitz berechtigt ist; solange K die Raten pünktlich zahlt, hat V kein Recht zum Rücktritt. Der zwischen dem Verkäufer und Käufer abgeschlossene Eigentumsvorbehaltskauf gewährt dem Käufer ein Recht zum Besitz und zur Benutzung der Sache, solange der Kaufvertrag zwischen den Parteien Bestand hat und der Käufer seine Raten pünktlich zahlt. K könnte daher gegenüber V die Herausgabe verweigern. Dies ist im Gesetz ausdrücklich geregelt, und zwar in § 986 (lesen Sie § 986 I 1 und II).
- ■ Was folgt daraus, wenn Sie wissen, dass K die Herausgabe gegenüber V verweigern könnte?
- ▶ K kann die Herausgabe auch gegenüber D verweigern! Aufgrund ihres erworbenen Anwartschaftsrechts wird K mit Zahlung der letzten Rate Eigentümerin.

141 **Anspruch aus § 546 oder § 812! Der sachenrechtliche Anspruch aus § 985 ist nach hM nicht abtretbar**, vgl. *Wörlen/Kokemoor* SachenR Rn. 112 mwN; Palandt/*Herrler* § 931 Rn. 3.

Darauf kommt es hier letztlich aber gar nicht an. Denn die Übereignung der Kamera-Drohne von V an D ist unwirksam. Dies ergibt sich aus einer Vorschrift des Allgemeinen Teils des BGB, aus § 161 I 1 (lesen!). § 161 I 1 schützt, ohne dass dies ausdrücklich formuliert ist, auch den Eigentumsvorbehaltskäufer, der ein Anwartschaftsrecht erworben hat, gegen Vergfügungen des (Noch-)Eigentümers über die Sache.[142]

84 Was wir bisher über den Eigentumsvorbehalt gehört haben, betraf den sog. »einfachen Eigentumsvorbehalt«, den der Gesetzgeber in § 449 geregelt hat. Daneben gibt es noch einige Sonderformen[143] des Eigentumsvorbehalts, von denen wir uns drei zumindest kurz ansehen wollen, den **verlängerten**, den **weitergeleiteten** sowie den **erweiterten Eigentumsvorbehalt**.[144]

c) Verlängerter Eigentumsvorbehalt

85 Beim verlängerten Eigentumsvorbehalt gestattet der Verkäufer (V) dem Käufer (K), die unter Eigentumsvorbehalt gelieferte Ware weiterzuverkaufen und dem Zweiterwerber (Z) das Eigentum zu übertragen, indem er in die Eigentumsübertragung nach § 185 I (lesen!) einwilligt (zur Erinnerung: Die Legaldefinition der Einwilligung befindet sich in § 183 S. 1). Da V so die Sicherheit verliert, die er sich durch den Eigentumsvorbehalt verschafft hatte, »verlängert« er seinen Eigentumsvorbehalt, indem er sich die Kaufpreisforderung des K gegen Z aus dem Weiterverkauf im Voraus als neue Sicherheit gem. § 398 abtreten lässt. Zur Verdeutlichung eine kleine Skizze:

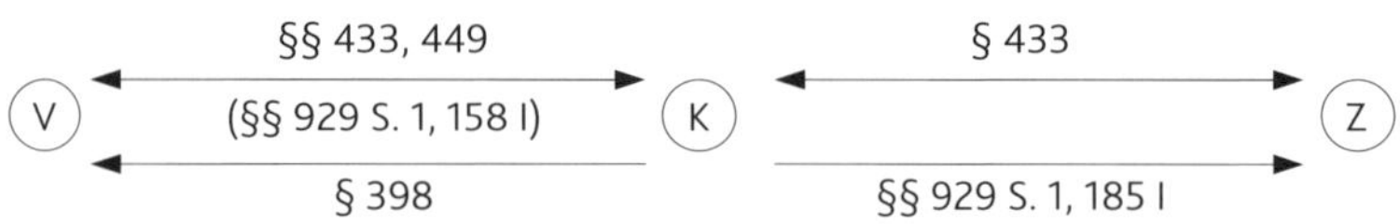

d) Weitergeleiteter Eigentumsvorbehalt

86 Beim weitergeleiteten Eigentumsvorbehalt verkauft der Eigentumsvorbehaltskäufer (K) die Sache weiter, übergibt sie und teilt seinem Abkäufer (A) mit, dass er die Sache vom Verkäufer V unter Eigentumsvorbehalt iSv § 449 erworben hat. Durch Verfügung über sein Anwartschaftsrecht (§§ 929 ff. entsprechend) gibt K den Eigentumsvorbehalt an A weiter. A wird erst dann Eigentümer der Sache, wenn K gegenüber V seine Verbindlichkeiten aus dem Eigentumsvorbehaltskauf erfüllt hat:

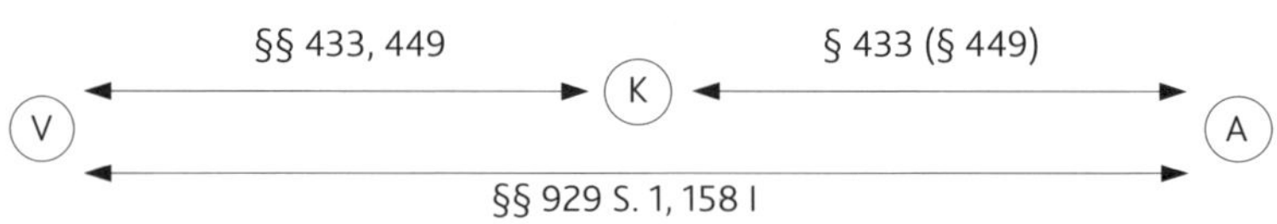

e) Erweiterter Eigentumsvorbehalt

87 Beim erweiterten Eigentumsvorbehalt vereinbaren Verkäufer und Käufer, dass das Eigentum an der Kaufsache nicht schon bei Zahlung der letzten Kaufpreisrate über-

142 HK-BGB/*Dörner* § 161 Rn. 2; BeckOK BGB/*Faust* § 449 Rn. 8. Ein gutgläubiger lastenfreier Erwerb ist zwar möglich, gem. §§ 161 III, 936 III aber nicht gegenüber dem Inhaber des Anwartschaftsrechts selbst, s. *Wörlen/Kokemoor* SachenR Rn. 291b.

143 S. dazu *Wörlen/Kokemoor* SachenR Rn. 291c ff. sowie ausführlich *Reinicke/Tiedtke* KaufR Rn. 1344 ff.

144 *Reinicke/Tiedtke* KaufR Rn. 1361 ff.

gehen soll, sondern erst dann, wenn der Käufer sämtliche aus der Geschäftsverbindung mit dem Verkäufer herrührenden Verbindlichkeiten getilgt hat.

Wenn der Eigentumsübergang auch von der Bezahlung künftiger offener Forderungen des Verkäufers gegen den Käufer abhängig gemacht wird, liegt ein sog. **Kontokorrenteigentumsvorbehalt** vor.[145]

Sofern nicht nur die Forderungen des Vorbehaltsverkäufers gegen den Vorbehaltskäufer gesichert sind, sondern auch die anderer Lieferanten des Vorbehaltskäufers, die dem gleichen Konzern angehören wie der Vorbehaltsverkäufer, spricht man von einem **Konzern(eigentums)vorbehalt:**[146] Eine solche Vereinbarung des Eigentumsvorbehalts ist gem. § 449 III nichtig.

Wiederholen Sie das zum Eigentumsvorbehalt Gelernte anhand der folgenden Übersicht 4 (Teil 2).

145 Vgl. dazu *Brox/Walker* SchuldR BT § 7 Rn. 32 mit Hinweis auf die Bedenken, die gegen diese Art des den Käufer benachteiligenden Eigentumsvorbehalts geltend gemacht werden.

146 Hierzu MüKoBGB/*Westermann* § 449 Rn. 79 f.

Übersicht 4 (Teil 2)

88 **Eigentumsvorbehalt**

I. Inhalt (Voraussetzungen und Rechtsfolgen)

1. Wirksamer Kaufvertrag über bewegliche Sache iSd § 433; Zahlung des vollen Kaufpreises folgt später (gegebenenfalls Raten)
2. Eigentumsübertragung gem. § 929 S. 1 unter aufschiebender Bedingung gem. § 158 I (§ 449 I)
3. Bedingung betrifft Einigung nach § 929 S. 1: Eigentum soll erst an den Käufer übergehen, wenn Kaufpreis vollständig bezahlt ist (Verkäufer gewährt Kredit!)
4. Übergabe nach § 929 S. 1 erfolgt sofort: Käufer wird Besitzer und kann die Sache nutzen

II. Vorteile für den Verkäufer

1. Durch Kreditgewährung Förderung der Kaufbereitschaft (= wirtschaftlicher Vorteil)
2. Bei Zahlungsverzug des Käufers (§ 449 II)

nach Fristsetzung → **Rücktritt** § 323 → möglich (= rechtlicher Vorteil)

↓

§§ 346 ff.

III. Vorteile für den Käufer

1. Käufer kann die Sache nutzen, ohne schon bezahlt zu haben (= wirtschaftlicher Vorteil)
2. Käufer erwirbt → **Anwartschaftsrecht** → auf Eigentumserwerb (= rechtlicher Vorteil)

- »Werdendes Eigentum«
- »Wesensgleiches Minus« zum Eigentum
- Selbstständiges, dingliches Recht
  ↓
  Kann entsprechend §§ 929 ff. wie Eigentum übertragen (auch verpfändet) werden

Schutz des Anwartschaftsrechts:

↓

§ 161 I 1

↓

Nochmalige Verfügungen des Verkäufers über sein Eigentum (zB gem. § 931) sind unwirksam!

IV. Sonderformen des Eigentumsvorbehalts

Verlängerter Eigentumsvorbehalt:
Verkäufer gestattet Weiterverkauf der Ware durch Käufer (Einwilligung in die Eigentumsübertragung gem. § 185 I) und lässt sich die Kaufpreisforderungen im Voraus zur Sicherung abtreten (vgl. §§ 398 ff.)
Weitergeleiteter und erweiterter Eigentumsvorbehalt: → Rn. 86 und → Rn. 87

2. Kauf als Teilzahlungsgeschäft

Wie Sie an den Fällen zum Eigentumsvorbehalt gesehen haben, gewährt der Eigentumsvorbehaltsverkäufer dem Käufer regelmäßig einen (Waren-)Kredit, indem er ihm die Ware bereits zur Nutzung überlässt, ihm aber die Zahlung des Kaufpreises stundet, ihm also gestattet, den Kaufpreis später zu zahlen. Erfolgt diese Zahlung in mehreren Raten, spricht man grundsätzlich von einem »Abzahlungskauf« bzw. »Teilzahlungskauf«. Dieser gehört zu den Teilzahlungsgeschäften, die seit 11.6.2010 in § 506 III definiert sind. Es gelten für diese besondere Regelungen, vor allem zum Schutz des Verbrauchers (§ 507 f.). 89

Da der Verkäufer sich nicht sicher sein kann, ob die Raten pünktlich oder überhaupt gezahlt werden, geht er ein nicht unerhebliches Risiko ein, zumal er befürchten muss, im Falle des Rücktritts (§ 323) die noch in seinem Eigentum stehende Kaufsache in mehr oder minder stark abgenutztem Zustand zurückzubekommen. Der Verkäufer versucht deshalb oft, sich durch harte Vertragsbedingungen vor Verlusten zu schützen. So zB, dass alle geleisteten Teilzahlungen verfallen, wenn der Käufer mit einer geringen Kaufpreisrate im Rückstand ist.

Um zu verhindern, dass der Verkäufer im Vertrag die mit dem Teilzahlungsgeschäft verbundenen Risiken umfassend auf den Käufer abwälzt, hat der Gesetzgeber sehr frühzeitig (1894) das Abzahlungsgesetz geschaffen.

Das Abzahlungsgesetz[147] hatte in erster Linie den Zweck, den in der Regel sozial- und finanzschwächeren Käufer zu schützen. An die Stelle des Abzahlungsgesetzes trat das Verbraucherkreditgesetz v. 17.12.1990.[148] Mit Wirkung v. 1.1.2002 ist das Verbraucherkreditgesetz im Zuge der Schuldrechtsreform außer Kraft getreten und in das BGB integriert worden (unter anderem: §§ 491 ff.).

Die Teilzahlungsgeschäfte sind gesetzessystematisch nicht bei den besonderen Arten des Kaufs, sondern neben dem Darlehensvertrag und den Ratenlieferungsverträgen als eine Art der Finanzierungshilfe eingeordnet (§§ 506 III, 507 und 508 lesen!). Im Gegensatz zum alten Abzahlungsgesetz erfassen diese Vorschriften nicht nur **Kauf**verträge, die mit einer Kreditgewährung verbunden sind, sondern alle Arten von Finanzierungshilfen. Einige dieser Vorschriften werden daher erst im Anschluss an den allgemeinen (Geld-)**Darlehensvertrag** erläutert.[149]

3. Kauf auf Probe

Lesen Sie zunächst § 454 ganz!

Beim Kauf auf Probe (oder auf Besichtigung) wird zwischen Verkäufer und Käufer vereinbart, dass die Billigung des gekauften Gegenstands[150] im Belieben des Käufers steht (§ 454 I 1). Die Wirksamkeit des Kaufvertrags ist also von einer zusätzlichen Willenserklärung des Käufers in Form der Billigung abhängig. Der Verkäufer muss 90

147 Mit seinen Novellen von 1969 und 1974.

148 BGBl. 1990 I 2840.

149 → Rn. 239 ff.

150 Zum Begriff des »Gegenstands« iSd BGB vgl. zur Erinnerung *Wörlen/Metzler-Müller* BGB AT Rn. 95 f.!

dem Käufer nach § 454 II die Untersuchung des Gegenstands gestatten, damit Letztgenannter eine notwendige Entscheidungsgrundlage hat. Im Zweifel ist der Kaufvertrag unter einer aufschiebenden Bedingung (§ 158 I) geschlossen (§ 454 I 2). Der Kaufvertrag wird also erst dann wirksam, wenn der Käufer die Kaufsache billigt.

Beispiel: K hat von V ein Notebook »auf Probe« gekauft und zur Besichtigung mit nach Hause genommen. Ohne jegliches Verschulden (»Zufall«) wird das Notebook am nächsten Tag durch einen elektrischen Kurzschluss vernichtet. K teilt dem V daraufhin sofort mit, dass er den Kauf nicht billige. V verlangt Bezahlung des Kaufpreises.

■ Wie würden Sie entscheiden?

▶ Da K das Notebook ausdrücklich »auf Probe« gekauft hat, ist die aufschiebende Bedingung der Billigung noch nicht eingetreten, sodass der Kaufvertrag noch nicht wirksam war. Somit ist trotz der Übergabe des Notebooks die »Gefahr des zufälligen Untergangs« (§ 446 S. 1 – noch gewusst?) noch nicht auf K übergegangen. K muss nicht den Kaufpreis zahlen!

■ Kann V einen Schadensersatzanspruch gegenüber K geltend machen?

▶ Nur wenn K schuldhaft (vgl. § 276) die Beschädigung oder Zerstörung des Notebooks verursacht hat, kommt ein Schadensersatzanspruch des Verkäufers gem. § 280 I iVm §§ 311 II, 241 II sowie § 823 I[151] in Betracht.[152]

91 Sofern eine Vereinbarung zwischen Verkäufer und Käufer Zweifel aufkommen lässt, ob tatsächlich ein »Kauf auf Probe« (oder ein sog. »Prüfungskauf« oder ein »Kauf mit Umtauschvorbehalt«[153]) vorliegt, muss dies durch Auslegung (§§ 133, 157)[154] ermittelt werden.

92 Gemäß § 455 S. 1 muss sich der Käufer innerhalb der vereinbarten oder – falls nichts vereinbart wurde – bis zum Ablauf einer dem Käufer von dem Verkäufer bestimmten angemessenen Frist erklären. Wenn ihm die Kaufsache zum Zwecke der Probe oder Besichtigung bereits übergeben worden war, »gilt« sein Schweigen gem. § 455 S. 2 als Billigung. Wie lange der Käufer »angemessen schweigen« darf, wird leider nicht geregelt. In Analogie[155] zu §§ 108 II 2 und 177 II 2 können wir von zwei Wochen ausgehen.

Vor allem im Versandhandel spielt der Kauf auf Probe eine Rolle. Es handelt sich hierbei um einen Fernabsatzvertrag nach § 312c, bei dem der Verbraucher nach §§ 312g, 455 innerhalb von 14 Tagen seine Willenserklärung widerrufen kann. Die Frist für die Ausübung des Widerrufsrechts beginnt nicht vor dem Zeitpunkt, in dem der Kaufvertrag durch Billigung für den Verbraucher bindend geworden ist.[156]

Im Zusammenhang mit der Billigung gibt es weitere Besonderheiten:

- Der Käufer trägt das Risiko der Verschlechterung oder des Untergangs der Sache nicht schon mit deren Übergabe nach § 446, sondern erst ab der Billigung.[157]

151 Diese Anspruchsgrundlagen lernen Sie unter → Rn. 398 ff. kennen.
152 Vgl. dazu Erman/*Grunewald* § 454 Rn. 7.
153 Zur Abgrenzung: *Brox/Walker* SchuldR BT § 7 Rn. 44.
154 Vgl. dazu *Wörlen/Metzler-Müller* BGB AT Rn. 160 ff.
155 Hierzu *Wörlen/Metzler-Müller* BGB AT Rn. 173, 176.
156 BGH NJW 2004, 1058 (1059).
157 Palandt/*Weidenkaff* § 454 Rn. 11.

- Für die Kenntnis der Mängel bei einem Kaufvertrag (§ 442) ist nicht der Zeitpunkt des Vertragsschlusses, sondern der Zeitpunkt der Billigung relevant.[158]
- Die Verjährung der Gewährleistungsansprüche beginnt erst mit der Billigung, auch wenn die Übergabe der Kaufsache bereits früher erfolgt ist.[159]

4. Wiederkauf

Beim Wiederkauf wird vereinbart, dass der Verkäufer unter bestimmten Voraussetzungen und Bedingungen berechtigt ist, den Kaufgegenstand zurück zu erwerben (lesen Sie § 456 I). Der Verkäufer behält sich also das gesetzlich geregelte Recht vor, von dem Käufer, der die Sache erneut verkaufen will, diese sozusagen »privilegiert« zurückzukaufen. Für diesen neuen Kaufvertrag[160] gilt gem. § 456 II derselbe Preis, zu dem der Käufer zuvor erworben hat. Der Wiederkauf ist mithin der vorbehaltene Rückkauf des verkauften Gegenstands durch den Verkäufer. Die Parteien des Wiederkaufs entsprechen demnach grundsätzlich denen des vorausgegangenen Kaufvertrags mit umgekehrten Parteirollen (Wiederverkäufer ist der Käufer, Wiederkäufer der Verkäufer).[161] Lesen Sie bei Bedarf die §§ 456–462 einmal ganz durch. Die Praxis- und Klausurrelevanz des Wiederkaufs ist relativ gering.[162] Das Wiederkaufsrecht wird unter anderem vereinbart, um eine **Zweckbindung der Kaufsache** zu verwirklichen. 93

> **Beispiel:**[163] Mit notariellem Vertrag verkauft die Gemeinde an die Unternehmerin U ein unbebautes Grundstück zum Preis von 450.000 EUR. Unternehmerin U verpflichtet sich, das Grundstück spätestens 18 Monate nach Abschluss des Vertrages einer gewerblichen Nutzung durch einen Kunststoff-Bearbeitungsbetrieb zuzuführen. Die Gemeinde G behält sich den Wiederkauf zum Verkehrswert für den Fall, dass U dieser Pflicht nicht nachkommt, vor.

Der Wiederkauf ähnelt, aber unterscheidet sich vom

5. Vorkauf

Lesen Sie § 463! 94

- **Fragen dazu**: Wer ist »Berechtigter« im Sinne dieser Vorschrift, wer ist »Verpflichteter«, und worin besteht ein Unterschied zum Wiederkauf?
- Berechtigter ist der Käufer, Verpflichteter ist der Verkäufer, und der Unterschied zum Wiederkauf besteht darin, dass der Verkäufer inzwischen »in Ansehung eines« Gegenstands mit einem **Dritten** einen Kaufvertrag geschlossen hat: Das Vorkaufsrecht hat der Käufer; das Wiederkaufsrecht der frühere Verkäufer!

Der Vorkauf ist also eine Befugnis, einen Gegenstand von einem anderen (dem vorkaufsverpflichteten ehemaligen Verkäufer) käuflich zu erwerben, sobald dieser den Gegenstand[164] an einen Dritten verkauft.

---

158 MüKoBGB/*Westermann* § 454 Rn. 9.
159 BeckOK BGB/*Faust* § 454 Rn. 8.
160 Vgl. *Medicus/Lorenz* SchuldR BT § 15 Rn. 8.
161 Jauernig/*Berger* § 456 Rn. 1.
162 Zur Vertiefung s. *Brox/Walker* SchuldR BT § 7 Rn. 45 ff.; *Medicus/Lorenz* SchuldR BT § 15 Rn. 6 ff.
163 BGH NJW 2001, 284; *Looschelders* SchuldR BT Rn. 6.
164 Zum dinglichen Vorkaufsrecht vgl. *Wörlen/Kokemoor* SachenR Rn. 378 ff.

95 Worin liegt nun die praktische Bedeutung dieses Vorkaufsrechts iSd §§ 463–473? Dazu ein

> **Beispiel:**[165] Vermieter V vermietet ein Haus an Mieterin M. In dem Mietvertrag wird ein Vorkaufsrecht nach § 463 für M vereinbart. Später muss M erfahren, dass V das Haus für 200.000 EUR an K verkauft hat, der inzwischen als Eigentümer im Grundbuch eingetragen worden ist. Welchen Anspruch hat M?

Beim **schuldrechtlichen** Vorkauf hat der Vorkaufsberechtigte (Käufer) gegenüber dem **Dritten**, mit dem der Verkäufer den neuen Kaufvertrag geschlossen hat, **keinen Anspruch**:

Bei den §§ 463 ff. handelt es sich um ein **persönliches** Vorkaufsrecht, das sich nur gegen den Vorkaufsverpflichteten (Verkäufer) richtet. Bei einem Grundstück kommt jedoch auch ein **dingliches** Vorkaufsrecht (§§ 1094 ff.) in Betracht, das durch Einigung und Eintragung im Grundbuch (§§ 873, 1094 – lesen) entsteht und auch gegen den **Dritten** wirkt.[166]

Beim **schuldrechtlichen** Vorkaufsrecht iSd §§ 463 ff. kann sich der vorkaufsberechtigte Käufer also nicht darauf verlassen, dass er den Kaufgegenstand erwirbt, wenn der Vorkaufsverkäufer diesen auf einen Dritten überträgt.

In dem beschriebenen Beispiel kann M nicht mit Erfolg gegen K vorgehen. Um dies zu vermeiden, hätte M das schuldrechtliche Vorkaufsrecht durch die Eintragung einer Vormerkung iSv § 883 im Grundbuch absichern müssen.[167]

In diesem Fall wäre der Erwerb des K ihr gegenüber unwirksam (vgl. § 883 II). Sie könnte von V die Auflassung (§ 925) und von K die Zustimmung verlangen, dass sie (M) im Grundbuch als Eigentümer eingetragen wird (vgl. § 888).

Eine andere Möglichkeit der Sicherung wäre die Eintragung eines **dinglichen** Vorkaufsrechts ins Grundbuch (§ 1098), das eine unmittelbare Belastung des Grundstücks zur Folge hat.[168]

IV. Verbrauchsgüterkauf

1. Verbraucherschutz im BGB

96 Die Vorschriften der §§ 474–479 wurden im Rahmen der Schuldrechtsreform aufgrund der »Richtlinie 1999/44/EG des Europäischen Parlaments und des Rats v. 25.5.1999 zu bestimmten Aspekten des Verbrauchsgüterkaufs und der Garantien für Verbrauchsgüter«[169] (Verbrauchsgüterkauf-RL) ins BGB integriert. Diese Richtlinie war vom deutschen Gesetzgeber zum 1.1.2002 – also zeitgleich mit der Einführung des Euro als Bargeld – in nationales Recht umzusetzen.

165 Nach *Brox/Walker* SchuldR BT § 7 Rn. 49 Fall i.
166 *Brox/Walker* SchuldR BT § 7 Rn. 55.
167 Vgl. *Wörlen/Kokemoor* SachenR Rn. 239 ff.
168 Palandt/*Weidenkaff* Vorb v. § 463 Rn. 7.
169 Sog. Verbrauchsgüterkaufrichtlinie, ABl. 1999 L 171, 12.

Durch die **Umsetzung** der **Verbraucherrechte-RL**[170] mit Gesetz v. 20.9.2013[171] wurden die Vorschriften über den Verbrauchsgüterkauf (§§ 474 ff.) mit Wirkung v. 13.6.2014 geändert. Das am 1.1.2018 in Kraft getretene Gesetz zur Reform des Bauvertragsrechts und zur Änderung der kaufrechtlichen Mängelhaftung vom 28.4.2017[172] hat die Regelungen über den Rückgriff des Verkäufers gegen den Lieferanten (§§ 478, 479 aF) weitgehend ins allgemeine Kaufrecht (§§ 445a, 445b) verlagert und damit nicht mehr auf den Verbrauchsgüterkauf beschränkt. Die Vorschriften über den Verbrauchsgüterkauf wurden aus Gründen der Übersichtlichkeit für den Gesetzesanwender ohne größere inhaltliche Änderungen neu gestaltet.[173] Dadurch haben sich auch einige redaktionelle Verschiebungen bei der Zählung der Paragrafen und Absätze ergeben.

Die Verbrauchsgüterkauf-RL wurde mit Wirkung zum 1.1.2022 durch die »Richtlinie (EU) 2019/771 über bestimmte vertragsrechtliche Aspekte des Warenkaufs« vom 20.5.2019 (**Warenkauf-Richtlinie, WKRL,** → Rn. 141) ersetzt. Diese Richtlinie war in den Mitgliedstaaten zum 1.7.2021 umzusetzen und die nationalen Umsetzungsvorschriften sind ab dem 1.1.2022 anzuwenden. Die Umsetzung in Deutschland erfolgte durch das »Gesetz zur Regelung des Verkaufs von Sachen mit digitalen Elementen und anderer Aspekte des Kaufvertrags«.[174] Es brachte unter anderem eine Neudefinition des Begriffs der Sachmangelfreiheit (§ 434 I nF, → **Rn. 14 ff.**) sowie Änderungen bei den §§ 434 ff.,[175] die aber nicht zu einem grundlegenden Wandel führen.

Neu eingeführt wurden beim Verbrauchsgüterkauf Sonderregeln für die Sachmangelhaftung beim Verkauf einer **Ware mit digitalen Elementen** (§ 327a III 1 nF – zB Handy, Smartwatch, Smart-TV) einschließlich einer Aktualisierungsverpflichtung (also einer Verpflichtung zur Bereitstellung von Updates, s. §§ 475b IV nF, 475c nF). Ebenfalls neu war die Einführung von Sonderbestimmungen für Sachen, für die eine dauerhafte Bereitstellung digitaler Elemente vereinbart ist (§§ 475c nF und 477 II nF). Auch wurde die Beweislastumkehr im Hinblick auf Mängel auf ein Jahr verlängert (§ 477 I 1 nF, → Rn. 104).

Beachte: Die **Vorschriften über den Verbrauchsgüterkauf** gewähren **keine eigenen Ansprüche** (Ausnahme: § 475 IV nF – Anspruch auf Vorschuss). Die §§ 474 ff. beinhalten lediglich Sonderregeln, die das allgemeine Kaufrecht an verschiedenen Stellen modifizieren.

Das Verbraucherschutzrecht ist im BGB nicht zusammenhängend geregelt. So findet **96a**
man in den §§ 474 ff. nicht das Widerrufs- und Rückgaberecht der Verbraucher. Vorgenannte Rechte bestehen beim Verbrauchsgüterkauf nur bei

- einem außerhalb von Geschäftsräumen geschlossenen Vertrag (§ 312b),[176]
- einem Fernabsatzgeschäft (§ 312c),[177]

170 RL 2011/83/EU des Europäischen Parlaments und des Rates über die Rechte der Verbraucher v. 25.10.2011, ABl. 2011 L 304, 64.

171 BGBl. 2013 I 3642.

172 BGBl. 2017 I 969.

173 S. dazu die RegBegr., BT-Drs. 18/8486, 43.

174 V. 25.6.2021, BGBl. 2021 I 2133.

175 S. dazu → **Rn. 72 und 103a** sowie *Looschelders* SchuldR BT § 1 Rn. 6a; *Brox/Walker* SchuldR BT § 7 Rn. 58c; sowie die RegBegr v. 9.3.2021, BT-Drs. 19/27424.

176 Näheres bei *Wörlen/Metzler-Müller* SchuldR AT Rn. 73 ff.

177 Näheres bei *Wörlen/Metzler-Müller* SchuldR AT Rn. 79 ff.

- einem Kaufvertrag mit einem Zahlungsaufschub oder sonstigen Finanzierungshilfen (§§ 506 ff.),
- einem Ratenlieferungsvertrag (§ 510).

Für **Verbraucherverträge** über **digitale Produkte** gelten ab dem 1.1.2022 die §§ 327–327s nF, auf die § 475a nF für bestimmte Verbrauchsgüterkaufverträge über digitale Produkte ebenso verweist, wie § 453 I 3 nF für den Verbrauchervertrag über den Verkauf digitaler Inhalte. Gleiches gilt für Verbraucherverträge über die Schenkung digitaler Produkte (§ 516a I 2 nF), über die Miete digitaler Produkte (§ 578b I 2, II 2, IV 2 nF, § 580a III 2 nF), über eine digitale Dienstleistung (§ 620 IV nF) und über die Herstellung digitaler Produkte (§ 650 II 2, III 2 nF). Die §§ 327–327s nF enthalten ua eigenständige Regelungen über die Gewährleistung, Aktualisierungen (= Updates), die Verjährung, zur Beweislast und zur Vertragsbeendigung. Eingefügt wurden diese Vorschriften in das BGB in Umsetzung der »Richtlinie (EU) 2019/770 … über bestimmte vertragsrechtliche Aspekte der Bereitstellung digitaler Inhalte und digitaler Dienstleistungen« (**Digitale-Inhalte-Richtlinie**, → Rn. 141).[178]

In Umsetzung der sog. »**Modernisierungsrichtline**«,[179] mit der die Verbraucherrechterichtlinie sowie weitere Verbraucher schützende Rechtsakte der EU erneuert wurden, werden in § 312l nF sowie Art 246d EGBGB nF mit Wirkung zum 28.5.2022 allgemeine Informationspflichten für Betreiber von **Online-Marktplätzen** (wie zB eBay oder Amazon) festgelegt und die §§ 356, 357 nF modernisiert.[180] Das Gesetz für faire Verbraucherverträge[181] schreibt mit Wirkung vom 1.7.2022 in § 312k II nF die Möglichkeit zur Kündigung von über eine Website geschlossenen Dauerschuldverhältnissen über einen sog. »Kündigungs-Button« vor.

Bevor wir uns mit dem Verbrauchsgüterkauf näher beschäftigen, soll Ihnen die folgende Übersicht einen kleinen Überblick über den Verbraucherschutz im BGB geben.

178 Durch das Gesetz zur Umsetzung der Richtlinie über bestimmte vertragsrechtliche Aspekte der Bereitstellung digitaler Inhalte und digitaler Dienstleistungen v. 25.6.2021, BGBl. 2021 I 2123. S. dazu die RegBegr v. 17.3.2021, BT-Drs. 19/27653.

179 Richtlinie (EU) 2019/2161 vom 27.11.2019 zur Änderung der Richtlinie 93/13/EWG des Rates und der Richtlinien 98/6/EG, 2005/29/EG und 2011/83/EU zur besseren Durchsetzung und Modernisierung der Verbraucherschutzvorschriften der Union, ABl. 2019 L 328, 7.

180 Durch das Gesetz zur Änderung des BGB und des EGBGB in Umsetzung der EU-Richtlinie zur besseren Durchsetzung und Modernisierung der Verbraucherschutzvorschriften der Union und zur Aufhebung der Verordnung zur Übertragung der Zuständigkeit für die Durchführung der Verordnung (EG) Nr. 2006/2004 auf das Bundesministerium der Justiz und für Verbraucherschutz v. 10.8.2021, BGBl. 2021 I 3483. S. dazu die RegBegr BT-Drs. 19/27655.

181 V. 10.8.2021, BGBl. 2021 I 3433.

Übersicht 4a

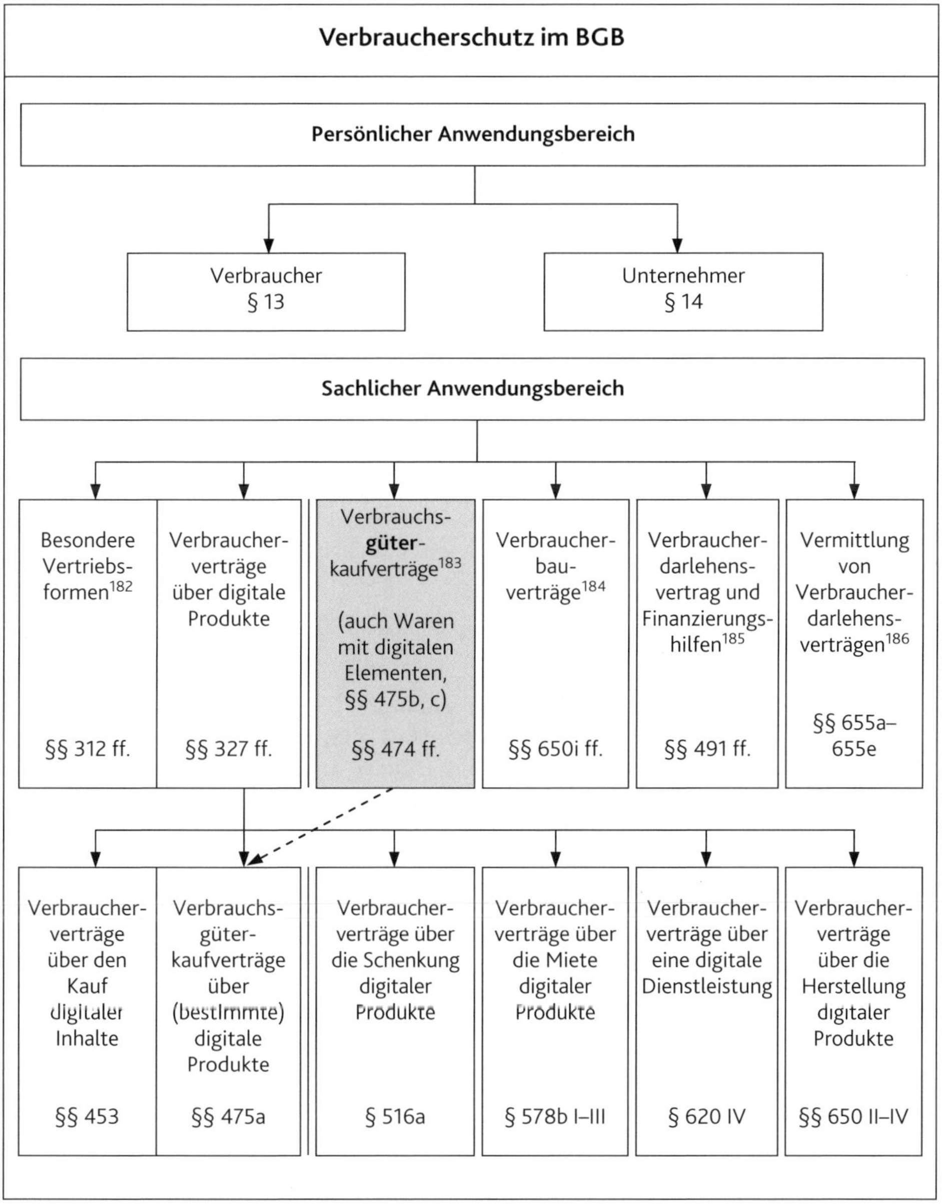

182 *Wörlen/Metzler-Müller* SchuldR AT Rn. 30 ff.
183 → Rn. 96 ff.
184 → Rn. 271d.
185 → Rn. 239 ff.
186 → Rn. 261.

2. Begriff und Anwendungsbereich

97 Ein Verbrauchsgüterkauf liegt gem. § 474 I 1 nF (lesen!) vor, wenn ein Verbraucher von einem Unternehmer eine Ware (§ 241a I nF) kauft, also eine bewegliche Sache (außerhalb der Zwangsvollstreckung oder anderer gerichtlicher Maßnahmen). Kaufverträge über Grundstücke oder Rechte werden nicht erfasst, wohl aber solche über Tiere (§ 90a).[187] Es spielt allerdings keine Rolle, ob die gekaufte Ware zum Verbrauch bestimmt ist. Deshalb wäre ein besserer Ausdruck als »Verbrauchsgüterkauf« der Begriff **»Verbraucherkauf«**.[188]

Es liegt gem. § 474 I 2 auch dann ein Verbrauchsgüterkauf vor, wenn der Vertrag neben dem Verkauf einer Ware (bewegliche Sache) die Erbringung einer Dienstleistung durch den Unternehmer zum Gegenstand hat.

Beispiele:[189] Die Unternehmerin übernimmt die Montage, den Einbau oder die Installation der gekauften Ware beim Verbraucher (= Käufer) bzw. passt diese Sache an.

Verbraucher (Normalfall des alltäglichen Kaufvertrags) ist nach § 13 jede natürliche Person, die ein Rechtsgeschäft zu einem Zweck vornimmt, der überwiegend[190] weder ihrer gewerblichen noch ihrer selbstständigen beruflichen Tätigkeit zugerechnet werden kann. Aus der negativen Formulierung der Ausschlussgründe »weder … noch« leitet der BGH ab, dass die Verbrauchereigenschaft bei einer natürlichen Person im Zweifel zu bejahen ist.[191]

Hinweis: Dadurch handelt es sich bei alltäglichen Kaufverträgen im Normalfall um Verbrauchsgüterkaufverträge!

Im Sinne der Definition von § 14 ist **Unternehmer** jede natürliche und juristische Person oder rechtsfähige Personengesellschaft (zB KG, OHG), die am Markt planmäßig und dauerhaft Leistungen gegen ein Entgelt anbietet.[192] Dazu gehören der Einzelhandelskaufmann, Wissenschaftlerinnen, Künstler, Landwirte, Freiberufler (Ärzte, Rechtsanwältinnen), Bauunternehmerinnen, Autovermieter, Werbeagenturen.[193]

Liegt ein Verbrauchsgüterkauf iSv § 474 I 1 vor, so gelten nach § 474 II 1 die Sondervorschriften der §§ 474–479 ergänzend, also neben den »allgemeinen« kaufrechtlichen Vorschriften der §§ 433 ff.

98 ■ Welche Kaufverträge fallen sowohl hinsichtlich des sachlichen als auch des persönlichen Anwendungsbereichs **nicht** unter den Begriff des Verbrauchsgüterkaufs iSv § 474 I 1?

▶ Ein Verbrauchsgüterkauf liegt danach **nicht** vor, wenn
(1) ein Grundstück Gegenstand des Kaufvertrags ist,
(2) ein Unternehmer mit einem Unternehmer einen Kaufvertrag schließt,
(3) ein Verbraucher mit einem Verbraucher einen Kaufvertrag schließt

187 MüKoBGB/*Lorenz* § 474 Rn. 12.
188 So auch *Brox/Walker* SchuldR BT § 7 Rn. 3.
189 BT-Drs. 17/12637, 69; Palandt/*Weidenkaff* § 474 Rn. 3.
190 Die Einfügung von »überwiegend« erfolgte ebenfalls mit Gesetz v. 20.9.2013, BGBl. 2013 I 3642, mit Wirkung v. 12.6.2014.
191 BGH NJW 2009, 3780 (3781).
192 BGH NJW 2006, 2250.
193 jurisPK-BGB/*Martinek* § 14 Rn. 7 mwN.

oder wenn
(4) ein Verbraucher eine Ware an einen Unternehmer verkauft.

■ Wenn Sie die zitierten Legaldefinitionen des Verbrauchers und des Unternehmers in den §§ 13 und 14 nochmals lesen, werden Sie allerdings feststellen können, dass die Ausnahmen vom Anwendungsbereich der §§ 474 ff. von relativ geringer Bedeutung sind. Warum wohl?

▶ Bei der weit überwiegenden Zahl der Kaufverträge des täglichen Lebens handelt es sich um Verbrauchsgüterkäufe, da meistens ein Verbraucher eine Ware von einem Unternehmer kauft.

Eine weitere Einschränkung des Anwendungsbereichs der §§ 474 ff. findet sich in § 474 II 2 nF. Die §§ 474 ff. finden keine Anwendung, wenn **gebrauchte** Waren (§ 241a I nF) in öffentlich zugänglichen Versteigerungen (§ 312g II Nr. 10 nF) veräußert werden, bei denen zumindest die Möglichkeit zur persönlichen Teilnahme besteht. Bei solchen Versteigerungen – wie etwa von Fundsachen – erscheint der Verbraucherschutz dem Gesetzgeber entbehrlich, wenn klare und umfassende Informationen darüber, dass die §§ 474 ff. nicht gelten, für Verbraucher leicht verfügbar gemacht wurden. 99

■ Wie würden Sie entscheiden? Ist ein sechs Monate altes Fohlen eine »gebrauchte« Ware iSd § 474 II 2?

▶ Sie wissen hoffentlich noch, dass Tiere zwar keine Sachen und demzufolge auch keine »Verbrauchsgüter« sind, jedoch die dafür geltenden Vorschriften auf Tiere entsprechend anzuwenden sind (§ 90a S. 3),[194] weshalb sie auch als »Ware« iSv § 241a I nF anzusehen sind. Die Unterscheidung zwischen »neuen« und »gebrauchten« Tieren – in der Praxis handelt es sich meist um Pferde – ist für die Frage von Bedeutung, ob beim Verkauf eines Tieres durch einen Unternehmer an einen Verbraucher die zweijährige Verjährungsfrist für Mängelansprüche des Käufers (§ 438 I Nr. 3, II BGB) auf ein Jahr abgekürzt werden kann, was nur beim Verkauf gebrauchter Sachen oder Tiere möglich ist (§ 476 II).
Tiere, die verkauft werden, sind nicht generell als »gebraucht« anzusehen. Ein Tier, das im Zeitpunkt des Verkaufs noch »jung« (sechs Monate altes Hengstfohlen) und bis zum Verkauf nicht benutzt (als Reittier oder zur Zucht verwendet) worden ist, ist nicht »gebraucht«. Der Zeitablauf allein führt hier also nicht zur Qualifikation als »gebrauchte« Ware.[195]

Allerdings soll der Verbraucherschutz bei öffentlichen Versteigerungen, in denen eine Sache aufgrund eines Pfandrechts als Pfand verkauft wird, wieder aufleben, wenn die Haftung des Verkäufers (Unternehmers) wegen Mangelhaftigkeit der Sache auf Arglist beschränkt wäre. Daher gilt § 445, der eine solche Haftungsbeschränkung enthält, gem. § 475 III 2 für den Verbrauchsgüterkauf nicht.

Das wird verständlicher, wenn man sich den Zweck der Haftungsbeschränkung des § 445 verdeutlicht: Dem Verkäufer ist bei einer öffentlichen Versteigerung die gewöhnliche Sachmängelhaftung nicht zumutbar, da er beim Pfandkauf die regel-

194 Falls nicht mehr gewusst: *Wörlen/Metzler-Müller* BGB AT Rn. 45 lesen.

195 Vgl. RegBegr BT-Drs. 15/6040, 245; BGH NJW 2007, 674. Die Abgrenzung ist allerdings problematisch, s. dazu Palandt/*Weidenkaff* § 476 Rn. 11 mwN; MüKoBGB/*Lorenz* § 474 Rn. 20 mwN.

mäßig fremde Sache nicht so kennt, wie es beim normalen Kauf sonst vorausgesetzt wird.[196]

Da diese Haftungsbeschränkung den Schutz des Käufers gegen Sachmängel vermindert, soll beim Verbrauchsgüterkauf der erweiterte Schutz des Käufers als Verbraucher wiederhergestellt werden, indem § 445 gem. § 475 III 2 keine Anwendung findet.

3. Nutzungsersatz

100 Sofern der Verkäufer einer mangelhaften Sache dem Käufer zum Zwecke der Nacherfüllung eine mangelfreie Sache liefert, kann er von diesem nach den §§ 346–348 die Rückgabe der mangelhaften Sache verlangen (vgl. § 439 VI nF). Nach § 346 I ist der Käufer dann nicht nur verpflichtet, die mangelhafte Sache zurückzugewähren, sondern er muss auch die gezogenen Nutzungen herausgeben. Allerdings ist der Käufer beim Verbrauchsgüterkauf entgegen der Vorschrift des § 346 I (lesen!) nicht zur Herausgabe oder zum Ersatz der bisher gezogenen Nutzungen (Definition: § 100) verpflichtet. Dies regelt § 475 III 1.

»Anlass« für diese Gesetzesänderung war folgender Fall:

Die Käuferin K bestellte für ihren privaten Gebrauch beim Händler V ein sog. »Herd-Set« zum Preis von 524,90 EUR. Innerhalb der Gewährleistungsfrist stellte K fest, dass sich aufgrund eines Herstellungsfehlers an der Innenseite des zu dem »Herd-Set« gehörenden Backofens die Emaille-Schicht abgelöst hatte. Da eine Reparatur des Gerätes nicht möglich war, tauschte V den Backofen vereinbarungsgemäß aus. Das ursprünglich gelieferte Gerät gab die K zurück. Für dessen Nutzung verlangte V eine Vergütung von 69,97 EUR.

Nach bis zum 15.12.2008 geltendem Recht hätte K diesen Betrag gem. § 346 I zahlen müssen. Hier hat der EuGH ein »Machtwort« gesprochen und einen Verstoß dieser Vorschrift gegen die Verbrauchsgüterkauf-RL festgestellt,[197] was schließlich den deutschen Gesetzgeber zu einer Gesetzesänderung veranlasste.[198]

Sofern allerdings der Verbraucher keine Nacherfüllung verlangt, sondern vom Vertrag zurücktritt, muss er im Rahmen der Rückabwicklung auch die Nutzungen an den Verkäufer nach § 346 I herausgeben.[199]

4. Sonderregelungen für den Versendungskauf

101 Beim Versendungskauf geht die Gefahr des zufälligen Untergangs der Kaufsache entgegen § 446 nicht erst mit Übergabe der Sache auf den Käufer über, sondern grundsätzlich schon mit deren Absendung (§ 447 I). Die Anwendbarkeit des § 447 I wird durch § 475 II beim Verbrauchsgüterkauf eingeschränkt: Die Gefahr des zufälligen Untergangs und der zufälligen Verschlechterung geht beim Verbrauchsgüterkauf nur dann bereits mit der Auslieferung an die zur Versendung bestimmte Person auf den Käufer über, wenn dieser die vorgenannte Person oder Anstalt mit der Ausführung

196 Palandt/*Weidenkaff* § 445 Rn. 2.

197 EuGH NJW 2008, 1433.

198 Art. 5 des Gesetzes v. 10.12.2008, BGBl. 2008 I 2399.

199 Der Nutzungswertersatz steht bei Rücktritt im Einklang mit EU-Recht, vgl. BGHZ 182, 241 = NJW 2010, 148.

beauftragt hat und der Unternehmer dem Käufer diese Person oder Anstalt nicht zuvor benannt hat. In diesem Fall ist der Beförderer der Sphäre des Verbrauchers (= Käufers) zuzurechnen. Ansonsten bleibt es bei der in § 446 getroffenen Regel. Danach tritt der **Gefahrübergang** erst **mit** der **Übergabe** der Sache an den Käufer (oder wenn dieser im Annahmeverzug ist) ein und nicht bereits mit der Auslieferung an die zur Versendung bestimmte Person.

Ist der Käufer, was überwiegend der Fall sein wird, Verbraucher und bestellt er eine bewegliche Sache bei einem (Internet-)Versandhändler, bleibt also die Preisgefahr[200] beim Verkäufer, dh die Sache »reist« auf Gefahr des Unternehmers (sofern nicht die in § 475 II genannte Sonderkonstellation vorliegt): Das Risiko, den Preis bei zufälligem Untergang der Sache nicht zu erhalten, verbleibt bei ihm. Wird die Kaufsache also durch Zufall (= weder durch Verschulden des Unternehmers noch des Verbrauchers) unterwegs zerstört, muss der Verbraucher den Kaufpreis nicht zahlen.

Diese Regelung stellt gegenüber dem früher geltenden Recht eine wesentliche Vereinfachung dar, da damit für den Verbrauchsgüterkauf die Probleme der sog. »Drittschadensliquidation« entfallen sind.

Da sich diese Problematik allerdings beim Kaufvertrag zwischen zwei Verbrauchern oder beim Verkauf von Verbrauchern an Unternehmer noch stellen kann, wird sie an späterer Stelle (→ Rn. 474 ff.) anhand eines Übungsfalls zur »Drittschadensliquidation« erklärt.

5. Besonderheiten bei den Mängelrechten

Für einen Rücktritt wegen eines Mangels der Ware sind beim Verbrauchsgüterkauf 102
die § 323 II und § 440 nicht anwendbar und die Fälle, in denen eine **Fristsetzung zur Nacherfüllung entbehrlich** ist, eigenständig in § 475d I nF geregelt. Für einen Anspruch auf Schadensersatz wegen eines Mangels der Ware sind die § 281 II und § 440 nicht anwendbar und die Fälle, in denen eine Fristsetzung zur Nacherfüllung entbehrlich ist, eigenständig in § 475d II iVm I nF geregelt.

Tipp: Sie sollten daher § 475d nF in Ihrer Gesetzessammlung neben §§ 281 II, 323 II und § 440 notieren.

Auch im Hinblick auf mögliche **Einschränkungen der Mängelrechte durch eine vertragliche Regelung** ergeben sich Besonderheiten. So kann sich gemäß § 476 I 1 der Unternehmer nicht auf Vereinbarungen berufen, die **zum Nachteil** des Verbrauchers **vor Mitteilung eines Mangels** getroffen wurden und die Gewährleistungsrechte des Verbrauchers beschränken. Von den in § 476 I 1 genannten §§ 433–435, 437, 439–441 und 443 kann also grundsätzlich nicht durch Individualvereinbarung abgewichen werden. Dies hat unter anderem folgende praktische Konsequenzen: Die Parteien können nicht vereinbaren, dass etwas nicht als Sach- oder Rechtsmangel anzusehen ist. Die Rechte des Käufers, bei Vorliegen eines Mangels Nachbesserung zu verlangen (§§ 437 Nr. 1, 439), vom Vertrag zurückzutreten oder den Kaufpreis zu mindern (§§ 437 Nr. 2, 440, 441), können nicht ausgeschlossen oder beschränkt werden.

Eine Ausnahme von dem absolut zwingenden Charakter der gesetzlichen Käuferrechte macht § 476 III für den Schadensersatzanspruch (§§ 437 Nr. 3, 1. Var., 440, 280 ff.), der eine Kontrolle über die §§ 307–309 und gegebenenfalls § 444 ausreichen lässt (Vor-

200 Vgl. zur »Preisgefahr« *Wörlen/Metzler-Müller* SchuldR AT Rn. 324 ff., dort insbesondere Übungsfall 19, Rn. 329 ff.

schriften lesen!). Dadurch, dass der Nacherfüllungsanspruch des Käufers nicht ausgeschlossen werden kann, ist der Käufer ausreichend abgesichert.

Kennt der Käufer bei Vertragsschluss den Mangel, sind Mängelrechte gem. § 442 grundsätzlich ausgeschlossen. Beim Verbrauchsgüterkauf gilt dies aufgrund der unionsrechtlichen Vorgaben nicht, weshalb § 442 nicht anzuwenden ist, s. § 475 III 2 nF!

Tipp: Notieren Sie § 475 III 2 nF in Ihrer Gesetzessammlung neben § 442!

Um den Parteien insbesondere beim Verkauf von **gebrauchten Sachen** die Möglichkeit zu geben, beim Sachmangel eine Abweichung von den objektiven Anforderungen an die Vertragsmäßigkeit (§ 434 III nF) zu vereinbaren, kann gem. § 476 I 2 nF[201] von den Anforderungen nach § 434 III nF oder § 475b IV nF vor Mitteilung eines Mangels an den Unternehmer durch Vertrag abgewichen werden, wenn

(1.) der Verbraucher vor der Abgabe seiner Vertragserklärung *eigens* davon *in Kenntnis gesetzt* wurde, dass ein bestimmtes Merkmal der Ware von den objektiven Anforderungen abweicht, und

(2.) diese Abweichung im Vertrag *ausdrücklich* und *gesondert vereinbart* wurde.

Wegen der Formulierung »eigens« genügt es nicht, die Abweichung nur als eine von mehreren Eigenschaften der Kaufsache in der Produktbeschreibung anzuführen. Da eine »ausdrückliche« Vereinbarung gefordert wird, kommen konkludente Vereinbarungen nicht in Betracht. Das Merkmal »gesondert«, erfordert, dass die Abweichung hervorgehoben wird, damit die Verbraucher sie bewusst in ihre Kaufentscheidung einbeziehen.[202]

Tipp: Unterstreichen Sie in Ihrem Gesetzestext im Wortlaut des § 476 I 2 nF die Worte »eigens«, »ausdrücklich« und »gesondert«!

103 Gemäß § 476 II 1 nF darf die grundsätzlich dispositive **Verjährungsfrist** des § 438 für **neue** Sachen vertraglich **nicht** auf **weniger als zwei Jahre** und für **gebrauchte Sachen nicht** auf **weniger als ein Jahr** verkürzt werden. Bei einer Verkürzung auf bis zu zwei Jahre/ein Jahr muss gem. § 476 II 2 nF wiederum *»eigens«* davon in Kenntnis gesetzt und eine *»ausdrückliche«* und *»gesonderte«* Vereinbarung im Vertrag getroffen werden (unterstreiche Sie diese Formulierungen auch hier, wenn Sie § 476 II 2 nF lesen!).

Nach § 476 IV nF sind die Regelungen des § 476 I, II nF auch anzuwenden, wenn sie durch »anderweitige Gestaltungen« umgangen werden sollen. Derartige **Umgehungsgeschäfte** sind also unwirksam, wenn wiederum nicht *»eigens«* darüber in Kenntnis gesetzt wurde und keine *»ausdrückliche«* und *»gesonderte«* Vereinbarung vorliegt. Hinsichtlich der Verjährung darf es im Ergebnis nicht zu kürzeren Verjährungsfristen als zwei Jahre bzw. ein Jahr kommen, etwa durch Vorverlegung des Verjährungsbeginns. Beachten sollten Sie aber, dass § 476 I, II nF nur Abweichungen **vor** Mitteilung des Mangels an den Unternehmer betreffen – **nach** Mitteilung des Mangels sind sie nach diesen Vorschriften demgegenüber möglich!

201 Die Regelung wurde zum 1.1.2022 in Umsetzung der Warenkauf-RL (→ Rn. 96, 141) neu in das Gesetz aufgenommen durch das Gesetz zur Regelung des Verkaufs von Sachen mit digitalen Elementen und anderer Aspekte des Kaufvertrags v. 25.6.2021, BGBl 2021 I, 2133.

202 RegBegr BT-Drs. 19/27424.

Auch Ansprüche in Bezug auf Tiere, insbesondere Vieh (gem. § 481 aF Pferde, Esel, Maulesel, Rindvieh, Schafe und Schweine), fallen übrigens unter die Verjährungsfristen.[203]

Schwierig zu beantworten ist aber die Frage, wann ein Tier »gebraucht« oder »neu« ist. Grundsätzlich lässt sich sagen, dass Tiere verjährungsrechtlich nicht generell wie gebrauchte Sachen behandelt werden dürfen (→ Rn. 99).[204]

Hinsichtlich der anzuwendenden Vorschriften zu unterscheiden ist bei Kaufverträgen **103a**
von Verbrauchern über **digitale Produkte und Waren mit digitalen Inhalten:**

Übersicht 4b

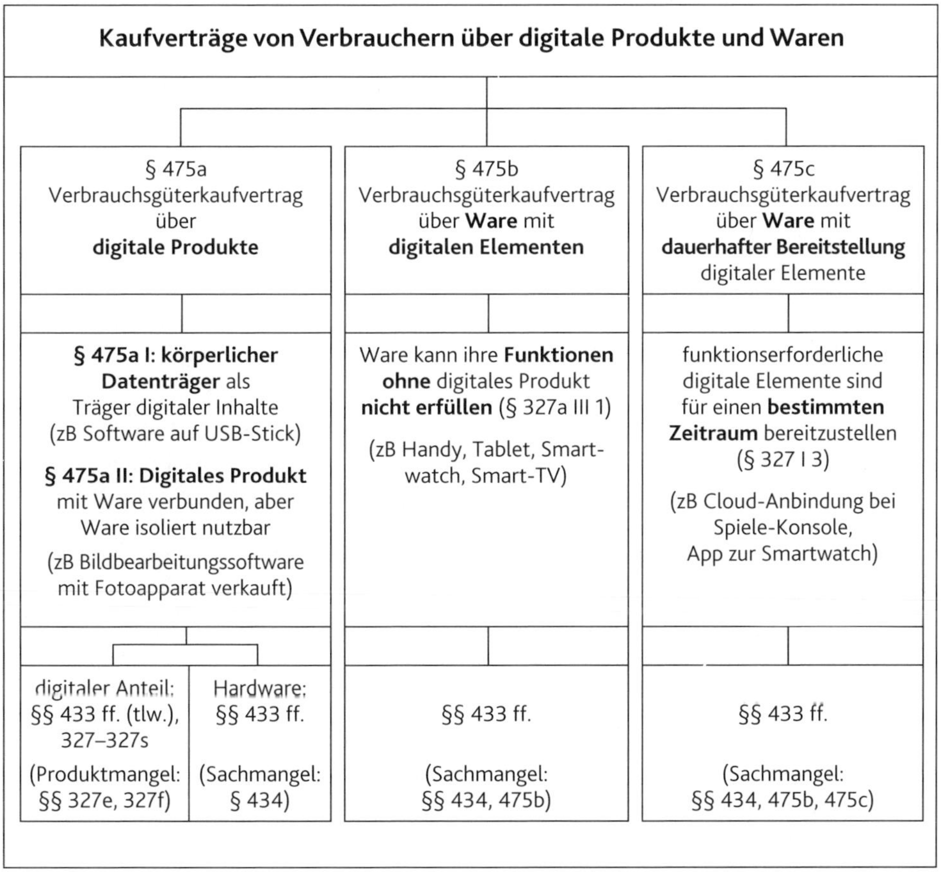

Bei einem Verbrauchsgüterkauf über eine Ware, die **digitale Produkte enthält** oder mit digitalen Produkten verbunden ist, aber ihre **Funktionen** auch **ohne** die digitalen Produkte **erfüllen** kann, gelten gem. § 475a nur für den Teil des Vertrages, der das digitale Produkt (oder die digitalen Inhalte auf einem Datenträger) betrifft, anstelle der

203 Palandt/*Weidenkaff* § 476 Rn. 11.
204 Hierzu Palandt/*Weidenkaff* § 476 Rn. 11 mwN.

meisten Vorschriften der §§ 433 ff. die §§ 327 ff. (mit den §§ 327e, 327f für den Produktmangel); für die Ware selbst bleibt es demgegenüber bei der Anwendung der §§ 433 ff. (mit § 434 für den Sachmangel).

Beispiele: Mit einem Fotoapparat wird eine digitale Bildbearbeitungssoftware verkauft, wobei Fotoapparat und Software völlig unabhängig voneinander nutzbar sind. Für den Fotoapparat gelten die §§ 433 ff., für die Software treten gem. § 475a II an die Stelle der meisten kaufrechtlichen Vorschriften die §§ 327–327s.

Bei **Waren mit digitalen Elementen**, die im Rahmen eines Verbrauchsgüterkaufs erworben werden, gelten hingegen die §§ 433 ff., 475b und 475c. Was unter einer »Ware mit digitalen Elementen« zu verstehen ist, ergibt sich aus der Legaldefinition in § 327a III 1: Es geht um »Waren, die in einer Weise digitale Produkte enthalten oder mit ihnen verbunden sind, dass die Waren ihre **Funktionen ohne** diese digitalen Produkte **nicht erfüllen** können« (*funktionales Kriterium*). Der Begriff der »digitalen Produkte« wiederum ist in § 327 I 1 nF definiert und der der »Waren« in § 241a I.

Beispiele: Bewegliche Sachen wie zB Handys, Smartwatches oder Smart-TV-Geräte,[205] Autos mit eingebautem Navigationssystem.

§ 475b I 1 setzt darüber hinaus voraus (= kumulativ zu erfüllende Tatbestandsvoraussetzung), dass sich der Unternehmer verpflichtet hat, dass er oder ein Dritter die digitalen Elemente bereitstellt (*vertragliches Kriterium*). Insoweit gilt gem. § 475b I 1 iVm § 327a III 2 die Auslegungsregel, dass beim Kauf einer Ware mit digitalen Elementen im Zweifel anzunehmen ist, dass die Verpflichtung des Verkäufers die Bereitstellung der digitalen Inhalte oder digitalen Dienstleistungen umfasst.

Für Waren mit digitalen Elementen, bei denen sowohl das funktionale als auch das vertragliche Kriterium erfüllt ist, ist das Vorliegen eines Sachmangels zunächst nach § 434 zu beurteilen.[206] Ergänzende Regelungen in Bezug auf einen Sachmangel finden sich jedoch in den §§ 475b und 475c. Praktisch bedeutet dies, dass § 434 und § 475b parallel angewendet werden müssen; bei Waren mit digitalen Elementen, die dauerhaft über einen Zeitraum bereitgestellt werden, ist zusätzlich noch § 475c anzuwenden.[207]

Tipp: Unterstreichen Sie in Ihrer Gesetzessammlung im Wortlaut des § 475b I 1 die Worte »gelten ergänzend« und notieren Sie daneben § 434. Auch im Wortlaut des § 475c I 1 sollten die Worte »gelten ergänzend« unterstrichen und daneben sowohl § 434 als auch § 475b vermerkt werden!

Die Ergänzungen des Mängelbegriffs betreffen insbes. die Aktualisierungsverpflichtung (§§ 475b IV Nr. 2, 475c), also eine Verpflichtung des Unternehmers zur Bereitstellung von **Updates**. Geregelt ist auch die Verantwortlichkeit bei einer unterlassenen oder unsachgemäßen Aktualisierung (§ 475b V) sowie ggf. **Installationsanforderungen** (§ 475b VI Nr. 2).

Grundsätzlich ist ein Kaufvertrag auf den einmaligen Austausch von Leistung und Gegenleistung gerichtet. Ist beim Kauf einer Ware mit digitalen Elementen aber eine **dauerhafte Bereitstellung** für die digitalen Elemente (ggf. konkludent) vereinbart, haftet der Unternehmer gem. § 475c II darüber hinaus auch dafür, dass die digitalen

205 RegBegr BT-Drs. 19/27424, 28 f.
206 Vgl. RegBegr BT-Drs. 19/27653, 44.
207 RegBegr BT-Drs. 19/27424, 28.

Elemente während des Bereitstellungszeitraums (= gesamter vereinbarter Zeitraum der Bereitstellung, s. § 327e I 3 – neben § 475c II notieren!), **mindestens** aber für einen Zeitraum von **zwei Jahren** ab der Ablieferung der Ware, den Anforderungen des § 475b II entsprechen, also insbesondere Updates erhalten. Unter einer »dauerhaften Bereitstellung« ist gem. s. § 327e I 3 die »fortlaufende Bereitstellung über einen Zeitraum« zu verstehen.

Beispiele: Verkehrsdaten in einem Navigationssystem, die Cloud-Anbindung bei einer Spiele-Konsole oder eine Smartphone-App zur Nutzung verschiedener Funktionen in Verbindung mit einer Smartwatch können idS »dauerhaft« bereitzustellen sein.[208]

6. Beweislastumkehr

Nach allgemeinen Beweislastregeln (vgl. § 363 – lesen!) müsste eigentlich der Käufer 104
den für ihn – als Voraussetzung seines Gewährleistungsanspruchs – günstigen, im Regelfall jedoch nur schwer nachweisbaren Umstand beweisen, dass ein Mangel der Kaufsache bereits bei deren Übergabe vorlag. Nach § 477 I 1 nF gilt beim Verbrauchsgüterkauf innerhalb des ersten Jahres eine Beweislastumkehr zugunsten des Käufers (Verbrauchers). Diese Vorschrift beruht auf unionsrechtlichen Vorgaben und trägt der Erfahrung Rechnung, dass der Unternehmer in der Regel die besseren Beweismöglichkeiten hinsichtlich der Mangelfreiheit bei Gefahrübergang hat als der Verbraucher. Zeigt sich innerhalb **eines Jahres**[209] seit Gefahrübergang (§§ 446 f.) ein von den Anforderungen nach § 434 nF oder § 475b nF abweichender Zustand der Ware, wird **vermutet**, dass diese bereits bei Gefahrübergang mangelhaft war, es sei denn, diese Vermutung ist mit der Art der Sache oder des Mangels unvereinbar.

Beispiel: Verbraucher K kauft im Januar vom Autohaus V einen neuen Pkw. Zwei Monate später tritt bei starkem Regen Wasser ein, weil sich die Dichtungen an den Türrahmen ablösen. Hier spricht die Vermutung des § 477 I 1 nF für eine bereits bei Übergabe des Pkw mangelhafte Qualität der Dichtungen bzw. ihrer Verklebung.[210]

Die Vermutung der Mangelhaftigkeit gilt nicht für solche Fälle, in denen es **ausge-** 105
schlossen scheint, dass der Mangel bereits bei Übergabe der Kaufsache vorlag. Mit der **Art der Ware** wird die Vermutung des Mangels vor allem bei **gebrauchten Sachen** unvereinbar sein. Bei diesen besteht schon wegen des sehr unterschiedlichen Grades der Abnutzung kein entsprechender allgemeiner Erfahrungsgrundsatz dafür, dass der Mangel schon bei der Übergabe vorlag. Ebenso wird die Vermutung auch bei leicht verderblichen Sachen, wie etwa Lebensmitteln, nur schwer aufrecht zu erhalten sein.

Mit der **Art des mangelhaften Zustandes** wird die Vermutung zB häufig bei **Tierkrankheiten** unvereinbar sein, weil wegen der Ungewissheit über den Zeitraum zwischen Infektion und Ausbruch der Krankheit nicht immer sicher ist, ob eine Ansteckung bereits vor oder erst nach Lieferung des Tieres an den Käufer erfolgt ist.[211]

208 RegBegr BT-Drs. 19/27424, 32 f.

209 Die Regelung zur Beweislastumkehr wurde mit Wirkung **zum 1.1.2022** von sechs Monaten auf ein Jahr ausgeweitet durch das Gesetz zur Regelung des Verkaufs von Sachen mit digitalen Elementen und anderer Aspekte des Kaufvertrags v. 25.6.2021, BGBl. 2021 I 2133. S. dazu die RegBegr v. 9.3.2021, BT-Drs. 19/27424, 42 f.

210 BT-Drs. 14/6040, 245.

211 BT-Drs. 14/6040, 245 (»Zu § 475 [nunmehr: § 476] – Beweislastumkehr«).

Nach § 477 I 2 nF gilt beim Kauf eines lebenden **Tieres** die Vermutung zudem nur für einen Zeitraum von **sechs Monaten** seit Gefahrübergang.

Im Übrigen hat der Verkäufer die Möglichkeit, die Vermutung zu widerlegen.

> **Beispiel:** Wandeln wir das eben genannte Beispiel dahingehend ab, dass die Dichtungen zahlreiche Einschnitte und mechanische Beschädigungen aufweisen: Hier kann die Vermutung widerlegt werden, da sie mit der Art des Mangels unvereinbar ist.

106 **Keine feste Dauer** der Beweislastumkehr kennt das Gesetz für **Waren mit digitalen Elementen** (§ 327a III 1 nF), die **dauerhaft** bereitgestellt werden. § 477 II nF sieht hier vor, dass die Beweislastumkehr während des Bereitstellungszeitraums, **mindestens** aber für einen Zeitraum von zwei Jahren gilt. So soll verhindert werden, dass die Dauer der Beweislastumkehr durch eine Vereinbarung zum Bereitstellungszeitraum verkürzt werden kann.[212]

7. Sonderregelungen für Garantieübernahme

a) Arten der Garantie

107 Für den Verbrauchsgüterkauf finden sich in § 479 Sonderbestimmungen für Garantien. Die Garantie ist in § 443 geregelt. Nach § 443 I könnten also dem Käufer – neben den gesetzlichen Mängelrechten aus § 437 – auch Rechte aus einer ihm gegenüber abgegebenen bzw. an ihn gerichteten Garantie zustehen. Damit ist die sog. **unselbstständige Garantie** gemeint.

Darunter versteht man die Verpflichtung, zusätzlich zu der gesetzlichen Mängelhaftung insbesondere den Kaufpreis zu erstatten, die Sache auszutauschen, nachzubessern oder in ihrem Zusammenhang Dienstleistungen zu erbringen, falls die Sache nicht diejenige Beschaffenheit aufweist oder andere als die Mängelfreiheit betreffende Anforderungen nicht erfüllt sind, die in der Garantieerklärung oder einschlägigen Werbung beschrieben sind.

Die Gewährleistungsrechte werden also bei der unselbstständigen Garantie nur erweitert.[213]

Die **selbstständige Garantie** dagegen ist nach wie vor gesetzlich nicht geregelt. Die selbstständige Garantie hat einen über die Mängelfreiheit hinausgehenden Erfolg zum Gegenstand. Sie liegt vor, wenn der Verkäufer auch für Nachteile einstehen will, die über die Mängelfreiheit hinausgehen. Sie beruht auf einem eigenständigen Garantievertrag iSv § 311 I iVm § 433, kommt aber in der kaufrechtlichen Praxis nur selten vor.

Nach dem Wortlaut von § 443 I muss eine **unselbstständige Garantie des Verkäufers, des Herstellers** oder eines **sonstigen Dritten** vorliegen. Eine unselbstständige Garantie zwischen Käufer und Hersteller kommt etwa zustande, wenn der Hersteller einer Ware einen Garantieschein beilegt und der Käufer das darin enthaltene Angebot auf Abschluss eines unselbstständigen Garantievertrags durch den Kauf der Ware konkludent annimmt. Der Zugang dieser Annahmeerklärung ist nach § 151 entbehrlich. Sonstige Dritte können alle Garantiegeber sein, die am Vertrieb der Ware beteiligt oder interessiert sind.

212 RegBegr, BT-Drs. 19/27424, 43.
213 Palandt/*Weidenkaff* § 443 Rn. 9; Jauernig/*Berger* § 443 Rn. 1.

§ 443 unterscheidet drei Arten der Garantie:

- eine **Beschaffenheitsgarantie** (§ 443 I),
- eine **Haltbarkeitsgarantie** (§ 443 II) und
- die **Garantie für andere als die Mängelfreiheit betreffende Anforderungen** (§ 443 I).

Beim Verkauf eines gebrauchten Kraftfahrzeugs legt der BGH die Angabe des Verkäufers zur km-Leistung im Falle eines Privatverkaufs als Beschaffenheitsvereinbarung iSd § 434 I 1 aF (§ 434 II 1 Nr. 2 nF) aus,[214] bei einem Verkauf durch einen Händler an einen Verbraucher als Beschaffenheitsgarantie iSv § 443 I.

Bei der Haltbarkeitsgarantie muss die Sache für eine bestimmte Dauer eine bestimmte Beschaffenheit behalten (§ 443 II).

Mit der Garantie für andere als die Mängelfreiheit betreffende Anforderungen ist zB die Übernahme einer Garantie für zukünftige Umstände gemeint, bei denen es sich nicht um Eigenschaften der Kaufsache selbst handelt und deren Fehlen damit keinen Mangel nach § 434 begründet. Eine solche Garantie liegt zB vor, wenn der Verkäufer eines Grundstücks den zukünftigen Erlass eines Bebauungsplans zusagt[215] oder aber, dass ein bestimmter Erlös bei Weiterveräußerung der Kaufsache erzielt wird.

Sofern ein Garantiefall vorliegt, stehen dem Käufer die Rechte aus der Garantie zu den in der Garantieerklärung und der einschlägigen Werbung angegebenen Bedingungen gegenüber demjenigen zu, der die Garantie gegeben hat (Garantiegeber). Das kann der Verkäufer, der Hersteller oder ein sonstiger Dritter sein.

Welche Rechte dem Käufer zustehen, ergibt sich also nicht aus dem Gesetz, sondern ausschließlich aus dem Inhalt der Garantieerklärung. **§ 443 I** kann man aber als **Anspruchsgrundlage** des Käufers **gegen einen Dritten** (zB den Hersteller) auch ohne Garantievertrag interpretieren.[216]

Eine Garantieerklärung iSv § 443 muss gem. § 479 I 1 **einfach und verständlich abgefasst** sein. Der Verbraucher soll vor einer Irreführung durch unklar formulierte Garantiebedingungen des Unternehmers geschützt werden.

b) Einfache und verständliche Formulierung

Dazu, dass die Garantie ihren Inhalt verständlich darstellen muss, gehört auch, dass **108** sie in einer Sprache abgefasst ist, die für den Verbraucher verständlich ist. Das ist in Deutschland in der Regel die deutsche Sprache. Ist die Verständlichkeit in einer anderen Sprache ausnahmsweise gewährleistet, kann auch diese Sprache gewählt werden. Dies kann zB bei einfach gehaltenen Garantien für Computer in englischer Sprache der Fall sein. Ob das ausreicht, hängt entscheidend von den zu erwartenden Erkenntnismöglichkeiten des Adressatenkreises und dem Inhalt der Garantie ab. Insbesondere muss sichergestellt sein, dass alle Pflichtangaben nach § 479 I 2 auch tatsächlich in einfacher und verständlicher Form vermittelt werden.[217]

c) Hinweis auf die Gewährleistungsrechte

Nach § 479 I 2 Nr. 1 nF muss die Garantie einen Hinweis auf die **gesetzlichen Rechte des Verbrauchers** bei Mängeln sowie darauf enthalten, dass die Inanspruchnahme **109**

214 BGH NJW 2007, 1346.
215 BT-Drs. 17/12637, 63.
216 jurisPK-BGB/*Pammler* § 443 Rn. 33 mwN.
217 BT-Drs. 14/6040, 246.

dieser Rechte unentgeltlich ist sowie darauf, dass diese Rechte durch die Garantie nicht eingeschränkt werden. Der Verbraucher soll dadurch klar erkennen können, dass die Garantie ein zusätzliches Leistungsversprechen enthält, das über die gesetzlichen Rechte hinausgeht, diese aber nicht ersetzt. Damit wird vermieden, dass der Verbraucher wegen einer unklaren Fassung der Garantieerklärung davon abgehalten wird, die ihm zustehenden gesetzlichen Rechte geltend zu machen. Die wesentlichen, in § 476 I 1 aufgeführten gesetzlichen Rechte können ohnehin nicht vertraglich ausgeschlossen werden. Aber auch im Übrigen darf nicht der Eindruck erweckt werden, als führe bereits die Gewährung einer Garantie zu einer Ersetzung des gesetzlichen Haftungssystems durch ein vertragliches Leistungsversprechen.[218]

d) Inhalt der Garantie

110 Nach § 479 I 2 Nr. 5 nF müssen die »Bestimmungen der Garantie« (dies sollten Sie im Gesetzestext zur Verdeutlichung unterstreichen!) für den Verbraucher verständlich (§ 479 I 1) aus der Garantieerklärung hervorgehen. Es muss für ihn erkennbar sein, was ihm für welchen Garantiefall an zusätzlichen Rechten eingeräumt wird.[219] Erforderlich sind neben einer Umschreibung der Garantierechte auch Angaben zu dem für die Geltendmachung der Garantie einzuhaltenden Verfahren (§ 479 I 2 Nr. 3 nF).

Zur inhaltlichen Beschreibung gehört insbesondere auch die Klarstellung, ob es sich um eine Beschaffenheits- oder Haltbarkeitsgarantie oder eine Garantie für andere als die Mängelfreiheit betreffende Anforderungen (vgl. § 443) handelt. Des Weiteren gehören Angaben darüber dazu, welche Aspekte die Garantie umfasst, welche Sachverhalte ausgenommen sind und welche Folgen die Garantie begründet (Umtausch, Rückgabe gegen Kaufpreiserstattung, Nachbesserung, etwaige Beteiligung des Käufers an den Kosten). Unzureichend ist zB die nicht weiter spezifizierte Angabe »zwei Jahre Garantie«.[220]

Hat der Hersteller gegenüber dem Verbraucher eine Haltbarkeitsgarantie übernommen, so muss diese gem. § 479 III nF mindestens einen Anspruch auf Nacherfüllung nach den Vorgaben des § 439 II, III, V, VI 2 nF und § 475 III 1, V nF umfassen.

e) Dokumentation

111 Gemäß § 479 II nF ist die Garantieerklärung dem Verbraucher spätestens zum Zeitpunkt der Lieferung der Ware auf einem dauerhaften Datenträger (§ 126b S. 2) zur Verfügung zu stellen, zB durch Übergabe einer Urkunde oder durch Übersendung per E-Mail.

f) Rechtsfolgen bei Verstößen

112 Gemäß § 479 IV nF wird die Wirksamkeit der Garantieverpflichtung nicht dadurch berührt, dass eine der beschriebenen, in Abs. 1 und 2 geregelten Anforderungen nicht erfüllt wird. Dadurch wird klargestellt, dass Verstöße gegen diese Anforderungen die Wirksamkeit des Vertrags – im Rahmen dessen die Garantieerklärung abgegeben wurde – unberührt lassen. Auf diese Weise wird sichergestellt, dass sich ein Verstoß des Unternehmers nicht zulasten des Verbrauchers auswirkt. Dasselbe Ergebnis wäre bereits im Rahmen einer teleologischen Auslegung[221] des § 139 (wonach bei Teilnich-

218 BT-Drs. 14/6040, 246.
219 MüKoBGB/*Lorenz* § 477 (aF) Rn. 7.
220 OLG Hamm BeckRS 2009, 89544 = MMR 2010, 550.
221 Falls nicht mehr gewusst: Nachschlagen bei *Wörlen/Metzler-Müller* BGB AT Rn. 172.

tigkeit eines Rechtsgeschäfts unter Umständen das ganze Rechtsgeschäft nichtig ist) erreichbar.[222]

Bei Verstößen kommen Ansprüche aus §§ 280 I, 241 II, 311 II (Verschulden bei Vertragsschluss) oder – wenn die unklare Garantie dazu führt, dass der Verbraucher ihm zustehende Rechte nicht rechtzeitig geltend gemacht hat – aus §§ 280 I, 241 II in Betracht.[223] In Extremfällen kann der Verbraucher auch zur Anfechtung wegen arglistiger Täuschung (§ 123) greifen.[224]

Mit der Herstellergarantie und der Beweislastumkehr befasst sich folgender Fall (zwei Themen, die sich gut für Klausuren eignen …):

Übungsfall 6 113

Unternehmerin Vroni Vaupel (V) händigt dem Privatmann Karli Kunde (K) beim Kauf eines Notebooks eine schriftliche Garantieerklärung der Herstellerin Herta Huber (H) aus, in der H für 18 Monate die kostenlose Reparatur aller auftretenden Mängel verspricht. 13 Monate nach Übergabe des Notebooks funktioniert die Festplatte nicht mehr. Dabei ist unklar, ob der Mangel auf einen bereits bei Gefahrübergang vorliegenden Materialfehler oder auf unsachgemäße Behandlung durch K zurückzuführen ist.

Welche Ansprüche hat K gegen V und H?

- Da K hier zwei Anspruchsgegner hat, sollten Sie sich zunächst ein Schaubild anfertigen, um die Rechtsbeziehungen zwischen der Verkäuferin/Unternehmerin V, der Herstellerin H und dem Käufer K darzustellen.
- ▶ Ihre Grafik müsste wie die folgende aussehen (richtig gemacht?):

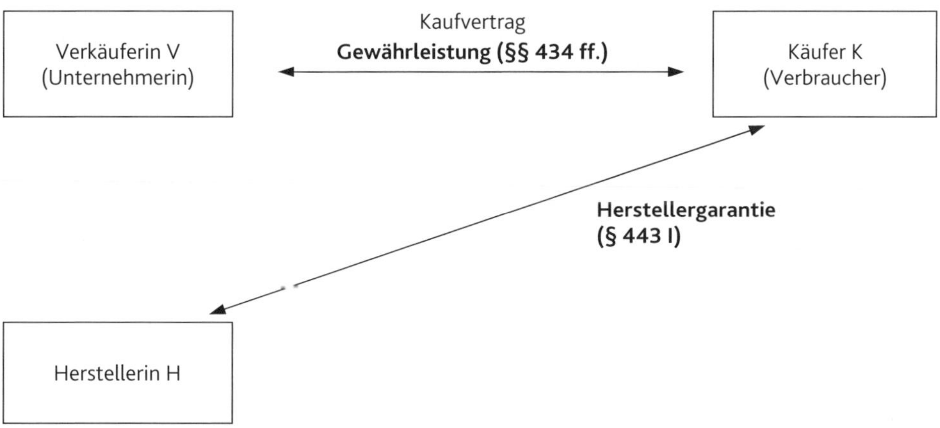

Da Sie gelernt haben, die Ansprüche immer im Zweipersonenverhältnis zu prüfen, gehen wir zunächst zum

(I) Anspruch des K gegen V

- Überlegen Sie, welcher Anspruch beim Vorliegen eines Mangels der Kaufsache Priorität vor allen anderen Ansprüchen besitzt! 114

222 NK-BGB/*Büdenbender* § 477 (aF) Rn. 10.
223 MüKoBGB/*Lorenz* § 477 (aF) Rn. 12 ff.; *Oetker/Maultzsch* Schuldverhältnisse § 2 Rn. 559.
224 BeckOK BGB/*Faust* § 479 Rn. 14.

▶ K könnte gegenüber V einen Anspruch auf Nacherfüllung gem. § 437 Nr. 1 iVm § 439 I haben.

■ Welche Voraussetzung muss (abgesehen von einem wirksamen Kaufvertrag) zunächst erfüllt sein?

▶ (1) Voraussetzung für den Nacherfüllungsanspruch des K ist, dass das Notebook bei Gefahrübergang einen Sachmangel iSv § 434 aufwies.

Da über die Beschaffenheit des Geräts nichts vereinbart wurde (§ 434 II 1 Nr. 1 nF) und auch ein besonderer Verwendungszweck vertraglich nicht vorausgesetzt wurde (§ 434 II 1 Nr. 2 nF), kommt hier ein Sachmangel gem. § 434 III 1 Nr. 1 nF in Betracht. Dieser liegt vor, wenn sich die Sache nicht für die gewöhnliche Verwendung eignet. Das ist der Fall, da die Festplatte defekt ist und der Computer dadurch nicht genutzt werden kann.

115 (2) Der Sachmangel muss, wie aus § 434 I nF folgt, bei Gefahrübergang (§ 446) vorgelegen haben, um eine Haftung des Verkäufers auszulösen. Da hier ungeklärt ist, ob das Notebook bereits bei Übergabe mangelhaft war oder sich der Mangel erst aufgrund unsachgemäßer Behandlung durch K ergeben hat, ist zu prüfen, zu wessen Lasten die Unaufklärbarkeit des Sachverhalts geht.

Grundsätzlich gilt im Rahmen der Erfüllung von Schuldverhältnissen, dass die Beweislast bezüglich mangelhafter Erfüllung gem. § 363 (lesen!) den Gläubiger, also hier den Käufer ab dem Zeitpunkt der Entgegennahme der Kaufsache trifft. Der Käufer muss somit den Beweis dafür erbringen, dass die Kaufsache bei Gefahrübergang einen Mangel iSv § 434 aufwies. Da K diesen Nachweis nicht erbringen kann, stehen ihm keine Gewährleistungsrechte zu.

116 (3) Zu berücksichtigen ist hier jedoch, dass K Verbraucher iSv § 13 und V Unternehmerin iSv § 14 ist, sodass die Sondervorschriften der §§ 474 ff. über den Verbrauchsgüterkauf einschlägig sind. Da sich der Mangel an der Festplatte indessen erst 13 Monate nach Übergabe des Notebooks gezeigt hat, greift die Beweislastumkehr bzw. die Vermutung des § 477 I 1 nF hier nicht zugunsten des K ein.

Ergebnis: K hat gegen V keinen Anspruch auf Nacherfüllung nach § 437 Nr. 1 iVm § 439 I.

(II) Anspruch des K gegen H

117 Ein Anspruch auf Nacherfüllung in Form der Nachbesserung iSd § 437 Nr. 1 iVm § 439 I, 1. Var. des K gegen H könnte sich aus § 443 I ergeben.

(1) Da § 443 I ausdrücklich auch Garantieerklärungen des Herstellers betrifft, wird davon auch die sog. **Herstellergarantie** umfasst. Diese tritt **neben** die **gesetzliche Haftung** des **Verkäufers** für Sachmängel.
Da H die kostenlose Reparatur aller innerhalb von 18 Monaten auftretenden Mängel versprochen hat, hat sie eine **Haltbarkeitsgarantie** iSv § 443 I (Definition s. Abs. 2) erklärt. Ein solcher Mangel hat sich 13 Monate nach Übergabe des Notebooks an der Festplatte gezeigt.

118 (2) Die Tatsache, dass K das Vorliegen des Sachmangels bei Gefahrübergang nicht beweisen kann, ist hier unerheblich, da ihm nun die Vermutung des § 443 II zugutekommt: Sofern H nicht beweisen kann, dass der Mangel aufgrund unsachgemäßer Behandlung durch K verursacht wurde, steht K aufgrund der Garantieerklärung der H nach § 443 I ein Anspruch auf kostenlose Reparatur (Nachbesserung) zu.

Zum soeben Gelernten lesen Sie die Zusammenfassung in der folgenden

Übersicht 5 119

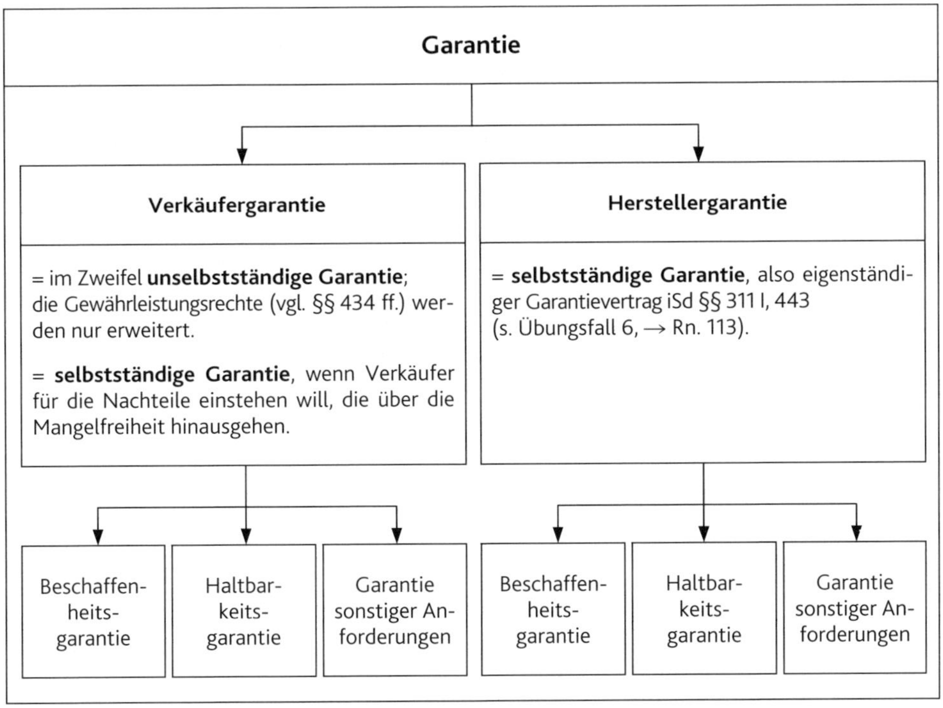

8. Sonderbestimmungen für den Rückgriff des Verkäufers/Unternehmers

Als Ausgleich für die strengere Haftung des Verkäufers im Rahmen des Verbrauchs- 120
güterkaufs sieht das Gesetz umfangreiche Rückgriffsregelungen zugunsten des Verkäufers gegenüber seinem Lieferanten vor, die vertraglich nicht ausgeschlossen oder eingeschränkt werden können. Durch die Neuregelungen zum 1.1.2018[225] wurden die bis 31.12.2017 geltenden Vorschriften des § 478 I, II, V und VI aF sowie des § 479 aF weitgehend wortgleich in das allgemeine Kaufrecht übertragen und finden sich nunmehr in § 445a (Rückgriff des Verkäufers) und § 445b (Verjährung von Rückgriffsansprüchen). Sie sind nicht mehr auf den Fall des Verbrauchsgüterkaufs beschränkt. Ein **Regress des Verkäufers** ist folglich **auch** möglich, wenn **am Ende der Lieferkette** ein **Unternehmer** steht.

Der Gesetzgeber geht durch den neu eingefügten § 439 III 1 davon aus, dass Verkäufer von Baumaterialien und anderen Gegenständen weitaus häufiger als bisher Ansprüchen auf Ersatz von Aus- und Einbaukosten und anderen Aufwendungsersatzansprüchen ausgesetzt sein werden. Da diese Ansprüche einen erheblichen Umfang haben können, sollte ein Ausgleich für diese ausgeweitete Mängelhaftung erreicht werden, indem auch die Regressvorschriften zugunsten des Verkäufers ausgeweitet wurden. Letztverkäufer und Zwischenhändler sollen nach den §§ 445a, 445b die Aufwendungen, die ihnen

225 Gesetz zur Reform des Bauvertragsrechts und zur Änderung der kaufrechtlichen Mängelhaftung v. 28.4.2017, BGBl. 2017 I 969.

durch ihre Nacherfüllungspflichten entstehen, über Regressvorschriften in der Lieferkette möglichst bis zum Verursacher des Mangels weiterreichen können.[226]

a) Rückgriffsansprüche des Letztverkäufers

Im Falle einer Lieferkette (zB Hersteller – Lieferant – Letztverkäufer – Endkunde) erleichtern die §§ 445a, 445b, 478 dem Verkäufer/Unternehmer beim Kauf einer **neu hergestellten Sache** einen Rückgriff gegenüber seinem Lieferanten. Neu ist eine Sache bereits dann, wenn sie noch ungebraucht ist. Es muss sich also nicht um eine »neu hergestellte« Sache im engeren Sinne handeln; die Sache muss beim Verkauf durch den Letztverkäufer an den Endkunden noch neu sein. Das ist nicht der Fall, wenn der Verkäufer sie vor dem Weiterverkauf an den Endkunden selbst benutzt hat.[227] Musste der Verkäufer/Unternehmer die neu hergestellte Kaufsache aufgrund ihrer Mangelhaftigkeit (im Rahmen einer Ersatzlieferung oder infolge eines Rücktritts des Käufers) zurücknehmen oder hatte Letztgenannter den Kaufpreis gemindert, so bedarf es gem. § 445a II (lesen!) für die in § 437 bezeichneten Rechte des Verkäufers/Unternehmers gegen den Lieferanten, der ihm die Sache verkauft hat, wegen des vom Käufer/Verbraucher geltend gemachten Mangels keiner **Fristsetzung** (wie es nach den §§ 281 I, 323 I an sich erforderlich wäre)!

Die Regelung des **§ 445a I** gibt dem (Letzt-)Verkäufer, der vom Käufer im Wege der Nacherfüllung in Anspruch genommen wurde, gegen seinen Lieferanten einen **Anspruch auf Ersatz der Nacherfüllungsaufwendungen**, die der (Letzt-)Verkäufer nach § 439 II, III und VI 2 sowie § 475 IV nF im Verhältnis zum Käufer zu tragen hatte, wenn der vom Käufer geltend gemachte Mangel bereits beim Übergang der Gefahr auf den Verkäufer vorhanden war oder auf einer Verletzung der Aktualisierungspflicht (»Update-Pflicht«) gem. § 475b IV nF beruht.

Hinweis: Bei § 445a I handelt es sich um eigene **Anspruchsgrundlage** (= selbstständiger Regressanspruch).

Es ist nach § 445a I nur der Aufwand ersatzfähig, den der (Letzt-)Verkäufer zu tragen hatte, der folglich im Rahmen der Nacherfüllung gegenüber dem Endkunden angefallen ist. Es kommen in Betracht:

- Transport-, Wege-, Arbeits- und Materialkosten nach § 439 II,
- Aus- und Wiedereinbaukosten bzw. Kosten des Anbringens nach § 439 III

sowie, falls mit dem Endkunden ein **Verbrauchsgüterkaufvertrag** geschlossen worden ist,

- Vorschussverpflichtungen gegenüber Verbrauchern nach § 475 IV nF und
- Regressansprüche wegen Mängeln, die auf einer Verletzung der objektiven Aktualisierungsverpflichtung gem. § 475b IV nF (»Update-Pflicht«) bei Waren mit digitalen Elementen (§ 327a III 1 nF) beruhen.

Der ursprünglich auf das Recht des Verbrauchsgüterkaufs beschränkte Anwendungsbereich des § 478 II aF wurde damit auf **alle Kaufverträge**, die **neu hergestellte Sachen** zum Gegenstand haben, ausgeweitet. Auch dann besteht ein unmittelbarer Regressanspruch auf Aufwendungsersatz – unabhängig von dem sonst zu beachtenden

226 BT-Drs. 18/8486, 41.

227 *Tiedtke/Schmitt*, Der Händlerregress im Rahmen des Verbrauchsgüterkaufs, ZIP 2005, 681 (684).

Vorrang der Nacherfüllung –, wenn es sich bei dem letzten Kaufvertrag in der Lieferkette um einen solchen zwischen zwei Unternehmern handelt. Mit der Formulierung »zu tragen hatte« wird – wie bisher in § 478 II aF – ausgedrückt, dass der Letztverkäufer seinerseits zur Nacherfüllung verpflichtet gewesen sein muss und ihm auch kein Leistungsverweigerungsrecht gegenüber dem (Letzt-)Käufer zustand. Der Lieferant kann dem Rückgriffsanspruch gegebenenfalls entgegenhalten, der Letztverkäufer habe von einer an sich gegebenen Möglichkeit abgesehen, die Nacherfüllung wegen Unverhältnismäßigkeit nach § 439 IV zu verweigern.[228]

Nach § 445a II bedarf es für die Geltendmachung der in § 437 genannten Rechte des (Letzt-)Verkäufers gegen seinen Lieferanten einer sonst (nach den §§ 323 I, 441 I oder § 281 I) erforderlichen **Fristsetzung** für Rücktritt, Minderung und Schadensersatz statt der Leistung **nicht (= unselbstständiger Regress)**. Denn dem Rückgriff des (Letzt-)Verkäufers dienen in erster Linie seine allgemeinen kaufrechtlichen Rechte und Ansprüche nach § 437 Nr. 1–3, deren Bestehen § 445a II – außer dem Erfordernis einer fruchtlosen Fristsetzung – voraussetzt.[229] In der **weiteren Lieferkette** gelten die Regelungen über den Rückgriff des Verkäufers nach § 445a I und II entsprechend, sofern die Schuldner des jeweiligen Kaufvertrags Unternehmer iSd § 14 sind (vgl. § 445a III). Nachteile aus der Mangelhaftigkeit einer Sache sollen so möglichst bis zu dem Unternehmer weitergegeben werden, in dessen Bereich der Mangel entstanden ist. Eine **Fristsetzung** als Voraussetzung für Rücktritt, Minderung oder Schadensersatz **innerhalb einer Lieferkette** ist ebenfalls **entbehrlich**, wenn der jeweilige Gläubiger die Sache von seinem Abnehmer zurücknehmen musste (§ 445a II).

Für den Rückgriffsanspruch des Verkäufers/Unternehmers müssen daher alle Voraussetzungen gegeben sein, die das Gesetz für die jeweiligen Gewährleistungsansprüche und -rechte aufstellt. Voraussetzung für alle in § 437 bezeichneten Rechte und Ansprüche ist vor allem und immer die Lieferung einer bei Gefahrübergang mangelhaften Sache durch den Verkäufer.[230]

Die Regelung des Rückgriffs des Unternehmers in der Liefer- bzw. Vertriebskette **121**
baut auf der Überlegung auf, dass der Letztverkäufer (Einzelhändler) die Sache seinerseits von einem Dritten (Großhändler oder Hersteller) gekauft hat. Ihm stehen daher die in § 437 bezeichneten Rechte und Ansprüche wie jedem anderen Käufer auch zu. Die Rückgriffsmöglichkeit stellt sicher, dass die wirtschaftlichen Folgen einer mangelhaften Lieferung bei dem Verursacher des Mangels landen und leistet somit einen Beitrag zur Vertragsgerechtigkeit.[231] Darüber hinaus dient sie mittelbar auch dem (End-)Verbraucher, da die Bereitschaft seines Verkäufers zur Erfüllung der Käuferrechte aus §§ 437 ff. steigt, wenn der Letztverkäufer seinerseits bei seinem Lieferanten Regress nehmen kann.

Klausurtipp: Der Letztverkäufer kann bei seinem Lieferanten nach den allgemeinen Vorschriften der §§ 437 ff. Regress nehmen; lediglich eine sonst erforderliche Fristsetzung zur Nacherfüllung ist nach § 445a II entbehrlich. Die übrigen Voraussetzungen der Rechte aus § 437 werden durch die Regressvorschrift nicht ersetzt, sondern müssen immer geprüft werden.

228 BT-Drs. 18/8486, 41 f.
229 BT-Drs. 18/8486, 42.
230 Vgl. BT-Drs. 14/6040, 248.
231 BT-Drs. 14/6040, 247.

Die folgende Skizze verdeutlicht den Rückgriff in der Lieferkette bis zum Hersteller:

Hersteller	←→	Lieferant	←→	Letztverkäufer	←→	Endkunde
	§ 445a III		§ 445a I und II		§§ 433, 437	

122 Verdeutlichen wir uns die Rückgriffsmöglichkeit des Letztverkäufers an einem Fallbeispiel:

Übungsfall 7

Rentner Karl Kaufmann (K) kauft von Vertragshändlerin Viola Vauweh (V) ein neues Auto. Sieben Monate nach Übergabe fällt der Motor aus. Es kann nicht geklärt werden, ob der Mangel auf einem schon bei Gefahrübergang liegenden Mangel oder auf unsachgemäße Benutzung durch K zurückzuführen ist. Da V die Vermutung des § 477 I 1 nF, dessen Beweislastumkehr zugunsten des K eingreift, nicht widerlegen kann, nimmt V den Wagen aufgrund des von K erklärten Rücktritts vom Vertrag (V hatte die ihr gesetzte Frist zur Nachbesserung verstreichen lassen) zurück und liefert K ein Ersatzmodell. V möchte wissen, ob der Hersteller Hugo Huber (H), von dem V das Auto erworben hat, seinerseits das mangelhafte Exemplar gegen Erstattung des Kaufpreises zurücknehmen muss, obwohl seit der Übergabe des Autos von H an V schon 14 Monate vergangen sind und V den H auch nicht über die Mangelhaftigkeit des Autos in Kenntnis gesetzt hat.

Welchen Anspruch hat V gegen H?

■ Nachdem Sie eben gelesen haben, dass dem Letztverkäufer die in § 437 bezeichneten Rechte ebenso zustehen wie jedem anderen Käufer, sollten Sie die Anspruchsgrundlage für die Rückzahlung des Kaufpreises (verbunden mit der Rückgabe des Autos) iVm den Vorschriften, die die Voraussetzungen für diesen Anspruch enthalten, selbst finden können! Denken Sie nach!

▶ (I) Ein Anspruch der V gegen H auf Rückzahlung des Kaufpreises (verbunden mit der Rückgabe des defekten Autos) könnte sich aus § 346 I iVm den §§ 437 Nr. 2, 1. Var., 323 I, 2. Var., 434 II 1 Nr. 2 nF sowie § 445a I und II ergeben.

123 (1) Voraussetzung für den Anspruch aus § 346 I ist ein vertragliches oder gesetzliches Rücktrittsrecht der V. Hier kommt das gesetzliche Rücktrittsrecht gem. § 437 Nr. 2, 1. Var. iVm § 323 I, 2. Var. in Betracht.

Voraussetzung für dieses Rücktrittsrecht ist (neben einem wirksamen Kaufvertrag), dass H eine Pflichtverletzung durch Lieferung einer bei Gefahrübergang mangelhaften Kaufsache (vgl. §§ 433 I 2, 434, 446) begangen hat.

(2) H und V haben zwar eine besondere Beschaffenheit des Autos nicht vereinbart (§ 434 II 1 Nr. 1 nF), doch kommt hier ein Mangel nach § 434 II 1 Nr. 2 nF in Betracht. Bei einem Kaufvertrag zwischen Hersteller und Vertragshändler ist die vertraglich vorausgesetzte Verwendung der Kaufsache deren Weiterverkauf. Sofern das Auto tatsächlich einen Mangel (Materialfehler) hatte, eignete es sich nicht mehr für den Weiterverkauf, sodass ein Sachmangel iSv § 434 II 1 Nr. 2 nF zu bejahen ist.

124 (3) Dieser Sachmangel müsste gem. § 434 I nF bei Gefahrübergang, also bei Übergabe der Sache (§ 446) vorgelegen haben.

Da diese Frage nicht mehr aufgeklärt werden kann, hängt die Begründetheit des Anspruchs der V gegen H davon ab, wer die Beweislast trägt. Grundsätzlich wäre V (vgl. § 363) für das Vorliegen eines Mangels bei Gefahrübergang beweispflichtig, sodass ihr kein Rücktrittsrecht nach § 437 Nr. 2, 1. Var. iVm § 323 zustände, da sie den Beweis nicht erbringen kann.

(4) Etwas anderes könnte sich indessen aus § 478 I (lesen!) ergeben. Danach ist die Regel des § 477 für die Beweislastumkehr beim Verbrauchsgüterkauf auch zugunsten des Letztverkäufers gegenüber seinem Lieferanten (§ 445a I und II) anwendbar mit der Folge, dass die Jahresfrist des § 477 i 1 nF erst mit dem Übergang der Gefahr auf den Verbraucher beginnt. Seitdem sind hier nur sieben Monate vergangen. **125**

(5) § 478 I gilt gem. § 474 I 1 indessen nur, wenn ein Verbrauchsgüterkauf vorliegt. Im Fall des § 478 I kommt es dabei darauf an, ob der letzte Verkauf in der Lieferkette – hier der Kaufvertrag zwischen K und V – einen Verbrauchsgüterkauf darstellte. Da K als Rentner Verbraucher iSd § 13 ist und von V als Unternehmerin iSv § 14 eine bewegliche Sache (§ 474 I 1) gekauft hat, ist diese Voraussetzung erfüllt. **126**

(6) § 445a II, 1. Var. setzt weiterhin voraus, dass der Unternehmer (V) die neu hergestellte Kaufsache von dem Verbraucher »als Folge ihrer Mangelhaftigkeit zurücknehmen musste«. Diese Rücknahmepflicht ergab sich für V gegenüber K aus den §§ 437 Nr. 2, 1. Var., 434 II 1 Nr. 2 nF iVm § 474 I 1 und § 477 I 1.[232] **127**

(7) Somit sind alle Voraussetzungen für den Rückgriff der V gegen H nach § 445a I und II erfüllt, sodass sie gem. § 437 Nr. 2, 1. Var. iVm § 323 I zurücktreten kann. Die von § 323 I grundsätzlich geforderte angemessene Frist zur Nacherfüllung ist dabei gem. § 445a II entbehrlich. **128**

(II) Nach alledem wäre der Anspruch der V gegen H aus § 346 I begründet, wenn es nicht auch noch § 445a IV gäbe, der auf die Geltung von § 377 HGB, welcher als Spezialgesetz für Kaufleute Vorrang vor den Vorschriften des BGB hat, verweist. Da V und H Kaufleute iSd § 1 HGB sind, stellte der zwischen ihnen geschlossene Kaufvertrag ein beiderseitiges Handelsgeschäft iSv § 377 HGB dar mit der Folge, dass V den Mangel des Autos bei dessen Rücknahme von K dem H unverzüglich anzeigen musste (§ 377 I HGB). Da sie dies unterlassen hatte, hat V die Lieferung des Autos von H gem. § 377 II HGB als mangelfrei genehmigt und kann deshalb keine Gewährleistungsrechte mehr geltend machen. Das HGB können Sie aber vorerst[233] noch außer Acht lassen, da unser Thema das Besondere Schuldrecht des BGB ist. **129**

b) Aufwendungsersatz

Nehmen Sie in Abwandlung von Übungsfall 7 an, dass die Unternehmerin V das Auto von K zur Nachbesserung iSv § 439 entgegengenommen und dem K wieder repariert zurückgegeben sowie den H auf die Mängel rechtzeitig hingewiesen hat (sodass § 377 HGB diesmal nicht zulasten der V anzuwenden ist). Da der Verkäufer gem. § 439 II die zur Nacherfüllung (Nachbesserung) erforderlichen Aufwendungen zu tragen hat, stellt sich die Frage, ob V gegen H bezüglich dieser Aufwendungen Regress nehmen kann. **130**

Ein Anspruch der V gegen H auf Ersatz der Aufwendungen könnte sich aus § 445a I ergeben (lesen). Aus dem Wortlaut dieser Vorschrift (»kann … verlangen«) können Sie herauslesen, dass es sich hierbei um eine selbstständige Anspruchsgrundlage (Regressanspruch) handelt.

232 In einer Klausur müssten Sie den Anspruch des K gegen V hier etwas näher begründen.

233 Zu den handelsrechtlichen Sonderregelungen für die Sachmängelhaftung vgl. *Wörlen/Kokemoor/Lohrer* HandelsR Rn. 320 ff.

131 ■ Versuchen Sie, indem Sie sich an die Lösung zu Fall 7 erinnern, mit wenigen Sätzen zu begründen, ob die Voraussetzungen für diesen Anspruch der V gegen H vorliegen!

▶ Gemäß § 445a I kann der Letztverkäufer einer neu hergestellten Sache von seinem Lieferanten die Aufwendungen für eine durchgeführte Nacherfüllung (§ 439 II) ersetzt verlangen. Dabei kommt es auf ein Verschulden des Lieferanten nicht an. Gemäß § 445a I muss der vom Verbraucher geltend gemachte Mangel bei Übergang der Gefahr (vom Lieferanten auf den Letztverkäufer) vorhanden gewesen sein. Da V für diesen nicht mehr aufklärbaren Umstand grundsätzlich (§ 363) beweispflichtig ist, könnte ihr Anspruch an dieser Voraussetzung scheitern. Hier kommt ihr indessen wieder § 478 I iVm § 477 I 1 nF zu Hilfe: Da noch nicht ein Jahr seit Gefahrübergang (von V auf K) verstrichen ist, gilt zugunsten der V die Vermutung nach § 477 I 1 nF, dass der Mangel bereits bei Gefahrübergang vorlag.

Somit ist der Anspruch der V gegen H aus § 445a I begründet.

c) Abdingbarkeit und Verjährung der Rückgriffsansprüche

aa) Abdingbarkeit

132 Die Rückgriffsrechte des Verkäufers/Unternehmers sollen grundsätzlich nicht dispositiv sein. Dies ergibt sich aus dem Umkehrschluss zu § 478 II 1, der die Abdingbarkeit zum Schutz des meist schwächeren (Einzel-)Händlers einschränkt.[234] Eine Abweichung ist daher nur erlaubt, wenn der Rückgriffsgläubiger (Letztverkäufer) einen gleichwertigen Ausgleich (zB Gutschrift in einem Abrechnungssystem) erhält.

bb) Verjährung

133 Es ist bei der Verjährung zwischen den verschiedenen Regressansprüchen zu unterscheiden. Sofern sich die Ansprüche des Unternehmers nach § 437 richten, ist die allgemeine Vorschrift des § 438 relevant (danach gilt beim Verkauf von beweglichen Sachen für die Verjährung eine Zwei-Jahres-Frist). Allerdings ist diese Regelung nicht für den Aufwendungsersatzanspruch des Letztverkäufers gegen seinen Lieferanten aus § 445a I anwendbar. Dessen Verjährung ist in § 445b I geregelt und beträgt zwei Jahre ab Ablieferung der Sache an den Verkäufer/Unternehmer – und nicht an den Verbraucher. Der Unternehmer läuft, da die Verjährung der Regressansprüche mit der Ablieferung der Sache durch den Lieferanten beginnt, Gefahr, dass die Verjährungsfrist für seine Regressansprüche schon abgelaufen ist, bevor er selbst durch den Verbraucher in Anspruch genommen wird. Deshalb sieht § 445b II eine Ablaufhemmung vor: Die Verjährung der in §§ 437, 445a I geregelten Ansprüche des Verkäufers/Unternehmers gegen seinen Lieferanten tritt bei neu hergestellten Sachen frühestens zwei Monate nach dem Zeitpunkt ein, in dem der Unternehmer die Ansprüche des Verbrauchers erfüllt hat.

Hierdurch soll der Verkäufer (Unternehmer) in den Fällen geschützt werden, in denen er die Kaufsache zunächst einige Zeit einlagert und dann weiter verkauft. In diesen Fällen trüge er sonst das Risiko, für die Mängel der Sache einstehen zu müssen, ohne seinerseits Regress bei seinem Lieferanten nehmen zu können.

Fassen wir das Wichtigste über den Verbrauchsgüterkauf noch einmal in der folgenden Übersicht zusammen:

234 Vgl. BT-Drs. 14/6040, 249.

Übersicht 6

Verbrauchsgüterkauf (§§ 474–479) 134

Voraussetzungen

- Käufer ist Verbraucher
  § 13
- Verkäufer ist Unternehmer
  § 14
- Kaufgegenstand ist
  - eine (neue oder gebrauchte) Ware (§ 474 I 1) oder
  - neben einer Ware die Erbringung einer Dienstleistung (§ 474 I 2)
- Keine öffentliche Versteigerung einer gebrauchten Ware
  § 474 II 2

Rechtsfolgen

Sondervorschriften

- Kein Nutzungsersatz bei Ersatzlieferung
  § 475 III 1
- Haftungsbegrenzung
  §§ 445 und 447 II sind nicht anwendbar (§ 475 III 2)
- Gefahrtragung: § 447 I findet nur Anwendung, wenn Käufer Spediteur selbst ausgesucht und beauftragt hat (§ 475 II)

Besonderheiten der Gewährleistung

- Haftungsbeschränkungen sind unzulässig
  § 476 I 1
  (Ausnahme: § 476 III)
- Unzulässigkeit von Umgehungsgeschäften
  § 476 I 2
- Verkürzung der Verjährung nur eingeschränkt möglich
  § 476 II

Sonderbestimmungen für Garantien

§ 479

- Garantieerklärung (§ 443) muss einfach und verständlich sein
  § 479 I 1
- Informationspflicht des Unternehmers
  § 479 I 2 nF
- Inhalt der Garantie
  § 479 I 2 Nr. 5, III nF

Rückgriff des Verkäufers/Unternehmers

§§ 445a, 478

- **Voraussetzung:**
  - neu hergestellte Sache (= Kaufgegenstand)
  - musste infolge Mangelhaftigkeit zurückgenommen werden
  - keine Fristsetzung erforderlich
- Aufwendungsersatzanspruch nach § 445a I
- Beweislastumkehr
  §§ 478 I, 477

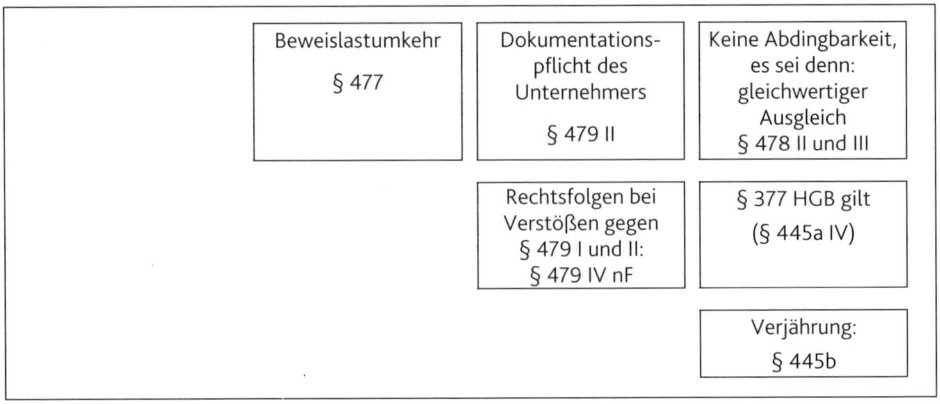

V. Internationale Kaufverträge

1. Internationales Privatrecht

135 Begünstigt durch den Handel über das Internet werden mittlerweile nicht nur Verträge zwischen Unternehmern, sondern zunehmend auch Verbraucherverträge mit »dem Ausland« geschlossen. In diesen Fällen stellt sich dann die Frage, **welches Recht anwendbar** ist. Im internationalen Warenverkehr gilt das von den Parteien vereinbarte Recht bzw. mangels einer solchen Vereinbarung das Recht, dessen Vorrang sich aus der Anwendung des Internationalen Privatrechts (IPR) ergibt.[235] Das IPR bestimmt die maßgebliche Privatrechtsordnung bei Sachverhalten mit Auslandsberührung.[236]

Die Vorschriften des **IPR** sind als sog. **Zwischenrecht** Teil der Rechtsordnung des **jeweiligen Staates**; es ist also grundsätzlich nationales Recht. Im Gegensatz zu den meisten anderen Vorschriften des Privatrechts (zB in Deutschland des BGB und des HGB) enthält das IPR jeden Staates regelmäßig keine Sachnormen, sondern Grenznormen bzw. **Kollisionsnormen**, die entweder nur den Anwendungsbereich der nationalen Rechtsordnung festlegen (einseitige Kollisionsnormen) oder die ganz allgemein den maßgeblichen Anknüpfungspunkt regeln (zweiseitige oder vollkommene Kollisionsnormen). Anknüpfungspunkte für das IPR zur Bestimmung der anwendbaren Rechtsordnung können persönliche Umstände (zB Staatsangehörigkeit, Wohnsitz) oder räumliche Umstände (zB Ort der belegenen Sache, um die sich der Rechtsstreit dreht) sein.[237] Das deutsche IPR ist teilweise noch im EGBGB geregelt; es wird weitestgehend aber überlagert durch europäisches Recht. Wird im IPR auf das Recht eines anderen Staates verwiesen, so ist auch dessen IPR anzuwenden. Sofern das Recht des anderen Staates auf deutsches Recht zurückverweist, sind nur noch die deutschen Sachnormen anzuwenden (Art. 4 I EGBGB). Andernfalls (bei erneuter Anwendung deutscher Kollisionsnormen des IPR) würden die Verweisungen kein Ende nehmen.[238]

235 Vgl. *Groh* in Creifelds RechtsWB »Internationales Privatrecht«, 2d.
236 Palandt/*Thorn* EGBGB Einl vor § 3 Rn. 1.
237 Vgl. *Groh* in Creifelds RechtsWB »Internationales Privatrecht«, 1b.
238 In den europäischen Vorschriften wird grundsätzlich nur auf das materielle Recht eines anderen Staates unter Ausschluss des IPR verwiesen.

Um die Schwierigkeiten zu vermeiden, die sich bei der Anwendung des IPR ergeben können (da die nationalen Rechte verschiedener Staaten teilweise erheblich voneinander abweichen), sollten die Parteien das anwendbare Recht möglichst im Vertrag vereinbaren.

Seit dem Vertrag von Amsterdam[239] hat die EU (damalige EG) die Kompetenz, die Kollisionsregeln der Mitgliedstaaten in Zivil- und Handelssachen zu vereinheitlichen.[240] Sie hat davon ua 2007 mit der Rom II-VO[241] und 2008 mit der Rom I-VO[242] Gebrauch gemacht. Beide Verordnungen beschäftigen sich mit der Frage, welches Recht auf Schuldverhältnisse anzuwenden ist. Die Rom I-VO betrifft vertragliche Schuldverhältnisse, die Rom II-VO hingegen außervertragliche Schuldverhältnisse (zB unerlaubte Handlungen, GoA, c.i.c.). Diese Verordnungen sind unmittelbar anzuwendendes Recht. Sie sind bei der Bestimmung des anwendbaren Rechts im Schuldrecht vorrangig (vor dem EGBGB) heranzuziehen.

Die Parteien können gem. Art. 3 I Rom I-VO[243] das anwendbare Recht grundsätzlich frei wählen, ohne dass ein objektiver Bezug zu dem gewählten Recht erforderlich ist. Bei Verbraucherverträgen bestehen allerdings Grenzen hinsichtlich der Rechtswahlfreiheit (Art. 6 Rom I-VO): Für Kaufverträge über bewegliche Sachen gilt nach Art. 4 I lit. a Rom I-VO das Recht des Staates, in dem der Verkäufer seinen gewöhnlichen Aufenthalt hat. Hingegen wird bei Verbraucherverträgen unter bestimmten Voraussetzungen auf den gewöhnlichen Aufenthalt des Verbrauchers abgestellt (Art. 6 I Rom I-VO). Wenn der Unternehmer seine berufliche oder gewerbliche Tätigkeit im Staat des gewöhnlichen Aufenthalts des Verbrauchers ausübt oder seine Tätigkeit sonst auf diesen Staat ausrichtet – zB durch Web-Seiten –, ist bei fehlender Rechtswahl das Recht dieses Staates anzuwenden (Art. 6 I Rom I-VO). Nach Art. 6 II Rom I-VO darf eine (auch hier mögliche) Rechtswahl allerdings nicht dazu führen, dass dem Verbraucher der Schutz derjenigen Regelungen entzogen wird, die nach dem Recht seines gewöhnlichen Aufenthaltes vertraglich nicht abbedungen werden dürfen, was zB auf die verbraucherschützenden Widerrufsrechte zutrifft.

Beispiel:[244] Die in Deutschland wohnende K kauft über eine – unter anderem auf Deutsch betriebene – Web-Seite eines türkischen Anbieters eine Shisha (Wasserpfeife). Der Vertrag enthält eine wirksame Rechtswahl zugunsten des türkischen Rechts. Sofern dieses kein dem § 312g entsprechendes Widerrufsrecht kennt, kann K ihre Willenserklärung trotzdem nach § 312g widerrufen.

Bei Kaufverträgen über unbewegliche Sachen (vor allem: Grundstücke) ist das Recht des Staates, in dem die unbewegliche Sache belegen ist, anzuwenden (Art. 4 I lit. c Rom I-VO).

239 Er wurde am 18.6.1997 geschlossen und ist am 1.5.1999 in Kraft getreten. Der damit geschaffene Rechtsstand wurde zum 1.2.2003 durch den Vertrag von Nizza und zuletzt durch den Vertrag von Lissabon zum 1.12.2009 geändert.

240 Vgl. Art. 61 lit. c iVm Art. 65 lit. b EGV – heute Art. 81 I, II lit. c AEUV.

241 VO (EG) Nr. 864/2007 des Europäischen Parlaments und des Rates über das auf außervertragliche Schuldverhältnisse anzuwendende Recht v. 11.7.2007 ABl. 2007 L 199, 40. Falls Sie mehr darüber wissen wollen: Vgl. *Güllemann* IntVertragsR 125 ff.

242 VO (EG) Nr. 593/2008 des Europäischen Parlaments und des Rates über das auf vertragliche Schuldverhältnisse anzuwendende Recht v. 17.6.2008, ABl. 2008 L 177, 6. Ausführlich hierzu *Güllemann* IntVertragsR 35 ff.

243 **dtv-BGB Nr. 9.**

244 In Anlehnung an *Medicus/Lorenz* SchuldR BT § 17 Rn. 8. Weitere Beispiele bei *Benning/Oberrath* Computer/InternetR 111 ff.

2. Grenzüberschreitender Warenverkehr nach UN-Kaufrecht

a) Allgemeine Bedeutung des UN-Kaufrechts

136 Kollisionen materiellen Rechts verschiedener Rechtsordnungen können vermieden werden, wenn das Recht dieser Rechtsordnungen inhaltlich vereinheitlicht worden ist. Die Kollisionsnormen treten tendenziell in ihrer Bedeutung zurück, je mehr Rechte verschiedener Rechtsordnungen materiell übereinstimmen. Es gab schon früh Versuche, das Recht des Kaufs allgemein inhaltlich zu vereinheitlichen.[245] 1980 wurde auf einer diplomatischen Konferenz das – von der UNCITRAL (United Nations Commission on International Trade Law) erarbeitete – »UN-Übereinkommen über Verträge über den internationalen Warenkauf« angenommen. Dieses **UN-Kaufrecht** wird auch als »Wiener Kaufrecht« bzw. nach der englischen Bezeichnung **CISG** (United Nations Convention on Contracts for the International Sale of Goods)[246] bezeichnet. Es wurde von über 90 Staaten angenommen, wozu alle EU-Staaten und die wichtigsten Industrieländer einschließlich der USA und Kanada, nicht aber das Vereinigte Königreich zählen.[247]

Beim grenzüberschreitenden Warenverkehr ist für Verträge, die Bezug zu einem Vertragsstaat des UN-Kaufrechts aufweisen, das CISG heranzuziehen. Das CISG ist ein multilaterales Übereinkommen, das in den Vertragsstaaten **unmittelbar anwendbares Recht für internationale Kaufverträge** enthält und insoweit – im Rahmen seines Anwendungs- und Regelungsbereichs – grundsätzlich nationales Recht (inkl. IPR) verdrängt.[248] In (der Bundesrepublik) Deutschland gilt das CISG seit dem 1.1.1991.[249] Es ist als Bundesgesetz in Kraft getreten[250] und folglich gültiges nationales Recht im Bereich des Internationalen Warenkaufs.[251] Es geht nationalem Kollisions- und Sachrecht vor. Deutsch gehört übrigens nicht zu den sechs offiziellen Sprachen, in denen das völkerrechtliche Übereinkommen Verbindlichkeit erlangt hat.

Das CISG gilt zwischen den Vertragsparteien automatisch, wenn diese nicht die Anwendung des Übereinkommens explizit ausschließen (Art. 6 CISG, sog. »opt-out«-Modell[252]). Das heißt, das **UN-Kaufrecht** ist **nicht zwingendes Recht**, sondern unterliegt der Disposition der Parteien.

> **Beispiel:** In der Praxis wird für den Ausschluss des UN-Kaufrechts häufig folgende Klausel angewandt: »Es gilt deutsches Recht unter Ausschluss des UN-Kaufrechts«.[253]

Wenn das UN-Kaufrecht zur Anwendung kommt, werden die kaufrechtlichen Regelungen des BGB (und des HGB) ersetzt. Ein Kaufvertrag zwischen einem franzö-

---

245 S. hierzu *Fikentscher/Heinemann* SchuldR Rn. 937 mwN.

246 V. 11.4.1980, BGBl. 1989 II 588.

247 S. dazu die Angaben unter https://uncitual.un.org/en/texts/salegoods/conventions/sale_of_goods/status (zuletzt abgerufen am 16.10.2021).

248 *Karollus* JuS 1993, 378.

249 Aufgrund von Art. 7 I des Vertragsgesetzes v. 5.7.1989, BGBl. 1989 II 586. Die ehemalige DDR war bereits am 1.3.1990 dem Abkommen beigetreten.

250 Bek. v. 23.10.1990, BGBl. 1990 II 1477.

251 *Güllemann* IntVertragsR 141.

252 *Medicus/Lorenz* SchuldR BT § 17 Rn. 3.

253 *Fikentscher/Heinemann* SchuldR Rn. 938. Mit der ähnlich klingenden Klausel **»Dieser Vertrag unterliegt dem Recht der Bundesrepublik Deutschland«** wird hingegen das UN-Kaufrecht nicht ausgeschlossen, sondern seine **Anwendung** gerade **vereinbart (!)**, s. *Wörlen/Kokemoor/Lohrer* HandelsR Rn. 252.

sischen und einem deutschen Vertragspartner wird dann zB nicht – je nach Verweisung des IPR – nach den §§ 433 ff. oder den Vorschriften des »Code Civil« beurteilt, sondern einheitlich nach dem CISG.

Das CISG, das keine kaufrechtliche Gesamtregelung ist, enthält im Wesentlichen Bestimmungen über

- den **Abschluss** von Kaufverträgen,
- die **Pflichten** von **Verkäufer** und **Käufer,**
- **Rechtsbehelfe** der Parteien **bei Vertragsverletzungen** durch die andere Partei

sowie Regelungen

- zum **Gefahrübergang,**
- zum **Sukzessivlieferungsvertrag** (= einheitlicher Vertrag, durch den der Verkäufer zur Lieferung einer bestimmten Warenmenge in Raten – oder einer unbestimmten Menge auf Abruf für gewisse Zeit – und der Käufer regelmäßig zu entsprechender Ratenzahlung verpflichtet ist) und
- zur **Mängelgewährleistung.**[254]

Alles, was nicht geregelt ist, bestimmt sich nach dem von den Parteien vereinbarten Basisrecht oder eben nach dem nach IPR anwendbaren Recht.

b) Anwendungs- und Regelungsbereich

Das CISG setzt für seine Anwendung nur voraus, dass die Parteien des Kaufvertrags 137
ihre **Niederlassung in verschiedenen Vertragsstaaten** haben (Art. 1 Ia CISG). **Ausgeschlossen** ist die Anwendung des Übereinkommens auf **Käufe zum persönlichen Familien- und Haushaltsgebrauch** (Art. 2 CISG), es gilt also insbesondere nicht für Verbraucherverträge. Damit wurde sichergestellt, dass die nationalen Verbraucherschutzvorschriften durch Lieferungen aus dem Ausland, die der rein dispositiven Ordnung des CISG unterliegen, nicht unterlaufen werden können.

Der sachliche Anwendungsbereich des CISG erstreckt sich nach Art. 4 ausschließlich auf den Abschluss des Kaufvertrags und die daraus erwachsenen Rechte und Pflichten von Verkäufer und Käufer. Insbesondere betrifft das CISG **nicht** die **Gültigkeit** des Vertrags sowie die Wirkungen, die der Vertrag auf das **Eigentum** an der verkauften Ware haben kann. Das bedeutet zum einen: Geschäftsfähigkeit und andere Wirksamkeitsvoraussetzungen für Verträge werden weiterhin nach nationalem Recht beurteilt. Die Unzulässigkeit einzelner Vertragsklauseln (zB aufgrund der §§ 305–310 zu AGB!) ist demnach, soweit deutsches Recht eingreift, auch bei grenzüberschreitenden Kaufverträgen zu beachten. Zum anderen folgt aus der Nichtregelung des Eigentumsübergangs an der verkauften Ware, dass das **UN-Kaufrecht nur schuldrechtliche Wirkungen** entfaltet.

c) Abschluss von Kaufverträgen

Die Art. 14 ff. CISG enthalten einheitliche Begriffsbestimmungen über Angebot und 138
Annahme sowie den Zugang von Willenserklärungen, die weitgehend mit den Regelungen des Allgemeinen Teils des BGB korrespondieren. Ausnahme: Während § 145 eine strenge Bindung an ein einmal erklärtes Angebot vorsieht, geht Art. 16 CISG – wie das anglo-amerikanische Recht – von der **Widerruflichkeit des Angebots** aus. Das entspricht englischer Rechtstradition.

254 Ausführlich hierzu: *Güllemann* IntVertragsR 145 ff.

d) Leistungsstörungen

139 Die Vorschriften über die Vertragserfüllung beinhalten vor allem Leistungsstörungen. Während das Kaufrecht des BGB zwischen der Art der Leistungsstörung (Unmöglichkeit oder Verzug) unterscheidet, differenziert das CISG weniger stark und verwendet generell den Begriff der Vertragsverletzung (»breach of contract«, Art. 25 CISG). Seit 1.1.2002 hat sich der deutsche Gesetzgeber daran durch den Zentralbegriff der »Pflichtverletzung« (vgl. § 280 I) orientiert.

Kommt der Verkäufer seinen in den Art. 30 ff. CISG umschriebenen Pflichten nicht nach, hat der Käufer gem. Art. 45 CISG das Recht, Erfüllung zu verlangen (vgl. Art. 46 CISG) oder bei wesentlicher Vertragsverletzung den Vertrag aufzuheben (Art. 49 CISG). Ist die Vertragsverletzung nicht wesentlich, wird der Vertrag nicht aufgehoben, und der Käufer ist auf einen Schadensersatzanspruch beschränkt (vgl. Art. 49 I lit. a, Art. 45 I lit. b CISG).

Gleiches gilt entsprechend für den Verkäufer bei Pflichtverletzungen durch den Käufer gem. Art. 61 ff. CISG. Art. 45 und Art. 61 CISG stellen die jeweiligen Anspruchsgrundlagen für Käufer und Verkäufer dar. Wichtigster Unterschied zum BGB ist, dass für Schadenersatzansprüche nicht das Verschuldensprinzip – wie nach § 276 – gilt. Es handelt sich vielmehr – entsprechend dem angloamerikanischen Vorbild – um eine verschuldensunabhängige Garantiehaftung (»strict liability«), die nur durch die Befreiungstatbestände der Art. 79 und Art. 80 CISG im Falle von unvorhersehbaren und unvermeidbaren Hinderungsgründen eingeschränkt wird.[255]

e) Praktische Bedeutung des UN-Kaufrechts

140 Angesichts der Abdingbarkeit des CISG, dessen Anwendung die Parteien, ganz oder auch nur in Teilen, wie oben erwähnt, vertraglich ausschließen können (vgl. Art. 6 CISG), wird die praktische Bedeutung des UN-Kaufrechts unterschiedlich beurteilt. Während einerseits Einigkeit besteht, dass die **weltweite Vereinheitlichung des Kaufrechts** eine erhebliche Rationalisierung des Außenhandels mit sich bringen kann, ist nicht zu übersehen, dass viele Unternehmen dahin tendieren, die Anwendung des CISG vorweg auszuschließen.[256]

In diesen Fällen kommt vereinbarten **Handelsklauseln**[257] besondere Bedeutung zu.

3. Gemeinsames Europäisches Kaufrecht

141 Da im EU-Binnenmarkt beim grenzüberschreitenden Handel nach wie vor Hindernisse bestehen, die vielfach auf unterschiedliche kaufrechtliche Bestimmungen in den Mitgliedstaaten zurückzuführen sind, hatte die Europäische Kommission am 11.10.2011 den Vorschlag für eine Verordnung des Europäischen Parlaments und des Rates über ein **Gemeinsames Europäisches Kaufrecht** vorgelegt.[258] Wegen Bedenken der Mitgliedstaaten wurde dieser Entwurf Ende 2014 zurückgezogen. Als kleiner »Ersatz«

255 *Güllemann* IntVertragsR 215.

256 *Medicus/Lorenz* SchuldR BT § 17 Rn. 7 mit dem Hinweis auf den Vorteil des CISG gegenüber dem Kaufrecht des BGB: Durch die im CISG vollständig gewährte Vertragsfreiheit (es enthält keine den §§ 445a, 445b, 478 entsprechenden Regelungen) kann die Anwendung des CISG für einen Unternehmer bei grenzüberschreitenden Kaufverträgen günstiger sein.

257 S. dazu *Wörlen/Kokemoor/Lohrer* HandelsR Rn. 253-282.

258 KOM(2011) 635 endgültig.

sollten andere Rechtsgrundlagen geschaffen werden, um wenigstens den elektronischen Handel im digitalen Binnenmarkt voll zur Entfaltung zu bringen. Auf die am 9.12.2015 vorgelegten Richtlinienvorschläge der EU-Kommission folgte eine mehr als dreijährige Diskussion, bis 2019 die Richtlinie (EU) 2019/770 über bestimmte vertragsrechtliche Aspekte der Bereitstellung digitaler Inhalte und digitaler Dienstleistungen vom 20.5.2019 (**Digitale-Inhalte-Richtlinie**) sowie die Richtlinie (EU) 2019/771 über bestimmte vertragsrechtliche Aspekte des Warenkaufs vom 20.5.2019 (**Warenkauf-Richtlinie, WKRL**) verabschiedet werden konnten.

- Die »**Digitale-Inhalte-Richtlinie**« soll eine Lücke im vorhandenen Verbraucherrecht schließen, da in den meisten Mitgliedstaaten Regelungen zu digitalen Inhalten (zB Software oder E-Books) und zu digitalen Dienstleistungen (zB soziale Netzwerke; Videostreaming) fehlen. Ihre Umsetzung in Deutschland erfolgt insbesondere durch Einfügung eines neuen Titels 2a in Abschnitt 3 mit den §§ 327–327u nF im Allgemeinen Schuldrecht des BGB.[259]
- Die »**Warenkauf-Richtlinie**« (→ Rn. 96) ersetzt die Verbrauchsgüterkaufrichtlinie 1999/44/EG und sieht unter anderem eine Beweislastumkehr für einen Zeitraum von bis zu zwei Jahren zugunsten der Verbraucher vor.[260]

Die Richtlinien führen zwar nicht zu einem einheitlichen Europäischen Kaufrecht, sie bewirken aber immerhin eine **weitere Harmonisierung** im Bereich der **Gewährleistungsrechte**, wodurch Verbrauchern grenzüberschreitende Geschäfte erleichtert werden. Die Richtlinien waren bis zum 1.7.2021 in nationales Recht umzusetzen und die neuen nationalen Vorschriften ab dem 1.1.2022 anzuwenden.[261] Wir hatten die zum 1.1.2022 neu in das BGB eingefügten Regelungen oben bereits angesprochen (→ Rn. 103a, 96a sowie 72).

Ferner zu nennen ist in diesem Zusammenhang die »**Modernisierungsrichtline**«, (EU) 2019/2161 vom 27.11.2019,[262] mit der die Verbraucherrechterichtlinie sowie weitere Verbraucher schützende Rechtsakte der EU erneuert wurden. Sie ist bis zum 28.11.2021 umzusetzen und die nationalen Vorschriften sollen ab dem 28.5.2022 gelten (auch dies hatten wir bereits erwähnt, → Rn. 96a).

4. Schiedsgerichtsbarkeit

Ein Schiedsgericht ist ein »privates« Gericht, für das die Zivilprozessordnung 142
(§§ 1025 ff. ZPO) Sondervorschriften für das **schiedsgerichtliche Verfahren** enthält. Durch Schiedsvertrag oder -abrede kann vereinbart werden, dass eine privatrechtliche Rechtsstreitigkeit nicht durch die staatliche (ordentliche)[263] Gerichtsbarkeit, sondern durch ein **privates** Schiedsgericht entschieden werden soll. Der Schiedsver-

259 Zur Umsetzung in Deutschland s. das Gesetz zur Umsetzung der Richtlinie über bestimmte vertragsrechtliche Aspekte der Bereitstellung digitaler Inhalte und digitaler Dienstleistungen v. 25.6.2021, BGBl. 2021 I 2123. S. zum Ganzen die RegBegr v. 17.3.2021, BT-Drs. 19/27653.

260 S. zur Umsetzung in Deutschland das Gesetz zur Regelung des Verkaufs von Sachen mit digitalen Elementen und anderer Aspekte des Kaufvertrags v. 25.6.2021, BGBl. 2021 I 2133 sowie dazu die RegBegr v. 9.3.2021, BT-Drs. 19/27424.

261 S. zum Ganzen *Brox/Walker* SchuldR BT § 7 Rn. 58a ff.

262 Richtlinie (EU) 2019/2161 vom 27.11.2019 zur Änderung der Richtlinie 93/13/EWG des Rates und der Richtlinien 98/6/EG, 2005/29/EG und 2011/83/EU zur besseren Durchsetzung und Modernisierung der Verbraucherschutzvorschriften der Union, ABl. 2019 L 328, 7.

263 Vgl. dazu *Wörlen/Metzler-Müller* BGB AT Rn. 29 ff.

trag ist insoweit wirksam, als die Parteien über den Streitgegenstand einen Vergleich abschließen könnten. Wird trotz Vorliegens eines Schiedsvertrages vor dem staatlichen Gericht Klage erhoben, steht dem Beklagten eine prozesshindernde Einrede zu. Der **Schiedsspruch** des Schiedsgerichts, das sein Verfahren grundsätzlich nach freiem Ermessen bestimmt, hat zwischen den Parteien die **Wirkung eines rechtskräftigen Urteils** (vgl. § 1055 ZPO).

Die Beurteilung der Handelsklauseln, vor allem ihrer Abwandlungen und Anpassung an veränderte Verhältnisse, wird der staatlichen Rechtsprechung weitgehend durch die im internationalen Handel üblichen Schiedsklauseln entzogen. Die ordentlichen Gerichte werden hierdurch praktisch »ausgesperrt«. Ein Nachteil der Schiedsgerichtsbarkeit ist, dass ihre Entscheidungen nicht veröffentlicht werden und deshalb die Allgemeinheit keinen Einblick nehmen kann. Zu den Vorteilen zählt, dass das Verfahren frei und dadurch vertraulicher, schneller und effektiver ausgestaltet werden kann. Auch sind die Richter sachnäher und es muss bei Staaten ohne unabhängige Justiz nicht auf diese zurückgegriffen werden.

Literatur zur Vertiefung (→ Rn. 73–142): *Alpmann und Schmidt* SchuldR BT 1, 1. Teil, 5.–7. Abschn.; *Brox/Walker* SchuldR BT § 7; *Fikentscher/Heinemann* SchuldR §§ 73–75; *Firsching*, Der Kauf von Sachen mit digitalen Elementen, ZUM 2021, 210; *Fritsche/Würdinger*, Konkludenter Eigentumsvorbehalt beim Autokauf, NJW 2007, 1037; *Führich* WirtschaftsPrivR Rn. 503 ff.; *Gerlach/Manzke*, Kaufrecht und Werkvertragsrecht – ein systematischer Vergleich, JuS 2019, 426; *Gsell*, Die Beweislast für den Sachmangel beim Verbrauchsgüterkauf, JuS 2005, 967; *Güllemann*, Internationales Vertragsrecht, 3 Aufl. 2018; *Hamann/Lennarz*, Schiedsverfahren oder staatliche Gerichtsverfahren – Was ist besser?, JA 2012, 801; *Henssler/Markworth/Pant*, Kaufrecht und Verbraucherwiderruf – Ärger um einen Edelholzgartentisch (Examensklausur), JuS 2021, 433; *Heyers*, Grundstrukturen des Eigentumsvorbehalts, JURA 2016, 961; *Hirsch* SchuldR BT § 9; *Lehmann/Caspers*, »Der zerstörte WM-Fußball und Ärger mit dem Töpferkurs« (Klausur Zivilrecht mit Thematik Verhältnis Kaufrecht – Schuldrecht AT, Unmöglichkeit), JA 2011, 175; *Leible/Sosnitza*, Grundfälle zum Recht des Eigentumsvorbehalts, JuS 2001, 341, 449 und 556; *Liauw*, Besonderheiten beim Verbrauchsgüterkauf, JURA 2014, 388; *Looschelders* SchuldR BT §§ 11–15; *Linardatos*, Basiswissen zur Preis- und Leistungsgefahr, JURA 2021, 1015; *Lorenz*, Grundwissen Zivilrecht: Verbrauchsgüterkauf, JuS 2016, 398; *Lorenz*, Grundwissen Zivilrecht: Der Nacherfüllungsanspruch, JuS 2014, 7; *Lorenz*, Grundwissen Zivilrecht: Der Eigentumsvorbehalt, JuS 2011, 199; *Medicus/Lorenz* SchuldR BT §§ 11–17; *Metzger*, Verträge über digitale Inhalte und digitale Dienstleistungen: Neuer BGB-Vertragstyp oder punktuelle Reform?, JZ 2019, 577; *Meyer*, UN-Kaufrecht – Das Recht der internationalen Warenkaufverträge, Ad Legendum 2019, 289; *Oetker/Maultzsch* Schuldverhältnisse § 1 Rn. 422–596; *Petersen*, Verbraucher und Unternehmer, JURA 2007, 905; *Piltz*, Neue Entwicklungen im UN-Kaufrecht, NJW 2017, 2449; *Richter* VertragsR 492 ff.; *Schade/Graewe* WirtschaftsPrivR Rn. 309 ff., 368 ff.; *Schrader*, Verträge über digitale Produkte: »lediglich rechtlicher Vorteil« für den Minderjährigen?, JA 2021, 177; *Schreiber*, Die Vorkaufsrechte des BGB, JURA 2012, 114; *Schröter*, Probleme des Anwendungsbereichs des Verbrauchsgüterkaufrechts (§§ 474 ff. BGB), JuS 2006, 682; *Schwab*, Voraussetzungen und Wirkungen des erfolglosen Ablaufs einer Frist zur Nacherfüllung, JuS 2021, 689; *Staudenmayer*, Auf dem Weg zum digitalen Privatrecht – Verträge über digitale Inhalte, NJW 2019, 2497; *Stiegler*, Der Online-Verbrauchsgüterkauf, JA 2021, 624.

B. Tausch

Der Tausch spielt in der Rechtspraxis eine so geringe Rolle, dass man ihn in einer Einführung in das Besondere Schuldrecht eigentlich nicht erwähnen müsste; aber das BGB widmet ihm im »Titel 1« von »Abschnitt 8, Untertitel 4« immerhin einen Paragrafen: § 480 (lesen!). **143**

Der Tauschvertrag war der Vorläufer des Kaufvertrags zu Zeiten, als das Zahlungsmittel Geld noch nicht existierte. Aufgrund des Tausches werden nicht Geld und Sachen (bzw. Rechte) wechselseitig übereignet, sondern Sachen gegen Sachen ausgetauscht. Die Gesetzgeber des BGB setzen diese Kenntnis offensichtlich bei jedermann voraus; denn der Tausch wird im Gesetz nicht definiert, sondern in § 480 wird lediglich bestimmt, dass auf den Tausch die Vorschriften über den Kauf entsprechende Anwendung finden.

C. Teilzeit-Wohnrechteverträge

Das vertragstyporientierte[264] Teilzeit-Wohnrechtegesetz[265] (TzWrG) wurde im Anschluss an die Vorschriften über den Kauf (und den Tausch) als eigener »Titel 2« von »Buch 2« in das Besondere Schuldrecht integriert. Zur Begründung[266] hieß es dazu, dass die in den §§ 481–487 geregelten Teilzeit-Wohnrechteverträge ihrem Schwerpunkt nach als **Rechtskäufe** iSd § 437 aF anzusehen sind, die durch die Übertragung des betreffenden Wohnrechts und die Zahlung des Kaufpreises erfüllt werden. **144**

Teilzeit-Wohnrechteverträge sind nach der Legaldefinition des § 481 I 1 Verträge, durch die ein Unternehmer einem Verbraucher gegen Zahlung eines Gesamtpreises das Recht verschafft oder zu verschaffen verspricht, für die Dauer von mehr als einem Jahr ein Wohngebäude (oder einen Teil eines Wohngebäudes bzw. bewegliche Übernachtungsunterkünfte wie zB Hausboote, Wohnmobile, Kabinen auf Kreuzfahrtschiffen, § 481 III) mehrfach für einen bestimmten oder zu bestimmenden Zeitraum zu Übernachtungszwecken zu nutzen. Dieses »Time-Sharing« wird vor allem für Ferienwohnungen in Urlaubsgebieten in gesellschafts-, miet- oder sachenrechtlichen Konstruktionen angeboten.[267] Durch die mit Wirkung v. 23.2.2011 vom deutschen Gesetzgeber umgesetzte Timesharing-Richtlinie[268] des europäischen Gesetzgebers erfolgte die Ausweitung des Verbrauchsschutzes insbesondere auf Verträge über ein langfristiges Urlaubsprodukt (vgl. § 481a) sowie auf Vermittlungs- und Tauschsystemverträge (vgl. § 481b).

Die §§ 481–487 enthalten Vorschriften zum Schutz des Verbrauchers, auf die in diesem Grundriss allerdings nicht weiter eingegangen wird, zumal diese Thematik auch in umfangreicheren Darstellungen des Besonderen Schuldrechts nicht ausführlich behandelt wird und nicht zum juristischen Prüfungsstoff gehört.

---

264 Vgl. dazu *Wörlen/Metzler-Müller* SchuldR AT Rn. 8.

265 Gesetz über die Veräußerung von Teilnutzungsrechten an Wohngebäuden v. 20.12.1996, BGBl. 1996 I 2154.

266 BT-Drs. 14/6040, 250.

267 *Schmidt* bzw. *Aichberger* in Creifelds RechtsWB »Teilzeit-Wohnrechtevertrag«, »Time-Sharing«.

268 RL 2008/122/EG, ABl. L 33/10 v. 3.2.2009.

Im Anschluss an die »Teilzeit-Wohnrechteverträge« sind im BGB seit der Schuldrechtsreform in den §§ 488 ff. die Gelddarlehensverträge geregelt, bevor – nach den Verbraucherdarlehensverträgen (§§ 491 ff., → Rn. 239 ff.) und den Ratenlieferungsverträgen zwischen einem Unternehmer und einem Verbraucher (§§ 510 ff.) – die Vorschriften über die Schenkung (§§ 516 ff.) folgen.

Der Sachdarlehensvertrag ist weiterhin in den §§ 607 ff. geregelt, von denen früher auch das Gelddarlehen erfasst wurde. Die Gelddarlehensverträge werden daher in diesem Buch erst nach dem Sachdarlehensvertrag (→ Rn. 229 ff.) behandelt.

D. Schenkung

145 Etwas ausführlicher ist die Schenkung geregelt, die bereits in der Übersicht über die Arten der Rechtsgeschäfte[269] erwähnt wurde.

I. Voraussetzungen

Das Schenkungsrecht des BGB ist in den §§ 516–534 normiert. Wenn Sie § 516 I lesen, wissen Sie, dass die Schenkung eine **unentgeltliche Zuwendung** ist, also ohne Gegenleistung erfolgt.

■ Was schließen Sie aus der Formulierung »wenn beide Teile sich darüber einig sind«? (Überlegen Sie!)

▶ Dass es sich bei der Schenkung um einen Vertrag, nicht nur um ein einseitiges Rechtsgeschäft handelt! Ohne Annahme durch den Beschenkten kann die Schenkung nicht wirksam werden (»Vertragsfreiheit« = »Niemand darf zu seinem Glück gezwungen werden«).

■ Zwischenfrage: Handelt es sich bei § 516 I um eine »Anspruchsgrundlage«? (Nachdenken!)

▶ Aus § 516 I folgt nicht, dass der Beschenkte vom Schenker (umgekehrt sowieso nicht) etwas verlangen kann bzw. dass der Schenker zu einer Leistung[270] verpflichtet ist. § 516 besagt nur, dass eine Schenkung vollzogen ist, wenn beide Vertragspartner sich über die Unentgeltlichkeit der Vermögenszuwendung einig sind. Man nennt die in § 516 I beschriebene Schenkung auch »Handschenkung« (lat. »donatio manu«). Einen Anspruch hat der Beschenkte gegenüber dem Schenker, wenn die Schenkung noch nicht vollzogen, sondern erst versprochen wurde.

■ Aus welcher Anspruchsgrundlage folgt dieser Anspruch? (Suchen Sie die Vorschrift im Gesetz!)

▶ Obwohl die wörtliche Formulierung dieser Vorschrift nicht so eindeutig ist wie § 433 I 1, in dem es ja heißt, dass der Verkäufer zur Übereignung der Sache »verpflichtet« ist, folgt aus der Formulierung von § 518 I 1 (lesen!), dass der Beschenkte vom Schenker bei Formgültigkeit des Schenkungsvertrags die versprochene Leistung verlangen kann; denn eine Leistung in einem Vertrag zu versprechen bedeutet nichts anderes, als dass man sich dazu verpflichtet, die Leistung zu erbringen, bzw. dass der Vertragspartner diese Leistung verlangen kann.

■ Was ist der Grund dafür, dass das Schenkungsversprechen der Form einer notariellen Beurkundung bedarf, um gültig zu sein?

---

269 Vgl. *Wörlen/Metzler-Müller* SchuldR AT Übersicht 1 (Rn. 16).

270 **Vgl. § 241 I sowie § 194 I.**

- Die notarielle Beurkundung hat eine Art Warn- und Schutzfunktion und soll den Schenker, der Vermögenswerte aufgibt, ohne eine Gegenleistung dafür zu bekommen, vor übereilter Großzügigkeit schützen.

Ein Schenkungsversprechen ohne notarielle Beurkundung ist nichtig und kann dem Beschenkten keinen Anspruch geben.

- Aus welcher Vorschrift folgt die Nichtigkeit? Erinnern Sie sich an den »Allgemeinen Teil des BGB« und suchen Sie dort!
- Ihre Antwort lautet hoffentlich § 125 S. 1!

Allerdings wird dieser Formmangel geheilt, wenn das formwidrige Schenkungsversprechen vom Schenker erfüllt wird (§ 518 II – lesen!).

- An welche Vorschrift des allgemeinen Schuldrechts erinnert Sie § 518 II?
- Überlegen Sie! Antwort: Fußnote![271]

Aus dem Vergleich von § 516 und § 518 konnten Sie erkennen, dass es bei der in § 516 geregelten Handschenkung nicht um die Begründung einer Verpflichtung geht. Es wird vielmehr eine Einigung zwischen dem Zuwendenden und dem Zuwendungsempfänger über die Unentgeltlichkeit der – bereits vollzogenen oder gleichzeitig erfolgenden – Zuwendung vorausgesetzt. Aufgrund dieser Vereinbarung darf der Beschenkte die Zuwendung behalten. **146**

Beispiele: Geburtstags- und Weihnachtsgeschenke.

Dem Wortlaut des § 516 II »ohne den Willen des anderen« kann man entnehmen, dass die Zuwendung bereits vor der Einigung vollzogen werden kann. Dies kommt in den Fällen in Betracht, in denen die Zuwendung nicht unmittelbar an den Beschenkten, sondern an einen Dritten erfolgt.[272]

Beispiel:[273] Die Mutter erfährt von den Mietschulden ihres Sohnes und zahlt daraufhin den ausstehenden Betrag ohne Rücksprache mit dem Sohn unmittelbar an dessen Vermieter.

Auch in diesem Fall muss der Beschenkte das in der Vornahme der Zuwendung liegende (konkludente) Angebot des Schenkers annehmen. Nach § 516 II 1 kann ihm hierfür von dem Schenker eine angemessene Frist gesetzt werden. Sofern der Beschenkte nicht innerhalb dieser Frist die Schenkung ablehnt, gilt (= Fiktion!) die Schenkung als angenommen, der Vertrag ist also ausnahmsweise durch Schweigen zustande gekommen (vgl. § 516 II 2).

Die Handschenkung enthält also zwei Elemente, und zwar

- die schuldrechtliche Einigung über die Unentgeltlichkeit der Zuwendung sowie
- die dingliche Zuwendung.

Dabei begründet das schuldrechtliche Element keine Leistungspflicht, sondern stellt nur den rechtlichen Grund für das Behaltendürfen der Zuwendung dar.[274]

271 **An § 311b I 2.**
272 MüKoBGB/*Koch* § 516 Rn. 47.
273 Nach *Looschelders* SchuldR BT § 18 Rn. 4.
274 Jauernig/*Mansel* § 516 Rn. 2.

■ Wiederholungsfrage: Nach welchen Vorschriften richtet sich der Vollzug der Schenkung von beweglichen Sachen?

▶ Sie haben hoffentlich § 929 geantwortet!

Anders als die Handschenkung gestaltet sich die in § 518 I genannte **Vertragsschenkung** (Versprechensschenkung). Dort müssen der Schenker und der Beschenkte einen **einseitig verpflichtenden** schuldrechtlichen **Vertrag** mit dem Inhalt schließen, dass sich der Schenker verpflichtet, dem Beschenkten eine unentgeltliche Zuwendung zu machen. Die Zuwendung soll also erst nach der Einigung zwischen Schenker und Beschenktem vollzogen werden.

Beispiel: Der Vater verspricht seiner Tochter, ihr zum bestandenen Abitur ein Auto zu schenken.

Die notarielle Beurkundung soll den Schenker vor einer Übereilung schützen.[275]

Merke: § 516 regelt die sog. **Handschenkung** und setzt eine Einigung zwischen dem Schenker (= Zuwendenden) und dem Beschenkten (= Zuwendungsempfänger) über eine Unentgeltlichkeit einer bereits vollzogenen oder gleichzeitig erfolgenden Zuwendung voraus.
§ 518 I enthält die **Vertragsschenkung**, also einen einseitig verpflichtenden schuldrechtlichen Vertrag, in dem sich der Schenker verpflichtet, dem Beschenkten eine unentgeltliche Zuwendung zu machen. Nur die Willenserklärung des Schenkers (das »Versprechen«) bedarf zu ihrer Wirksamkeit der **notariellen Beurkundung**.

II. Rechtsfolgen

147 Auch beim Schenkungsvertrag besteht – wie bei den anderen Verträgen – eine Pflicht, den Vertrag zu erfüllen. Nur für den Fall, dass durch die Erfüllung der Unterhalt des Schenkers – oder der seiner kraft Gesetzes unterhaltsberechtigten Angehörigen – gefährdet wird, hat der Schenker ein aufschiebendes Leistungsverweigerungsrecht und kann die **Einrede des Notbedarfs** geltend machen (§ 519 lesen!).

Wegen der Unentgeltlichkeit der Leistung wird der Schenker auch bei der Haftung geschützt und hat **nur Vorsatz** und **grobe Fahrlässigkeit** zu vertreten (§ 521). Es handelt sich hierbei um eine **gesetzliche Haftungsmilderung** iSd § 276 I, die also immer bei der Prüfung des »Vertretenmüssens« berücksichtigt werden muss.

Auch beim **Verzug** wird der Schenker begünstigt, der – entgegen der allgemeinen Regelung des § 288 – **keine Verzugszinsen** zahlen muss (§ 522).

Für **Sach- und Rechtsmängel** haftet der Schenker aufgrund von §§ 523 f. idR nicht, denn: »Einem geschenkten Gaul schaut man nicht ins Maul«. Ausnahmen macht das Gesetz: Der Schenker haftet bei arglistigem Verschweigen eines Sach- oder Rechtsmangels (§§ 523 I, 524 I) auf das Vertrauensinteresse (§§ 523 II, 524 II). Der Beschenkte muss also so gestellt werden, als hätte der Schenker ihn über den Mangel aufgeklärt.[276]

275 BGHZ 82, 354 (359) = NJW 1982, 820.
276 *Oetker/Maultzsch* Schuldverhältnisse § 4 Rn. 36.

Hinweis: Bei einem Verbrauchervertrag über die »**Schenkung digitaler Produkte**«, bei dem der Verbraucher personenbezogene Daten bereitstellt oder sich hierzu verpflichtet (»**Bezahlen mit Daten**«)[277], sind die §§ 523, 524 gem. **§ 516a I 1** nicht anzuwenden, sondern die strengeren §§ 327 ff. Um dies nicht zu übersehen, könnten Sie in Ihrer Textsammlung § 516a I 1 neben § 523 und § 524 am Rand notieren!

III. Rückforderungsrecht des Schenkers

Da die Schenkung uneigennützig erfolgt, gibt es im Gesetz zwei Gründe, die den Schenker zur Rückforderung des Geschenkes berechtigten: **148**

§ 528 (lesen): Stellt sich heraus, dass der Schenker aufgrund der Schenkung derart verarmt ist, dass er nicht (einmal) mehr seinen eigenen angemessenen Unterhalt bezahlen bzw. seinen gesetzlichen Unterhaltspflichten nachkommen kann, kann er das Geschenkte nach Bereicherungsrecht (§§ 818 ff., → Rn. 388 ff.) ganz oder teilweise zurückfordern; es handelt sich hierbei um eine **Rechtsfolgenverweisung**[278] (→ Rn. 11). Die Tatbestandsvoraussetzungen der §§ 812 ff. müssen also nicht geprüft werden. Wenn die Herausgabe des Geschenks in natura nicht möglich ist, muss der Beschenkte nach § 818 II Wertersatz leisten. Allerdings kann er sich gem. § 818 III auf den Wegfall der Bereicherung berufen, wenn er in Bezug auf die Bedürftigkeit des Schenkers nicht bösgläubig war (vgl. §§ 819, 818 IV).[279] Es ist unerheblich, ob der Notbedarf vor oder nach der Vollziehung der Schenkung entstanden ist.[280]

Der Rückforderungsanspruch ist unter anderem ausgeschlossen,

- wenn der Beschenkte den für den Unterhalt erforderlichen Betrag zahlt (§ 528 I 2),
- wenn der Schenker seine Bedürftigkeit vorsätzlich oder durch grobe Fahrlässigkeit herbeigeführt hat (§ 529 I, 1. Var.),
- wenn zur Zeit des Eintritts der Bedürftigkeit des Schenkers seit der Leistung des geschenkten Gegenstandes zehn Jahre verstrichen sind (§ 529 I, 2. Var.),
- wenn es sich um Pflicht- oder Anstandsschenkungen handelt (§ 534).

Da es sich bei § 519 um eine **Einrede**[281] handelt, hat der Beschenkte die Wahl, ob er diese erhebt oder nicht.

Beachte: In den vergangenen Jahren hat die Rückforderung wegen Bedürftigkeit des Schenkers nach § 528 eine erhebliche praktische Bedeutung erlangt. Wenn eine Person zB wegen **Pflegebedürftigkeit Sozialhilfeleistungen** nach den §§ 61 ff. SGB XII erhält, kann der Sozialhilfeträger etwaige Rückforderungsansprüche gegen den Beschenkten nach § 93 I SGB XII auf sich überleiten und geltend machen.

§ 530 (lesen!): Sofern sich der Beschenkte durch eine schwere Verfehlung gegen den Schenker oder dessen nahe Angehörige wegen **groben Undanks** (zB durch körperliche Misshandlung oder gar Bedrohung des Lebens des Schenkers) schuldig macht, kann der Schenker die Schenkung widerrufen. § 531 II enthält für den Fall des Wider-

277 S. dazu die RegBegr v. 17.3.2021, BT-Drs. 19/27653, 38, 81.
278 Palandt/*Weidenkaff* § 528 Rn. 6; MüKoBGB/*Koch* § 528 Rn. 5; Erman/*Herrmann* § 528 Rn. 3.
279 Näheres hierzu unter → Rn. 388 ff.
280 BGH NJW 2007, 60.
281 BeckOK BGB/*Gehrlein* § 528 Rn. 1; Palandt/*Weidenkaff* § 529 Rn. 1.

rufs eine **Rechtsgrundverweisung** auf das Bereicherungsrecht.[282] Es sind also auch die Voraussetzungen der §§ 812 ff. und nicht nur deren Rechtsfolgen zu prüfen.

Einen Ausschluss des Widerrufsrechts enthalten die §§ 532 ff.

»Geschenkt ist geschenkt, wiederholen ist gestohlen« hat also nur bedingte Geltung.

IV. Sonderformen der Schenkung

149 Gemäß § 525 (lesen) kann eine **Schenkung unter** einer **Auflage** erfolgen. Dabei handelt es sich um die einer Schenkung hinzugefügte Bestimmung, dass der Empfänger zu einer Leistung verpflichtet sein soll. Da dies eine Nebenbestimmung ist, wird allerdings aus der Schenkung durch die Auflage nicht etwa ein »gegenseitiger Vertrag«[283]. Eine Auflage kann sowohl im Interesse des Schenkers, des Beschenkten als auch eines Dritten liegen.

> **Beispiel:** Der reiche Onkel aus Amerika schenkt einer Nichte ein Grundstück samt Haus mit der Auflage, dass diese an die beiden Neffen je 10.000 EUR zahlen soll.
> Wird diese Auflage (der durch die Auflage Begünstigte hat übrigens keinen direkten Anspruch gegen den Beschwerten!) nicht erfüllt, kann der Schenker den geschenkten Gegenstand zurückfordern (§ 527).

Eine sog. **gemischte Schenkung** liegt vor, wenn der »Beschenkte« eine Leistung aus seinem Vermögen zu erbringen hat.

> **Beispiel:**[284] Die Mutter verkauft ihrer Tochter ein Hausgrundstück, das 500.00 EUR wert ist, für 300.000 EUR. Beide Parteien sind sich darüber einig, dass die 200.000 EUR der T unentgeltlich zugewendet werden sollen.

Bei der Abgrenzung, ob eine gemischte Schenkung oder ein »Kauf zum Freundschaftspreis« vorliegt, ist auf den Parteiwillen abzustellen. Die Parteien müssen sich also einig sein, dass ein Teil der Leistung unentgeltlich erfolgt.[285] Die Einordnung der gemischten Schenkung ist umstritten.[286]

---

282 BeckOK BGB/*Gehrlein* § 531 Rn. 2; Palandt/*Weidenkaff* § 531 Rn. 1.
283 Vgl. *Wörlen/Metzler-Müller* SchuldR AT Rn. 11–13.
284 Nach *Looschelders* SchuldR BT § 18 Rn. 27.
285 BGH NJW-RR 1996, 754 (755).
286 Wenn Sie mehr darüber erfahren wollen: *Looschelders* SchuldR BT § 18 Rn. 28 f. lesen.

Einen kurzen Überblick über das Schenkungsrecht gibt die folgende

Übersicht 7

Schenkung (§§ 516–534) 150

Arten

Handschenkung
§ 516
vollzogene unentgeltliche Vermögenszuwendung (Fehlen von Gegenleistung)
Einigsein beider Vertragsteile

Vertragsschenkung
§ 518 I
einseitig verpflichtender schuldrechtlicher Vertrag

- Notarielle Beurkundung von Schenkungsversprechen
  bei Formmangel: § 125 S. 1
  § 518 I = Anspruchsgrundlage
- Heilung von Formmangel durch Vollzug der Schenkung, § 518 II

Schenkung unter Auflage
§ 525 I
Auflage = Nebenbestimmung
bei Nichtvollziehung der Auflage: Rückforderung, § 527

Rechtsfolgen

- Erfüllungsanspruch des Beschenkten, es sei denn: Einrede des Notbedarfs, § 519
- Eingeschränkte Haftung des Schenkers für Leistungsstörungen, §§ 521–524
- Rückforderung wegen Verarmung des Schenkers, § 528 (gegebenenfalls Ausschluss nach §§ 528 I 2, 529, 534)
- Widerruf der Schenkung wegen groben Undanks des Beschenkten, § 530 (Ausschluss: §§ 532–534)

Literatur zur Vertiefung (→ Rn. 143–150): *Alpmann und Schmidt* SchuldR BT 1, Rn. 257; BT 2, 2. Teil; *Brox/Walker* SchuldR BT §§ 8 f.; *Fikentscher/Heinemann* SchuldR § 76; *Hirsch* SchuldR BT § 9 Rn. 344 ff. und § 10; *Looschelders* SchuldR BT §§ 16–18; *Medicus/Lorenz* SchuldR BT §§ 20, 21; *Oetker/Maultzsch* Schuldverhältnisse § 2 Rn. 598–616; *Reinkenhoff*, Einführung in die Rechtsprobleme des time-sharing und das neue Teilzeit-Wohnrechtegesetz, JURA 1998, 561; *Schade/Graewe* WirtschaftsPrivR Rn. 317 f.; *Schlinker*, Sachmängelhaftung bei gemischter Schenkung, AcP 206 (2006), 28; *Schreiber*, Grundlagen des Schenkungsrechts, JURA 2013, 361.

2. Kapitel. Gebrauchsüberlassungsverträge

A. Mietvertrag

151 Das Mietrecht ist im Anschluss an das Schenkungsrecht unter Titel 5 »Mietvertrag – Pachtvertrag« in Buch 2 in den §§ 535–580a geregelt und in der Rechtspraxis von weitaus größerer Bedeutung als Letzteres.

I. Vorbemerkungen

1. Begriff des Mietvertrages

Für den Mietvertrag ist die zeitweilige Überlassung einer Sache gegen Entrichtung der vereinbarten Miete (§ 535) kennzeichnend. Es handelt sich folglich um einen gegenseitigen Vertrag iSd §§ 320 ff. Anders als beim Kauf- oder Werkvertrag geht es nicht nur um den einmaligen Austausch von Leistungen. Die vertraglichen Pflichten bestehen über einen längeren Zeitraum; deshalb handelt es sich um ein Dauerschuldverhältnis.

2. Neuere Entwicklungen

152 Durch das »Gesetz über die energetische Modernisierung von vermietetem Wohnraum und über die vereinfachte Durchsetzung von Räumungstiteln (Mietrechtsänderungsgesetz – MietRÄndG)« vom 11.3.2013[287] wurde das Wohnraummietrecht modernisiert. Es betraf insbesondere

- die energetische Modernisierung von Wohnraum,
- die Bekämpfung des sog. Mietnomadentums,
- den Kündigungsschutz bei der Umwandlung von Miet- in Eigentumswohnungen[288] und
- die Absenkung der Kappungsgrenze für Mieterhöhungen bis zur ortsüblichen Vergleichsmiete.[289]

Mit dem »Gesetz zur Dämpfung des Mietanstiegs auf angespannten Wohnungsmärkten und zur Stärkung des Bestellerprinzips bei der Wohnungsvermittlung (Mietrechtsnovellierungsgesetz – MietNovG)« vom 21.4.2015[290] wurde die sog. »**Mietpreisbremse**« eingeführt. Mit ihr sollte auf angespannten Wohnungsmärkten eine angemessene Versorgung mit Wohnraum auch für Bezieher geringer und mittlerer Einkommen gesichert werden. Hierzu wurden die §§ 556d–556g neu ins BGB aufgenommen. Kernvorschrift ist § 556d. Danach darf bei Abschluss eines Mietvertrages über Wohnraum in einem zuvor durch Rechtsverordnung bestimmten Gebiet mit angespanntem Wohnungsmarkt bis längstens zum 31.12.2025[291] die Miete bei Mietbeginn die ortsübliche Vergleichsmiete höchstens um 10% übersteigen.

287 BGBl. 2013 I 434.

288 Unterbindung des sog »Münchener Modells«, s. dazu die Begründung des Gesetzesentwurfs v. 15.8.2012, BT-Drs. 17/10485, 16.

289 Bei Interesse: Begründung des Gesetzesentwurfs v. 15.8.2012, BT-Drs. 17/10485, 13 ff. lesen.

290 BGBl. 2015 I 610. Zu dem ebenfalls durch das Gesetz eingeführten **Bestellerprinzip** bei der **Maklercourtage** (§ 2 Ia WoVermRG) → **Rn. 335**.

291 S. § 556d II 1, 4.

Hinweis: Die Mietpreisbremse betrifft nicht die Erstvermietung von Neubauten sowie nach umfassender Modernisierung. Notieren Sie deshalb § 556f neben § 556d! Weitere Ausnahmen regelt § 549 II, III, den Sie hier ebenfalls vermerken könnten.

Vereinbarungen, die von den §§ 556d–556g zum Nachteil des Mieters abweichen, sind unwirksam (§ 556g I 1). Für die Vereinbarung der Miethöhe gilt allerdings eine Sonderregel. Nach dieser ist nur der Teil der Miete unwirksam, der die zulässige Miete – 110% der ortsüblichen Vergleichsmiete – übersteigt (§ 556g I 2). Dies kann insbesondere in den Fällen Bedeutung erlangen, in denen der Vermieter gegen den Mieter auf Zahlung rückständiger Mieten klagt oder eine außerordentliche Kündigung wegen Zahlungsverzug ausspricht.

Nach § 556g I 3 steht dem Mieter gegen den Vermieter wegen überzahlter Mieten ein Rückforderungsrecht nach Bereicherungsgrundsätzen zu. Der Rückforderungsanspruch entsteht allerdings erst, wenn der Mieter einen Verstoß gegen die Vorschriften der §§ 556d–556g gegenüber dem Vermieter rügt. Die Rüge ist Anspruchsvoraussetzung. Der Vermieter muss dem Mieter gem. § 556g II 1 grundsätzlich nur die Überzahlungen der Mieten zurückzahlen, die nach Zugang der Rüge fällig geworden sind.[292]

Weil die Mietpreisbremse nicht zu den gewünschten Verbesserungen für Bezieher geringer und mittlerer Einkommen führte, wurde sie mit Wirkung zum 1.1.2019 durch das Mietrechtsanpassungsgesetz vom 16.12.2018[293] verschärft. Durch **vorvertragliche Auskunftsverpflichtungen** des Vermieters gem. § 556g Ia sollen Mieter nun bereits bei Begründung des Mietverhältnisses erfahren können, ob Vermieter sich auf eine über der zulässigen Miethöhe bei Mietbeginn liegende Vormiete berufen bzw. später berufen können.[294] Zur Verfassungsgemäßheit der »Mietpreisbremse« sowie des »Berliner Mietendeckels« s. → **Rn. 186a**. **152a**

Zur Abmilderung der Folgen der **COVID-19-Pandemie** durfte ein Mietverhältnis über **Grundstücke** oder über **Räume** allein wegen pandemiebedingter Nichtzahlung der Miete nach Art. 240 § 2 I, IV EGBGB[295] in der Zeit vom 1.4. bis 30.6.2020 weder ordentlich noch außerordentlich gekündigt werden. Die in dieser Zeitspanne aufgelaufenen Zahlungsrückstände müssen bis zum 30.6.2022 ausgeglichen werden. Geschieht dies nicht, kann auch wegen dieser Nichtzahlung gekündigt werden.[296] Eine Störung der Geschäftsgrundlage wird gem. Art. 240 § 7 I EGBGB vermutet, wenn vermietete Grundstücke oder vermietete Räume, die keine Wohnräume sind (also insbesondere Ladenlokale), infolge staatlicher Maßnahmen zur Bekämpfung der COVID-19-Pandemie (zB staatlich verordnete Schließungen von Einzelhandelsgeschäften) für den Betrieb des Mieters nicht oder nur mit erheblicher Einschränkung verwendbar sind.[297]

292 Bei Interesse die Gesetzesbegründung BT-Drs. 18/3121 16 ff. lesen.

293 BGBl. 2018 I 2648.

294 S. dazu *Brox/Walker* SchuldR BT § 10 Rn. 9c, § 11 Rn. 24b.

295 S. **dtv-BGB, Nr. 2**.

296 Eingeführt durch Art. 5 des Gesetzes zur Abmilderung der Folgen der COVID-19-Pandemie im Zivil-, Insolvenz- und Strafverfahrensrecht v. 27.3.2020, BGBl. 2020 I 569, 572.

297 Eingeführt durch Art. 11 des Gesetzes zur weiteren Verkürzung des Restschuldbefreiungsverfahrens und zur Anpassung pandemiebedingter Vorschriften im Gesellschafts-, Genossenschafts-, Vereins- und Stiftungsrecht sowie im Miet- und Pachtrecht v. 22.12.2020, BGBl. 2020 I 3328.

152b Mit dem **Klimaschutzgesetz 2021**[298] wurden die nationalen Klimaschutzziele angehoben, was mit einem steigenden nationalen CO2-Preis und damit auch steigenden Heizkosten einher geht. Ursprünglich war geplant, dass diese zusätzlichen Heizkosten zur Hälfte von den Vermietern getragen werden müssen,[299] was jedoch letztlich nicht Gesetz wurde.

Nach den Änderungen durch das »Gesetz zur Umsetzung der Richtlinie über bestimmte vertragsrechtliche Aspekte der Bereitstellung digitaler Inhalte und digitaler Dienstleistungen« vom 25.6.2021[300] sind die Vorschriften über die Miete von Sachen auf die **Miete digitaler Produkte** ab dem 1.1.2022 entsprechend anzuwenden (s. §§ 548a, 578b nF).[301]

3. Systematik des Mietrechts

153 Der Aufbau der Regeln über das Mietverhältnis orientiert sich an der im BGB gängigen Vorgehensweise. Das Mietrecht ist in drei Teile gegliedert:

- Zunächst wird ein allgemeiner Teil vorangestellt: Untertitel 1 enthält »**Allgemeine Vorschriften für Mietverhältnisse**« mit Inhalt und Hauptpflichten des Mietvertrags, Gewährleistung, Untervermietung, Vorschriften über das Ende des Mietverhältnisses und die Rückgabepflicht des Mieters als **Kernpunkte des Mietrechts.**[302] Diese Regelungen gelten unabhängig von der Art der Mietsache für alle möglichen Mietverhältnisse und werden von den §§ 535–548a umfasst.
- Untertitel 2 betrifft »**Mietverhältnisse über Wohnraum**« (§§ 549–577a).
- In Untertitel 3 (§§ 578–580a) für »**Mietverhältnisse über andere Sachen und digitale Produkte**« (= Grundstücke sowie Räume, die keine Wohnräume sind, bewegliche Sachen und eingetragene Schiffe sowie ab dem 1.1.2022 auch sämtliche digitalen Produkte[303]) wird weitgehend auf die Vorschriften der Untertitel 1 und 2 Bezug genommen, was die Kürze von Untertitel 3 erklärt.
- Die Untertitel 4 (§§ 581–584b) und 5 (§§ 585–597) enthalten Sonderregelungen für den Pachtvertrag und den Landpachtvertrag.

Angesichts der Flut von Paragrafenverweisungen wird der vom Gesetzgeber beabsichtigte »klare Aufbau« allerdings recht unübersichtlich!

4. Abgrenzungen

154 Von anderen Gebrauchsüberlassungsverträgen unterscheidet sich der Mietvertrag wie folgt:

---

298 V. 18.8.2021, BGBl. 2021 I 3905.

299 Vgl. BMU, Pressemeldung zum Klimapakt Deutschland v. 12.5.2021, www.bmu.de/fileadmin/Daten_BMU/Download_PDF/Klimaschutz/klimapakt_deutschland_bf.pdf (zuletzt abgerufen am 7.10.2021).

300 BGBl. 2021 I 2123.

301 S. zum Ganzen die RegBegr v. 17.3.2021, BT-Drs. 19/27653.

302 NK-BGB/*Klein-Blenkers* § 535 Rn. 1.

303 Eingeführt durch das Gesetz zur Umsetzung der Richtlinie über bestimmte vertragsrechtliche Aspekte der Bereitstellung digitaler Inhalte und digitaler Dienstleistungen vom 25.6.2021, BGBl. 2021 I 2123. S. dazu die RegBegr v. 17.3.2021, BT-Drs. 19/27653.

Der Pachtvertrag (§§ 581 ff.) umfasst – im Gegensatz zum Mietvertrag – nicht nur die Verpflichtung des Verpächters, dem Pächter den Gebrauch des verpachteten Gegenstandes zu gewähren; der Verpächter muss ihm auch den Genuss der Früchte (§ 99) gestatten. Außerdem können nicht nur Sachen und digitale Produkte, sondern auch alle anderen Rechte (Oberbegriff = Gegenstand)[304] Vertragsinhalt sein.

Beim Leihvertrag (§§ 598 ff.) wird die Sache unentgeltlich überlassen.

Der Mietvertrag unterscheidet sich vom Sachdarlehensvertrag (§§ 607 ff.) dadurch, **155**
dass der Vermieter Eigentümer des Vertragsgegenstandes bleibt; dem Vertragspartner wird nur der Besitz eingeräumt. Der Darlehensnehmer hingegen muss dem Darlehensgeber nur Sachen von gleicher Art, Güte und Menge zurückerstatten.

Beim Verwahrungsvertrag (§§ 688 ff.) ist der Verwahrer zur Aufbewahrung der Sache **156**
verpflichtet; der Mieter hingegen kann die vermietete Sache gebrauchen.

II. Wesen und Inhalt des Mietvertrags

»Inhalt und Hauptpflichten des Mietvertrags«, so die amtliche Überschrift,[305] be- **157**
schreibt § 535 (lesen!).

Inhalt bzw. Wesen des Mietvertrags liegen demnach darin, dass der Vermieter sich verpflichtet, dem Mieter die **Mietsache zum vertragsgemäßen** Gebrauch während der Mietzeit zu überlassen und in dem zum vertragsgemäßen Gebrauch geeigneten Zustand zu erhalten. Dabei hat der Vermieter grundsätzlich die auf der Mietsache ruhenden Lasten zu tragen.

Die Leistungsverpflichtung des Mieters besteht darin, dass er dem Vermieter die vereinbarte **Miete** zu »entrichten«, also zu zahlen, hat.

Der Vermieter überlässt die Mietsache dem Mieter somit nur, **damit** und **weil** dieser dafür die Miete bezahlt. Und der Mieter bezahlt die Miete nur, **weil** und **damit** er von der Mietsache Gebrauch machen kann. Das sind demnach die **Hauptpflichten der Vertragsparteien**, auf die sogleich noch näher einzugehen ist.

■ Um was für eine Art von Vertrag in Bezug auf das Leistungsverhältnis handelt es sich?

▶ Der Mietvertrag ist ebenso wie der Kaufvertrag ein gegenseitiger Vertrag!

■ Welche Vorschriften gelten demnach, wenn es zu Störungen des Mietvertrags kommt?

▶ Sofern nicht besondere Vorschriften des Mietrechts eingreifen, gelten neben den §§ 275 ff. auch die §§ 320 ff.

304 S. hierzu *Wörlen/Metzler-Müller* BGB AT Rn. 95 ff.

305 Das BGB wurde durch das Schuldrechtsmodernisierungsgesetz mit Wirkung v. 1.1.2002 erstmals mit **amtlichen** (also **verbindlichen**!) Paragrafenüberschriften versehen. Vorher konnten die Herausgeber der Gesetzessammlungen die Überschriften der einzelnen Paragrafen selbst formulieren.

III. Zustandekommen des Mietvertrags

1. Überblick

158 Wie jeder Vertragsschluss setzt auch der Mietvertrag ein Zustandekommen nach den allgemeinen Vorschriften der §§ 145 ff., also Angebot und Annahme, voraus. Mit anderen Worten: Die Vertragsparteien müssen sich über den Vertragsschluss und den Inhalt des Vertrags einig sein. Dabei gilt für den Mietvertrag selbstverständlich auch der Grundsatz der Vertragsfreiheit (vgl. § 311 I),[306] dh, die mietrechtlichen Vorschriften des BGB, insbesondere die Grundvorschrift des § 535 (Inhalt und Hauptpflichten des Mietvertrags), beschreiben den Regeltyp des Mietvertrags und greifen immer nur ein, wenn die Vertragsparteien eine besondere Vereinbarung über bestimmte wesentliche Punkte nicht getroffen haben.

■ Lesen Sie § 535 I 2 – und überlegen, wer in der von Ihnen gemieteten Wohnung die Wände streichen muss!

▶ Aufgrund der Formulierung »Der Vermieter hat die Mietsache während der Mietzeit in dem vertragsgemäßen Zustand zu erhalten« ist es eigentlich Aufgabe des (Ihres) Vermieters!

■ Macht er das bei Ihnen? Warum wohl nicht?

▶ Weil wegen der auch im Mietrecht geltenden Vertragsfreiheit die sog. Schönheitsreparaturen (→ Rn. 170, → Rn. 187 f.), zu denen auch das Streichen der Wände zählt, durch mietvertragliche Vereinbarung auf den Mieter übertragen werden. Die Regelung des § 535 I 2 ist dispositiv.

Zum Schutze des Wohnraum-Mieters enthält das BGB allerdings eine Anzahl von Regelungen, die nicht zum Nachteil des Mieters abgeändert werden können. Hierbei handelt es sich um zwingendes Recht.[307]

Der Vermieter hat beim Abschluss des Mietvertrages auch die Vorgaben des **AGG** zu beachten. Eine Einschränkung der Vertragsfreiheit folgt aus den §§ 1, 2 I Nr. 8 AGG. Danach darf niemand in Bezug auf den Zugang zu Wohnraum aus Gründen der Rasse oder wegen der ethnischen Herkunft, des Geschlechts, der Religion oder Weltanschauung, einer Behinderung, des Alters oder der sexuellen Identität benachteiligt werden.

Gemäß § 19 I Nr. 1 und V 3 AGG gelten diese Benachteiligungsverbote vor allem bei sog. »Massengeschäften«, welche die Vermietung von Wohnraum zum nicht nur vorübergehenden Gebrauch betreffen, wenn insgesamt **mehr als 50 Wohnungen** vermietet werden. Ansonsten gelten für (Klein-)Vermieter nur die Benachteiligungsverbote »Rasse« oder »ethnische Herkunft« (§ 19 II AGG). Führt das Mietverhältnis zu einer besonderen Nähe zwischen den Parteien oder deren Angehörigen, so bestehen keine gesetzlichen Schranken (vgl. § 19 V 1 AGG). Eine solche Nähe wird vermutet, wenn die Parteien bzw. die Angehörigen auf demselben Grundstück wohnen bzw. wohnen würden (§ 19 V 2 AGG). Eine einheitliche Deutung des Angehörigenbegriffs existiert im deutschen Recht nicht. Sie muss sich am jeweiligen Zweck des Gesetzes orientieren. Für das AGG erfasst der Begriff des Angehörigen Mitglieder des engeren Familienkreises, nämlich Eltern, Kinder, Ehe- und Lebenspartner und

306 Dazu *Wörlen/Metzler-Müller* SchuldR AT Rn. 17 ff.
307 Vgl. *Wörlen/Metzler-Müller* BGB AT Rn. 314.

Geschwister.[308] Er stimmt im Wesentlichen mit dem Begriff der engen Familienangehörigen iSd § 573 II Nr. 2 überein.

Weitere Ausnahmen, dh eine zulässige unterschiedliche Behandlung (außer wegen »Rasse« und »ethnischer Herkunft«), sind in § 20 AGG geregelt.

Wenn der Vermieter gegen die Benachteiligungsverbote des AGG verstößt, kann der Mieter

- einen Anspruch auf Vermietung als Beseitigungsanspruch (§ 21 I AGG),
- einen Anspruch auf Schadensersatz im Fall des Vertretenmüssens (§ 21 II 1 AGG) sowie
- ein »Schmerzensgeld« nach § 21 II 3 AGG

geltend machen.

> **Beispiel:**[309] Wenn Brautleuten, bei denen es sich um ein homosexuelles Paar handelt, die Vermietung einer Villa für die Hochzeitsfeier verweigert wird, steht diesen ein Entschädigungsanspruch gem. § 21 II 1, III AGG wegen Verstoßes gegen das Benachteiligungsverbot zu. Denn es liegt eine sachlich nicht gerechtfertigte Diskriminierung aufgrund der sexuellen Identität vor.

Zunächst bleiben wir bei § 535, aus dem wir entnehmen können, über welche wesentlichen Punkte Einigkeit bestehen muss, damit Angebot und Annahme zu einem wirksamen Mietvertrag führen. **159**

Grundsätzlich bedürfen Mietverträge keiner besonderen Form, dh, sie können mündlich oder schriftlich abgeschlossen werden. Zu beachten sind indessen die §§ 550 und 578 (in dieser Reihenfolge lesen!): Danach ist für Mietverträge über Wohnräume (§ 550 S. 1) sowie über Grundstücke und Räume, die keine Wohnräume sind (§ 578), die für längere Zeit als ein Jahr abgeschlossen werden, die **Schriftform** erforderlich. Allerdings führt der Verstoß gegen dieses Formerfordernis – entgegen der allgemeinen Vorschrift des § 125 S. 1 – **nicht** zur **Nichtigkeit** des Vertrags, sondern hat gem. § 550 S. 1 zur Folge, dass der voll wirksame Vertrag als auf unbestimmte Zeit geschlossen gilt (es ist also nur die Mietzeitabrede unwirksam) und frühestens zum Ablauf des ersten Vertragsjahres unter Einhaltung der Kündigungsfristen des § 573c gekündigt werden kann (§ 550 S. 2).

Bei allen Mietverträgen sollten Vermieter und Mieter daher aus Gründen der Beweissicherheit tunlichst einen schriftlichen Vertrag vorziehen. In der Praxis ist der schriftliche Mietvertrag über Wohnräume, häufig in Form eines vorgedruckten »Mietvertrag(s) über Wohnungen«, der Regelfall. Ein Muster eines solchen »Mietvertragsformulars« finden Sie im Anschluss an Übersicht 9 zum Mietrecht am Ende dieses Abschnitts (→ Rn. 213). Dabei muss der Vertrag von beiden Vertragsparteien unterschrieben werden und den gesamten Vertragsinhalt wiedergeben. Schriftliche Einzelabreden genügen nicht.

2. Gegenstand des Mietvertrags

Gegenstand des Mietvertrags (Mietsache) können Sachen jeglicher Art sein. Abgesehen von digitalen Produkten (§ 548a) können Rechte, die man zwar gem. § 453 kaufen **160**

308 Hierzu MüKoBGB/*Thüsing* AGG § 19 Rn. 109 mwN.
309 Nach LG Köln NJW 2016, 510.

und verkaufen kann, nicht ge- oder vermietet werden.[310] Vom Begriff der Sache (wo im BGB definiert?[311]) werden bewegliche und unbewegliche Sachen umfasst. Im Einzelnen kommen nahezu alle beweglichen Sachen in Betracht: Bücher, Fahrräder, E-Scooter, Autos, Kleidungsstücke, Reitpferde (als Mietobjekte sind Pferde – trotz § 90a – wie Sachen einzuordnen!) und anderes, für dessen Benutzung man ein Entgelt entrichtet; auch ein »Leihwagen« wird nicht etwa »geliehen«, sondern gemietet.

■ Worin besteht die Gemeinsamkeit und worin der Unterschied von Mietvertrag und Leihvertrag (lesen Sie zum Vergleich § 535 und § 598[312])?

▶ Gemeinsam ist beiden Verträgen die Gebrauchsüberlassung einer Sache; beim Mietvertrag geschieht dies entgeltlich, beim Leihvertrag unentgeltlich. Auch ein (im Volks-, aber auch bisweilen Juristenmund) sog. »Leihwagen« ist in der Regel ein Mietwagen.

Unbewegliche Sachen, die vermietet werden können, sind in erster Linie Grundstücke, Häuser, Wohnungen und sonstige Gegenstände.

■ Können Sie noch weitere Beispiele für unbewegliche Mietsachen nennen? (Lassen Sie Ihre Phantasie spielen!)

▶ ZB: Reklametafeln, Wandflächen, Schließfächer oder ein Stellplatz in einer Tiefgarage. Nicht erforderlich ist, dass es sich bei der Mietsache um eine selbstständige Sache handelt. Auch Teile von Sachen können Gegenstand eines Mietvertrags sein.

3. Miete

161 Es können alle zulässigen Mietstrukturen vereinbart werden. Mit Blick auf die Bestandteile der Nebenkosten kommen in Betracht:[313]

- **Nettokaltmiete** (Grundmiete),
- **Teilinklusivmiete** (Grundmiete und ein Teil der kalten Betriebskosten – dazu gehören alle Betriebskosten, die nicht Heizung und Warmwasser betreffen, also die Kosten für Grundsteuer, Wasser, Abwasser, Aufzug, Straßenreinigung, Müllbeseitigung, Gebäudereinigung, Gartenpflege, Allgemeinstrom, Schornsteinreinigung, Versicherung, Hauswart, Antenne/Kabel),
- **Teilinklusivwarmmiete** (Grundmiete, Heizkosten und ein Teil der kalten Betriebskosten),
- **Bruttokaltmiete** (Grundmiete und Betriebskosten, wobei Heizkosten gesondert ausgewiesen werden) und
- **Bruttowarm- bzw. Inklusivmiete** (Grundmiete, warme und kalte Betriebskosten).

162 Der Umlageumfang richtet sich nach der Vereinbarung, solange nicht gesetzliche Vorschriften bestehen. So sind bei preisfreiem und gemäß Wohnraumförderungsgesetz gefördertem Wohnraum für die Betriebskosten stets § 556 I und § 556a I in Verbindung mit der Betriebskostenverordnung zu beachten.

310 Auf einem Datenträger verkörperte Standardsoftware ist als bewegliche Sache anzusehen, s. BGH NJW 2007, 2394. Mit Wirkung zum 1.1.2022 sind gem. **§ 548a** die Vorschriften über die Miete von Sachen auf die **Miete** aller **digitaler Produkte** entsprechend anzuwenden (mit Modifikationen im ebenfalls neuen **§ 578b**), s. dazu die RegBegr v. 17.3.2021, BT-Drs. 19/27653.

311 **In § 90!**

312 Dazu näher → Rn. 220.

313 Ausführlich in NK-BGB/*Frommeyer* § 556 Rn. 2.

Die Parteien können die Pflicht zur Entrichtung der Miete im Rahmen der Vertragsfreiheit ausgestalten. Sie können zB vereinbaren, dass der Mieter nicht Geld, sondern Sachen leistet oder Dienstleistungen (etwa als Hausmeister) erbringt.[314] Die Miete kann einmalig oder in wiederkehrenden Zeitabständen entrichtet werden. 163

Sofern die Vertragsparteien, was in der Praxis sehr selten ist, keine in der Höhe ausdrücklich bestimmte Miete festgesetzt haben, ist § 315 I (lesen!) anzuwenden: Daraus folgt, dass eine angemessene Miete als vereinbart gilt. Im Streitfall hat das Gericht darüber zu befinden, dh eine angemessene Miete festzusetzen. Ist die »angemessene« oder »ortsübliche Miete« vereinbart, ist diese vom Gericht in ergänzender Vertragsauslegung oder entsprechend §§ 612 II, 632 II zu bestimmen.[315]

4. Parteien des Mietvertrags

In den meisten Fällen wird über die Vertragsparteien, dh über die Person des Vermieters und des Mieters, Klarheit bestehen. Sofern es sich beim Mietobjekt um Wohnraum handelt, treten auf der Mieterseite häufig mehrere Personen (Eheleute, Familie mit Kindern) auf. Bei Ehepartnern ist es heutzutage die Regel, dass beide den Mietvertrag als Mieter unterschreiben. Dies hat für beide Vertragsparteien Vor- und Nachteile: Die Ehepartner als Mieter erlangen gemeinsam »Besitz« an der Wohnung und können beide die Rechte des Mieters gegen den Vermieter geltend machen. Andererseits haften sie dem Vermieter auch gemeinsam für die Erfüllung der Pflichten aus dem Mietvertrag. Nichts anderes gilt für in »eheähnlicher Gemeinschaft« lebende Mieter oder »sonstige Personenmehrheiten von Mietern«, wie zB Wohngemeinschaften. 164

Sofern nur ein Ehepartner (oder ein Partner der sonstigen Personengemeinschaften) den Vertrag unterschreibt, wird der andere Mitbesitzer und hat ein Mitbenutzungsrecht. Die Rechtsprechung hat dies im Hinblick auf § 540 I (lesen!) klargestellt: Wenn der vertragsgemäße Gebrauch der Sache durch den Mieter zwangsläufig oder typischerweise eine Mitbenutzung durch andere Personen (Ehe- oder Lebenspartner, Familienmitglied, Hauspersonal, Eltern, Austauschschüler, Au-pair) mit sich bringt, ist diese Mitbenutzung auch ohne Erlaubnis des Vermieters zulässig, da solche Personen nicht als »Dritte« iSv § 540 I anzusehen sind.[316]

Stirbt der Mieter, treten seine Erben in das Mietverhältnis ein; sowohl der Erbe als auch der Vermieter sind allerdings berechtigt, fristgerecht zu kündigen (§ 580 – lesen!). Stirbt der Vermieter, wird das Mietverhältnis mit dem (oder den) Erben fortgesetzt. 165

Falls der Vermieter vermieteten Wohnraum an einen Dritten veräußert (verkauft und übereignet!), tritt der Erwerber an die Stelle des Vermieters. »Kauf bricht nicht Miete« = § 566 I – lesen! Der Erwerber ist als neuer Vermieter grundsätzlich gleichermaßen an den Mietvertrag gebunden. Die Rechtslage bezüglich der Mietsache bleibt die gleiche: Der Vermieter ist Eigentümer der Mietsache, der Mieter Besitzer (vgl. § 985 und § 986 I, die im »Sachenrecht«[317] vertieft werden).

314 Palandt/*Weidenkaff* § 535 Rn. 71 mwN.
315 Palandt/*Weidenkaff* § 535 Rn. 74; Schmidt-Futterer/*Blank* Vorbem. zu § 535 Rn. 14.
316 Palandt/*Weidenkaff* § 540 Rn. 5 mwN; MüKoBGB/*Bieber* § 540 Rn. 5 mwN.
317 *Wörlen/Kokemoor* SachenR Rn. 68 ff.

IV. Rechte und Pflichten der Vertragsparteien

166 In den meisten Kurzlehrbüchern und Grundrissen ist in den Untertiteln nur von den **Pflichten** des Vermieters und den **Pflichten** des Mieters die Rede. Die **Rechte** werden selten gesondert in Überschriften erwähnt. Das ist nicht inkonsequent, sondern folgt aus dem Rechtscharakter des Mietvertrags als typischem gegenseitigen Vertrag: Aus den Pflichten einer Partei folgen natürlicherweise die Rechte der anderen Partei! Im Hinblick auf das Gegenseitigkeitsverhältnis der Pflichten der Vertragspartner ist wieder zu unterscheiden zwischen Haupt(leistungs)pflichten und Neben(leistungs)pflichten.

1. Pflichten des Vermieters

167 Die Hauptpflichten des Vermieters ergeben sich unmittelbar aus § 535 I.

■ Lesen Sie diese Vorschrift sorgfältig und versuchen Sie selbst, die Pflichten des Vermieters, die sich daraus ergeben, schlagwortartig niederzuschreiben, bevor Sie weiterlesen!

▶ § 535 I lassen sich folgende Pflichten des Vermieters entnehmen:

a) Gebrauchsüberlassungspflicht

168 Diese Pflicht ergibt sich aus § 535 I 1 und umfasst in der Regel zugleich die Verpflichtung, dem Mieter die tatsächliche Verfügungsgewalt über die Mietsache (den Besitz – lesen Sie zur Information § 854 I!) einzuräumen. Weiterhin gehört zu der Gebrauchsüberlassungspflicht, dass der Vermieter den vertragsgemäßen Gebrauch durch den Mieter dulden muss, was aus dem Wortlaut von § 535 I nicht ohne Weiteres zu erkennen ist, sich aber aus dem Begriff »zu gewähren« ergibt. Geduldet werden muss zB die Aufstellung von Gas- und Elektrogeräten, die Verkabelung der Wohnung oder die Anbringung eines Praxisschildes bei Vermietung von Praxisräumen.[318]

b) Gebrauchserhaltungspflicht

169 Da die Gewährung des Mietgebrauchs eine auf Dauer angelegte Verpflichtung ist, enthält die aus § 535 I 2 folgende Pflicht auch, dass der Vermieter für die Unterlassung aller Handlungen zu sorgen hat, die den vertragsgemäßen Gebrauch durch den Mieter stören, und dass er fremde Störungen im Rahmen seiner tatsächlichen und rechtlichen Möglichkeiten abwehren muss (zB unzumutbarer »Krach« durch Wohnungsnachbarn).

c) Instandhaltungspflicht

170 Gemäß § 535 I 2 hat der Vermieter die Mietsache während der Mietzeit in einem Zustand zu erhalten, der dem Mieter den vertragsgemäßen Gebrauch ermöglicht. Grundsätzlich ist der Vermieter verpflichtet, Reparaturen und Renovierungen, die bei ordnungsgemäßem Gebrauch des Mieters durch Abnutzung oder Beschädigung erforderlich werden, auf seine Kosten vornehmen zu lassen. Diese Abnutzungen werden im Prinzip durch die Miete abgegolten. In den meisten Wohnraum-Mietverträgen, für die § 549 I auf die Geltung der §§ 535–548 verweist, ist diese »Instandsetzungspflicht« aber abbedungen (§ 535 I 2 ist dispositives Recht) mit der Folge, dass die sog. »Schönheitsreparaturen« vom Mieter vorzunehmen sind. In diesem Fall wird die Instandsetzungspflicht neben der Pflicht zur Zahlung der Miete ebenfalls zur Hauptleistungspflicht des Mieters, auf die unten (→ Rn. 187 ff.) näher eingegangen wird.

318 Weitere Beispiele: HK-BGB/*Scheuch*/*Ebert* § 535 Rn. 8.

d) Lastentragungspflicht

Der Vermieter hat nach § 535 I 3 die auf der Mietsache ruhenden Lasten zu tragen. Die Vorschrift ist ebenfalls dispositiv und wird oft auch vertraglich abgeändert, indem diese Kosten auf den Mieter abgewälzt werden (zB Müllabfuhrgebühren, Grundsteuer, Schornsteinfegergebühren).

e) Nebenpflichten

Neben diesen aus § 535 I folgenden Hauptleistungspflichten und der Lastentragungspflicht trifft den Vermieter eine Reihe von Nebenleistungspflichten. 171

■ Was könnten das für Nebenpflichten sein?

▶ So genannte Schutz- und Fürsorgepflichten, wie wir sie auch bei anderen Verträgen kennen (vgl. § 241 II). So ist der Vermieter zB verpflichtet, den Mieter vor nicht erkennbaren Gefahren bei der Benutzung der Mietsache zu warnen sowie über für die Vertragsabwicklung bedeutsame Umstände aufzuklären, mit denen der Mieter nicht zu rechnen braucht.

Beispiel: Es ist beabsichtigt, die vermietete Wohnung in absehbarer Zeit an Familienangehörige zu übergeben.

Darüber hinaus ergeben sich weitere Nebenpflichten unmittelbar aus dem Gesetz, so zB die »Aufwendungsersatzpflicht« im Rahmen von § 539 I (lesen!) oder die Duldung der Wegnahme von Einrichtungen durch den Mieter (§ 539 II – lesen!). 172

aa) Aufwendungsersatzpflicht nach § 539 I

Da der Vermieter zur Erhaltung der Mietsache verpflichtet ist, muss er dem Mieter die auf die Mietsache gemachten Aufwendungen gem. § 539 I ersetzen. »Aufwendungen« im Sinne der Vorschrift sind freiwillige Vermögensaufwendungen des Mieters, die der Mietsache zugutekommen, ihrer Erhaltung, Wiederherstellung oder Verbesserung dienen und nicht unter § 536a II Nr. 2 fallen.[319] Wenn allerdings die Aufwendungen zur umgehenden Beseitigung eines Mangels zwecks Erhaltung der Mietsache notwendig waren (zB Reparatur der ausgefallenen Heizung im Winter), muss der Vermieter nach § 536a II Nr. 2 Aufwendungsersatz leisten. Die Kosten für sonstige Erhaltungs- oder Wiederherstellungsmaßnahmen (zB Erneuerungen von Fliesen im Bad oder in der Küche) sind nach § 539 I (lesen!) nur dann ersatzfähig, wenn ihre Durchführung dem wirklichen oder mutmaßlichen Willen des Vermieters entspricht (§ 683 S. 1), vom Vermieter genehmigt wurde (§ 684 S. 2) oder der Erfüllung einer im öffentlichen Interesse liegenden Rechtspflicht dient (§ 679). Denn § 539 I stellt eine Rechtsgrundverweisung dar. Wenn der Mieter allein im eigenen Interesse tätig geworden ist, ist dieser Anspruch ausgeschlossen.[320]

Ersatz für die Aufwendungen iSv § 539 I kann der Mieter nur verlangen, wenn ihm durch den Mietvertrag die Instandhaltungspflicht nicht auferlegt wurde (nochmals: § 535 I 2 ist dispositives Recht und wird meistens durch vertragliche Vereinbarung abbedungen!).

319 Palandt/*Weidenkaff* § 539 Rn. 5 mwN.

320 *Looschelders* SchuldR BT § 22 Rn. 39 mwN; Jauernig/*Teichmann* § 539 Rn. 2; HK-BGB/*Scheuch*/*Ebert* § 539 Rn. 3. Zur Rechtsgrundverweisung → Rn. 11, zur Geschäftsführung ohne Auftrag → Rn. 356 ff.

bb) Duldungspflicht bei Wegnahme von Einrichtungen nach § 539 II

Der Vermieter muss die Wegnahme von Einrichtungen dulden, die der Mieter mit der Mietsache verbunden hat, auch wenn sie zunächst in das Eigentum des Vermieters nach § 946 durch Verbindung übergegangen sind. § 258 (lesen und neben § 539 II notieren!) ist zu beachten.

> **Beispiel:** Ein Waschbecken, das der Mieter in das Badezimmer einfügt, geht gem. §§ 946, 94 in das Eigentum des Vermieters über. Der Vermieter hat aber nach § 539 II die Wegnahme durch den Mieter zu dulden (vgl. § 951 II 1).

2. Rechte/Ansprüche des Mieters

173 Wenn der Vermieter seinen Hauptpflichten aus dem Mietvertrag nicht nachkommt, kann der Mieter selbstverständlich Erfüllung seiner Ansprüche verlangen. Erfüllt der Vermieter seine Verpflichtungen nur schlecht, muss er dem Mieter dafür haften. Anders als im Kaufrecht gehen die mietrechtlichen »Gewährleistungsansprüche« (§ 536 ff.) den allgemeinen Vorschriften (insbes. den §§ 280 ff., 320 ff.) grundsätzlich vor.[321] Die wichtigsten Rechte und Ansprüche des Mieters lassen sich wie folgt zusammenfassen:

(1) Anspruch auf Gebrauchsüberlassung gem. § 535 I 1.
(2) Anspruch auf Beseitigung eines behebbaren Mangels gem. § 535 I 2 (soweit § 535 I 2 nicht abbedungen wurde).
(3) Minderung der Miete gem. § 536 (lesen!) bei Sach- und Rechtsmängeln der Mietsache.
(4) Schadens- und Aufwendungsersatzanspruch unter den Voraussetzungen von § 536a (lesen!).
(5) Außerordentliche fristlose Kündigung aus wichtigem Grund unter den Voraussetzungen von § 543 II (§ 543 ganz lesen!).

Einige Vorschriften davon wollen wir uns anhand eines Übungsfalls näher ansehen, den wir zugleich dazu nutzen wollen, uns in der gutachtlichen Denkweise zu üben!

a) Schadensersatz

174 **Übungsfall 8**

Vroni Vogel (V) vermietete an den Versicherungsvertreter Max Miet (M) zum 1.5. in ihrem Hause eine Wohnung. M wohnte dort erst zwei Wochen, als sich an einem Fenster eine schwere Jalousie löste, herabfiel und den M an der Schulter so stark verletzte, dass er drei Wochen arbeitsunfähig war. Es wurde festgestellt, dass eine frühere Mieterin, die Schriftstellerin Sarah Schreiber (S), die schon einmal herabgefallene Jalousie nur behelfsmäßig befestigt und es schuldhaft unterlassen hatte, V etwas davon zu sagen. M hat an Arzt-, Medikamenten- und Physiotherapiekosten 1.300 EUR bezahlen müssen. Sein Verdienstausfall beläuft sich auf 3.700 EUR. Er verlangt von V 5.000 EUR Schadensersatz. V macht geltend, sie habe von dem schlechten Zustand der Jalousie nichts gewusst. Sie habe die Wohnung vor Abschluss des Mietvertrags mit M durch die anerkannte und zuverlässige Baufachfrau Bibi Baunix (B) besichtigen lassen, die ihr aber von diesem Mangel nichts mitgeteilt habe.

Welchen (mietrechtlichen) Anspruch hat M gegen V und welchen Anspruch hat V gegebenenfalls gegen S?

321 HK-BGB/*Scheuch* § 536 Rn. 2.

■ Um welchen Anspruch handelt es sich, was verlangt M?
▶ M verlangt Schadensersatz!

■ Welche mietrechtliche Anspruchsgrundlage könnte eingreifen? (Überfliegen Sie die Überschriften der Paragrafen!)
▶ »M könnte gegenüber V einen Anspruch auf 5.000 EUR Schadensersatz gem. § 536a I haben!« (Vorschrift nochmals lesen!)

■ Welches sind die Voraussetzungen für einen solchen Anspruch? (Überlegen Sie, bevor Sie weiterlesen!)
▶ (1) Wirksamer Mietvertrag
(2) Es muss einer der drei haftungsbegründenden Tatbestände von § 536a I erfüllt sein. Also:
(a) Mangel der Mietsache, der schon bei Vertragsschluss vorhanden war (1. Var.) oder
(b) vom Vermieter zu vertretender, nach Vertragsschluss auftretender Mangel (2. Var.) oder
(c) Verzug des Vermieters mit einer Mängelbeseitigung (3. Var.).
Alle drei Varianten setzen voraus, dass ein Mangel vorliegt.

Ein solcher Mangel iSd § 536 I liegt vor, wenn die Mietsache so mangelhaft ist, dass **175**
ihre Tauglichkeit zum vertragsgemäßen Gebrauch aufgehoben oder erheblich (§ 536 I 3!) gemindert ist.

■ Wie sieht das in unserem Fall aus?
▶ Die Mietsache (Wohnraum) war mit einer nicht ordnungsgemäß befestigten Jalousie ausgestattet, was eine nicht nur unerhebliche Minderung der Tauglichkeit des Wohnraums zur Folge hatte.

■ Zu welchem Zeitpunkt lag dieser Mangel vor?
▶ Bei Vertragsschluss mit M, denn der Mangel war schon während der Mietzeit der Vormieterin S entstanden!

■ In unserem Fall sind die Voraussetzungen der ersten Variante von § 536a I gegeben, sodass welche Rechtsfolge eintritt? (Nachdenken!)
▶ Rechtsfolge ist, dass ein Schadensersatzanspruch des M gegenüber V begründet **176**
ist, sofern durch diesen Mangel dem M auch tatsächlich ein Schaden entstanden ist, dh, der Mangel der Mietsache müsste Ursache für den Schaden gewesen sein.

■ Ist diese Voraussetzung in unserem Fall erfüllt? Zunächst bezüglich der Körperverletzung und der Heilungskosten?
▶ Die fehlerhaft befestigte Jalousie war unmittelbare Ursache für den Schaden. Dieser Schaden entstand an einem anderen Rechtsgut als der Mietsache selbst, zu deren mangelfreien Besitz der Mieter berechtigt ist.

■ Um welche Art von Schaden handelt es sich daher bei der Körperverletzung, den Heilungskosten und dem Verdienstausfall des M?
▶ Um einen »Mangelfolgeschaden«!

Im Mietrecht wird von der Haftung nach § 536a nach hM in Rechtsprechung und Li- **177**
teratur neben dem reinen Mangelschaden auch der Mangelfolgeschaden umfasst.[322]

322 Vgl. BeckOK BGB/*Wiederhold* § 536a Rn. 27; HK-BGB/*Scheuch*/*Ebert* § 536a Rn. 10; NK-BGB/*Klein-Blenkers* § 536a Rn. 10; Palandt/*Weidenkaff* § 536a Rn. 14; *Looschelders* SchuldR BT § 22 Rn. 36 mwN.

Im Fall der **ersten Variante** von § 536a I haftet die Vermieterin für die Folgen des Mangels auch ohne Verschulden. Sie trifft also für **anfängliche Mängel** eine verschuldensunabhängige »Garantiehaftung«[323]. Dieser weitgehende Haftungsumfang des § 536a I, 1. Var. lässt sich durch einen Vergleich dieser Vorschrift mit § 536 I begründen:

Der reine Mangelschaden, der zur Folge hat, dass eine vertragsgemäße Benutzung der Wohnung erschwert oder nicht möglich ist, kann durch die Minderung der Miete weitgehend über § 536 I ausgeglichen werden, sodass § 536a einen darüber hinausgehenden Ausgleich gewähren soll.

Damit der Anspruch des M begründet ist, darf kein vertraglicher (§ 536d) oder gesetzlicher Haftungsausschluss (vgl. §§ 536b, 536c II) eingreifen. Hier liegt kein Haftungsausschluss vor.

■ Ergebnis unseres Falls?

▶ M hat gegenüber V einen Anspruch auf Schadensersatz iHv 5.000 EUR gem. § 536a I, 1. Var.

Merken wir uns folgendes

Prüfungsschema
Schadensersatz wegen eines Mangels der Mietsache gem. § 536a

I. **Voraussetzungen:**
   1. Wirksamer Mietvertrag + Übergabe der Mietsache
   2. Mangel der Mietsache iSd § 536
      a) bei Vertragsschluss vorhanden – Garantiehaftung – (§ 536a I, 1. Var.) oder
      b) nach Vertragsschluss aufgetreten und vom Vermieter zu vertreten (§ 536a I, 2. Var.) oder
      c) Verzug des Vermieters mit einer Mängelbeseitigung (§ 536a I, 3. Var.)
   3. Mängelanzeige (§ 536c I) bei nachträglich auftretendem Mangel
   4. Schaden beim Mieter
   5. Kein Ausschluss der Gewährleistung (§§ 536b, 536c II, 536d)

II. **Rechtsfolge:**
   Ersatz des Mangel- und des Mangelfolgeschadens.

b) Mietminderung

178 Aus § 536 I ergibt sich die **Befreiung von der Miete**, wenn und solange die Mietsache zum Zeitpunkt ihrer Überlassung an den Mieter einen Mangel aufweist, der ihre Tauglichkeit zum vertragsgemäßen Gebrauch aufhebt oder (erheblich – vgl. § 536 I 3) mindert, oder ein solcher Mangel während der Mietzeit entsteht. Ist die Tauglichkeit nur zum Teil aufgehoben, ist die Miete angemessen herabzusetzen (§ 536 I 2).[324]

323 MüKoBGB/*Häublein* § 536a Rn. 6 f.

324 Keine Mietminderung, wohl aber eine Vertragsanpassung wegen **Störung der Geschäftsgrundlage** gem. § 313 I kommt in Betracht, wenn vermietete Grundstücke oder vermietete Räume, die keine Wohnräume sind (zB Ladenlokale), infolge staatlicher Maßnahmen zur Bekämpfung der **COVID-19-Pandemie** (zB staatlich verordnete Geschäftsschließung) für den Betrieb des Mieters nicht oder nur mit erheblicher Einschränkung verwendbar sind, s. Art. 240 § 7 I EGBGB (**dtv-BGB, Nr. 2**). S. dazu auch → **Rn. 152a**.

Vertragsgemäß ist, was die Parteien ausdrücklich oder stillschweigend vereinbart haben. Diese Vereinbarung kann sich auf einen Zustand beziehen, der nach üblichen Maßstäben einen Mangel darstellen würde. 179

> **Beispiel:** M mietet von V ein Einfamilienhaus in stark renovierungsbedürftigem Zustand und zahlt deshalb eine sehr günstige Miete. Die Vertragsparteien vereinbaren, dass M das Haus »nach ihren Bedürfnissen wohnlich herrichten« soll. Hier ist das Mietminderungsrecht der M ausgeschlossen. Das gilt auch für ihren Schadens- und Aufwendungsersatzanspruch aus § 536a; denn der renovierungsbedürftige Zustand stellt keinen Mangel der Mietsache dar, sondern ist aufgrund der getroffenen Vereinbarung »vertragsgemäß«.

Ein Mangel der Mietsache liegt dagegen vor in folgendem 180

> **Beispiel:** V hat der M eine Wohnung in einem Hochhaus mit Fernheizung vermietet. Im Winter beträgt die Zimmertemperatur lediglich 16 Grad, die Warmwasserversorgung fällt des Öfteren aus, einige Fenster erweisen sich wenige Wochen nach Bezug der Wohnung als undicht. Diese Mängel mindern den vertragsgemäßen Gebrauch durch M so erheblich, dass sie zur Mietminderung nach § 536 I berechtigt ist.

Die Minderung tritt – anders als im Kaufrecht[325] – **kraft Gesetzes** ein. Es handelt sich also um kein Gestaltungsrecht. Ein Verschulden des Vermieters ist nicht Voraussetzung. 181

Wenn der Mieter die Miete mindert, aber bereits die Miete gezahlt hat (Fälligkeit: spätestens am dritten Werktag der einzelnen Zeitabschnitte – meist: Monat – vgl. § 556b I), ergibt sich sein Rückzahlungsanspruch aus § 812 I 1, 1. Var. Problematisch ist hierbei, dass sich der Vermieter gegebenenfalls auf den Wegfall der Bereicherung nach § 818 III berufen kann. Näheres hierzu unter → Rn. 389.

Prüfungsschema

Mietminderung gem. § 536 I

I. Voraussetzungen:
1. Wirksamer Mietvertrag + Übergabe der Mietsache
2. Sachmangel (§ 536 I) oder Rechtsmangel (§ 536 III) der Mietsache
3. Minderung der Tauglichkeit ist erheblich (§ 536 I 3)
4. Mängelanzeige (§ 536c I)
5. Kein Ausschluss der Gewährleistung (vertraglich oder gesetzlich, §§ 536b, d; beachte § 536 IV!)

II. Rechtsfolge:
Mietminderung nach § 536 I 2 kraft Gesetzes

c) Außerordentliche fristlose Kündigung aus wichtigem Grund

Gemäß § 543 I 1 kann jede Vertragspartei das Mietverhältnis aus wichtigem Grund außerordentlich fristlos kündigen. 182

Für den Mieter liegt ein wichtiger Grund insbesondere vor, wenn ihm der vertragsgemäße Gebrauch der Mietsache ganz oder teilweise nicht rechtzeitig gewährt oder wieder entzogen wird (§ 543 II 1 Nr. 1). Dieses Kündigungsrecht des Mieters ist unabhängig davon, ob der Vermieter das Nichtgewähren oder das Wiederentziehen (= Gebrauchsstörung) zu vertreten hat oder nicht. Da der »vertragsgemäße« Ge-

325 → Rn. 40 ff. und Prüfungsschema »Minderung des Kaufpreises« (→ Rn. 47).

brauch der Mietsache dem Mieter auch vorenthalten wird, wenn die Mietsache einen Mangel aufweist, bedeutet das, dass der Mieter sein Kündigungsrecht aus § 543 neben der Geltendmachung der Ansprüche aus § 536 und § 536a (kumulativ) ausüben kann.

183 Für die Wohnraummiete wird § 543 durch § 569 (neben § 543 notieren!) ergänzt, wobei für das Kündigungsrecht des Mieters § 569 I und II von besonderer Bedeutung sind. Beide Absätze lesen! Wenn Sie das getan haben, können Sie den folgenden kleinen Fall lösen:

■ M hat von V eine Wohnung auf unbestimmte Zeit gemietet. Nach einem Jahr entsteht auf dem Nachbargrundstück, das bisher unbebaut war, eine Großbaustelle, von der erhebliche Lärm- und Geruchsbelästigungen ausgehen. Da zu erwarten ist, dass diese Belästigungen noch mindestens ein Jahr andauern werden, kündigt M den Vertrag fristlos. Zu Recht?

▶ M kündigt zu Recht, da ihm aufgrund der Lärm- und Geruchsbelästigung nicht der vertragsgemäße Gebrauch der Mietsache gewährt wird. Es liegt ein wichtiger Grund zur außerordentlichen fristlosen Kündigung iSv §§ 569 I 1, 543 I 1 und II 1 Nr. 1 vor.

Da diese Beeinträchtigungen zugleich einen erheblichen Mangel iSd § 536 I darstellen, könnte M zudem für die Zeit, in der er mit dieser Beeinträchtigung (dem Mangel) noch in der Wohnung wohnt, Mietminderung nach § 536 I geltend machen.

Für den Vermieter liegt ein wichtiger Grund zur außerordentlichen fristlosen Kündigung insbesondere vor,

- wenn der Mieter die Mietsache nicht ordnungsgemäß behandelt (§ 543 II 1 Nr. 2) oder
- mit der Zahlung der Miete in Verzug kommt (§ 543 II 1 Nr. 3). Für letztgenannten Kündigungsgrund, der häufig in der Praxis vorkommt (meist: **Mietrückstand** von mehr als zwei Monaten) ist § 569 III Nr. 2 ergänzend heranzuziehen. Die Kündigung wird unwirksam, wenn der Vermieter spätestens bis zum Ablauf von zwei Monaten nach Eintritt der Rechtshängigkeit des Räumungsanspruchs die fällige Miete erhält oder dem Vermieter eine entsprechende Verpflichtungserklärung einer öffentlichen Stelle – in der Regel vom Sozialamt – zugeht.

Beachte: Rechtshängigkeit = Ausdruck aus dem Zivilprozessrecht. Darunter versteht man die Zustellung der Klage an den Beklagten (§ 261 ZPO). Die Rechtshängigkeit ist abzugrenzen von der Anhängigkeit, die schon mit Eingang der Klage bei Gericht eintritt.

Zur Abmilderung der Folgen der **COVID-19-Pandemie** durfte ein Mietverhältnis über Grundstücke oder über Räume allein wegen pandemiebedingter Nichtzahlung der Miete nach Art. 240 § 2 I, IV EGBGB[326] in der Zeit vom 1.4. bis 30.6.2020 nicht gekündigt werden. Die Zahlungsrückstände müssen bis zum 30.6.2022 ausgeglichen werden. Geschieht dies nicht, kann auch wegen dieser Nichtzahlungen gekündigt werden.

Tipp: Notieren Sie in Ihrer Textsammlung Art. 240 § 2 I, IV EGBGB neben § 543 II 1 Nr. 3 und § 573 II Nr. 1!

Die soeben kennengelernten Gewährleistungsrechte fasst die folgende Übersicht zusammen.

326 S. **dtv-BGB, Nr. 2.**

Übersicht 8 184

Gewährleistungsrechte im Mietrecht

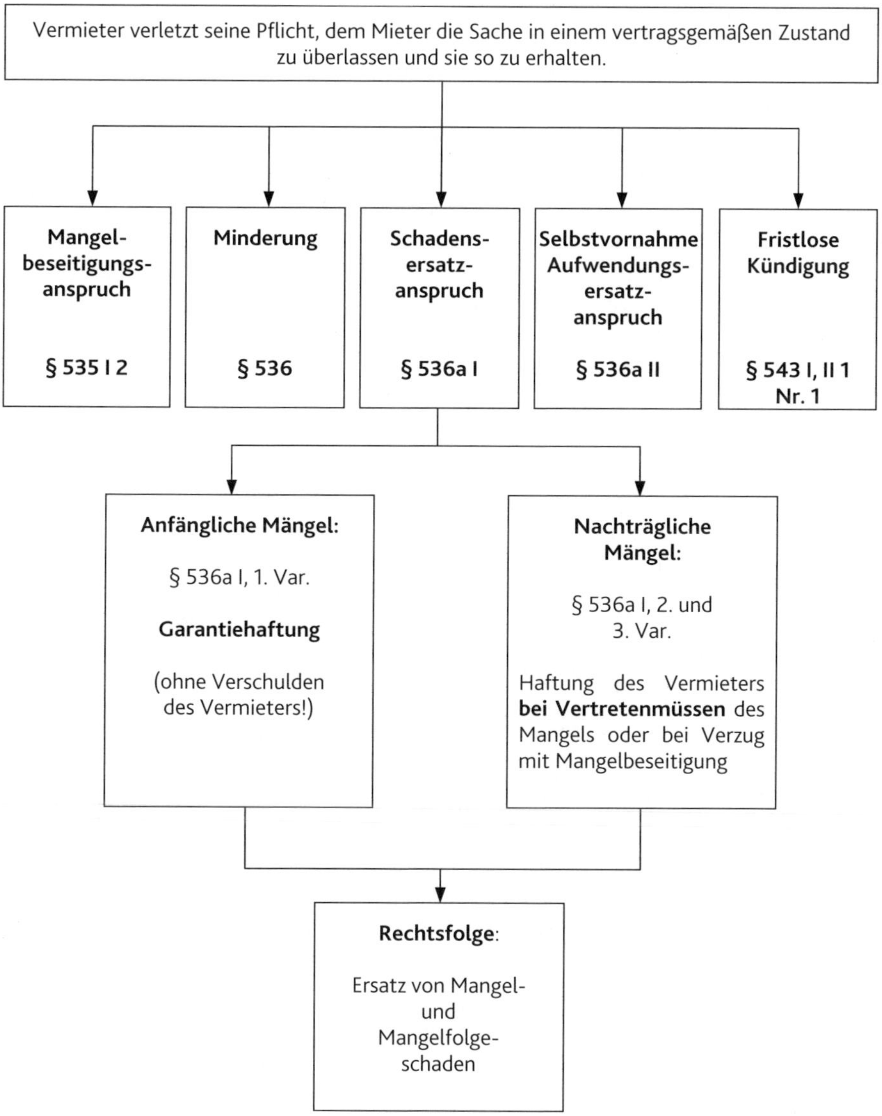

Beachte: §§ 535 ff. = leges speciales ab Überlassung der Mietsache!
Grds. **kein Rückgriff** auf **§§ 280 ff.** möglich.

3. Pflichten des Mieters

185 Bevor wir in Übungsfall 8 (→ Rn. 174) die Ansprüche der Vermieterin V gegenüber ihrer früheren Mieterin S prüfen, müssen wir wissen, welche Pflichten den Mieter treffen und welche Rechte daraus für den Vermieter folgen können.

a) Mietzahlungspflicht

186 Hauptpflicht des Mieters ist gem. § 535 II die Bezahlung der Miete. Diese Pflicht steht im Gegenseitigkeitsverhältnis zu den Hauptpflichten des Vermieters.

Nach § 556b I ist die Miete für Wohnräume **zu Beginn**, spätestens bis zum dritten Werktag der einzelnen Zeitabschnitte (im Regelfall: Monate) zu entrichten, nach dem sie bemessen ist. Für die Rechtzeitigkeit der Mietzahlung genügt es, wenn der Mieter seiner Bank den Überweisungsauftrag bis zum dritten Werktag eines Monats erteilt hat und sein Konto die entsprechende Deckung aufweist.[327] Es ist unschädlich, wenn die Gutschrift auf dem Empfängerkonto erst nach dem dritten Werktag erfolgt. Denn die Mietschuld ist eine sog. qualifizierte Schickschuld.[328] Leistungsort ist der Wohnsitz des Schuldners (§ 269 I), der nach § 270 I die Verlustgefahr, aber nicht die Verzögerungsgefahr trägt. Sofern ein vorformulierter Mietvertrag eine **Rechtzeitigkeitsklausel** enthält (»Für die Rechtzeitigkeit der Zahlung kommt es nicht auf die Absendung, sondern auf den Eingang des Geldes an«), ist diese wegen unangemessener Benachteiligung des Mieters nach § 307 I 1 unwirksam.[329]

Wenn der Mieter entweder für zwei aufeinander folgende Termine mit der Entrichtung der Miete oder eines nicht unerheblichen Teils davon in Verzug ist oder in einem Zeitraum, der sich über mehr als zwei Termine erstreckt, mit der Entrichtung der Miete in Höhe eines Betrages in Verzug ist, der zwei Monatsmieten entspricht, liegt für den Vermieter ein wichtiger Grund zur außerordentlichen fristlosen Kündigung nach § 543 vor (vgl. § 543 II 1 Nr. 3).

Für Mietverhältnisse über andere Räume als Wohnräume ist die Miete nach § 579 II, der auf § 556b I verweist, ebenfalls zu Beginn der Mietzeit oder des jeweiligen Zeitabschnitts fällig. Bei Mietverhältnissen über Grundstücke oder bewegliche Sachen ist die Miete nach § 579 I grundsätzlich am Ende der Mietzeit fällig. Konkreteres regeln die Sätze 2 und 3 (bei Interesse lesen).

Die **Miethöhe** kann grundsätzlich frei (in den Grenzen der §§ 134, 138) vereinbart werden. Bei der **Wohnraummiete** greifen zum Schutze des Mieters **Sonderregelungen** ein:

Bei Sozialwohnungen und Wohnraum, der mithilfe staatlicher Förderung oder steuerbegünstigt errichtet wurde, richtet sich die Höhe der Miete nach dem Wohnraumförderungsgesetz bzw. bei Altfällen nach dem Wohnungsbindungs- oder dem Wohnungsbaugesetz, die eine Preisbindung für die Miethöhe vorgeben.[330]

186a Aufgrund von § 556d, der durch das Mietrechtsnovellierungsgesetz mit Wirkung v. 1.6.2015 ins BGB eingefügt worden ist, darf bei Abschluss eines Mietvertrages über Wohnraum in einem zuvor durch Rechtsverordnung bestimmten Gebiet mit ange-

327 BGH NJW 2017, 1596.
328 MüKoBGB/*Krüger* § 270 Rn. 1.
329 BGH NJW 2017, 1596.
330 Einzelheiten bei MüKoBGB/*Häublein* Vor § 535 Rn. 106 f.

spanntem Wohnungsmarkt die Miete bei Mietbeginn die ortsübliche Vergleichsmiete höchstens um 10% übersteigen (sog. »**Mietpreisbremse**«). Weil die Einführung der Regelung nicht zu den gewünschten Verbesserungen für Bezieher geringer und mittlerer Einkommen führte, wurde sie 2018[331] verschärft durch die vorvertraglichen Auskunftsverpflichtungen des Vermieters gem. § 556g Ia.[332] Weitere Details zur Mietpreisbremse hatten wir bereits bei → **Rn. 152 f.** angesprochen. Die **bundesgesetzliche Mietpreisbremse** des § 556d I verstößt weder gegen die Garantie des Eigentums aus Art. 14 I GG noch gegen die Vertragsfreiheit aus Art. 2 I GG oder gegen den allgemeinen Gleichheitssatz aus Art. 3 I GG.[333] Da der Bundesgesetzgeber das Mietpreisrecht in den §§ 556 bis 561 abschließend geregelt hat, ist aufgrund der Sperrwirkung des Bundesrechts (Art. 72 I GG) für eine Gesetzgebungsbefugnis der Länder kein Raum. Das über das BGB hinausgehende »Gesetz zur Mietenbegrenzung im Wohnungswesen in Berlin« (»**Berliner Mietendeckel**«) wurde deshalb vom BVerfG für nichtig erklärt.[334]

Nach § 5 I WiStG (Mietpreisüberhöhung) liegt eine **Ordnungswidrigkeit** vor, wenn **186b**
der Vermieter von Wohnraum eine unangemessen hohe Miete fordert, sich versprechen lässt oder annimmt. Unangemessen ist eine Überschreitung der ortsüblichen Vergleichsmiete um mehr als 20% (§ 5 II WiStG). Darüber hinaus muss der Vermieter den Umstand zu seinen Gunsten ausgenutzt haben, dass lediglich ein geringes Angebot an vergleichbarem Wohnraum vorhanden ist, sodass er davon ausgehen konnte, den Wohnraum trotz überzogener Miete gleichwohl vermieten zu können (§ 5 II WiStG). Die daraus folgende Nichtigkeit der entsprechenden Vereinbarung (§ 134) bezieht sich allerdings nicht auf den Mietvertrag insgesamt, sondern nur auf die unangemessene Mietzinsvereinbarung.[335]

Der **strafrechtliche** Tatbestand des **Mietwuchers** ist nach § 291 StGB erfüllt, wenn der Vermieter die Zwangslage, die Unerfahrenheit, den Mangel an Urteilsvermögen oder die erhebliche Willensschwäche des Mieters ausbeutet, indem er sich eine Miete gewähren lässt, die in einem auffälligen Missverhältnis zu seiner Leistung steht. Dies ist dann zu bejahen, wenn die ortsübliche Vergleichsmiete um mehr als 50% überschritten wird.[336] Der Wohnraummietvertrag ist wegen Verstoßes gegen § 134 bzw. § 138 nichtig, aber mit der angemessenen Miete aufrechtzuerhalten.[337]

Mieterhöhungen können die Vertragsparteien während des Mietverhältnisses unter Beachtung der §§ 557–561 vereinbaren. Einzelheiten lesen Sie bei Bedarf bitte in den genannten Vorschriften und in der Spezialliteratur (vgl. »Literatur zur Vertiefung«) nach.

b) Schönheitsreparaturen (Renovierungspflicht)

Soweit die Parteien entgegen der gesetzlichen Regelung des § 535 I 2 vereinbart ha- **187**
ben (was in der Praxis die Regel ist), dass der Mieter anstelle des Vermieters die Mietsache instand zu halten hat, ist der Mieter in regelmäßigen Abständen (die sich grundsätzlich nach der Dauer des Mietverhältnisses richten) zu sog. »Schönheitsrepa-

331 BGBl. 2018 I 2648.

332 S. dazu *Brox/Walker* SchuldR BT § 10 Rn. 9c, § 11 Rn. 24b.

333 BVerfG Beschl. v. 18.7.2019 – 1 BvL 1/18, 1 BvL 4/18, 1 BvR 1595/18, NJW 2019, 3054.

334 BVerfG Beschl. v. 25.3.2021 – 2 BvF 1/20, 2 BvL 5/20, 2 BvL 4/20, NJW 2021, 1377.

335 NK-BGB/*Looschelders* § 134 Rn. 195.

336 BGH NJW 1997, 1845.

337 LG Köln NJW 1965, 157. Ein wucherischer Mietvertrag über Geschäftsräume ist im Ganzen nichtig, BGH NJW-RR 2006, 16.

raturen« – wie zB Tapezieren von Wänden, Anstreichen von Decken, Heizkörpern, Innentüren – verpflichtet. Solche Klauseln in den Mietverträgen verstoßen nach Ansicht des BGH grundsätzlich nicht gegen § 307, denn die Pflicht des Mieters zur Vornahme der Schönheitsreparaturen werde bei der Kalkulation der Miete berücksichtigt.[338] Der Mieter deckt also mit den Schönheitsreparaturen einen Teil seiner Entgeltpflicht ab. Die Übernahme der Schönheitsreparaturen durch den Mieter ist nach der Rechtsprechung des BGH eine Hauptpflicht.[339] Die Abwälzung von Schönheitsreparaturen auf den Mieter unterliegt allerdings Einschränkungen: Die Rechtsprechung hat zahlreiche Klauseln in den Formularmietverträgen wegen unangemessener Benachteiligung des Mieters für unwirksam, erklärt, so zB die »starren« Fristen für Schönheitsreparaturen – wie zB »fachgerechtes Tapezieren von Küche und Bad alle drei Jahre«,[340] die Abgeltungsklausel mit »starrer« Abgeltungsquote,[341] die Klausel, dass bei Schönheitsreparaturen von der »bisherigen Ausführungsarbeit« nicht abgewichen werden darf.[342] Gleiches gilt für isolierte Endrenovierungsklauseln, wonach der Mieter bei Beendigung des Mietverhältnisses unabhängig vom Zeitpunkt der letzten Schönheitsreparaturen die Wohnung renoviert zurückgeben muss.[343] Endrenovierungsklauseln mit Farbvorgabe (zB weiß) sind unwirksam,[344] es sei denn, der Mieter hat die Wohnung mit einem neuen weißen Anstrich übernommen, die Klausel gilt ausschließlich für den Zeitpunkt der Rückgabe und lässt dem Mieter noch einen gewissen Spielraum.[345]

Mit Urteil v. 18.3.2015[346] hat der BGH seine fast 30 Jahre alte Rechtsprechung zur Übertragung von Schönheitsreparaturen auf den Mieter grundlegend geändert. Danach sind formularmäßige Quotenabgeltungsklauseln sowie die formularmäßige Übertragung der Schönheitsreparaturen auf den Mieter bei einer unrenoviert oder renovierungsbedürftig überlassenen Wohnung nach § 307 I 1, II Nr. 1 unwirksam, sofern dem Mieter kein angemessener Ausgleich gewährt wird.

Wenn ein **Verstoß gegen § 307** vorliegt, ist wegen des Verbots der geltungserhaltenden Reduktion grundsätzlich die **ganze Klausel unwirksam.**[347] Gemäß § 306 II richtet sich der Inhalt des Vertrags nach den gesetzlichen Vorschriften, sodass der Vermieter nach § 535 I 2 die Schönheitsreparaturen zu tragen hat. Im Wege der ergänzenden Vertragsauslegung (§§ 133, 157) ist keine abweichende Gestaltung möglich. Wenn der Mieter aufgrund einer unwirksamen Klausel Schönheitsreparaturen ausgeführt hat, steht ihm gegen den Vermieter gegebenenfalls ein Schadensersatzanspruch aus § 280 I und ein Wertersatzanspruch gem. §§ 812 I 1, 1. Var., 818 II zu.[348]

188 Eine Definition der Schönheitsreparaturen, die vor allem bei der Wohnraummiete von besonderer Bedeutung sind, findet sich an versteckter Stelle in § 28 IV 3 II. BV

338 BGHZ 101, 253 (261 ff.) = NJW 1987, 2575.

339 BGH BeckRS 1975 = WM 1976, 122; NJW 1980, 2347 (2348).

340 BGH NJW 2006, 3778 ff.

341 BGH NJW 2007, 1743 f.

342 Eine Auflistung von Entscheidungen zu unwirksamen Renovierungsklauseln ist zu finden bei Schmidt-Futterer/*Lehmann-Richter* § 538 Rn. 114 ff.; Palandt/*Weidenkaff* § 536 Rn. 43 ff.

343 BGH NJW 2007, 3776.

344 BGH NJW 2011, 514.

345 BGH NJW 2012, 1280.

346 BGH NJW 2015, 1594 m. Anm. *Lehmann-Richter*.

347 BGH NJW 2010, 674 (675).

348 BGH NJW 2009, 2590.

= »Verordnung über wohnungswirtschaftliche Berechnungen nach dem Zweiten Wohnungsbaugesetz« (Zweite Berechnungsverordnung)[349]. Diese unmittelbar nur für preisgebundene Wohnungen aller Art geltende Definition ist auch bei preisfreiem Wohnraum maßgeblich.[350] Danach umfassen Schönheitsreparaturen »nur das Tapezieren, Anstreichen oder Kalken der Wände und Decken, das Streichen der Fußböden, Heizkörper einschließlich Heizrohre, der Innentüren sowie der Fenster und Außentüren von innen«.

Bei den Schönheitsreparaturen geht es um die malermäßige Beseitigung solcher Gebrauchsspuren und Alterungserscheinungen, die durch den vertragsgemäßen Gebrauch der Wohnung auftreten und unvermeidlich sind.

Zu den Schönheitsreparaturen zählen auch die **typischen Begleitarbeiten** wie beispielsweise das Spachteln üblicher, alterungsbedingter Risse in Wänden und Decken. Nicht erfasst werden aber weitergehende Instandsetzungsarbeiten, wie etwa vorbereitende Putz-, Isolier- oder Maurerarbeiten, Reparaturen an Fenstern, Türen, Installationsgeräten oder am Fußboden. Die Beseitigung sog. »Untergrundschäden« an Holz, Putz und Mauerwerk geht über gewöhnliche Malerarbeiten hinaus und gehört nicht mehr zu den Schönheitsreparaturen.

Kein Zweifel: Das »Kalken der Wände« oder »Streichen der Fußböden« ist nicht mehr zeitgemäß. Das ist nicht verwunderlich, geht die Definition in § 28 IV 3 II. BV doch zurück auf die Preußische Ausführungsverordnung zum Reichsmietengesetz. An die Stelle des Streiches von Fußböden ist nach herrschender Ansicht die Reinigung des vom Vermieter gestellten Teppichbodens getreten. Handelt es sich um Parkett, so ist nicht dessen Abschleifen und Versiegeln notwendig, sondern der Einsatz eines Reinigungsmittels mit anschließendem Auftrag einer Schutzemulsion.[351] Im Einzelnen handelt es sich bei folgenden Arbeiten **nicht** (mehr) **um Schönheitsreparaturen**:

- Erneuerung eines verschlissenen Teppichbodens,[352]
- Abschleifen und Versiegeln von Holzfußböden,[353]
- Erneuerung von Wandfliesen,[354]
- Außenanstrich von Türen und Fenstern.[355]

Einerlei, ob es sich um Teppichböden, Vinylböden, Parkettböden oder Wandfliesen handelt: Der Mieter einer Wohnung ist nur dann **nicht zur Erneuerung verpflichtet**, wenn die Verschleißerscheinungen Folge eines **vertragsgemäßen** Gebrauchs sind, s. § 538.

c) Nebenpflichten

aa) Zahlung von Nebenkosten 189

Da die Miete das reine Entgelt für die Gebrauchsüberlassung darstellt, gehören bei der Wohnraummiete die Kosten für Wasser, Gas, Strom, Heizung, Müllabfuhr und

349 V. 12.10.1990, BGBl. 1990 I 2178.
350 BGH NJW 2009, 1408 (1409); s. auch Schmidt-Futterer/*Lehmann-Richter* § 538 Rn. 76.
351 Vgl. Schmidt-Futterer/*Lehmann-Richter* § 538 Rn. 80 mwN.
352 LG Regensburg ZMR 2003, 933.
353 BGH NJW 2010, 674 = WuM 2010, 85.
354 BGH NJW 1993, 1061.
355 BGH NJW 2009, 1408.

dergleichen nicht dazu. Dies sind vielmehr »Nebenkosten« bzw. Betriebskosten (vgl. §§ 556 ff.), die zusätzlich zu bezahlen sind. Bei der Zahlung dieser Kosten handelt es sich um die Erfüllung einer Nebenpflicht des Mieters.

bb) Obhutspflicht

Neben allgemeinen Schutz- und Sorgfaltspflichten hat der Mieter vor allem eine Obhutspflicht, die vom Gesetz als selbstverständlich vorausgesetzt wird. Die Anzeigepflicht nach § 536c I (lesen!) ist Folge der Obhutspflicht.[356] Neben dieser Mängelanzeigepflicht hat der Mieter auch die Pflicht, die Mietsache schonend zu behandeln. Kommt der Mieter seiner aus § 536c I folgenden Pflicht nicht nach, gibt § 536c II 1 (lesen) dem Vermieter einen Schadensersatzanspruch. Soweit der Vermieter infolge der Unterlassung der Anzeige durch den Mieter nicht Abhilfe schaffen konnte, ist der Mieter gem. § 536c II 2 nicht berechtigt,

- die in § 536 bestimmten Rechte geltend zu machen,
- nach § 536a I Schadensersatz zu verlangen oder
- ohne Bestimmung einer angemessenen Frist zur Abhilfe gem. § 543 II 1 zu kündigen.

Wenngleich das im Gesetz nicht ausdrücklich erwähnt wird, gehört es zu den Obhutspflichten des Mieters, den vertragsgemäßen Gebrauch der Sache nicht zu überschreiten (zB bei Benutzung einer Wohnung als Büro oder Erteilung von Musikunterricht in der Wohnung). Verletzt der Mieter diese Pflicht, so kann dies für den Vermieter einen wichtigen Grund zur außerordentlichen fristlosen Kündigung darstellen (vgl. § 543 II 1 Nr. 2).

cc) Duldungspflicht

Der Mieter muss außerdem **dulden**, dass der Vermieter aus gegebenem Anlass (zB zur Feststellung des Zustandes oder der Neuvermietung) die Sache besichtigt (soweit dies nicht zur Unzeit geschieht). Hergeleitet wird diese Duldungspflicht aus dem Grundsatz von Treu und Glauben, § 242.

Bei der Raummiete und der Wohnraummiete gibt es spezielle Regelungen für die Duldungspflicht des Mieters hinsichtlich erforderlicher Instandhaltungs- oder Instandsetzungsmaßnahmen nach § 555a I und hinsichtlich Modernisierungsmaßnahmen nach §§ 555b, 555d I.

dd) Rückgabepflicht

Schließlich ist der Mieter gem. § 546 (lesen!) nach Ablauf der Mietzeit zur Rückgabe der Mietsache verpflichtet. Der Mieter muss die Sache in ordnungsgemäßem Zustand zurückgeben. Die Mietsache ist daher, abgesehen von den durch den vertragsgemäßen Gebrauch verursachten Abnutzungen und Wertminderungen, in dem Zustand zurückzugeben, in dem sie sich bei der Hingabe befand. Dazu gehört bei einer Wohnung auch, dass diese geräumt ist und grobe Verschmutzungen beseitigt sind (besenrein).[357]

Gibt der Mieter die Mietsache verspätet zurück, so kann der Vermieter für die Dauer der Vorenthaltung als Entschädigung die vereinbarte Miete oder die Miete verlangen, die für vergleichbare Sachen ortsüblich ist (vgl. § 546a). Erfüllt der Mieter seine Rückgabepflicht nicht, muss der Vermieter auf Rückgabe bzw. auf Räumung (bei un-

356 Palandt/*Weidenkaff* § 536c Rn. 1.
357 BGH NJW 2006, 2915.

beweglichen Sachen) klagen. Er darf die Wohnung nicht eigenmächtig ausräumen und in Besitz nehmen.[358]

Nachdem wir die Pflichten des Mieters nun kennen, sind wir in der Lage, **Übungsfall 8** (→ **Rn. 174**) zu Ende zu lösen: 190

- Welcher (mietrechtliche) Anspruch der V kommt gegen ihre frühere Mieterin S in Betracht? Sie haben diese Vorschrift soeben gelesen!
- ▶ »V könnte gegen S einen Anspruch auf Schadensersatz gem. § 536c II 1 haben.«
- Welche Voraussetzungen müssen für diesen Anspruch erfüllt sein?
- ▶ Vorliegen eines Mietvertrags, während dessen Laufzeit es der Mieter schuldhaft (§ 276) unterlassen hat, dem Vermieter eine Mängelanzeige gem. § 536c I zu machen. Unerheblich ist, ob der Mietvertrag bei Eintritt des durch den Mangel verursachten Schadens noch besteht.
- Hatte die Mietsache im Laufe der Mietzeit der S einen Mangel?
- ▶ Dies wurde bei Prüfung der Ansprüche des M gegen V bereits bejaht (→ Rn. 175).
- Was wäre normalerweise passiert, wenn S, die die Mängelanzeige schuldhaft (§ 276) unterlassen hatte, der V den Mangel gemeldet hätte?
- ▶ V hätte den Mangel aufgrund ihrer Instandhaltungspflicht nach § 535 I 2 beheben müssen. Da dies wegen der fehlenden Anzeige der S nicht geschehen ist, ist der V, da sie ihrerseits dem M 5.000 EUR Schadensersatz leisten musste, ein Schaden entstanden.
  Das Unterlassen der Mängelanzeige war für diesen Schaden ursächlich, sodass S der V die dem M zu zahlenden 5.000 EUR über § 536c II 1 ersetzen muss.

4. Rechte/Ansprüche des Vermieters

a) Gegenseitige Ansprüche

Die Rechte des Vermieters folgen naturgemäß aus den Pflichten des Mieters. 191

Der Vermieter hat zunächst einen Anspruch auf Zahlung der Miete nach § 535 II.

- Welche Ansprüche hat der Vermieter gegen den Mieter, wenn dieser mit der Zahlung der Miete in Verzug gerät?
- ▶ Einen Anspruch auf Ersatz des Verzögerungsschadens nach § 280 I und II iVm § 286. Außerdem einen Anspruch auf Zahlung von Verzugszinsen nach § 288 I 1. Darüber hinaus steht dem Vermieter ein Recht zur außerordentlichen Kündigung nach § 543 II 1 Nr. 3 zu.

Bei Nichterfüllung der vertraglichen Verpflichtung zur Vornahme der Schönheitsreparaturen hat der Vermieter gegen seinen Mieter einen Anspruch auf Schadensersatz statt der Leistung gem. § 280 I und III iVm § 281. Denn die Durchführung der Schönheitsreparaturen stellt einen Teil der Gegenleistung des Mieters dar. Der Vermieter muss dem Mieter grundsätzlich eine **angemessene Frist** zur Durchführung der Schönheitsreparaturen setzen (§ 281 I 1). Wenn der Mieter allerdings unverrichteter Dinge aus der Mietsache auszieht, ist eine Fristsetzung nach § 281 II, 1. Var. entbehrlich, denn in diesem Verhalten ist eine endgültige Erfüllungsverweigerung zu se-

358 *Brox/Walker* SchuldR BT § 11 Rn. 32.

hen.[359] Bei Verzug des Mieters kommt ein Anspruch auf Ersatz des Verzögerungsschadens nach § 280 I und II iVm § 286 in Betracht.

Gibt der Mieter bei Beendigung des Mietverhältnisses die **Mietsache nicht zurück,** so kann der Vermieter für die Dauer der Vorenthaltung eine Entschädigung in Höhe der vereinbarten oder der (gegebenenfalls höheren) ortsüblichen Miete nach § 546a I verlangen. Dieser Anspruch ist verschuldensunabhängig. Nach § 546a II ist die Geltendmachung eines weiteren Schadens nicht ausgeschlossen. Insoweit kommt auch der Ersatz des Verzögerungsschadens nach § 280 I und II iVm § 286 in Betracht. Ist dem Mieter wegen Untergangs der Mietsache die Rückgabe unmöglich geworden und hat er die Unmöglichkeit zu vertreten, so steht dem Vermieter ein Schadensersatzanspruch nach § 280 I und III iVm § 283 zu. Bei Rückgabe der Mietsache in nicht ordnungsgemäßem Zustand kann sich ein Schadensersatzanspruch aus §§ 280 I, 241 II ergeben, da der Mieter seine Obhutspflicht verletzt hat. Dieser Schadensersatz neben der Leistung kann nach Wahl des Vermieters durch Wiederherstellung (§ 249 I BGB) oder durch Geldzahlung (§ 249 II) erfolgen. Einer vorherigen Fristsetzung des Vermieters bedarf es dazu nicht. Denn das Fristsetzungserfordernis gilt nur für die Nicht- oder Schlechterfüllung von Leistungspflichten. Bei der Pflicht, die übertragenen Räume schonend und pfleglich zu behandeln, handelt es sich dagegen um eine nicht leistungsbezogene Nebenpflicht.[360]

Eine ganz »normale« – und somit vertragsgemäße – Abnutzung der Mietsache muss der Vermieter allerdings entschädigungslos hinnehmen (vgl. § 538).

Weitere Rechte und Ansprüche des Vermieters sind (neben einer Vielzahl von Vorschriften, die hier nicht ausführlich behandelt werden müssen – dazu dient die Literatur zur Vertiefung!) in Übersicht 9 (→ Rn. 207 ff.) zum Mietrecht aufgeführt.

b) Vermieterpfandrecht

aa) Begriff

192 Der Vermieter von Räumen und Grundstücken erwirbt kraft Gesetzes für seine Forderungen aus dem Mietverhältnis ein Pfandrecht an den eingebrachten Sachen des Mieters nach den §§ 562 ff., welches ihm als Sicherheit dienen soll.

Bei dem Vermieterpfandrecht gem. § 562 handelt es sich um ein gesetzliches Pfandrecht, sodass gem. § 1257 die §§ 1204 ff. (außer §§ 1205–1208, da § 1257 ein bereits entstandenes Pfandrecht voraussetzt) entsprechend anwendbar sind (lesen Sie zur ersten Information nur § 1204 I und § 1257).[361] Außerdem ist das Vermieterpfandrecht ein »sonstiges Recht«[362] iSv § 823 I.

bb) Voraussetzungen und Entstehung

■ Lesen Sie § 562 ganz und versuchen Sie, mindestens zwei Voraussetzungen für die Entstehung des Vermieterpfandrechts zu notieren, bevor Sie weiterlesen!

▶ Die erste Voraussetzung ist so selbstverständlich, dass Sie vielleicht gar nicht daran gedacht haben:

---

359 BGH NJW 1991, 2416 (2417).

360 BGH BeckRS 2018, 4060. Das gilt unabhängig von der Frage, ob es um einen Schadensausgleich während eines laufenden Mietverhältnisses oder nach dessen Beendigung geht.

361 Zum Pfandrecht an beweglichen Sachen vgl. *Wörlen/Kokemoor* SachenR Rn. 256–274.

362 Palandt/*Sprau* § 823 Rn. 12. Außerdem → **Rn. 397**.

- Es muss ein wirksamer Mietvertrag über Wohnraum (§§ 549, 535), ein Grundstück (§ 578 I) oder Räume, die keine Wohnräume sind (vgl. § 578 II), bestehen.
- Forderung des Vermieters gegen den Mieter aus dem Mietverhältnis (Einschränkung: § 562 II).
- Der Mieter muss (eigene) Sachen (§ 90) eingebracht haben.
- Pfändbarkeit der Sache (§ 562 I 2 – falls Gesetzestext zur Hand: Lesen Sie hierzu §§ 811, 811c und 812 ZPO!).

Forderungen aus dem Mietverhältnis, für die das Pfandrecht besteht, sind alle Forderungen, die sich aus dem Wesen der Gebrauchsüberlassung ergeben, wie zB Mietforderungen sowie Schadensersatz- bzw. Entschädigungsforderungen.[363] **193**

Die Forderungen müssen bereits bestehen; künftige Forderungen sind gem. § 562 II vom Vermieterpfandrecht ausgeschlossen.

»Eingebracht« ist eine Sache, wenn sie vom Mieter während der Mietzeit gewollt und nicht nur vorübergehend in die Mieträume hineingeschafft wurde.[364] Die Sache muss im Eigentum des Mieters stehen. Da das Vermieterpfandrecht ein besitzloses Pfandrecht ist (anders als das Pfandrecht nach § 1204 oder das Werkunternehmerpfandrecht gem. § 647 – dazu → Rn. 306), ist ein gutgläubiger Erwerb des Vermieterpfandrechts gem. § 1207 (iVm § 1205 I 1) nicht möglich.

cc) Rechtsfolgen

Gemäß § 562b I darf der Vermieter die Entfernung der mit dem Pfandrecht belasteten Sache(n) vom Grundstück oder aus den Räumen verhindern bzw. diese beim Auszug des Mieters in Besitz nehmen. **194**

Der Pfandgläubiger ist zum Zwecke der Befriedigung zum Verkauf der Sache berechtigt, sobald die Forderung ganz oder zum Teil fällig ist (sog. »Pfandreife«, vgl. § 1228 iVm § 1257). Der Verkauf des Pfandes findet regelmäßig im Wege der öffentlichen Versteigerung (vgl. §§ 1235 ff.) statt.

dd) Erlöschen

Über § 1257 gelten für das Vermieterpfandrecht die allgemeinen Erlöschensgründe für das vertraglich bestellte Pfandrecht entsprechend, dh die §§ 1242, 1252 und 1255 f. (lesen!). Außerdem erlischt das Vermieterpfandrecht **195**

- durch Entfernung der Sachen gem. § 562a S. 1, es sei denn, dass dies ohne Wissen oder gegen den beachtlichen Widerspruch des Vermieters erfolgte (unter den Voraussetzungen von § 562a S. 2 ist der Widerspruch des Vermieters allerdings unbeachtlich),
- mit Ablauf der Ausschlussfrist des § 562b II 2,
- mit dem gutgläubigen lastenfreien Erwerb durch einen Dritten (§ 936).

363 Weitere Forderungen: vgl. Palandt/*Weidenkaff* § 562 Rn. 11 ff.
364 MüKoBGB/*Artz* § 562 Rn. 12.

V. Beendigung des Mietverhältnisses

1. Zeitablauf

196 Ein Mietverhältnis, das auf bestimmte Zeit eingegangen ist (befristetes Mietverhältnis) endet grundsätzlich mit dem Ablauf dieser Zeit (§ 542 II), falls es nicht vorher wirksam außerordentlich gekündigt oder verlängert wird. Eine Verlängerung kann entweder ausdrücklich vertraglich vereinbart werden oder sich ergeben, wenn der Mieter nach Ablauf der Mietzeit den Gebrauch der Mietsache fortsetzt (»stillschweigende Verlängerung« nach § 545 S. 1). In diesem Fall verlängert sich das Mietverhältnis auf unbestimmte Zeit, sofern nicht eine Vertragspartei ihren entgegenstehenden Willen (innerhalb von zwei Wochen) erklärt.

197 Ein befristetes Mietverhältnis (Zeitmietvertrag) über Wohnraum kann nur unter den Voraussetzungen von § 575 eingegangen werden.

Ein Zeitmietvertrag ist gem. § 575 I insbesondere zulässig, wenn der Vermieter nach Ablauf der Zeit den Wohnraum für sich, seine Familienangehörigen oder Angehörige seines Hausstands nutzen oder die Räume wesentlich verändern oder die Räume an einen zur Dienstleistung Verpflichteten (beispielsweise seinen Gärtner) vermieten will (§ 575 I Nr. 1–3; lesen Sie außerdem Abs. 2–4).

2. Kündigung

198 Bei der Kündigung von Mietverhältnissen auf unbestimmte Zeit ist zwischen

- der ordentlichen Kündigung (§ 542 I),
- der außerordentlichen Kündigung mit gesetzlicher Frist – diese ist in § 573d II 1 geregelt (unter anderem §§ 540 I 2, 544 S. 1, 563 IV, 563a II, 564 S. 2, 580) und
- der außerordentlichen fristlosen Kündigung aus wichtigem Grund (§ 543 und § 569) mit Sonderregelungen für Wohnraummiete zu unterscheiden.

Nach der Rechtsprechung des BGH ist es allerdings möglich, einen zeitlich begrenzten Ausschluss des Kündigungsrechts – auch formularmäßig – zu vereinbaren, und zwar für die Dauer von maximal vier Jahren.[365]

Zur Abmilderung der Folgen der **COVID-19-Pandemie** durfte ein Mietverhältnis über **Grundstücke** oder über **Räume** allein wegen pandemiebedingter Nichtzahlung der Miete nach Art. 240 § 2 I, IV EGBGB[366] in der Zeit vom 1.4. bis 30.6.2020 weder ordentlich noch außerordentlich gekündigt werden. Die Zahlungsrückstände müssen **bis zum 30.6.2022** ausgeglichen werden. Geschieht dies nicht, kann auch wegen dieser Nichtzahlungen gekündigt werden.

a) Ordentliche Kündigung

199 Die **Kündigung** ist eine **einseitige empfangsbedürftige Willenserklärung** einer Vertragspartei, die bei der ordentlichen Kündigung darauf gerichtet ist, das Mietverhält-

365 BGH NJW 2005, 1574 = NZM 2005, 419 = WuM 2005, 346 (unter II 1 mwN); NZM 2011, 150 (151).

366 S. **dtv-BGB, Nr. 2.**

nis nach Ablauf einer bestimmten Frist zu beenden. Sie wird mit dem Zugang[367] beim Empfänger wirksam.

Für Wohnraummietverhältnisse, deren Kündigung gem. § 568 I der schriftlichen Form bedarf, ist das Recht des **Vermieters** stark eingeschränkt. Er muss an der Kündigung ein **berechtigtes Interesse** haben (§ 573 I 1 – Einzelheiten: lesen Sie § 573 ganz!).

Die Kündigungsfristen richten sich gem. § 573c nach der bereits abgelaufenen Mietzeit. Wenn Sie Abs. 1 dieser Vorschrift gelesen haben, können Sie sicher folgende Fragen (richtig?) beantworten: 200

- ■ Mieter M wohnt seit sechs Jahren in einer Wohnung des Vermieters V und möchte am 31.3. ausziehen. Bis wann muss die Kündigung des M dem V zugegangen sein, damit sie fristgerecht erfolgte?
- ▶ Gemäß § 573c I 1 ist die Kündigung spätestens am dritten Werktag eines Kalendermonats zum Ablauf des übernächsten Monats zulässig. Die Kündigung muss dem V also (da der 1.1. kein Werktag ist) bis zum 4.1. zugegangen sein.
- ■ Vermieter V möchte die Wohnung, in der Mieter M seit mehr als acht Jahren lebt, seiner inzwischen erwachsenen Tochter überlassen, die zum 1.1.2023 einziehen will. V fasst diesen Entschluss Mitte März 2022. Bis wann muss die Kündigung dem M zugegangen sein, damit die Wohnung ab 1.1.2023 frei ist?
- ▶ Gemäß § 573c I 2 verlängert sich die Dreimonatsfrist von Satz 1 nach fünf und acht Jahren seit der Überlassung des Wohnraums jeweils um drei Monate. Damit die Kündigung zum 31.12.2022 wirksam ist, muss diese dem M daher spätestens am 3.4.2022 zugegangen sein.

Bei einem Mietverhältnis über Grundstücke und Räume, die keine Geschäftsräume sind, und über bewegliche Sachen sowie digitale Produkte gelten die Kündigungsfristen des § 580a.

b) Außerordentliche Kündigung mit gesetzlicher Frist

Die außerordentliche Kündigung mit gesetzlicher Frist erlaubt eine vorzeitige Beendigung des Mietverhältnisses, das für eine bestimmte Zeit eingegangen ist oder bei dem eine die gesetzlichen Fristen übersteigende Kündigungsfrist vereinbart worden ist (vgl. §§ 540 I 2, 544 S. 1, 563 IV, 563a II, 564 S. 2, 580). 201

Für die in diesen Vorschriften zugelassenen außerordentlichen Kündigungen mit gesetzlicher Frist enthält § 573d Sonderregelungen für die Wohnraummietverhältnisse auf unbestimmte Zeit.

Für Wohnraummietverhältnisse auf bestimmte Zeit (Zeitmietverträge) gilt § 575a, für Mietverhältnisse über andere Sachen sowie digitale Produkte § 580a IV.

c) Außerordentliche fristlose Kündigung aus wichtigem Grund

Auf diese Art der Kündigung wurde bereits bei der Darstellung der Rechte und Pflichten des Mieters (→ Rn. 173 ff.) hingewiesen. Ebenso wurde schon erwähnt, dass § 543 für Wohnraummietverhältnisse durch § 569 ergänzt wird. 202

Gegenstand dieser beiden letztgenannten Vorschriften sind insbesondere sechs Kündigungstatbestände: 203

367 Dazu *Wörlen/Metzler-Müller* BGB AT Rn. 178 ff.

(1) Kündigungsrecht des Mieters wegen nicht rechtzeitiger Gewährung oder Entziehung des vertragsgemäßen Gebrauchs der Mietsache (§ 543 II 1 Nr. 1),
(2) Kündigungsrecht des Vermieters wegen vertragswidrigen Gebrauchs der Mietsache durch den Mieter (§ 543 II 1 Nr. 2),
(3) Kündigungsrecht des Vermieters wegen Zahlungsverzug des Mieters (§ 543 II 1 Nr. 3),
(4) Kündigungsrecht des Vermieters wegen Verzug des Mieters mit einer Sicherheitsleistung (§ 569 IIa),
(5) Kündigungsrecht des Mieters bei erheblicher Gesundheitsgefährdung (§ 569 I),
(6) Kündigungsrecht beider Vertragsparteien bei nachhaltiger Störung des Hausfriedens durch die jeweils andere Vertragspartei (§ 569 II). Für Mietverhältnisse über Räume, die nicht Wohnräume sind, wird in § 578 II 1 auf § 569 II verwiesen.

Mit einem Schaubild lassen sich diese sechs **Kündigungstatbestände** wie folgt darstellen:

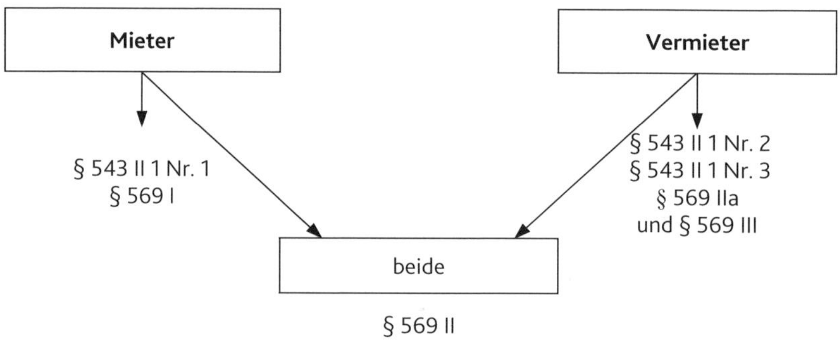

204 Bei letztgenanntem Kündigungsgrund muss die Störung des Hausfriedens **nachhaltig** sein. Störungen, die nur hin und wieder auftreten, reichen für eine außerordentliche fristlose Kündigung also nicht aus, da sie eine sofortige Trennung der Vertragsparteien nicht unausweichlich machen.

Beispiele: Der Hausfrieden ist zB nachhaltig gestört bei schweren Beleidigungen, Tätlichkeiten gegen die andere Vertragspartei oder deren Angehörige, unberechtigten Strafanzeigen, Prostitution und Drogenhandel in der Wohnanlage, übermäßigem Lärm (Clublautstärke statt Zimmerlautstärke, Betonmischmaschine im Garten sonntags um 14.00 Uhr) und Ähnlichem mehr.[368]

Die Störung des Hausfriedens durch eine der Vertragsparteien ist vor allem für den – in der Praxis seltenen – Fall relevant, dass Vermieter und Mieter im selben Haus (mit nicht mehr als zwei Wohnungen) wohnen. Für diesen Fall sieht § 573a im Übrigen eine erleichterte Kündigung durch den Vermieter vor: Gemäß § 573a I 1 muss er das für die ordentliche Kündigung nach § 573 I 1 grundsätzlich geforderte »berechtigte Interesse« nicht nachweisen.

205 Eine fristlose Kündigung kann in eine wirksame ordentliche Kündigung umgedeutet werden (vgl. § 140). Eine solche Umdeutung ist nach der ständigen Rechtsprechung nur im Ausnahmefall möglich.[369] Voraussetzung hierfür ist, dass der Kündigungs-

368 Vgl. MüKoBGB/*Häublein* § 569 BGB Rn. 24.

369 BGH NJW 1981, 976; Schmidt-Futterer/*Blank* § 542 Rn. 23; BeckOK BGB/*Wiederhold* § 542 Rn. 48.

empfänger zweifelsfrei erkennen kann, dass der Vertrag nach dem Willen des Kündigenden in jedem Fall beendet werden soll.[370]

3. Mietaufhebungsvertrag

Ein Mietaufhebungsvertrag ist eine elegante, weil zeit- und kostensparende Möglichkeit, das Mietverhältnis zu beenden. Die Möglichkeit, **jeden** Vertrag durch einen Aufhebungsvertrag einvernehmlich zu beenden, ergibt sich aus der Vertragsfreiheit (vgl. § 311 I). Der Mietaufhebungsvertrag bedarf nicht der Schriftform[371] (vgl. § 568 I für die Kündigung). Auch wenn im Mietvertrag für Änderungen und Ergänzungen die **Schriftform** vereinbart wurde, bezieht sich diese Regelung nicht auf die Beendigung des Vertragsverhältnisses durch Abschluss eines Mietaufhebungsvertrages.[372] 206

Wenn Sie in einer Klausur den Anspruch des Vermieters gegen den Mieter auf Rückgabe/Räumung der Wohnung prüfen müssen, empfiehlt sich das folgende Prüfungsschema:

Prüfungsschema

Anspruch des Vermieters gegen den Mieter auf Rückgabe/Räumung der Wohnung gem. § 546 I

I. Voraussetzungen:
1. Wirksamer Mietvertrag
2. Beendigung des Mietverhältnisses
   a) durch Aufhebungsvertrag (§ 311 I)
   b) durch Zeitablauf (§ 575)
   c) durch Kündigung – Schriftform der Kündigung (§ 568)
      aa) Gründe für eine außerordentliche fristlose Kündigung: §§ 543 II 1 Nr. 2 und Nr. 3, 569 III
      gegebenenfalls Umdeutung in eine ordentliche Kündigung § 140
      bb) Gründe für eine ordentliche Kündigung: §§ 573, 573a
3. Kündigungsfrist (bei der ordentlichen Kündigung): § 573c
4. Härtefall gem. §§ 574, 574a, 574b?

II. Rechtsfolge:
Rückgabe/Räumung der Wohnung

370 BGH NJW 2003, 1143 (1144); 2003, 3053 (3054).
371 jurisPK-BGB/*Mössner/Tiedemann* § 568 Rn. 14 mwN.
372 OLG Düsseldorf NJOZ 2004, 35 = WuM 2003, 621; jurisPK-BGB/*Münch* § 542 Rn. 34.

Übersicht 9 (Teil 1)

207 **Mietrecht**

Mietvertrag

Wesen (§ 535) – Gebrauchsüberlassung einer Sache gegen Entgelt

- gegenseitiger Vertrag

Zustandekommen und Inhalt

Einigung über

1. Gegenstand:

Mietsache

bewegliche Sachen	und	**unbewegliche Sachen**
Autos; Maschinen; Bücher; Zeitschriften		Grundstücke; Häuser; Wohnräume; Teile davon; Räume, die keine Wohnräume sind

2. Miete [= Nettomiete (Grundmiete) + Betriebskosten]

3. Mietparteien: Vermieter – Mieter

- Wohnraummiete: (Ehe-)Partner und Familienmitglieder des Vertragschließenden haben Mitbenutzungsrecht, ohne Partei zu sein (Angehörige sind nicht »Dritte«)

208 **Pflichten der Vertragsparteien**

Vermieter		**Mieter**	
Hauptpflichten	**Nebenpflichten**	**Hauptpflichten**	**Nebenpflichten**
Gebrauchsüberlassung auf Zeit (§ 535 I 1) Gebrauchserhaltungspflicht (§ 535 I 2) Instandsetzungspflicht (§ 535 I 2) Verpflichtung, Lasten zu tragen (§ 535 I 3)	Rücksichtnahmepflichten (§ 241 II) Schutz- und Fürsorgepflichten, vor allem Aufklärungspflichten	Mietzahlung (§ 535 II) (Mieterhöhung: §§ 557–561) Schönheitsreparaturen, falls vereinbart (§ 535 I 2; vgl. § 28 IV 3 II. BV)	Zahlung von Nebenkosten/ Betriebskosten (vgl. §§ 556–556b) Allg. Schutz- und Sorgfaltspflichten/ vertragsgemäße Benutzung Obhutspflicht und Mängelanzeige (§ 536c I – gegebenenfalls Anspruch Vermieter gegen Mieter nach § 536c II 1) Duldungspflichten (§§ 555a I, 555b, 555d I) Rückgabe der Mietsache nach Ablauf der Mietzeit (§ 546 – beachte § 546a)

Übersicht 9 (Teil 2)

Rechte der Vertragsparteien 209

Vermieter

Anspruch auf Zahlung der Miete (§ 535 II)
Bei Verzug: §§ 280 I, II, 286; § 288 I 1; § 543 II 1 Nr. 3

Gegebenenfalls Anspruch auf Vornahme von Schönheitsreparaturen (falls vertraglich vereinbart)
Bei Verzug: §§ 280 I, II, 286
Bei Nichterfüllung: §§ 280 I, III, 281

Schadensersatz gem. § 536c II, falls Verstoß des Mieters gegen Mängelanzeigepflicht nach § 536c I

Bei nicht ordnungsgemäßer Rückgabe der Mietsache: § 546a und §§ 280 I, II, 286 (Nebenpflicht) sowie §§ 280 I, III, 281–283

Vermieterpfandrecht (§§ 562 ff.)

Mieter

Anspruch auf Gebrauchsüberlassung der (mangelfreien) Mietsache (§ 535 I 1, 2)

Anspruch auf Beseitigung von behebbarem Sachmangel (§ 535 I 2)

Mietminderung – kraft Gesetzes (§ 536)

Schadens- und Aufwendungsersatzanspruch § 536a

Außerordentliche Kündigung wegen Nichtgewährung des Gebrauchs (§ 543 – bei Wohnraum: § 569)

Beendigung des Mietverhältnisses 210

Ablauf der Mietzeit § 542 II

Kündigung

Mietaufhebungsvertrag § 311 I

Ordentliche Kündigung

§ 542 I

Fristen:
§ 573c (Wohnraum)
§ 580a (Grundstücke, Räume und bewegliche Sachen sowie digitale Produkte)

Außerordentliche Kündigung mit gesetzlicher Frist

§§ 540 I 2, 544 S. 1, 563 IV, 563a II, 564 S. 2, 580
Fristen:
§ 573d II 1 (unbefristeter Wohnraum-Mietvertrag)
§ 575a (befristeter Wohnraum-Mietvertrag = sog. Zeitmietvertrag)
§ 580a IV (Grundstücke, Räume und bewegliche Sachen sowie digitale Produkte)

Außerordentliche fristlose Kündigung aus wichtigem Grund

§§ 543, 569, 578

Übersicht 9 (Teil 3)

211 **Wirksamkeitsvoraussetzungen der Kündigung**

Mietvertrag über unbestimmte Zeit	Mietvertrag für bestimmte Zeit	Mietvertrag über Wohnungen
• formlos • ohne Grund § 542 I	• formlos • gesetzlicher Grund § 542 II Nr. 1	• Form: § 568 • Kündigungsgrund durch Vermieter (§ 573 – berechtigtes Interesse) Ausnahme: § 573a • Mieterschutz: § 574 (Widerspruchsrecht)

212 **Rechte des Wohnraum-Mieters, die nicht abdingbar sind**

- § 536 I: Mietminderungsrecht bei Wohnraum;
- §§ 543, 569: außerordentliche fristlose Kündigung aus wichtigem Grund, beachte bei Wohnraum § 569 V 1;
- §§ 551–554a: Schutzvorschriften für Mietsicherheiten, Wegnahmerecht des Mieters (vgl. § 552 II), Gestattung der Gebrauchsüberlassung an Dritte, Rechte bei Erhaltungs- und Modernisierungsmaßnahmen des Vermieters, Zustimmung des Vermieters bei baulichen Änderungen zur behindertengerechten Nutzung;
- §§ 556–558b: Vereinbarungen über Betriebskosten und Mieterhöhungen, »Mietpreisbremse«, Fälligkeit der Miete;
- §§ 559–561: Mieterhöhung und Sonderkündigungsrecht des Mieters;
- §§ 563–563a: Eintrittsrecht bzw. Fortsetzung des Mietverhältnisses bei Tod des Mieters;
- § 568: Schriftform bei Kündigung von Wohnraummietverhältnissen (die Unabdingbarkeit steht zwar nicht im Gesetz, ergibt sich aber aus dem Grundsatz: gesetzliche Formvorschriften sind zwingend);
- § 571: Schadensersatz bei verspäteter Rückgabe des Wohnraums;
- § 572 II: Mietverhältnis unter auflösender Bedingung;
- §§ 573–574c: Wirksamkeitsvoraussetzungen für Kündigung durch Vermieter, Kündigungsfristen, Widerspruch des Mieters wegen Härte und Fortsetzung des Mietverhältnisses;
- §§ 575–575a: Wirksamkeitsvoraussetzungen für den Zeitmietvertrag und dessen Kündigung;
- §§ 576–576b: Kündigungsvorschriften für Werkwohnung;
- §§ 577–577a: Vorkaufsrecht des Mieters bei Bildung von Wohnungseigentum und Kündigungsbeschränkung.

Muster: Mietvertrag über Wohnraum[373] 213

Mietvertrag

zwischen

____

(im Folgenden Mieter)

und

____

(im Folgenden Vermieter)

§ 1 Mietgegenstand, Mietzweck

(1) Vermietet werden in dem Haus ________________, an der ________straße in ________________ folgende Räume im: Vorderhaus/Mittelgebäude/Seitengebäude/Rückgebäude, _____ Stock, rechts/links/Mitte, Wohnungs-Nr. _____, bestehend aus _____ Zimmer(n), _____ Küche, _____ Kammer(n), _____ Bad/WC, _____ WC, _____ Keller(anteil), _____ Speicher(anteil), _________, zu Wohnzwecken; dazu folgende zu anderen als Wohnzwecken dienende Räume und Flächen, _____ Garage(n), _____ Stellplatz/-plätze mit der Nr./den Nrn. _____ zur Benutzung als Kfz-Abstellplatz sowie ________________ (Garten etc.). Der Mieter hat den Mietgegenstand vor Vertragsabschluss besichtigt.

(2) Der Mieter ist berechtigt, Wasch- und Trockenraum gemäß der Hausordnung mitzubenutzen.

(3) Dem Mieter werden vom Vermieter für die Mietzeit folgende Schlüssel ausgehändigt:

____.

(4) Was in § 1 Abs. 1 nicht ausdrücklich genannt ist, ist nicht Teil des Mietobjekts und ist nicht vermietet.

§ 2 Mietzeit

(1) Das Mietverhältnis beginnt am ________________ und läuft auf unbestimmte Zeit.

(2) Setzt der Mieter den Gebrauch der Mietsache nach Ablauf der Mietzeit fort, so gilt das Mietverhältnis nicht als verlängert. § 545 BGB findet keine Anwendung.

§ 3 Miete

(1) Die Miete beträgt monatlich ________________ EUR zuzüglich Miete für Garage/Stellplatz ________________ EUR zuzüglich monatliche Vorauszahlungen auf die Betriebskosten gemäß § 2 Betriebskostenverordnung (Anlage) ________________ EUR, insgesamt monatlich ________________ EUR. Bei Erhöhung bzw. Neueinführung von umlagefähigen Betriebskosten ist der Vermieter berechtigt, diese im Rahmen der gesetzlichen Vorschriften umzulegen.

(2) Neben der Miete trägt der Mieter auch die auf sein Mietobjekt entfallenden Betriebskosten.

(3) Auf jeden Fall umlagefähig sind die laufenden öffentlichen Lasten des Grundstücks, insbesondere die Grundsteuer.

(4) Sollte eine bei Abschluss dieses Mietvertrags mögliche Umlage wegfallen oder erschwert werden, verpflichten sich die Parteien den Mietzins gemäß § 3 Abs. 1 entsprechend anzupassen.

(5) Betriebskosten für Heizung und Warmwasser werden entsprechend der Heizkostenverordnung abgerechnet. Im Übrigen werden die Betriebskosten nach dem Anteil der Wohnfläche umgelegt.

(6) Über die monatlichen Vorauszahlungen für Betriebskosten wird nach Ablauf des jährlichen Abrechnungszeitraumes nach den gesetzlichen Vorschriften abgerechnet. Etwaige Nachzahlungen oder Guthaben sind unverzüglich auszugleichen.

(7) Für die Fälligkeit der Miete gilt § 556b Abs. 1 BGB, die Miete ist daher spätestens am 3. Werktag eines jeden Monats an den Vermieter auf Kontonummer ________________________ bei ________________, BLZ ________________ im Voraus zu zahlen. Vorauszahlungen auf die Betriebskosten sind zugleich mit der Miete zu zahlen. Für die Rechtzeitigkeit kommt es nicht auf die Absendung sondern auf den Eingang des Geldes auf dem Konto des Vermieters an.

373 Das Mietvertragsmuster wurde entnommen aus *Krauß/Weise/Eggert*, Beck'sche Online-Formulare Vertrag, 15.1.1.

(8) Bei verspäteter Zahlung von Miete und Nebenkostenvorauszahlung/-pauschale ist der Vermieter berechtigt, Mahnkosten in Höhe von ________________ EUR zu verlangen, die gesetzlichen Regelungen über Verzugszinsen bleiben hiervon unberührt. Dem Mieter bleibt der Nachweis gestattet, dass auf Grund der verspäteten Zahlung ein Mahnaufwand nicht entstanden oder wesentlich niedriger ist als die Pauschale.

§ 4 Haftung des Vermieters, Aufrechnung, Zurückbehaltung

(1) Die verschuldensunabhängige Haftung des Vermieters gemäß § 536a Abs. 1 BGB für bei Mietvertragsschluss vorhandene Sachmängel ist ausgeschlossen.

(2) Der Mieter kann mit einer Forderung aus § 536a BGB und auf Rückerstattung von auf Grund Minderung zu viel gezahlter Miete die Aufrechnung erklären bzw. ein Zurückbehaltungsrecht geltend machen. Mit anderen Ansprüchen kann er nur aufrechnen bzw. ein Zurückbehaltungsrecht geltend machen, soweit sie unbestritten oder rechtskräftig festgestellt oder entscheidungsreif sind. Ist die Aufrechnung bzw. das Zurückbehaltungsrecht des Mieters zulässig, muss er sie/es mindestens einen Monat vor Fälligkeit der Vermieterforderung diesem anzeigen.

§ 5 Benutzung der Mieträume, Untervermietung

(1) Die Benutzung der Mieträume ist nur im Rahmen des vertraglich vereinbarten Zweckes gestattet. Tierhaltung in den Mieträumen ist ohne Einwilligung des Vermieters nicht gestattet. Dies gilt nicht für Kleintiere.

(2) Der Mieter ist ohne Erlaubnis des Vermieters nicht berechtigt, den Gebrauch der Mietsache einem Dritten zu überlassen, insbesondere sie weiterzuvermieten.

§ 6 Kaution

(1) Der Mieter leistet dem Vermieter eine Kaution gemäß § 551 BGB in Höhe von ________________ EUR (in Worten: ________________________________ Euro) für die Erfüllung seiner Pflichten.

(2) Leistet der Mieter die Sicherheit als Geldsumme, ist er zu drei gleichen monatlichen Teilzahlungen berechtigt; die erste Teilzahlung ist zu Beginn des Mietverhältnisses fällig.

§ 7 Veränderungen der Mietsache

Bauliche oder sonstige den vertragsgemäßen Verbrauch überschreitende Veränderungen innerhalb des Mietgegenstandes oder der darin befindlichen Einrichtungen und Anlagen darf der Mieter ohne Einwilligung des Vermieters nicht vornehmen.

§ 8 Schönheitsreparaturen, Instandhaltung und Instandsetzung des Mietgegenstandes

(1) Der Mieter ist verpflichtet, den Mietgegenstand sowie die darin befindlichen Einrichtungen und Anlagen pfleglich und schonend zu behandeln sowie den Mietgegenstand entsprechend den technischen Gegebenheiten ausreichend zu beheizen und zu belüften. Entsprechendes gilt für die Gemeinschaftsflächen, sofern vom Mieter mitbenutzt.

(2) Der Mieter ist verpflichtet, die Schönheitsreparaturen fachgerecht auszuführen. Ausgenommen sind dekorative Schäden, die nicht auf den Mietgebrauch zurückzuführen sind; diese sie sind vom Vermieter zu beseitigen.

(3) Der Mieter ist verpflichtet, die Kosten für Kleinreparaturen derjenigen Teile der Mietsache zu tragen, die häufig seinem Zugriff ausgesetzt sind, wie Installationsgegenstände für Elektrizität, Gas und Wasser, Heiz- und Kocheinrichtungen, Fenster- und Türverschlüsse, Verschlussvorrichtungen von Fensterläden, Rollläden, Markisen, Jalousien und evtl. mitvermietete Einrichtungsgegenstände wie etwa Kühlschränke, Waschmaschinen, soweit die Kosten für die einzelne Reparatur 60 EUR und der dem Mieter dadurch entstehende jährliche Aufwand 5% der Jahresbruttokaltmiete (Miete zzgl. Nebenkosten ohne Heizkosten) nicht übersteigen.

(4) Der Mieter hat Schäden am Mietgegenstand unverzüglich dem Vermieter anzuzeigen.

(5) Für Beschädigungen des Mietgegenstandes sowie der im Mietgegenstand vorhandenen Einrichtungen und Anlagen ist der Mieter ersatzpflichtig, wenn und soweit sie von ihm oder unter Verletzung der ihm obliegenden Obhuts- und Sorgfaltspflichten von den zu seinem Haushalt gehörenden Personen, von seinen Untermietern oder Dritten, denen er den Gebrauch der Mietsache überlassen hat, von Besuchern, deren Erscheinen ihm zuzurechnen ist, von ihm beauftragten Lieferanten oder von ihm beauftragten Handwerkern schuldhaft verursacht werden.

(6) Eine Pflicht des Vermieters, die Schönheitsreparaturen durchzuführen, besteht nur sofern und soweit sie in diesem Mietvertrag oder in einem Mietvertragsnachtrag schriftlich vereinbart sind.

§ 9 Zustand des Mietgegenstandes zu Mietbeginn

(1) Die in § 1 Abs. 1 genannten zu Wohnzwecken dienenden Räume werden vermieterseits im renovierten Zustand (______________________________) übergeben.

(2) Die Räume weisen bei Übergabe an den Mieter folgende Gebrauchsspuren auf:

____

§ 10 Betreten der Mieträume durch den Vermieter

(1) Der Vermieter, ein von ihm Beauftragter oder beide sind bei Gefahr in Verzug berechtigt, die Mieträume zur Feststellung und Durchführung der zur Gefahrenabwehr notwendigen Maßnahmen zu betreten.

(2) Will der Vermieter das Grundstück verkaufen oder ist das Mietverhältnis gekündigt, sind die in vorstehendem Abs. 1 bezeichneten Personen berechtigt, zusammen mit Kauf- bzw. Mietinteressenten die Mieträume nach Terminvereinbarung mit angemessener Frist und zu angemessenen Zeiten zur Besichtigung zu betreten.

§ 11 Beendigung der Mietzeit

Der Mietgegenstand ist bei Beendigung der Mietzeit gesäubert und unter Rückgabe sämtlicher Schlüssel zurückzugeben. Auf § 8 wird verwiesen.

§ 12 Personenmehrheiten als Mieter

(1) Sind mehrere Personen Mieter, haften diese für alle Verpflichtungen aus dem Mietverhältnis als Gesamtschuldner.

(2) Willenserklärungen müssen von oder gegenüber allen Mietern abgegeben werden. Die Mieter bevollmächtigen sich hiermit in jederzeit widerruflicher Weise gegenseitig zur Entgegennahme oder Abgabe solcher Erklärungen; diese Vollmacht gilt jedoch nicht für die Zustimmung zu einem Mieterhöhungsverlangen, für den Ausspruch von Kündigungen, für ein Verlangen auf Verlängerung des Mietverhältnisses sowie Mietaufhebungs- und Mietänderungsverträge.

§ 13 Sonstiges, insbesondere vorvertragliche Information des Vermieters zur Miethöhe

(1) Die beigefügte Hausordnung ist Bestandteil dieses Vertrags.

(2) ____

____

(3) Der Vermieter informiert den Mieter vor dessen Abgabe der Willenserklärung zum Mietvertrag (also dessen Unterschrift) über die Miethöhe wie folgt:

☐ Die im abzuschließenden Wohnungsmietvertrag geforderte Miete überschreitet die in § 556d Abs. 1 BGB genannte Grenze (ortsübliche Vergleichsmiete +10%) nicht.

☐ Die im abzuschließenden Wohnungsmietvertrag geforderte Miete ist nach § 556f S. 1 BGB zulässig, weil die Wohnung nach dem 1.10.2014 erstmals genutzt und vermietet wurde.

☐ Die im abzuschließenden Wohnungsmietvertrag geforderte Miete ist nach § 556f S. 2 BGB zulässig, weil es sich um die 1. Vermietung nach umfassender Modernisierung handelt.

☐ Die im abzuschließenden Wohnungsmietvertrag geforderte Miete ist nach § 556e Abs. 2 BGB zulässig, weil in den letzten 3 Jahren vor Beginn des Mietverhältnisses entsprechende Modernisierungsmaßnahmen durchgeführt wurden.

☐ Die im abzuschließenden Wohnungsmietvertrag geforderte Miete ist nach § 556e Abs. 1 BGB zulässig, weil die Vormiete ein Jahr vor Ende des Vormietverhältnisses EUR____________________ betrug.

Der Mieter bestätigt mit seiner nachfolgenden Unterschrift, dass er die vorstehend in § 13 Abs. 3 enthaltene Auskunft des Vermieters zur Miethöhe vor Abgabe seiner Mietvertragserklärung erhalten hat.

____

(Unterschrift des Mieters, bei Mietermehrheit aller Mieter, Datum und Ort)

Hiermit schließen wir den obenstehenden Mietvertrag.

____

(Unterschriften der Beteiligten, also erstmalige Unterschrift des Vermieters und 2. Unterschrift des Mieters)

VI. Leasing als Sonderform der Miete

214 Sogenannte Leasingverträge (engl.: to lease = vermieten, verpachten) werden in Deutschland seit den 1960er Jahren getätigt. Sie haben ihren Ursprung in den USA und mittlerweile eine große wirtschaftliche Bedeutung. Auch wenn der Leasingvertrag oft mit einer Kaufoption (»Mietkauf«) verbunden ist, handelt es sich rechtlich um einen atypischen Vertrag mit mietähnlichem Charakter[374]: Der Leasinggeber (»Vermieter«) überlässt dem Leasingnehmer (»Mieter«) gegen Entgelt (= Leasingraten) ein Wirtschaftsgut (Beispiel: Auto) zum Gebrauch und zur Nutzung.

Die Gefahr bzw. Haftung für Instandhaltung, Beschädigung oder Untergang trägt grundsätzlich der Leasingnehmer[375], während der Leasinggeber dafür seine Ansprüche gegen Dritte (zB Lieferanten) dem Leasingnehmer abtritt.[376] Durch Allgemeine Geschäftsbedingungen werden meist die Einzelheiten geregelt.

Leasingverträge sind in der Regel als **Dreipersonenverhältnisse** ausgestaltet:

- **Leasingnehmer** (LN): Er schließt einen Leasingvertrag mit dem
- **Leasinggeber** (LG). Dieser kauft den Leistungsgegenstand beim
- **Hersteller** (H) = Lieferant, und zwar nach den Vorgaben des Leasingnehmers.

Der Leasinggegenstand wird dem Leasingnehmer gegen Zahlung der Leasingraten überlassen.

Im Einzelnen unterscheidet man grob:

- Das »**Operating-Leasing**«: Der Leasinggeber kauft eine Sache, um sie mehrmals weiterzuvermieten. Diese Gestaltung entspricht weitgehend dem Mietvertrag, so dass die §§ 535 ff. anwendbar sind.[377] Dieses ist vor allem im gewerblichen Bereich zu finden.
- Das »**Hersteller-Leasing**«: Leasinggeber und Hersteller des Leasingobjekts (er selbst oder eine Tochtergesellschaft) sind identisch (es besteht also kein Dreipersonenverhältnis). Diese Leasingart ist im Kraftfahrzeughandel gebräuchlich. Dem Hersteller/Lieferanten kommt es wesentlich darauf an, seine Waren abzusetzen, während das Finanzierungsinteresse in den Hintergrund tritt. Wegen der entgeltlichen Gebrauchsüberlassung (= wesentlicher Vertragsbestandteil) sind auch hier die mietrechtlichen Bestimmungen relevant.[378]
- Das »**Finanzierungsleasing** (Financial-Leasing)«: Es ist ein Dreipersonenverhältnis (Hersteller, Leasinggeber, Leasingnehmer) gegeben, das mit dem beim finanzierten Abzahlungskauf vergleichbar ist:

374 Vgl. *Looschelders* SchuldR BT § 24 Rn. 1 f.
375 BGH NJW 1996, 1888.
376 Vgl. *Aichberger/Schmidt* in Creifelds RechtsWB »Leasing, Leasingvertrag«.
377 BGH NJW-RR 1998, 1346 = MDR 1998, 648 (649).
378 *Brox/Walker* SchuldR BT § 15 Rn. 7.

215

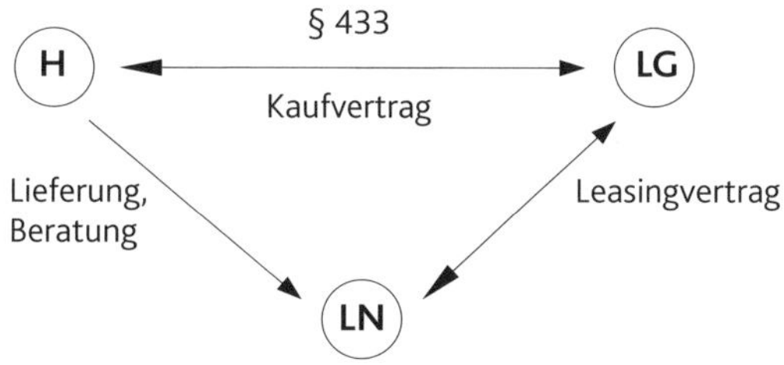

Finanzierungsleasing

Beim **Finanzierungsleasing** beschränkt sich der Leasinggeber (LG) regelmäßig darauf, den Erwerb der Sache zu finanzieren, indem er den Kaufpreis für die Leasingsache an den Hersteller (H) zahlt, nachdem der Leasingnehmer (LN) die Leasingsache nach Beratung durch den Hersteller (H) ausgesucht hat. Für den Gebrauch der Sache zahlt der Leasingnehmer an den Leasinggeber den Leasingpreis in monatlichen Raten. Auch hier wendet die Rechtsprechung Mietrecht an;[379] im Einzelfall wird die abweichende Interessenlage berücksichtigt. Das Finanzierungsleasing kommt häufig bei Verbraucherverträgen, insbesondere im Zusammenhang mit dem Erwerb von Kraftfahrzeugen, in Betracht. Die Schutzvorschriften betreffend den Verbraucherkredit sind unter den Voraussetzungen des § 506 I und II auf das Finanzierungsleasing anwendbar. Dem Verbraucher steht ein Widerrufsrecht nach §§ 506 I, 495 I zu.

Wenn Sie mehr über das Finanzierungsleasing wissen wollen: schlagen Sie nach…[380]

Literatur zur Vertiefung (→ Rn. 151–215): *Alpmann und Schmidt* SchuldR BT 2, 3. und 4. Teil; *Antomo/Bernard/Kall*, Examensklausur zum Mietrecht, JURA 2021, 541; *Bayerle*, Verbraucherschutz bei Kraftfahrzeugleasing, JA 2013, 659; *Börstinghaus/Brock*, Mietpreisbremse: Zwischen Einzelfallgerechtigkeit und Chaos, NZM 2021, 161; *Brox/Walker* SchuldR BT §§ 10–13; *Bühler*, Examensrelevantes Wissen zum Leistungsstörungsrecht im Wohnraummietrecht, JA 2021, 366; *Dittmann/Reichhart*, Betretungsrecht des Wohnraumvermieters, JA 2011, 173; *Effer-Uhe/Wenzel*, Finanzierungsleasing, JURA 2019, 868; *Fikentscher/Heinemann* SchuldR § 77; *Führich* WirtschaftsPrivR Rn. 532 ff.; *Häublein*, Probleme beim Mieterwechsel (Examensklausur), JURA 2007, 291; *Herrler*, Abwälzung von Schönheitsreparaturen durch Allgemeine Geschäftsbedingungen bei der Wohnraummiete – Wirksamkeitsanforderungen, Folgen unwirksamer Klauseln und Reaktionsmöglichkeiten des Vermieters, JURA 2008, 248 ff.; *Himmen*, Die teleologische Reduktion von § 550 BGB, JURA 2021, 872; *Hirsch* SchuldR BT §§ 27–30; *Kiehnle/Schroder*, Untermieter (Examensklausur), JURA 2007, 702; *Koch/Rudzio*, Modernisierung mit Missklängen (Übungsklausur), JURA 2007, 452; *Langenberg/Zehelein*, Schönheitsreparaturen, Instandsetzung und Rückgabe bei Wohn- und Gewerberaum, 6. Aufl. 2021; *Leuschner*, Die »Mietpreisbremse« – Unzweckmäßig und verfassungsrechtlich höchst bedenklich, NJW 2014, 1929; *Löhnig/Gietl*, Grundfälle zum Mietrecht, JuS 2011, 107 ff., 202 ff.; *Looschelders* SchuldR BT §§ 22–24; *Lorenz/Eichhorn*, Grundwissen – Zivilrecht: Die Gewährleistung im Mietrecht, JuS 2014, 783; *Oetker/Maultzsch* Schuldverhältnisse § 5 Rn. 1–232; *Medicus/Lorenz* SchuldR BT §§ 23–25, § 129; *Metzler-Müller* PrivatRFall 295 ff. sowie Fälle 11 und 12; *Petersen*, Gebrauchsüberlassung an Dritte im Mietrecht, JURA 2015, 459; *Reinicke/Tiedtke* KaufR Rn. 1664 ff. (Leasing); *Schade/Graewe* WirtschaftsPrivR Rn. 319 ff., 335; *Schrader*, Klausur Zivilrecht: »Umgekehrte Schönheitsreparaturen«, JA 2015, 341; *Sorge*, System und Struktur der Überlassungsverträge im BGB, JA 2017, 801 (Teil 1), JA 2017, 887 (Teil 2); *Steckler/Tekidou-Kühlke* WirtschaftsR C/241; *Wolfstädter/Rump*, »Mietpreisbremse«, JA 2020, 843.

379 BGH NJW 1986, 179 mwN; BGH NJW 2009, 575 = MDR 2009, 575.

380 Einzelheiten für Interessierte: vgl. *Reinicke/Tiedtke* KaufR Rn. 1664 ff.

B. Pachtvertrag

I. Wesen und Inhalt des Pachtvertrags

216 Der Pachtvertrag wird in den meisten Grundrissen zum Bürgerlichen Recht nur sehr knapp behandelt, was seiner großen praktischen Bedeutung eigentlich nicht gerecht wird. Der Grund dafür liegt in der Verweisung des § 581 II: Auf den Pachtvertrag (mit Ausnahme der Landpacht) findet, soweit sich aus den nachfolgenden Vorschriften (§§ 582 ff.) nichts anderes ergibt, das Mietrecht (innerhalb dessen Regelung der Pachtvertrag daher als »Untertitel 4« erscheint) entsprechende Anwendung.[381]

Pacht- und Mietvertrag weisen große Ähnlichkeiten, aber auch Unterschiede auf: Auch beim Pachtvertrag handelt es sich um einen gegenseitigen Vertrag, durch den der Verpächter verpflichtet wird, dem Pächter den Gebrauch des gepachteten **Gegenstands** sowie (als »Add-on«) den Genuss der bei ordnungsgemäßer Wirtschaft anfallenden **Früchte** während der Pachtzeit zu gewähren (§ 581 I 1 – lesen Sie diese Vorschrift sorgfältig durch und lesen Sie auch § 581 I 2 sowie noch einmal § 535 I 1!).

217 ■ Worin besteht bezüglich der Verpflichtungen von Vermieter und Verpächter die Gemeinsamkeit und worin bestehen wesentliche Unterschiede? (Schreiben Sie die Antwort auf, bevor Sie weiterlesen!)

▶ Gemeinsam ist beiden Schuldverhältnissen zum einen die Rechtsnatur als gegenseitiger Vertrag, zum anderen die Gebrauchsüberlassung gegen die Zahlung eines Entgelts: der Pacht (§ 581 I 2) bzw. der Miete (§ 535 II) – beide Vorschriften lesen. Im Unterschied zum Mietvertrag, der nur die Miet**sache** (und digitale Produkte) betrifft, kann sich der Pachtvertrag auch auf »**Rechte**«

Beispiele: Urheber-, Patent-, Schank-, Jagd-, Fischerei- und Aneignungsrechte

erstrecken, wie sich aus dem Gesetzeswortlaut von § 581 I 1 ergibt, in dem vom verpachteten »Gegenstand« die Rede ist. »Gegenstand« ist, wie Sie wissen (sollten), der Oberbegriff für Sachen (vgl. dazu nochmals § 90! = lesen) und Rechte. Weiter unterscheidet sich die Pacht von der Miete dadurch, dass der verpachtete Gegenstand nicht nur – wie die Mietsache – zum Gebrauch überlassen wird, sondern dass der Pächter auch zur **Fruchtziehung** berechtigt ist.

II. Landpachtvertrag

218 Besonderheiten gelten, wie in § 581 II schon angedeutet ist, für den Landpachtvertrag iSv § 585. Gegenstand des Landpachtvertrags ist ein landwirtschaftlicher Betrieb, dh, ein Grundstück mit den seiner Bewirtschaftung dienenden Wohn- und Wirtschaftsgebäuden oder ein Grundstück, das ohne solche Gebäude überwiegend zur Land-

381 Zur Abmilderung der Folgen der **COVID-19-Pandemie** durften Pachtverhältnisse über Grundstücke oder über Räume wegen pandemiebedingter **Nichtzahlung der Pacht** nach Art. 240 § 2 I, III, IV EGBGB (**dtv-BGB, Nr. 2.**) in der Zeit vom 1.4. bis 30.6.2020 weder ordentlich noch außerordentlich gekündigt werden. Die in dieser Zeitspanne aufgelaufenen Zahlungsrückstände müssen bis zum **30.6.2022** ausgeglichen werden; geschieht dies nicht, kann auch wegen dieser Nichtzahlung gekündigt werden. Eine Vertragsanpassung wegen **Störung der Geschäftsgrundlage** gem. § 313 I kommt in Betracht, wenn verpachtete Grundstücke oder Räume, die keine Wohnräume sind (zB Ladenlokale, Clubs), infolge staatlicher Maßnahmen zur Bekämpfung der COVID-19-Pandemie (zB staatlich verordnete Schließung) für den Betrieb des Pächters nicht oder nur mit erheblicher Einschränkung verwendbar sind, s. Art. 240 § 7 II EGBGB. Vgl. dazu auch → **Rn. 152a.**

wirtschaft verpachtet wird. Was der Gesetzgeber (des BGB) unter »Landwirtschaft« versteht, lesen Sie bitte in § 585 I 2 nach.

Mit dem in den §§ 585 ff. geregelten »Landpachtvertrag« brauchen Sie sich aber in diesem Rahmen nicht weiter zu befassen.

III. Franchising

Der Franchisevertrag (engl.: franchise = Privileg) ist eine aus den USA stammende Form eines gemischten Vertrags (→ Rn. 5 f.), der den Vertrieb von Waren und Dienstleistungen zum Inhalt hat und wesentliche Elemente der Pacht enthält. Dem Franchisenehmer wird über einen bloßen Lizenzvertrag hinaus gegen entsprechendes Entgelt vom Franchisegeber (regelmäßig ein Konzern) unter anderem gestattet, dessen Namen, Marken, Schutzrechte und technische Ausstattung zu übernehmen.[382] 219

Beispiele: Kfz-Einzelhandelssysteme großer Autokonzerne, diverse Hotelketten oder die Systemgastronomieketten wie zB McDonald's.[383]

C. Leihvertrag

I. Wesen der Leihe/Pflicht des Verleihers

Der Leihvertrag ist in den §§ 598–606 geregelt, von denen Sie zunächst § 598 lesen sollten, um sogleich den wesentlichen Unterschied zur Miete (§ 535 nochmals ganz lesen!) zu erkennen. 220

■ Was fällt Ihnen beim Vergleich dieser beiden Vorschriften auf?

▶ § 598 spricht nur von der Gebrauchsüberlassungspflicht (bezüglich der Sache!) des Verleihers. Eine Zahlungspflicht des Entleihers gibt es nicht; die Leihe ist unentgeltlich.[384] Da der Pflicht des Verleihers keine unmittelbare, gegenseitige Pflicht des Entleihers gegenübersteht, sprechen wir beim Leihvertrag bekanntlich[385] von einem »unvollkommen zweiseitig verpflichtenden« Vertrag.

Im täglichen Sprachgebrauch werden die Begriffe »Leihe« oder »Verleih« häufig missverständlich gebraucht: Der »Leihwagen« ist ein »Mietwagen« und der »Fahrradverleih« ist eine »Fahrradvermietung«!

II. Pflichten des Entleihers

Der Entleiher ist gem. § 603 verpflichtet, von der Sache nur den vertragsgemäßen Gebrauch zu machen, und er muss die Sache irgendwann einmal gem. § 604 zurückgeben (§ 603 und § 604 lesen!). 221

Diese Rückgabepflicht des § 604 ist keine Pflicht, die der Verpflichtung des Verleihers zur Gebrauchsüberlassung als direkte, gegenseitige Verpflichtung gegenübersteht.

Da es sich bei der Rückgabepflicht des Entleihers (wie auch bei der Rückgabepflicht des Mieters gem. § 546!) nicht um eine gegenseitige Pflicht handelt, finden die Vorschriften

382 *Groh* in Creifelds RechtsWB »Franchisevertrag«.
383 **Mehr zum Franchising** finden Sie bei *Wörlen/Kokemoor/Lohrer* HandelsR Rn. 135–140.
384 Zur Erinnerung: Dieses Wort ist »verwandt« mit »entgelten« (= vergüten), nicht mit »Geld«!
385 Vgl. *Wörlen/Metzler-Müller* SchuldR AT Rn. 14.

über gegenseitige Verträge (§§ 320–326) keine Anwendung. Die Verletzung der Rückgabepflicht kann einen Schadensersatzanspruch des Verleihers aus §§ 280 ff. begründen.

III. Haftungsbeschränkung des Verleihers

222 Die Tatsache, dass der Verleiher im Gegensatz zum Vermieter oder Verpächter für die Gebrauchsüberlassung keine Gegenleistung, kein Entgelt, bekommt, berücksichtigt das Gesetz zu seinen Gunsten mit den Haftungsbeschränkungen der §§ 599 und 600: Gemäß § 599 haftet der Verleiher nur für Vorsatz und grobe Fahrlässigkeit,[386] und für Mängel hat er gem. § 600 nur einzustehen, wenn er sie arglistig verschwiegen hat.

D. Darlehensverträge

I. Vorbemerkung

223 Das Darlehensrecht war vor der Schuldrechtsreform in den §§ 607–610 abschließend geregelt, die sowohl den Sachdarlehensvertrag als auch den Gelddarlehens-(Kredit-)vertrag umfassten. Letzterer wurde zusätzlich mit Wirkung v. 1.1.1991 durch das Verbraucherkreditgesetz ergänzend geregelt, was der Verbesserung des Verbraucherschutzes gegenüber den Gefahren dienen sollte, die der moderne Massenkonsum und die wirtschaftliche Macht der Anbieter von Konsumgütern mit sich bringen.

Im Zuge der Schuldrechtsreform wurde das Darlehensrecht völlig neu strukturiert, indem unter Einbeziehung des zum 31.12.2001 außer Kraft getretenen Verbraucherkreditgesetzes in §§ 488–505 das »Gelddarlehen« (das freilich einen anderen Namen bekommen hat) geregelt wird. Dabei betreffen die §§ 488–490 den »allgemeinen Darlehensvertrag«, während sich die §§ 491–505e, die im Wesentlichen dem VerbrKrG entsprechen, auf den »Verbraucherdarlehensvertrag« beziehen. Das (früher unentgeltliche) Sachdarlehen ist weiterhin Gegenstand der §§ 607 ff.

224 Würde man dieser systematischen Umstrukturierung des Darlehensrechts folgen, hätte man das »Gelddarlehen« eigentlich im Anschluss an den Verbrauchsgüterkauf (§§ 474–479) bzw. an die Teilzeit-Wohnrechteverträge (§§ 481–487) darzustellen. Bei der hier gewählten Systematik, die unter anderem zwischen Veräußerungsverträgen und Gebrauchsüberlassungsverträgen unterscheidet, wird das Gelddarlehen weiterhin nach dem Sachdarlehen dargestellt.

II. Sachdarlehensvertrag

225 Lesen Sie zunächst § 607 I!

Das Wesen des Sachdarlehensvertrags ist dadurch gekennzeichnet, dass Gegenstand des Darlehens eine vertretbare Sache ist und dass der Darlehensempfänger verpflichtet ist, Sachen von gleicher Art, Güte und Menge zurückzuerstatten.

Tipp: Unterstreichen Sie in der ersten Zeile von § 607 das Wort »vertretbare« und schreiben Sie »§ 91« daneben an den Rand!

386 **Vgl. § 276 I 1: »wenn eine strengere oder mildere Haftung weder bestimmt noch … ist«.**

Der gesetzliche Grundtyp des Darlehens war früher das unentgeltliche Darlehen. Dies hat sich geändert:

Wenn Sie § 607 I soeben aufmerksam gelesen haben, haben Sie gemerkt, dass der Darlehensnehmer nunmehr – außer »zur Rückerstattung von Sachen gleicher Art und Güte« – zur Zahlung eines Darlehensentgelts verpflichtet ist. Somit handelt es sich beim Sachdarlehensvertrag wie etwa beim Mietvertrag um einen gegenseitigen[387] Vertrag,[388] auf den bei Leistungsstörungen gegebenenfalls die §§ 320–326 anzuwenden sind.

Hinsichtlich der Rückgabe bzw. Rückerstattung der überlassenen Sachen ist der Sachdarlehensvertrag daher nicht mehr vom (unentgeltlichen) Leihvertrag, sondern vom Mietvertrag abzugrenzen. (Lesen Sie § 607 I 2 und § 546 I!) **226**

■ Worin besteht der wesentliche Unterschied?

▶ Während der Darlehensnehmer Sachen von gleicher Art, Güte und Menge, also **nicht dieselben** Sachen zurückerstatten muss, ist der Mieter verpflichtet, **die**(selbe) (Miet-)Sache (§ 546 I) zurückzugeben.

Dass der Darlehensnehmer nun dafür ein Entgelt bezahlen muss, vermag nicht so recht zu überzeugen: Wie beim Mietvertrag, bei dem die Miete dazu dient, neben der Gebrauchsüberlassung auch die zwangsläufige Abnutzung der Mietsache zu entgelten, gibt auch der Entleiher (§ 604 I) **dieselbe** (geliehene) Sache zurück, ohne für die Abnutzung ein Entgelt zahlen zu müssen. Der Darlehensnehmer, der vom Nachbarn das berühmte Pfund Mehl als Sachdarlehen (nicht: zur »Leihe«!) bekommen und verbraucht hat, erstattet dem Darlehensgeber ein Pfund Mehl »mittlerer Art und Güte« zurück (das er **neu** gekauft hat) und muss – zusätzlich – ein Darlehensentgelt zahlen. Jedenfalls wenn vertraglich (vgl. § 311 I) nichts anderes vereinbart war (§ 607 I ist dispositiv)! **227**

Wurde ein unentgeltliches Sachdarlehen vereinbart, handelt es sich nicht um einen gegenseitigen, sondern um einen unvollkommen zweiseitig verpflichtenden Vertrag.[389]

Ist für die Rückerstattung »**der**« überlassenen Sache eine Zeit bestimmt, wird die Rückgabe zu diesem Zeitpunkt fällig, anderenfalls mit Kündigung durch eine der Vertragsparteien (§ 608 I), die dazu jederzeit – sofern vertraglich nichts anderes vereinbart ist – berechtigt ist (§ 608 II).

Ein (vereinbartes) Entgelt hat der Darlehensnehmer spätestens bei Rückerstattung »**der**« überlassenen Sache zu zahlen (§ 609). **228**

■ Warum haben wir bei der Darstellung der Inhalte von § 608 I und § 609 das Wort »der« vor »überlassenen« besonders hervorgehoben? (Überlegen Sie erst, bevor Sie weiterlesen!)

▶ Der Darlehensnehmer ist gem. § 607 I 2 nicht – wie bei der Miete und Leihe – zur Rückgabe der(selben) überlassenen Sache verpflichtet, sondern zur Rückerstattung von »Sachen mittlerer Art und Güte« (iSv § 243 I).

Hier liegt offenbar ein Redaktionsversehen des Gesetzgebers vor.

387 Zum Begriff vgl. *Wörlen/Metzler-Müller* SchuldR AT Rn. 11 ff.

388 NK-BGB/*Müller* § 607 Rn. 2.

389 Wenn Sie nicht mehr wissen, was darunter zu verstehen ist: Bei *Wörlen/Metzler-Müller* SchuldR AT Rn. 14 nachlesen.

III. Gelddarlehensvertrag

229 Rechtlich bedeutsamer und in der Praxis des Wirtschaftslebens weitaus häufiger als das Sachdarlehen ist das Gelddarlehen.

Dieser Entwicklung hat der Gesetzgeber dadurch Rechnung getragen, dass er für das Gelddarlehen im Allgemeinen (im Gegensatz zum »Verbraucherdarlehensvertrag«) den Begriff Darlehensvertrag reserviert hat, während, wie Sie erfahren haben, für das Sachdarlehen ausdrücklich der Begriff »Sachdarlehensvertrag« gilt, dem ein eigener »**Titel 7**« (vgl. Überschrift über §§ 607–609) gewidmet wurde. Der (wichtigere) »Darlehensvertrag« (der das Gelddarlehen betrifft), erscheint dagegen nur als »**Untertitel 1**« unter **Titel 3.**

Dem »klassischen« Verbraucherdarlehensvertrag, der, wie gesagt, in den §§ 491–505e (unter Übernahme der maßgeblichen Vorschriften des ehemaligen VerbrKrG) geregelt ist, wird dagegen kein eigener Untertitel gewidmet, wohl aber den »Beratungsleistungen bei Immobiliar-Verbraucherdarlehensverträgen« (**Untertitel 4**) sowie der »Unabdingbarkeit, Anwendung auf Existenzgründer« (**Untertitel 5**).

Tipp: Unterstreichen Sie im Wortlaut des § 607 II »keine Anwendung« sowie »Geld« und notieren Sie »§§ 488 ff.« daneben am Rand!

1. Allgemeiner Darlehensvertrag

a) Rechte und Pflichten der Vertragsparteien

230 Die »vertragstypischen Pflichten beim Darlehensvertrag« beschreibt § 488 (lesen!); die Hauptpflichten der Vertragsparteien ergeben sich aus § 488 I. Danach ist der »**Darlehensgeber** verpflichtet, dem **Darlehensnehmer** einen Geldbetrag in der vereinbarten Höhe zur Verfügung zu stellen« (§ 488 I 1).

Diese Überlassungspflicht heißt »**Wertverschaffungspflicht**«[390], weil der Darlehensgeber nicht zur Überlassung bestimmter Geldscheine oder -münzen, sondern lediglich zur wertmäßigen Verschaffung des Geldbetrags verpflichtet ist.[391]

231 Diesem Anspruch des Darlehensnehmers steht seine Verpflichtung gegenüber (Gegenleistungspflicht), dem Darlehensgeber den vereinbarten (»einen«) geschuldeten Zins zu zahlen und bei Fälligkeit das zur Verfügung gestellte Darlehen zurückzuerstatten (§ 488 I 2).

Die **Rückzahlungspflicht** ist nach überwiegender und auch hier vertretener Auffassung vertragliche **Hauptpflicht**, weil es dem Darlehensgeber neben dem Wunsch nach Entgeltung seiner Leistung in Form von Zinsen primär darauf ankommt, dass er den zur Verfügung gestellten Wert selbst zurückerhält.[392] Diese Pflicht steht aber **nicht im Synallagma** zur Hauptleistung des Darlehensgebers; im Gegenseitigkeitsverhältnis zur Darlehensgewährung und -belassung steht vielmehr nur die Zinszahlungspflicht und die Abnahmepflicht des Darlehensnehmers.[393] Die Pflicht zur Rückzahlung der Darlehensvaluta und die Zinszahlungspflicht entstehen als vertragliche Pflichten mit wirksamem Abschluss des Darlehensvertrags, haben allerdings aufgeschobene Fälligkeiten.[394]

390 Vgl. NK-BGB/*Krämer* § 488 Rn. 4.
391 BT-Drs. 14/6040, 253.
392 MüKoBGB/*Berger* § 488 Rn. 42; NK-BGB/*Krämer* § 488 Rn. 11; Palandt/*Weidenkaff* § 488 Rn. 8.
393 Vgl. Palandt/*Weidenkaff* Vorb v § 488 Rn. 2 unter Hinweis auf BGH NJW 1991, 1817.
394 NK-BGB/*Krämer* § 488 Rn. 11.

Sofern der Zinszahlungstermin nicht vertraglich vereinbart ist, sind die Zinsen gem. § 488 II nach dem Ablauf je eines Jahres bzw. – falls das Darlehen vor dem Ablauf eines Jahres zurückzuerstatten ist – bei der Rückerstattung zu bezahlen. **232**

Haben die Vertragsparteien, was selten der Fall sein wird, keinen Rückzahlungstermin bestimmt, wird die Rückerstattung fällig, wenn eine Vertragspartei kündigt (§ 488 III 1). Mangels anderer vertraglicher Vereinbarung beträgt die Kündigungsfrist drei Monate (§ 488 III 2). Bei einem (ebenfalls seltenen) zinslosen Darlehen ist der Darlehensnehmer berechtigt, das Darlehen jederzeit (ohne Kündigung) zurückzuzahlen (§ 488 III 3).

Soweit die »vertragstypischen Pflichten beim Darlehensvertrag« gem. § 488.

b) Kündigung

Für die Kündigung enthalten die §§ 489 und 490 darüber hinaus Sonderregelungen. **233**

aa) Ordentliche Kündigung

Die Möglichkeit zur ordentlichen Kündigung ergibt sich aus § 488 III (nochmals ganz lesen), der eingreift, wenn die Vertragsparteien keinen Rückzahlungstermin vereinbart haben. Wurde dagegen ein bestimmter Zeitpunkt für die Rückzahlung des Darlehens vorgesehen, hat gem. § 489 nur der Darlehensnehmer ein Recht zur ordentlichen Kündigung. Die Zulässigkeit der Kündigung hängt davon ab, ob ein gebundener Sollzinssatz (§ 489 V 2) oder ein veränderlicher Zinssatz vereinbart ist.

Lesen Sie zunächst § 489 I. Falls ein **gebundener Sollzinssatz** (zB 6% für fünf Jahre) vereinbart ist, kann der Darlehensnehmer nur dann ordentlich kündigen, wenn

- die Zinsbindung vor der für die Rückzahlung bestimmten Zeit abläuft (§ 489 I Nr. 1: Kündigungsfrist ein Monat) oder
- zehn Jahre seit Empfang des Darlehens abgelaufen sind (§ 489 I Nr. 2: Kündigungsfrist sechs Monate).

Lesen Sie nun § 489 II. Einen Darlehensvertrag mit **veränderlichem Zinssatz** (laufende Anpassung an die Marktverhältnisse) kann der Darlehensnehmer jederzeit mit einer Frist von drei Monaten kündigen (§ 489 II). Zahlt der Darlehensnehmer nach einer solchen Kündigung den geschuldeten Betrag nicht innerhalb von zwei Wochen zurück, gilt seine ausgesprochene Kündigung nach § 489 III als nicht erfolgt.

Wenn Sie § 489 ganz gelesen haben, werden Sie nicht nur müde oder schwindelig geworden sein, sondern auch gemerkt haben, dass diese Vorschrift dem Darlehensnehmer zugutekommt und dessen Kündigungsrecht nach den Absätzen 1 und 2 gem. § 489 IV 1 zu seinem Nachteil nicht abbedungen werden kann. Es ist also zwingendes, nicht dispositives Recht[395] zum **Schutz des Schuldners**, selbst wenn er nicht »Verbraucher« ist.[396] (Die Kündigungsmöglichkeiten des Darlehensnehmers, der Verbraucher ist, finden sich in § 500; mehr dazu unter → Rn. 247).

Auf Einzelheiten zur ordentlichen Kündigung, die in § 489 aufgezählt sind, gehen wir, dem Spezialitätsgrundsatz folgend, nicht näher ein, zumal die Thematik nicht unbedingt klausur- oder prüfungsrelevant ist, sondern verweisen auf die »Literatur zur Vertiefung« und die dort nicht aufgeführten Kommentare (diese finden Sie allerdings im Literaturverzeichnis).

395 Falls wieder vergessen: S. (nochmals) *Wörlen/Metzler-Müller* BGB AT Rn. 321 ff.
396 MüKoBGB/*Berger* § 489 Rn. 2.

bb) Außerordentliche Kündigung

234 Die außerordentliche Kündigung des Darlehensvertrags (auch: »allgemeines Gelddarlehen«) ist für den Darlehensgeber, der in § 490 I (lesen!) geschützt wird, praktisch von Bedeutung, wenn sein **Rückzahlungsanspruch gefährdet** wird. Danach hat der Darlehensgeber ein außerordentliches fristloses Kündigungsrecht, wenn sich die Vermögensverhältnisse des Darlehensnehmers oder die »Werthaltigkeit« einer für das Darlehen bestellten Sicherheit wesentlich verschlechtern oder sich wesentlich zu verschlechtern drohen. Indizien dafür können etwa verzögerte Rückzahlungen oder Zwangsvollstreckungen gegen den Darlehensnehmer sein.

Gemäß § 490 II (lesen!) kann der Darlehensnehmer einen Darlehensvertrag mit gebundenem Sollzinssatz und grundpfandrechtlicher Sicherung mit einer Kündigungsfrist von drei Monaten (§ 488 III 2) vorzeitig kündigen, wenn seine **berechtigten Interessen** dies gebieten und seit dem vollständigen Empfang des Darlehens sechs Monate abgelaufen sind. Dies ist insbesondere der Fall, wenn der Darlehensnehmer ein Bedürfnis nach einer anderweitigen Verwertung seiner zur Sicherung des Darlehens beliehenen Sache (im Regelfall eines Grundstücks) hat. Ein außerordentliches Kündigungsrecht besteht daher bei einem Verkauf aus privaten Gründen (zB Ehescheidung, Krankheit, Arbeitslosigkeit, Überschuldung, Umzug) ebenso wie bei der Wahrnehmung einer günstigen Verkaufsmöglichkeit. Im Falle einer solchen Kündigung steht dem Darlehensgeber nach § 490 II 3 ein Anspruch auf Ersatz des Schadens zu, der ihm aus der vorzeitigen Kündigung entsteht (sog. **Vorfälligkeitsentschädigung**).

235 Darüber hinaus gelten gem. § 490 III die allgemeinen Vorschriften über die Störung der Geschäftsgrundlage (§ 313) und die Kündigung von Dauerschuldverhältnissen aus wichtigem Grund (§ 314). Durch diese Verweisung in § 490 III soll verdeutlicht werden, dass das in § 490 I und II normierte außerordentliche Kündigungsrecht keine abschließende Regelung darstellt, sondern sich weitere Vertragsauflösungsmöglichkeiten aus anderen Rechtssätzen ergeben können.[397]

397 Vgl. NK-BGB/*Krämer* § 490 Rn. 15 sowie BT-Drs. 14/6040, 255.

Übersicht 10

Gebrauchsüberlassungsverträge

Pachtvertrag (§§ 581–597) 236

1. **Vertragstypische Pflichten beim Pachtvertrag:**
   - Gebrauchsüberlassung eines Gegenstands und Gewährung von Fruchtziehung gegen Entgelt = »Pacht« (§ 581 I)
   - Gemäß § 581 II findet Mietrecht entsprechende Anwendung, soweit nicht Spezialvorschriften (§§ 582–584b) andere Regelungen enthalten
2. **Gemeinsamkeit mit Mietvertrag:**
   - Gebrauchsüberlassung gegen Entgelt
   - Gegenseitiger Vertrag
3. **Unterschied zum Mietvertrag:**
   - Überlassung von **Gegenständen**, dh Sachen **und** Rechten (auch Tiere)
   - Nicht nur Gebrauch **(Benutzung)**, sondern auch **Nutzung** (Fruchtziehung)

     Beispiele:
     - Gaststätte mit Schanklizenz
     - Unternehmen mit Urheberrechten
     - Jagdrevier mit Jagdausübungsrecht und Aneignungsrecht
     - Landwirtschaftliche Fläche mit Fruchtnutzung
4. **Sondervorschriften für den Landpachtvertrag: §§ 585–597**

Leihvertrag (§§ 598–606) 237

Vertragstypische Pflichten bei der Leihe:
- Unentgeltliche Gebrauchsüberlassung einer Sache (vgl. § 90)
- Unvollkommen zweiseitig verpflichtender Vertrag – Rückgabepflicht des Entleihers: § 604
- Haftungsbeschränkung für Verleiher: §§ 599, 600

Darlehensverträge 238

Sachdarlehensverträge (§§ 607–609)

1. **Vertragstypische Pflichten beim Sachdarlehensvertrag:**
   - Überlassung einer vertretbaren Sache durch Darlehensgeber gegen Darlehensentgelt von Darlehensnehmer (§ 607 I)
2. **Rechtscharakter:**

   Gegenseitiger Vertrag
3. **Kündigung:**

   Nach Vereinbarung, sonst jederzeit von beiden Vertragsparteien

Allgemeiner (Geld-)Darlehensvertrag (§§ 488–490)

1. **Vertragstypische Pflichten beim Darlehensvertrag:**
   - »Zurverfügungstellung« von vereinbartem Geldbetrag durch Darlehensgeber gegen Zahlung von Zins durch Darlehensnehmer (§ 488 I)
2. **Rechtscharakter:**

   Gegenseitiger Vertrag
3. **Kündigung**

   a) ordentliche: §§ 488 III, 489
   b) außerordentliche:
      - Darlehensgeber: § 490 I
      - Darlehensnehmer: § 490 II
   c) außerdem: § 490 III
      → §§ 313, 314

Literatur zur Vertiefung (→ Rn. 216–238): *Alpmann und Schmidt* SchuldR BT 2, 1. Teil, 1. Abschn., 3. Teil, 9. Abschn. und 5. Teil; *Brox/Walker* SchuldR BT §§ 14, 16 f.; *Coester-Waltjen*, Der Darlehensvertrag, JURA 2002, 675; *Fikentscher/Heinemann* SchuldR §§ 78–81, I und II; *Führich* WirtschaftsPrivR Rn. 540 ff.; *Hirsch* SchuldR BT §§ 31, 32; *Looschelders* SchuldR BT § 19-20, 25-27; *Lühmann*, Das Moratorium im Darlehensrecht anlässlich der Covid-19-Pandemie, NJW 2020, 1321; *Medicus/Lorenz* SchuldR BT §§ 26–28; *Oetker/Maultzsch* Schuldverhältnisse § 3 Rn. 1–46; *Schade/Graewe* WirtschaftsPrivR Rn. 326 ff.; *Schreiber*, Leih- und Sachdarlehen, JURA 2014, 1018; *Schultheiß*, Grundfälle zum Darlehensrecht, JuS 2017, 628; *Strobel*, Examensklausur: Darlehens-, Kreditsicherungs- und Zivilprozessrecht, JuS 2021, 577.

2. Verbraucherdarlehensvertrag

a) Entstehung[398] des Verbraucherdarlehensrechts

239 Nachdem das Verbraucherkreditgesetz (VerbrKrG) v. 17.12.1990 am 1.1.1991 in Kraft getreten war, ist es damit an die Stelle eines nahezu 100 Jahre alten Gesetzes getreten, des Abzahlungsgesetzes von 1894, das 1969 und 1974 wesentliche Neuerungen erfahren hatte.

Das Verbraucherkreditgesetz bildete damals das vorläufige Ende einer Reihe von Gesetzen, die der Verbesserung des Verbraucherschutzes gegenüber den Gefahren dienten, die der moderne Massenkonsum und die wirtschaftliche Macht der Anbieter von Konsumgütern mit sich bringen.

Durch die fortschreitende Europäisierung des Rechts[399] aufgrund von EU/EG-Richtlinien waren zum Verbraucherschutz zahlreiche Sondergesetze entstanden, die vor der Schuldrechtsreform überwiegend außerhalb des Bürgerlichen Gesetzbuchs (Ausnahme: (Pauschal-)Reisevertragsrecht der §§ 651a–y, → Rn. 324 ff.) quasi ein Sonderrecht für Verbraucher geschaffen haben. Dies führte nach Auffassung des Gesetzgebers zu erheblicher Intransparenz, die durch die Integration des AGB-Gesetzes, des HaustürWG und des FernAbsG in das Allgemeine Schuldrecht des BGB sowie des TzWrG und des VerbrKrG in das Besondere Schuldrecht zum 1.1.2002 beseitigt werden sollte. Warum nicht auch das Produkthaftungsgesetz (ProdHaftG, → Rn. 454 ff.) im Anschluss an das Deliktsrecht (→ Rn. 395 ff.) ins BGB integriert wurde, mag das Geheimnis des Gesetzgebers bleiben, ebenso wie die Antwort auf die Frage, ob das Verbraucherschutzrecht durch die Aufblähung des BGB wirklich transparenter geworden ist; denn inhaltlich hat sich kaum etwas geändert.

Sehen wir uns also die BGB-Vorschriften zum Verbraucherdarlehensvertrag und verwandten Verträgen etwas näher an.

240 Im Interesse der Übersichtlichkeit hat der Gesetzgeber das Widerrufs- und das Rückgaberecht ebenso wie die Vorschriften, die für sog. »verbundene Geschäfte« bzw. »Verträge« (dazu im Folgenden mehr) gelten, im »Titel 5, Untertitel 2« (von Buch 2, versteht sich) in den §§ 355–361 zusammengefasst.

Mit dem »Gesetz zur Umsetzung der Verbraucherkreditrichtlinie, des zivilrechtlichen Teils der Zahlungsdienstrichtlinie sowie zur Neuordnung der Vorschriften über das Widerrufs- und Rückgaberecht« (nachgezählt? Der Titel umfasst 20 Wör-

398 Für rechtshistorisch Interessierte sei hingewiesen auf die Ausführungen von *Schwintowski* JA 1992, 33 ff. zum »Zinsproblem«, dessen Entwicklung er weit zurückverfolgt und es dabei nicht versäumt, unter anderem auf das alte und neue Testament, Aristoteles, das Konzil von Nicaea (325 n. Chr. = »kanonisches Zinsverbot«) und Thomas von Aquin zurückzugreifen.

399 Zum seinerzeitigen Stand vgl. *Grundmann* JuS 2001, 946.

ter!) v. 29.7.2009[400] – VerbrKrRL-UG – wurden mit Wirkung v. 11.6.2010 unter anderem einige Vorschriften des Verbraucherdarlehensvertrags geändert bzw. neu gefasst. Die §§ 491 ff. wurden durch das »Gesetz zur Umsetzung der Verbraucherrechterichtlinie und zur Änderung des Gesetzes zur Regelung der Wohnungsvermittlung«[401] mit Wirkung v. 13.6.2014 erneut geändert (= Folgeänderungen wegen Neuregelung des Verbraucherschutzes in den §§ 312 ff.[402]). Die nachträgliche Einfügung dieser Detailregelungen hat leider nicht zur besseren Lesbarkeit des BGB beigetragen.[403]

Durch das Gesetz zur Umsetzung der Wohnimmobilienkredit-RL (RL 2014/17/EU) v. 11.3.2016,[404] das am 21.3.2016 in Kraft getreten ist, haben sich wiederum erhebliche Änderungen ergeben. Das Finanzaufsichtsrechtergänzungsgesetz vom 6.6.2017[405] brachte unter anderem klarstellende Vorschriften für die Kreditwürdigkeitsprüfung mit sich. Änderungen im Recht der Zahlungsdienste gab es durch das »Gesetz zur Umsetzung der Zweiten Zahlungsdiensterichtlinie« vom 17.7.2017.[406]

Zur Abmilderung der Folgen der **COVID-19-Pandemie** wurden gem. Art. 240 § 3 I EGBGB[407] Ansprüche des Verbraucherdarlehensgebers auf Rückzahlung, Zins- oder Tilgungsleistungen, die zwischen dem 1.4.2020 und dem 30.6.2020 fällig wurden, mit Eintritt der Fälligkeit für die Dauer von drei Monaten gestundet, wenn der Verbraucher aufgrund der durch Ausbreitung der COVID-19-Pandemie hervorgerufenen außergewöhnlichen Verhältnisse Einnahmeausfälle hatte, die dazu führten, dass ihm die Erbringung der geschuldeten Leistung nicht zumutbar war. Die Vertragslaufzeit verlängerte sich dadurch um drei Monate und die jeweilige Fälligkeit aller vertraglichen Leistungen wurde um diese Frist hinausgeschoben, Art. 240 § 3 V EGBGB.[408]

Beachte: Für den **Darlehensvertrag** sind die allgemeinen Vorschriften der §§ 488–490 relevant. Beim – in den §§ 491–505e geregelten – **Verbraucherdarlehensvertrag** unterscheidet das Gesetz seit 21.3.2016 zwischen den beiden Verbraucherdarlehenstypen **Allgemein-Verbraucherdarlehensvertrag** (Definition in § 491 II) und **Immobiliar-Verbraucherdarlehensvertrag** (Definition in § 491 III).

b) Anwendbarkeit und die wichtigsten Schutzvorschriften des Verbraucherdarlehensrechts

Um sich seine materiellen Wünsche zu erfüllen, brauchen Verbraucher Geld! Durch **241**
verheißungsvolle Werbesprüche wie »schnelles, billiges Geld«, »Blitzkredit per Telefon« und Ähnliches wird er zum Schuldenmachen animiert, häufig, ohne sich über die Folgen, namentlich die Kosten der Darlehen, im Klaren zu sein.

Die §§ 491–505e enthalten daher besondere Regelungen zum Verbraucherdarlehensvertrag, die den Schutz des Verbrauchers in seiner Rolle als Darlehensnehmer bezwecken. Dieser Schutz darf nicht zum Nachteil des Darlehensnehmers abbedungen oder durch anderweitige Gestaltungen umgangen werden (vgl. § 512).

400 BGBl. 2009 I 2335; Gesetzesmaterialen: BT-Drs. 16/11643 (RE) und BT-Drs. 16/13669 (Beschlussempfehlung und Bericht Rechtsausschuss).
401 V. 20.9.2013, BGBl. 2013 I 3642.
402 S. hierzu *Wörlen/Metzler-Müller* SchuldR AT Rn. 65 ff.
403 So auch *Brox/Walker* SchuldR AT § 19 Rn. 2.
404 BGBl. 2016 I 396.
405 BGBl. 2017 I 1495, in Kraft seit 10.6.2017; Gesetzesmaterialien: BT-Drs. 18/10935, 18/11774.
406 BGBl. 2017 I 2446, in Kraft seit 22.7.2017; Gesetzesmaterialien: BT-Drs. 18/12568, 159 ff.
407 S. **dtv-BGB, Nr. 2.**
408 Eingeführt durch Art. 5 des Gesetzes zur Abmilderung der Folgen der COVID-19-Pandemie im Zivil-, Insolvenz- und Strafverfahrensrecht v. 27.3.2020, BGBl. 2020 I 569, 572.

Den Inhalt der wichtigsten Schutzvorschriften des Verbraucherdarlehensrechts prägen Sie sich am besten ein, indem Sie sie anhand eines praktischen Falls kennenlernen.

242 **Übungsfall 9**

Kurt Kaufgut (K) hat sich im Möbelgeschäft der Valentina Vertiko (V) eine neue Einrichtung für seine Privatwohnung für 13.500 EUR gekauft, wovon er 3.500 EUR anzahlt. Um die restlichen 10.000 EUR zu finanzieren, nimmt K auf Vorschlag der V, die in langjähriger Geschäftsverbindung mit der Bar-Bank (B-Bank) steht, bei dieser ein Darlehen auf. Der Restbetrag von 10.000 EUR wird von der B-Bank direkt auf das Konto der V überwiesen.

In dem von K unterschriebenen Darlehensvertrag ist darüber hinaus Folgendes festgelegt: [409]

Nettokredit	10.000,00 EUR
Zinsen (Sollzinssatz 13%)	1.980,00 EUR
Gebühren (2%)	200,00 EUR
Kreditkosten	2.180,00 EUR
Gesamtbetrag	12.180,00 EUR
Monatliche Raten	339,00 EUR
1. Rate am 1.12.2021	315,00 EUR
36. Rate am 1.11.2024	339,00 EUR

Die Raten sind jeweils zum 1. jeden Monats fällig.

Außerdem heißt es: »Kommt der Darlehensnehmer mit der Zahlung von zwei Raten oder mehr in Verzug, so wird innerhalb von zwei Wochen der gesamte Restbetrag fällig«.

Drei Monate nach Lieferung der Möbel durch V stellt K fest, dass an den Polstermöbeln infolge mangelhafter Verarbeitung Nähte reißen und sich aufgrund schlechter Verleimung an mehreren Regalen Furniere abheben. Da V auf entsprechende Rügen des K nicht reagiert, stellt K die Darlehensrückzahlung ein. Nachdem K mit zwei Teilzahlungsraten in Verzug geraten ist, setzt ihm die Bank zwei Wochen Frist zur Zahlung des rückständigen Betrags und droht ihm an, bei Nichtzahlung die gesamte Restschuld einzuklagen.

Würde eine Klage der B-Bank gegen K Erfolg haben?

Die Klage der B-Bank kann nur Erfolg haben, wenn die B-Bank gegen K einen Anspruch auf Zahlung des Restbetrags hat. Als Anspruchsgrundlage für das Rückzahlungsverlangen der B-Bank kommt daher § 488 I 2 in Betracht. Ob dieser Anspruch begründet ist, hängt davon ab, ob die Rückzahlung des Darlehens nach dem Inhalt des Vertrags bereits fällig ist oder ob der Rückforderung des Gesamtbetrages Schutzvorschriften der §§ 491 ff. entgegenstehen. Dann müssten diese Vorschriften auf den vorliegenden Fall anwendbar sein.

aa) Anwendungsbereich der §§ 491 ff.

243 Der Anwendungsbereich dieser Vorschriften ergibt sich aus § 491 I (lesen = wie immer!). Im vorliegenden Fall handelt es sich um einen **Allgemein-Verbraucherdarlehensvertrag iSd § 491 II.**

(1) Persönlicher Anwendungsbereich

244 Voraussetzung für die Anwendbarkeit der §§ 491 ff. ist nach § 491 II, dass der Darlehensgeber als »Unternehmer« (§ 14) ein Darlehen in Ausübung seiner gewerblichen oder selbstständigen beruflichen Tätigkeit gewährt und der Darlehensnehmer

409 Beispiel in Anlehnung an *Rüßmann* Verbraucherkredit (§§ 491–512 BGB), http://ruessmann.jura.uni-saarland.de/Verbraucherkredite.pdf (zuletzt aufgerufen am 7.10.2021).

»Verbraucher«, dh eine natürliche Person iSv § 13 ist, die das Darlehen nicht für eine gewerbliche oder selbstständige berufliche Tätigkeit, sondern überwiegend für private Zwecke verwendet.

■ Überlegen Sie, ob diese Voraussetzungen in unserem Fall auf die B-Bank und K zutreffen, bevor Sie weiterlesen! Wenn Sie diesem Rat gefolgt sind, sind Sie sicherlich zu dem folgenden Ergebnis gekommen:

► Die B-Bank ist im Fallbeispiel Darlehensgeber iSv § 491 II 1 und Unternehmer iSv § 14 I, da sie das Darlehen in Ausübung ihrer gewerblichen Tätigkeit gewährt hat, und K ist Verbraucher iSv § 13, da er als natürliche Person das Darlehen für private Zwecke aufgenommen hat.

Wenn § 13 ein Rechtsgeschäft, das überwiegend einer gewerblichen oder einer selbstständigen beruflichen Tätigkeit des Verbrauchers zugerechnet werden kann, vom Verbraucherschutz ausschließt, bedeutet dies, dass ein Darlehensvertrag, den der Darlehensnehmer in Ausübung einer solchen Tätigkeit schließt, nicht unter den Anwendungsbereich der §§ 491–505e fällt. Wird dagegen ein Darlehen zur Aufnahme oder Begründung einer gewerblichen oder beruflichen Existenz (sog. Existenzgründungsdarlehen) aufgenommen, so ist gem. § 513 das Verbraucherdarlehensrecht wieder anwendbar. Dies allerdings nur – wie sich aus der genannten Vorschrift ergibt –, wenn der Kreditbetrag 75.000 EUR nicht übersteigt und die VO (EU) 2020/1503 über Europäische Schwarmfinanzierungsdienstleister nicht anwendbar ist.

(2) Sachlicher Anwendungsbereich

Der sachliche Anwendungsbereich des Allgemein-Verbraucherdarlehensrechts ergibt **245**
sich aus § 491 II 1. Darin wird der Allgemein-Verbraucherdarlehensvertrag legal definiert als jeder **entgeltliche Darlehensvertrag** zwischen einem **Unternehmer als Darlehensgeber** und einem **Verbraucher als Darlehensnehmer**. Da Gelddarlehen in der Regel durch eine Bank, Sparkasse oder ein sonstiges Kreditinstitut iSv § 1 KWG gewährt werden, handelt es sich bei diesen immer um Unternehmer iSd § 14. Die §§ 491 ff. betreffen nur den Gelddarlehensvertrag (§ 488 I). Dies folgt bereits aus der systematischen Stellung der Vorschriften hinter den §§ 488 ff. Diese verbraucherschützenden Vorschriften sind folglich nicht auf den in den §§ 607 ff. geregelten Sachdarlehensvertrag anwendbar.[410] Der Anwendungsbereich der §§ 491 ff. erstreckt sich – wie bereits erwähnt – grundsätzlich auch auf Existenzgründerkredite bis 75.000 EUR (vgl. § 513).

■ Überlegen Sie, ob die §§ 491 ff. danach auch sachlich auf unseren Fall anwendbar sind!

► Da die B-Bank dem K ein entgeltliches Darlehen (§ 488 I), das zu verzinsen ist, gewährt hat, liegen die Voraussetzungen für die sachliche Anwendbarkeit der §§ 491 ff. im Fallbeispiel vor, sofern keine Ausnahmetatbestände eingreifen.

(3) Ausnahmen

Der Anwendung des Verbraucherdarlehensrechts steht in unserem Fallbeispiel **246**
auch keiner der Ausnahmetatbestände entgegen, die in § 491 II 2 Nr. 1–5 aufgezählt sind.

410 Hierzu MüKoBGB/*Schürnbrand* § 491 Rn. 43 mwN.

Danach gilt das Verbraucherdarlehensrecht insbesondere nicht für

- sog. »**Bagatellkredite**« unter 200 EUR Nettodarlehensbetrag (Nr. 1),
- Darlehen mit Pfandsicherung, dh wenn sich die Haftung des Darlehensnehmers auf eine dem Darlehensgeber zum Pfand überlassene Sache beschränkt (also Tätigkeit von Pfand- und Leihhäusern, Nr. 2),
- kurzzeitige Darlehen mit geringen Kosten und einer Laufzeit von bis zu drei Monaten (Nr. 3),
- für Arbeitgeberdarlehen, deren Zinsen unter den marktüblichen Sätzen liegen (Nr. 4),
- für Förderanträge der öffentlichen Hand, deren Zinssätze unter den marktüblichen Sätzen liegen (Nr. 5).

Da die §§ 491 ff. auf unseren Fall anwendbar sind, sind der Darlehensvertrag und das Rückzahlungsbegehren der B-Bank nunmehr anhand dieser Vorschriften zu überprüfen!

bb) Vorvertragliche Informationspflichten

247 Der Darlehensgeber hat seit dem 11.6.2010 erhöhte vorvertragliche Informationspflichten. So muss er gem. § 491a I iVm Art. 247 § 2 EGBGB den Darlehensnehmer rechtzeitig vor Abschluss eines Allgemein-Verbraucherdarlehensvertrages über zahlreiche Einzelheiten in Textform unterrichten – unter anderem zu den Hauptbedingungen des Vertrages und dem Verzugszinssatz (vgl. insbesondere Art. 247 § 3 EGBGB).

Gemäß Art. 247 § 2 II EGBGB ist für diese Unterrichtung das Muster »Europäische Standardinformationen für Verbraucherkredite« (Anl. 4 zu Art. 247 § 2 EGBGB) zu verwenden. Darüber hinaus muss der Darlehensgeber gem. § 491a III dem Darlehensnehmer vor Vertragsschluss die einzelnen Vertragsbestimmungen angemessen erläutern, wozu auch der Hinweis auf die finanziellen Belastungen, die aufgrund des Vertrages auf den Darlehensnehmer zukommen, gehört.

cc) Formerfordernisse

(1) Schriftform und Mindestinhalt von Verbraucherdarlehensverträgen

248 Gemäß § 492 I 1 bedarf jeder Verbraucherdarlehensvertrag der **Schriftform**. Dem Formerfordernis des § 492 I 2 wird genügt, wenn der Antrag und die Annahme des Verbraucherdarlehensvertrages durch die Parteien jeweils getrennt schriftlich erklärt werden.

Damit der Verbraucher genauestens darüber informiert wird, welche rechtlichen und wirtschaftlichen Nachteile er zu tragen hat, wenn er das ihm angebotene Darlehen in Anspruch nimmt, muss der Darlehensvertrag – nachdem die vorvertraglichen Informationspflichten gem. § 491a I iVm Art. 247 § 2 EGBGB vom Darlehensgeber erfüllt worden sind – darüber hinaus eine Vielzahl bestimmter Angaben enthalten.

Nach § 492 II iVm Art. 247 §§ 6–13 EGBGB hat die vom Darlehensnehmer zu unterzeichnende Vertragserklärung neben den Angaben zum Darlehensgeber und zu den Hauptvertragsbedingungen bestimmte Mindestangaben zu enthalten wie etwa

- den effektiven Jahreszinssatz (in § 6 I PAngV definiert: Die als jährlicher Vomhundertsatz anzugebenden Gesamtkosten des Kredits, wie zB Bearbeitungsgebühr, Vermittlungsprovision, Disagio, Tilgungssatz),
- den Nettodarlehensbetrag (= der Höchstbetrag, auf den der Darlehensnehmer aufgrund des Darlehensvertrags Anspruch hat, definiert in Art. 247 § 3 II 2 EGBGB),

- den Sollzinssatz (= der gebundene oder veränderliche periodische Prozentsatz, der pro Jahr auf das in Anspruch genommene Darlehen angewendet wird – definiert in § 489 V),
- die Vertragslaufzeit,
- Betrag, Zahl und Fälligkeit der einzelnen Teilzahlungen,
- den Gesamtbetrag,
- die Auszahlungsbedingungen.

Da es sich um einen Verbraucherdarlehensvertrag handelt, müssen vorgenannte Mindestangaben im Darlehensvertrag zwischen der B-Bank und K enthalten sein.

■ Wenn Sie § 492 II iVm Art. 247 §§ 6–13 EGBGB nochmals aufmerksam lesen und mit den in Übungsfall 9 (→ Rn. 242) genannten Positionen vergleichen, dürfte es nicht schwer fallen festzustellen, welche der Angaben im Vertragsformular der B-Bank fehlt.

► S. Fußnote.[411]

Mangels Vollständigkeit der notwendigen Angaben des Darlehensgebers sind nun zu prüfen die

(2) Rechtsfolgen von Formmängeln

Die Rechtsfolgen des Formmangels regelt § 494. Wenn die **Schriftform nicht eingehalten** wurde oder bestimmte **Mindestangaben** nach § 492 II iVm Art. 247 §§ 6–13 EGBG **fehlen**, ist der Verbraucherdarlehensvertrag **nichtig**. Dieser wird allerdings gültig, wenn dem Darlehensnehmer das Darlehen zB ausgezahlt bzw. überwiesen wird (sog. **Heilung**, vgl. § 494 II 1). 249

Pech für den Darlehensnehmer?! Nicht unbedingt, denn:

■ Die B-Bank als Darlehensgeberin wird »bestraft«, wenn sie nicht ordnungsgemäß alle Mindestangaben im Vertrag mit dem Verbraucher K genannt hat (es fehlt die Angabe des effektiven Jahreszinses). Haben Sie die entsprechende Vorschrift gefunden?

► Wenn die Angabe des effektiven Jahreszinses fehlt, braucht der Darlehensnehmer nur den gesetzlichen Zinssatz, also 4% Zinsen (vgl. § 246) pro Jahr zu zahlen (§ 494 II 2).

K kann sich also freuen – er muss weniger Zinsen zahlen. Auf dieser Grundlage müssten die einzelnen Monatsraten daher neu berechnet werden.

Nicht für unseren Fall, aber für den Verbraucherschutz im Allgemeinen, ist von Bedeutung das

dd) Widerrufsrecht des Verbrauchers

(1) Voraussetzungen

Oft erkennt ein Verbraucher nach schneller Entscheidung zur Darlehensaufnahme erst bei genauerem Nachdenken, dass er die Belastungen unterschätzt hat oder dass es günstigere Finanzierungsmöglichkeiten gibt. Für solche Fälle gibt ihm § 495 I ein **Widerrufsrecht nach § 355**. Lesen Sie dazu die §§ 495 I und 355 I. 250

411 Es fehlt die Angabe des effektiven Jahreszinses!

Sinn dieser Vorschriften ist es, dem Verbraucher nach Abgabe seiner Willenserklärung noch Bedenkzeit einzuräumen und ihm wegen der wirtschaftlichen Bedeutung und Tragweite des Geschäfts und auch wegen der schwierigen Vertragsmaterie eine Lösungsmöglichkeit zu geben.

Die **Widerrufsfrist** beträgt **14** Tage (§ 355 II 1). Solange der Verbraucher innerhalb dieses Zeitraums noch die Möglichkeit hat, seine Willenserklärung zu widerrufen, ist der **Vertrag »schwebend wirksam«**[412] (§ 355 I 1). Die Widerrufsfrist beginnt mit Vertragsschluss, soweit nichts anderes bestimmt ist (§ 355 II 2). Zu beachten ist dabei aber § 356b, nach dem die Widerrufsfrist unter den dort genannten Voraussetzungen nicht zu laufen beginnt und sich gegebenenfalls auch auf einen Monat verlängert. Die Widerrufsfrist beginnt nicht, bevor der Darlehensgeber dem Darlehensnehmer eine für diesen bestimmte Vertragsurkunde, den schriftlichen Antrag des Darlehensnehmers oder eine Abschrift der Vertragsurkunde oder seines Antrags zur Verfügung gestellt hat (§ 356b I). Enthält die Vertragsurkunde bei einem Allgemein-Verbraucherdarlehensvertrag nicht die Pflichtangaben nach § 492 II, beginnt die Widerrufsfrist nach § 356b II 1 erst mit Nachholung dieser Angaben gem. § 492 VI. In diesem Fall beträgt die Widerrufsfrist einen Monat (§ 356b II 3).

Der Widerruf erfolgt gem. § 355 I 2 durch Erklärung gegenüber dem Unternehmer. Aus der Erklärung muss der Entschluss des Verbrauchers zum Widerruf eindeutig hervorgehen (§ 355 I 3). Der Widerruf muss keine Begründung enthalten (§ 355 I 4). Zur Fristwahrung genügt die rechtzeitige Absendung des Widerrufs (§ 355 I 5).

(2) Rechtsfolgen

251 Die Rechtsfolgen des Widerrufs ergeben sich aus § 355 III und § 357a I und III.

Nach § 357a I sind im Falle des Widerrufs die empfangenen Leistungen spätestens nach 30 Tagen zurück zu gewähren. Da das Gesetz hier eine Höchstfrist für die Rückgewähr bestimmt, beginnt diese 30-Tages-Frist gem. § 355 III 2 für den Unternehmer mit dem Zugang und für den Verbraucher mit der Abgabe der Widerrufserklärung.

Außerdem ist § 357a III 1 zu beachten. Danach hat der Darlehensnehmer im Falle des Widerrufs von Verbraucherdarlehensverträgen unter anderem für den Zeitraum zwischen der Auszahlung und der Rückzahlung des Darlehens den vereinbarten Sollzins zu entrichten.

ee) »Verbundene Verträge«

(1) Begriff

252 Das Widerrufsrecht gilt im Übrigen auch für sog. »verbundene Verträge«.

Nach § 358 III 1 liegt ein »**verbundener Vertrag**« vor, wenn ein Vertrag über die Lieferung von Waren (oder die Erbringung einer anderen Leistung) mit einem Darlehensvertrag derart verbunden ist, dass das Darlehen ganz oder teilweise der Finanzierung des anderen Vertrages dient und beide Verträge eine wirtschaftliche Einheit bilden.

Während beim gewöhnlichen Teilzahlungsgeschäft der Verkäufer seinem Käufer durch Vereinbarung von Teilzahlungen unmittelbar und selbst das Darlehen gewährt,

412 NK-BGB/*Ring* § 355 Rn. 2, 22; so auch die Begründung des RE zum FernAbsG, BT-Drs. 14/2658, 41 f. (47).

tritt beim finanzierten Kauf ein Finanzierungsinstitut (Bank oder Sparkasse) neben den Verkäufer.

Der Verkäufer wird meist als Abschlussgehilfe der Bank tätig. Die Bank zahlt idR den gesamten Restkaufpreis für den Käufer sofort an den Verkäufer, während der Käufer das Darlehen in Raten (+ Zinsen) bei der Bank abbezahlt (sog. »B-Geschäft«).

Hinweis: Die Abwicklung eines Teilzahlungsgeschäfts erfolgt in verschiedenen Grundformen, wobei man aus der Sicht des Kreditinstituts zwischen direkter und indirekter Kundenfinanzierung unterscheidet.
Bei der **direkten Kundenfinanzierung** (»A-Geschäft«) wird das Darlehen entweder durch Zahlungsanweisung, durch Überweisung an den Lieferanten oder durch Barauszahlung in Anspruch genommen. Bei der **indirekten Kundenfinanzierung** »B-Geschäft«, bei der der Verkäufer die Verbindung zwischen Käufer und Kreditinstitut herstellt, leistet der Käufer in der Regel eine Anzahlung von ca. 30% des Kaufpreises und beantragt für die Restsumme über den Verkäufer einen Teilzahlungskredit, den er dann in Raten zurückzahlt.

Bei diesen »verbundenen Verträgen« soll der Verbraucher im Ergebnis nicht schlechter stehen, als wenn der Verkäufer (oder Werkunternehmer usw) selbst das Darlehen gewährt hätte.

Wenden wir uns wieder unserem Übungsfall zu!

Die Besonderheit in unserem Fall besteht darin, dass Lieferantin und Darlehensgeberin B nicht in einer Vertragspartei vereinigt sind:

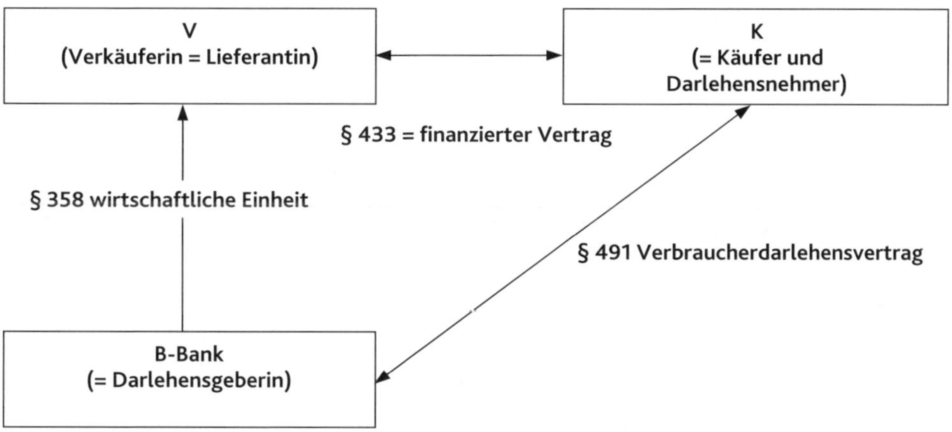

Vorliegend handelt es sich um einen Kauf, der mit einer Finanzierung (in Form eines Teilzahlungskredits) verbunden wird (frühere Bezeichnung: »finanzierter Abzahlungskauf«). Das Darlehen bei der B-Bank dient der Finanzierung des mit V geschlossenen Kaufvertrages, und beide Verträge bilden eine wirtschaftliche Einheit, sodass ein sog. »verbundener Vertrag« iSv § 358 III 1 vorliegt.

(2) Erstreckung des Widerrufsrechts auf den drittfinanzierten Vertrag

Das auf den einen Vertrag bezogene Widerrufsrecht kann dem Verbraucher nur dann 253
einen effektiven Schutz gewähren, wenn es auch Auswirkungen auf den anderen Vertrag hat.

Deshalb erstreckt sich das Widerrufsrecht gem. § 358 II vom Verbraucherdarlehensvertrag auch auf den damit verbundenen Kaufvertrag (bzw. sonstigen drittfinanzierten Vertrag), der somit bis zum Erlöschen des Widerrufsrechts ebenfalls schwebend wirksam ist.

Wenn der finanzierte Kauf bzw. die finanzierte Dienstleistung ein verbundener Vertrag mit einem Verbraucherdarlehen ist, bezieht sich demnach das **Widerrufsrecht** sowohl auf das Verbraucherdarlehen als auch auf den finanzierten Vertrag. Der Widerruf muss nur gegenüber einem der beiden Vertragsparteien erklärt werden (§ 358 I, II), sog. **Widerrufsdurchgriff**: Wenn zB der Kaufvertrag nach § 312g widerrufbar ist, erstreckt sich der Widerruf nach § 358 I auch auf den damit verbundenen Verbraucherdarlehensvertrag. Folglich können beide Verträge rückabgewickelt werden. Der Widerruf des Verbraucherdarlehensvertrags nach § 495 I bewirkt nach § 358 II, dass auch der verbundene Verbrauchervertrag (zB der Kaufvertrag) unwirksam wird.

(3) Einwendungsdurchgriff

254 Außerdem wird der Verbraucher durch den in § 359 normierten **Einwendungsdurchgriff** geschützt: Alle rechtshindernden, rechtsvernichtenden und rechtshemmenden Einwendungen aus dem verbundenen Vertrag können auch dem Darlehensgeber entgegengehalten werden.

Der Verbraucher kann also nach § 359 I 1 die Rückzahlung des Darlehens verweigern, soweit ihn Einwendungen aus dem verbundenen Vertrag gegenüber dem Unternehmer, mit dem er den verbundenen Vertrag geschlossen hat, zur Verweigerung seiner Leistung berechtigen würden.

In unserem Fall könnte K der V, wenn diese zugleich Darlehensgeberin wäre, entgegenhalten, dass diese den Kaufvertrag schlecht erfüllt habe und entsprechende Gewährleistungsrechte (§ 437 Nr. 1–3!) geltend machen.

Solange darüber noch nicht entschieden ist, hat der Verbraucher gegenüber dem Unternehmer (meist: Verkäufer) ein Leistungsverweigerungsrecht und soll dieses auch dem Darlehensgeber gegenüber geltend machen können, indem er die Rückzahlung des Darlehens verweigern kann.

Dieser von der Rechtsprechung und Lehre entwickelte »Einwendungsdurchgriff« ist nunmehr also gesetzlich fixiert. Allerdings muss die **Wertgrenze von 200 EUR** für das finanzierte Entgelt überschritten sein (§ 359 II). Außerdem ist der Einwendungsdurchgriff gem. § 359 I 2 ausgeschlossen bei Einwendungen, die auf einer zwischen dem Unternehmer und Verbraucher nach Abschluss des Verbraucherdarlehensvertrags vereinbarten Vertragsänderung beruhen. Das Gleiche gilt, solange der Verbraucher gegenüber dem Unternehmer einen Anspruch auf Nacherfüllung (§ 439) hat und die Nacherfüllung noch möglich ist (§ 359 I 3).

Für die Lösung unseres Falles (→ Rn. 242) bedeutet dies:

Da auf den Darlehensvertrag zwischen der B-Bank und K das Verbraucherdarlehensrecht anwendbar ist, kann K – falls sein Nacherfüllungsverlangen fehlgeschlagen ist (§ 359 I 3) – der B-Bank gem. § 359 I 1 entgegenhalten, dass ihm gegenüber V Gewährleistungsrechte zustehen, die ihn zur Verweigerung der Bezahlung des Restkaufpreises und damit auch des Restdarlehens berechtigen.

Als Ergebnis unseres Übungsfalls können wir daher festhalten: Eine Klage der B-Bank gegen K würde keinen Erfolg haben, sodass der Zahlungsverzug des K für die Lösung nicht mehr von Bedeutung ist!

Mit dem Verzug des Verbrauchers ist indessen ein ganz wichtiger Regelungsbereich des Verbraucherdarlehensrechts angesprochen, den wir uns noch ansehen müssen! Er betrifft die

ff) Kündigung des Verbraucherdarlehensvertrages

Die **Kündigung** des Verbraucherdarlehensvertrags **durch den Darlehensgeber** muss auf einem dauerhaften Datenträger erfolgen (§ 492 V) und sie muss, sofern sie bei Teilzahlungsdarlehen wegen Zahlungsverzugs erfolgt, unter Beachtung der in § 498 geregelten Voraussetzungen ergehen. **255**

Die Voraussetzungen des Kündigungsrechts des Verbrauchers (= Darlehensnehmers) sind in § 500 normiert. Die Rechtsfolgen der Kündigung ergeben sich aus § 501.

gg) Kündigungs- und Rücktrittsrecht des Darlehensgebers beim Verzug des Darlehensnehmers

Bei der Beendigung des Verbraucherdarlehensvertrags durch den Darlehensgeber wegen Zahlungsverzugs ist zu unterscheiden zwischen dem reinen Geld-Teilzahlungsdarlehen und Teilzahlungsgeschäften (= Waren- oder Dienstleistungsdarlehen). **256**

(1) (Geld-)Teilzahlungsdarlehen

Beim (Geld-)Teilzahlungsdarlehen (= Allgemein-Verbraucherdarlehen, das mindestens in drei (Monats-)Raten zu tilgen ist, § 491 II 2 Nr. 3) kann der **Darlehensgeber** den Verbraucherdarlehensvertrag **wegen Zahlungsverzugs** gem. § 498 S. 1 nur **kündigen** (die Kündigung muss auf einem dauerhaften Datenträger erfolgen, vgl. § 492 V), wenn ein sog. »qualifizierter Ratenverzug« iSv § 498 I 1 Nr. 1 und 2 vorliegt. **257**

Das bedeutet:

1. Der Verbraucher muss mit mindestens **zwei aufeinanderfolgenden Teilzahlungsraten** (ohne Mitrechnung einer eventuellen Anzahlung) ganz oder teilweise sowie mit mindestens 10% (bei einer Darlehenslaufzeit von mehr als drei Jahren nur 5%) des Nennbetrags des Darlehens in Verzug sein (§ 498 I 1 Nr. 1)
   und
2. der Darlehensgeber muss dem Verbraucher erfolglos eine **zweiwöchige Nachfrist** gesetzt und dabei die sog. »Gesamtfälligstellung« angedroht haben (§ 498 I 1 Nr. 2). Außerdem soll er gem. § 498 I 2 spätestens mit der Fristsetzung ein Gespräch über eine einvernehmliche Regelung anbieten. Dieses Gesprächsangebot ist allerdings nicht Wirksamkeitsvoraussetzung für die Fristsetzung oder Kündigung.[413]

(2) Teilzahlungsgeschäfte

Beim Teilzahlungsgeschäft (§ 506 III) hat der Darlehensgeber beim Zahlungsverzug des Verbrauchers statt eines Kündigungsrechts ein **Rücktrittsrecht** (§ 508 S. 1 – lesen!). Der Darlehensgeber kann grundsätzlich nach § 508 S. 1, der auf § 498 I 1 ver- **258**

413 Vgl. Palandt/*Weidenkaff* § 498 Rn. 5.

weist, nur unter den gleichen Voraussetzungen zurücktreten wie der Gelddarlehensgeber nach § 498 I 1 kündigen kann. Durch diese Verweisung auf § 498 I 1 wird verhindert, dass dem Verbraucher die Nutzung der gelieferten Sache schon bei kurzfristigen Zahlungsschwierigkeiten infolge des Rücktritts des Darlehensgebers entzogen werden kann.

Die Rechtsfolgen des Rücktritts ergeben sich grundsätzlich aus den §§ 346 ff.[414] sowie § 508 S. 3 und 4.

Zum Schutz des Verbrauchers enthält das Verbraucherdarlehensrecht darüber hinaus besondere Regelungen für

hh) Verzug und Verzugsfolgen

(1) Anrechnung von Teilzahlungen auf die Hauptschuld

259 Kommt der Schuldner einmal mit seinen Zahlungsverpflichtungen in Verzug, kann das zu einem raschen Anwachsen seiner Verschuldung führen, da nun Verzugszinsen und gegebenenfalls Verzugsschaden zu bezahlen sind. Oft nimmt der Schuldner in solchen Fällen ein neues Darlehen auf, um damit das erste Darlehen abzulösen. Doch das Zweitdarlehen bringt meist höhere Kosten mit sich und lässt den Verbraucher immer tiefer in wirtschaftliche Not geraten, wobei er kaum eine Chance besitzt, jemals wieder von seinem Schuldenberg herunterzukommen.[415] Zur Lösung dieser sog. »Schuldturmproblematik« versucht das Verbraucherdarlehensrecht unter anderem durch Verzugszinsregelungen, die von denen des allgemeinen Schuldrechts zugunsten des Verbrauchers abweichen, einen Beitrag zu leisten. Insbesondere sind hierzu die §§ 497 und 498 (lesen!) zu nennen.

■ Was fällt Ihnen auf, wenn Sie die Sonderregelung des § 497 mit der allgemeinen Regelung in § 367 vergleichen?

▶ § 497 III 1 bestimmt – entgegen der Regelung des § 367 (danach ist eine Teilzahlung zunächst auf die Kosten, dann auf die Zinsen und zuletzt auf die Hauptforderung anzurechnen) – folgende Tilgungsreihenfolge: Kosten der Rechtsverfolgung – Hauptforderung – Zinsen.

■ Was war wohl der Grund für diese »spezielle Reihenfolge«? Warum hat der Gesetzgeber diese so normiert? Überlegen Sie!

▶ Der Darlehensnehmer soll hierdurch motiviert werden, seinen Schuldenberg durch eine frühere Tilgung der Hauptforderung abzutragen.

(2) Zinsbegrenzung

260 Gemäß § 497 I 1 iVm § 288 I darf der Darlehensgeber beim Verzug des Verbrauchers den geschuldeten Betrag mit **maximal 5% über** dem jeweiligen sog. **»Basiszinssatz«** verzinsen. Seit dem 1.7.2016 unverändert beträgt der Basiszinssatz (§ 247) **-0,88%**. Er verändert sich zum 1. Januar und 1. Juli eines jeden Jahres um die Prozentpunkte, um welche die Bezugsgröße (jüngste Hauptrefinanzierungsoperation der EZB, marginaler Satz) seit der letzten Veränderung des Basiszinssatzes gestiegen oder gefallen ist. Der Basiszinssatz wird jeweils unverzüglich nach dem 1. Januar und 1. Juli von der Deutschen Bundesbank im Bundesanzeiger bekannt gemacht. Der aktuelle Zinssatz

414 NK-BGB/*Müller* § 508 Rn. 3.
415 Vgl. *Medicus* JURA 1991, 561.

kann auch auf den Seiten der Deutschen Bundesbank im Internet abgerufen werden.[416] Der Verzugszins für Verbraucher (§ 288 I) beträgt seit Juli 2016 also 4,12% (Basiszinssatz aktuell -0,88 Prozent plus 5 Prozentpunkte), für den unternehmerischen Geschäftsverkehr (§ 288 II) 8,12 Prozent (Basiszinssatz aktuell -0,88 Prozent plus 9 Prozentpunkte).

Dieser Richtsatz gilt gem. § 497 I 2 allerdings nur, sofern dem Darlehensgeber nicht der Nachweis eines höheren bzw. dem Darlehensnehmer (Verbraucher) nicht der Nachweis eines niedrigeren Verzugsschadens gelingt! Da dem Verbraucher dies, wenn überhaupt, nur schwer gelingen wird, ist das paradoxerweise eine sehr verbraucherunfreundliche Regelung!

ii) Darlehensvermittlungsvertrag

Für Verträge, in denen ein Unternehmer (§ 14) einem Verbraucher (§ 13) gegen Ent- **261**
gelt einen Verbraucherdarlehensvertrag (§ 491) oder eine entgeltliche Finanzierungshilfe (zB einen Ratenlieferungsvertrag, § 506) vermittelt oder ihm die Gelegenheit zum Abschluss eines solchen Vertrages nachweist oder auf andere Weise beim Abschluss eines solchen Vertrages behilflich ist – sog. Darlehensvermittlungsvertrag (vgl. § 655a I) – sind die folgenden Vorschriften zu beachten, insbesondere § 655a II (lesen!).

Der Verbraucher muss vom Darlehensvermittler vor Abschluss des Vertrages auf einem dauerhaften Datenträger insbesondere über die Höhe der von ihm verlangten Vergütung und die verlangten Nebenentgelte unterrichtet werden (§ 655a II iVm Art. 247 § 13 II EGBGB). Für Form und Inhalt des Darlehensvermittlungsvertrages enthält § 655b I nähere Regelungen (unter anderem: Schriftform). Sofern diesen Anforderungen nicht genügt wird, ist der Darlehensvermittlungsvertrag nichtig (§ 655b II).

Die Pflicht des Verbrauchers, die Vergütung zu bezahlen, ist erfolgsabhängig: Sie besteht nur, wenn infolge der Vermittlung oder des Nachweises des Darlehensvermittlers das Darlehen an den Verbraucher geleistet wird und der Darlehensvertrag nicht mehr nach § 355 widerrufen werden kann (§ 655c S. 1). In Betracht kommt das Widerrufsrecht bei außerhalb von Geschäftsräumen geschlossenen Verträgen nach §§ 312b, 312g[417] sowie das bei Verbraucherdarlehensverträgen nach § 495 I.

jj) Unabdingbarkeit und Umgehungsverbot

Gemäß § 512 S. 1 sowie § 655e I 1 darf von den Vorschriften des Verbraucherdarle- **262**
hensrechts nicht zum Nachteil des Verbrauchers abgewichen werden. § 512 S. 2 sowie § 655e I 2 enthalten ein sehr allgemein formuliertes Umgehungsverbot.

416 S. die Angaben der Deutschen Bundesbank unter www.bundesbank.de/de/bundesbank/organisation/agb-und-regelungen/basiszinssatz-607820 (zuletzt abgerufen am 20.8.2021).

417 S. hierzu *Wörlen/Metzler-Müller* SchuldR AT Rn. 86.

Einen Überblick über den Verbraucherkredit einschließlich des Verbraucherdarlehensvertrags erhalten Sie mit der folgenden …

262a **Übersicht 10a**

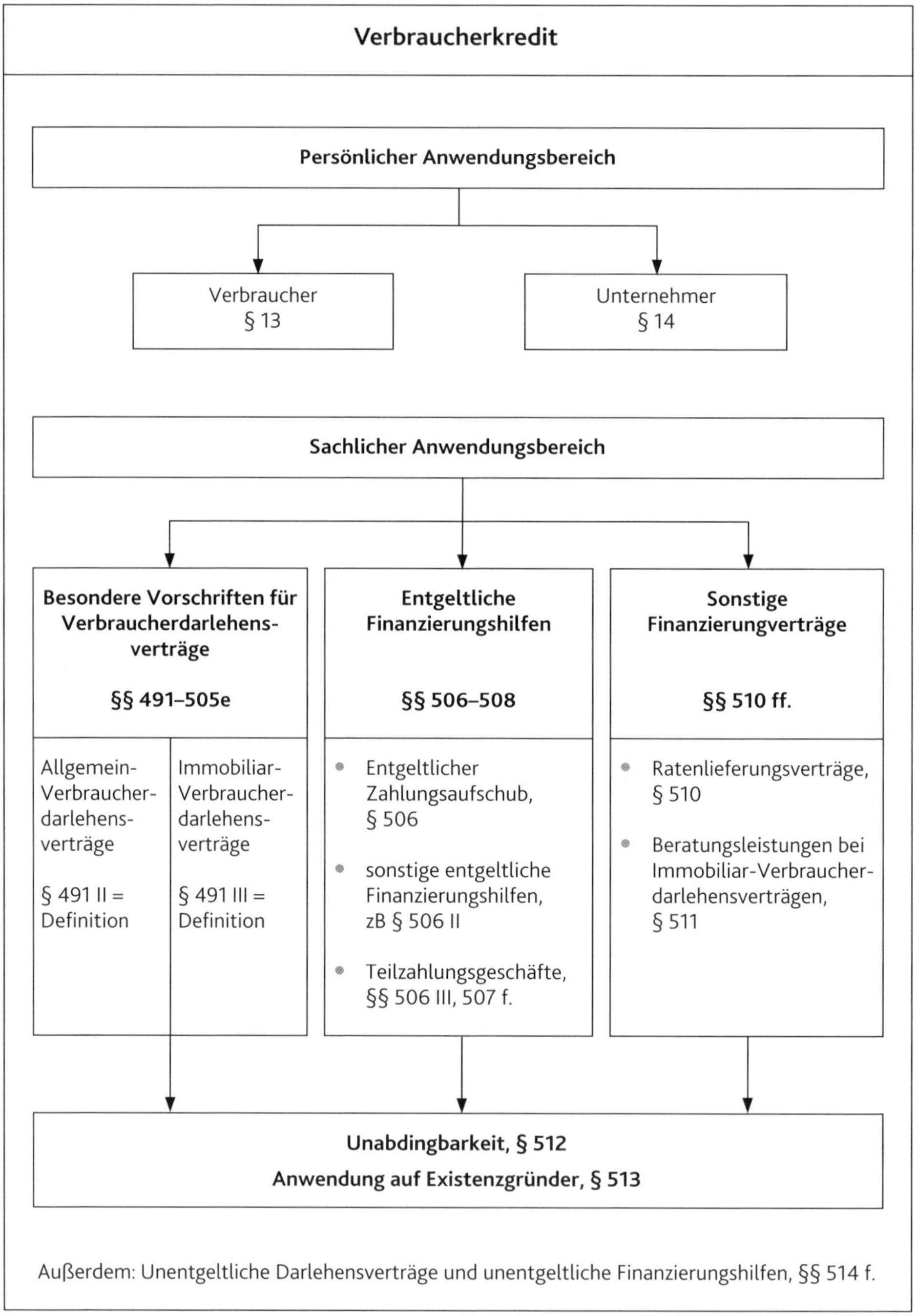

Literatur zur Vertiefung (→ Rn. 239–262): *Alpmann und Schmidt* SchuldR BT 2, 1. Teil, 3. Teil, 9. Abschnitt; *Brox/Walker* SchuldR BT §§ 14–18; *Derleder*, Die vollharmonisierende Europäisierung des Rechts der Zahlungsdienste und des Verbraucherkredits, NJW 2009, 3195; *Fikentscher/Heinemann* SchuldR §§ 78, 80, 81 I–III; *Führich* WirtschaftsPrivR Rn. 546 ff.; *Hirsch* SchuldR BT § 33; *Janal*, Fälle zum Verbraucherdarlehensrecht, JURA 2017, 376; *Looschelders* SchuldR BT § 21; *Keller*, Die Rückabwicklung verbundener Verträge nach Widerrufs- und Einwendungsdurchgriff, JURA 2021, 492; *Klöhn*, Die Stundung und Prolongation von Verbraucherdarlehen nach dem COVID-19-Abmilderungsgesetz – Bringt die Corona-Pandemie zinslose Darlehen für drei Monate?, WM 2020, 1141; *Lühmann*, Das Moratorium im Darlehensrecht anlässlich der Covid-19-Pandemie, NJW 2020, 1321; *Medicus/Lorenz* SchuldR BT § 28 Rn. 29 ff.; *Oetker/Maultzsch* Schuldverhältnisse § 3 Rn. 47–116; *Sauer/Wittemann*, Einführung in das deutsche und europäische Verbraucherkreditrecht, JURA 2005, 8; *Schade/Graewe* WirtschaftsPrivR Rn. 331 ff.; *Steckler/Tekidou-Kühlke* WirtschaftsR C/159; *Strobel*, Referendarexamensklausur: Darlehens-, Kreditsicherungs- und Zivilprozessrecht, JuS 2021, 577.

3. Kapitel. Dienstleistungsverträge und ähnliche Verträge

A. Dienstvertrag

Beim Dienstvertrag, der in den §§ 611–630 geregelt ist, handelt es sich um einen typischen gegenseitigen Vertrag.

I. Wesen des Dienstvertrags

263 Die vertragstypischen Pflichten beim Dienstvertrag beschreibt § 611 (lesen!). Gegenstand des Dienstvertrags ist (Abs. 1) die Leistung von Diensten, dh das reine Tätigwerden des Dienstverpflichteten für den Dienstherrn gegen Zahlung einer vereinbarten Vergütung. Der Dienstvertrag betrifft vor allem wirtschaftlich und sozial **selbstständige und unabhängige Tätigkeiten.**

Beispiele: Architekt, Anwältin, Tierarzt, Steuerberaterin, Unterrichtsvertrag, Vertrag zwischen Auktionator und Einlieferer, Mobilfunkanbieter.[418]

Gegenstand des Dienstvertrags können gem. § 611 II Dienste bzw. Tätigkeiten jeder Art sein.

Dabei ist – um den Dienstvertrag zu ähnlichen Verträgen abzugrenzen – ganz wichtig, dass der Dienstverpflichtete wirklich nur seine **Tätigkeit** als solche, nicht aber einen bestimmten **Erfolg** dieser Tätigkeit schuldet. Darin liegt der wesentliche Unterschied zum Werkvertrag. Lesen Sie zur ersten Information § 631, bevor wir auf das Werkvertragsrecht noch ausführlicher eingehen.

Merke: Der Dienstvertrag ist »**zeitbestimmt**«, der Werkvertrag »**erfolgsbestimmt**«.
Für die Abgrenzung von Dienst- und Werkvertrag ist der im Vertrag zum Ausdruck kommende Wille der Parteien maßgebend:
- Falls eine **Dienstleistung als solche** geschuldet wird: Dienstvertrag.
- Wenn als Arbeitsergebnis der **Erfolg der Dienstleistung** geschuldet wird: Werkvertrag.

Beispiele: Rechtsanwalt, der Prozesse führt, Architektin als Bauleiterin = Dienstvertrag. Soll aber der Rechtsanwalt ein Gutachten erstellen, wird ein Werkvertrag geschlossen. Wenn die Architektin einen Bauplan entwerfen soll, liegt ein Architektenvertrag[419] (= werkvertragsähnlicher Vertrag) vor.

■ Fällt Ihnen eine logische Begründung dafür ein, dass der – normalerweise – mit einem Rechtsanwalt geschlossene Vertrag keinesfalls ein Werkvertrag sein kann?

▶ Bei einem Werkvertrag müsste ein Rechtsanwalt für den Erfolg seiner Tätigkeit »garantieren«. Dann bräuchten wir keine Gerichte mehr!

Bei der Beauftragung eines Rechtsanwalts kommt ein Geschäftsbesorgungsvertrag (§ 675) in der Regel mit Dienstvertragscharakter (Dienste höherer Art, vgl. § 627) zustande.[420]

---

418 Weitere Beispiele bei BeckOK BGB/*Fuchs* § 611 Rn. 14–29.

419 Näheres unter → Rn. 271e.

420 Vgl. Palandt/*Sprau* § 675 Rn. 23.

Auch der »Unternehmer« iSv § 631 I schuldet zwangsläufig ein Tätigwerden, als Erfolg seiner Tätigkeit aber zusätzlich das versprochene »Werk«. Diese theoretisch saubere und einleuchtende rechtliche Abgrenzung von Dienst- und Werkvertrag ist tatsächlich bisweilen nicht ganz einfach nachzuvollziehen. 264

■ Welchem Vertragstyp würden Sie zB einen Vertrag mit einer Ärztin oder einem Zahnarzt zuordnen? (Überlegen Sie!)

► Normalerweise liegt ein Dienstvertrag vor: Ärztin wie Zahnarzt schulden die Behandlung des Patienten nach den Regeln der ärztlichen Kunst; für einen bestimmten Erfolg können und wollen sie in der Regel verständlicherweise nicht einstehen!

Mit Wirkung v. 26.2.2013 wurden § 630a–§ 630h als Untertitel 2 ins BGB eingefügt.[421] § 630a regelt vertragstypische Pflichten beim **Behandlungsvertrag** (→ Rn. 269). Gemäß § 630b sind auf das Behandlungsverhältnis die Vorschriften über das Dienstverhältnis anzuwenden, soweit nicht in diesem Untertitel etwas anderes bestimmt ist. Der Behandlungsvertrag ist also ein Unterfall des Dienstvertrages.

Dennoch kann es sich bei einem Vertrag mit einem Arzt oder einer Zahnärztin ausnahmsweise um einen Werkvertrag handeln!

■ Überlegen Sie, in welchen Fällen ein Arzt ein »Werk« und damit den Erfolg seiner Tätigkeit schulden wird!

► Wenn zB der Arzt eine Röntgen- oder Laboruntersuchung durchführt, schuldet er nicht nur die reine Tätigkeit, sondern auch den bestimmten Erfolg (das Röntgenbild bzw. die Laborwerte). Gleiches gilt für die Zahnärztin, wenn sie eine Zahnprothese anfertigt.[422]

II. Inhalt des Dienstvertrags

Der Dienstvertrag ist nach § 613 – im Gegensatz zum Werkvertrag – regelmäßig **höchstpersönlich** zu erfüllen. Es ist ein auf Dauer angelegtes, persönliches Vertrauensverhältnis zwischen den Vertragsparteien. Der Dienstverpflichtete kann zur Erfüllung von Nebenpflichten oder der Vorbereitung einer Dienstleistung auch Hilfspersonen einsetzen. 265

Sollten die Parteien die Frage, ob und in welcher Höhe für die Dienste eine Vergütung gewährt werden soll, nicht geregelt haben, »gilt« nach § 612 eine Vergütung als stillschweigend vereinbart, sofern die Dienstleistung den Umständen nach nur gegen eine Vergütung zu erwarten ist. In der Regel arbeitet niemand umsonst! Es wird aufgrund dieser Regelung **kraft Gesetzes** eine **Vergütung** geschuldet. Sofern die Parteien sich über die Unentgeltlichkeit der Dienste bei Vertragsschluss einig waren, liegt ein Auftrag nach § 662 (→ Rn. 309) vor.

In § 612 II wird die **Vergütungshöhe** geregelt. Beim Fehlen einer entgegenstehenden gesetzlichen, kollektiv- oder einzelvertraglichen Regelung ist die taxmäßige

421 Art. 1 Nr. 4 des Gesetzes zur Verbesserung der Rechte von Patientinnen und Patienten v. 20.2.2013, BGBl. 2013 I 277.

422 *Looschelders* SchuldR BT § 31 Rn. 3 mwN; *Brox/Walker* SchuldR BT § 22 Rn. 3. Weitere Beispiele s. Palandt/*Retzlaff* Einf v. § 631 Rn. 22 ff. Bei Interesse die Ausführungen von *Schneider* JuS 2013, 104 ff. lesen.

Vergütung (= staatlich festgesetzt; insbesondere in den Gebührenordnungen für freie Berufe) als vereinbart anzusehen, beim Fehlen einer Taxe die übliche Vergütung.

Beispiele: GOÄ für Ärzte; RVG für Rechtsanwälte; HOAI für Architekten und Ingenieure.

Für den Dienstberechtigten und auch den Dienstverpflichteten bestehen zahlreiche Nebenpflichten, wie zB Schutz-, Verschwiegenheits-, Rücksichtnahmepflichten (vgl. § 241 II).

III. Schlechtleistung

266 Der Dienstverpflichtete muss für die Nicht- oder Schlechterfüllung seiner Pflichten nach den allgemeinen Grundsätzen einstehen, also zB Schadensersatz nach §§ 280 I, 241 II leisten. Es gelten bei den Leistungsstörungen die allgemeinen Regeln.[423]

IV. Beendigung des Dienstverhältnisses

267 Das Dienstverhältnis kann beendet werden durch

- **Kündigung**; hierbei ist bei Arbeitsverhältnissen die Form des § 623, also **Schriftform**, zu beachten. Die **ordentliche Kündigung** unter Einhaltung einer Kündigungsfrist ist in den §§ 621, 624 geregelt, die **außerordentliche** ohne Einhaltung einer Kündigungsfrist in den §§ 626, 627.
- **Auflösungsvertrag** (§ 311 I), der bei Arbeitsverhältnissen der Schriftform bedarf (§ 623).
- **Zeitablauf bei befristeten Dienstverhältnissen** (§ 620 I).
- **Tod des Dienstverpflichteten** (arg. aus § 613 S. 1).

B. Arbeitsvertrag

268 I. Allgemeines

Es gibt im Rahmen der §§ 611 ff. zwei Grundformen des Dienstvertrages:

- den selbstständigen (freien) Dienstvertrag (→ Rn. 263 ff.) und
- den **Arbeitsvertrag**, für den ausschließlich die Vorschriften der §§ 612a, 613a, 615 S. 3, 619a, 620 III, 622 und 623 gelten.

Das Arbeitsrecht ist das **Sonderrecht der Arbeitnehmer**. Bei Erlass des BGB wurde eine diesbezügliche Regelung nicht für erforderlich gehalten. Das Arbeitsrecht wurde vielmehr in einigen Vorschriften des BGB (s. die vorgenannten) sowie in zahlreichen anderen Gesetzen (zB Kündigungsschutzgesetz, Entgeltfortzahlungsgesetz, Mutterschutzgesetz, Teilzeit- und Befristungsgesetz, Gewerbeordnung) geregelt. Die §§ 620 III und 630 S. 4 verdeutlichen die Existenz eines Arbeitsrechts außerhalb des BGB. Das **Arbeitsvertragsrecht** (Individualarbeitsrecht) ist grundlegend in den §§ 611–630 sowie zahlreichen Sondergesetzen normiert. §§ 103–110 GewO enthalten einige allgemeine arbeitsrechtliche Regelungen, die nach § 6 II GewO auf alle Arbeitnehmer anwendbar sind.

423 S. hierzu *Wörlen/Metzler-Müller* SchuldR AT Rn. 334 ff.

II. Begriff des Arbeitsvertrages

Der Arbeitsvertrag ist ein Dienstvertrag iSd § 611, durch den sich der Arbeitnehmer zu abhängiger bzw. unselbstständiger Arbeit und der Arbeitgeber zur Zahlung der Arbeitsvergütung verpflichtet. Durch das »Gesetz zur Änderung des Arbeitnehmerüberlassungsgesetzes und anderer Gesetze« vom 21.2.2017[424], in Kraft seit 1.4.2017, wurde der Arbeitsvertrag mit den von der Rechtsprechung des BAG entwickelten wesentlichen Merkmalen in § 611a normiert. Die Neuregelung des § 611a hat aber nicht die Normstruktur der §§ 611 ff. und das Fortbestehen von Vorschriften mit verschiedenartiger Rechtsnatur geändert. Soweit der Wortlaut einer Vorschrift nichts Gegenteiliges zu erkennen gibt, gelten die §§ 611 ff. sowohl für den Dienst- wie auch den Arbeitsvertrag.[425]

§ 611a I 1 enthält die **Legaldefinition des Arbeitsvertrages**. Er wird durch die eindeutige Formulierung des Gesetzestextes als ein besonderer Fall (Unterfall[426]) des Dienstvertrages gekennzeichnet, insofern der Arbeitnehmer »im Dienste eines anderen zur Leistung von Arbeit« verpflichtet wird.

> **Beispiele:** Vertrag zwischen Assistenzarzt und Krankenhaus; Vertrag zwischen einer Rechtsanwältin, die in der Rechtsabteilung eines Unternehmens tätig ist, und diesem Unternehmen.

Die Besonderheit gegenüber dem Dienstvertrag erschließt sich aus der näheren Eingrenzung dieser Arbeits- bzw. Dienstleistung durch die Ergänzungen in Satz 1 mit dem Inhalt »**weisungsgebunden**«, »**fremdbestimmt**« und in »**persönlicher Abhängigkeit**«. In § 611a I 2–4 werden die Kriterien der Weisungsgebundenheit und der Abhängigkeit konkretisiert. Nach § 611a I 2 kann sich das Weisungsrecht auf Inhalt, Durchführung, Zeit und Ort der Tätigkeit beziehen. Wer nicht im Wesentlichen seine Tätigkeit frei gestalten und seine Arbeitszeit bestimmen kann, ist weisungsgebunden (§ 611a I 3), wobei der Grad der persönlichen Abhängigkeit auch von der Eigenart der jeweiligen Tätigkeit abhängt (§ 611a I 4). Wichtiges Indiz für die persönliche Abhängigkeit ist die Eingliederung des Arbeitnehmers in die Arbeitsorganisation des Arbeitsgebers. Letztlich muss aufgrund einer Gesamtbetrachtung aller Umstände festgestellt werden, ob ein Arbeitsvertrag vorliegt (§ 611a I 5). Nicht die Bezeichnung des Vertrages ist maßgebend, sondern dessen tatsächliche Durchführung (§ 611a I 6). Diese Vorschrift hat dann eine Bedeutung, wenn die Parteien einen Vertrag als »Dienstvertrag« bezeichnen oder »Vertrag über freie Mitarbeit«, obwohl der Betroffene tatsächlich weisungsgebunden und persönlich abhängig tätig ist. Für den umgekehrten Fall spielt die Norm allerdings keine praktische Rolle, im Gegenteil: Wird eine freie Mitarbeit also als »Arbeitsvertrag« bezeichnet, steht es der Annahme als Arbeitsverhältnis nicht entgegen, wenn der Arbeitgeber sein Weisungsrecht nicht ausübt und der Arbeitnehmer »frei« wie ein Selbstständiger arbeitet. Die Falschbezeichnung ist dann letztlich ohne Bedeutung.[427]

---

424 BGBl. 2017 I 258.

425 BeckOK BGB/*Fuchs* § 611a Rn. 3.

426 *Brox/Walker* SchuldR BT § 19 Rn. 3; *Preis* in Müller-Glöge/Preis/Schmidt, Erfurter Kommentar zum Arbeitsrecht, 18. Aufl. 2018, § 611a Rn. 1; *Vogelsang* in Schaub/Koch/Linck/Treber/Vogelsang, Arbeitsrechts-Handbuch, 17. Aufl. 2017, § 9 Rn. 1; *Wörlen/Kokemoor* ArbR Rn. 44 (Sonderfall des Dienstvertrags).

427 BAG NZA 2007, 580 = NJW 2007, 1485.

Wegen der immensen Bedeutung der §§ 611 ff. für das Arbeitsrecht werden wir uns mit einzelnen Rechten und Pflichten der Vertragsparteien an dieser Stelle nicht befassen. Sie sind in dem Lehrbuch von *Wörlen/Kokemoor* zum »Arbeitsrecht«[428] nachzulesen.

C. Behandlungsvertrag

269 Mit dem Behandlungsvertrag wollen wir uns nur kurz beschäftigen. Er ist in der Regel ein freier (unabhängiger) Dienstvertrag, zumal der Behandelnde (nur) die medizinische, also sachverständige Behandlung zusagt (§ 630a I lesen!); die Gesundung des Patienten als »Erfolg« wird nicht geschuldet.

Der Anwendungsbereich der §§ 630a ff. erfasst nicht nur Verträge mit Ärzten (sog. Arztvertrag), sondern auch Verträge über die medizinische Behandlung von Menschen durch Angehörige anderer Heilberufe, wie zB Heilpraktiker, Hebammen, Masseure, Physiotherapeuten. Da diese Vorschriften auf den **Schutz von Menschen** zugeschnitten sind, unterliegen Verträge über die Behandlung von Tieren nach wie vor den §§ 611 ff.[429]

Der Behandelnde

- hat eine Behandlungspflicht (= Hauptpflicht, § 630a I),
- hat Informationspflichten (§ 630c II),
- muss vor der Durchführung einer medizinischen Maßnahme, vor allem bei einem Eingriff in den Körper oder die Gesundheit, hierfür die Einwilligung des Patienten einholen (§ 630d),
- hat Aufklärungspflichten (§ 630e),
- muss die Behandlung des Patienten dokumentieren und ihm Einsicht in die Patientenakte gewähren (§§ 630f, 630g),
- hat – als sich aus § 241 II ergebende vertragliche Schutzpflicht – eine Schweigepflicht, sofern er Arzt, Zahnarzt oder Angehöriger anderer Heilberufe ist,
- haftet bei Verletzung von vertraglichen Pflichten nach § 280 I (vertraglich) bzw. § 823 I, § 823 II iVm §§ 222 ff. StGB oder § 839 (deliktisch); § 630h enthält für die Beweislast Regeln zugunsten des Patienten bei Behandlungs- oder Aufklärungsfehlern.

270 Der **Privatpatient** ist nach § 630a I zur Zahlung der Vergütung verpflichtet (= dessen Hauptpflicht). Da in der Regel über deren Höhe keine besondere Vereinbarung getroffen wird, kann der Arzt nach § 612 II die taxmäßige Vergütung verlangen, also nach der GOÄ abrechnen, der Zahnarzt nach der GOZ. Abweichende Vereinbarungen sind schriftlich zu treffen (§ 2 GOÄ, § 2 GOZ), mündliche Vergütungsvereinbarungen sind unwirksam (§ 125 S. 1).

Wenn der Patient Mitglied einer gesetzlichen Krankenkasse, also **Kassenpatient** ist, richtet sich der Vergütungsanspruch des Behandelnden gegen die Krankenkasse (vgl.

428 *Wörlen/Kokemoor* ArbR Rn. 98–245.
429 *Looschelders* SchuldR BT § Rn. 1.

Wortlaut des § 630a: »ein Dritter zur Zahlung verpflichtet ist«), es sei denn, der Versicherte hat sich für die Kostenerstattung entschieden (vgl. § 13 I, II SGB V).[430]

Sofern der Patient die Vergütung nicht rechtzeitig zahlt, kommt ein Anspruch des Behandelnden wegen Verzugs in Betracht.

D. Werkvertrag

I. Allgemeines

Das Werkvertragsrecht ist im Rahmen der Schuldrechtsreform zum 1.1.2002 neu gefasst worden. Die Gewährleistung des Unternehmers wurde in das allgemeine Leistungsstörungsrecht integriert. Die kauf- und werkvertraglichen Gewährleistungsrechte sind nunmehr weitgehend ähnlich. 271

Wie ursprünglich auch im Kaufrecht wird im Gewährleistungsrecht beim Werkvertrag ein subjektiver Fehlerbegriff festgeschrieben (§ 633 I). Unterschiede zum Kaufvertrag bestehen darin, dass gem. § 635 I der Unternehmer das Wahlrecht zwischen Nachbesserung und Neuherstellung hat, während beim Kaufvertrag das Wahlrecht beim Käufer liegt. Außerdem sieht das werkvertragliche Gewährleistungsrecht eine Möglichkeit des Bestellers zur Selbstbeseitigung des Mangels auf Kosten des Unternehmers vor (§ 634 Nr. 2 iVm § 637), während dem Käufer ein solches Recht im Prinzip nicht zusteht. Lange Zeit bestand auch ein wichtiger Unterschied darin, dass das Werkvertragsrecht im Gegensatz zum Kaufrecht keine Spezialregeln über das Verhältnis von Unternehmer und Verbraucher enthielt. Eine entsprechende Änderung ist mit dem am 1.1.2018 in Kraft getretenen »Gesetz zur Reform des Bauvertragsrechts, zur Änderung der kaufrechtlichen Mängelhaftung […]« v. 28.4.2017[431] erfolgt. Damit wurden neue Vertragstypen eingeführt, nämlich

- der Bauvertrag (§§ 650a ff.),
- der Verbraucherbauvertrag (§§ 650i ff.),
- der Architekten- und Ingenieurvertrag (§§ 650p ff.) und
- der Bauträgervertrag (§§ 650u f.).

Vorgenanntes Gesetz hat den Titel 9 über den Werkvertrag wie folgt neu strukturiert:

430 HK-BGB/*Schreiber* § 630a Rn. 9.
431 BGBl. 2017 I 969 ff.

271a **Übersicht 11:**

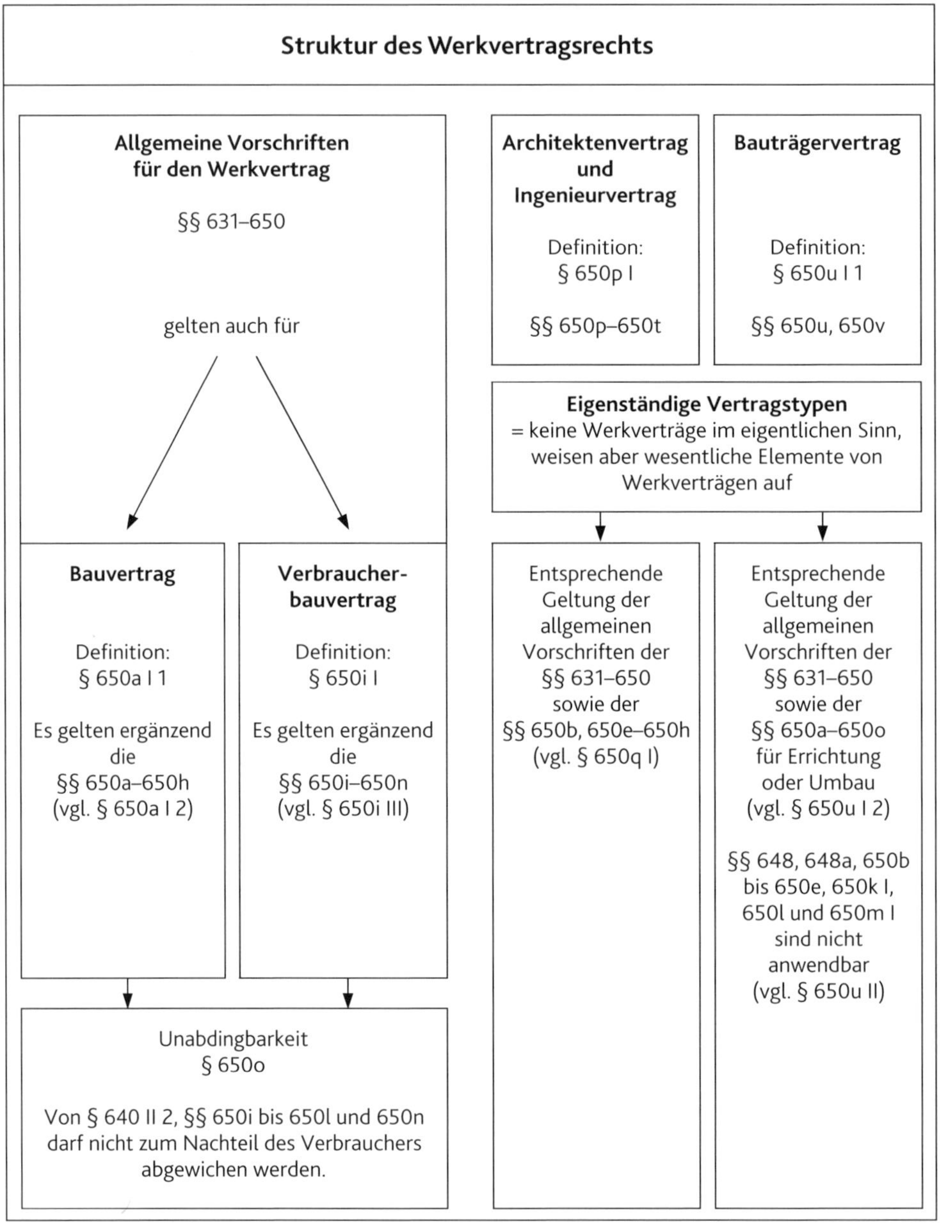

Grundsätzlich entscheiden zwei Parteien im Rahmen der Vertragsfreiheit,[432] ob sie einen Werkvertrag abschließen. Der Gesetzgeber hat allerdings in bestimmten Fällen für den Unternehmer einen Kontrahierungszwang[433] angeordnet. Es handelt sich um

432 S. hierzu *Wörlen/Metzler-Müller* SchuldR AT Rn. 17 ff.
433 Beispiele in *Wörlen/Metzler-Müller* SchuldR AT Rn. 31 ff.

Fallgestaltungen, in denen der Besteller auf die Leistungen eines bestimmten Unternehmers angewiesen ist, da dieser in seinem Bereich eine Monopolstellung hat, wie zB Personenbeförderungseinrichtungen. Es besteht eine Beförderungspflicht öffentlicher Eisenbahnen und anderer Verkehrsunternehmen wie Taxi, Busse und Straßenbahnen im öffentlichen Linienverkehr (§ 10 AEG, § 22 PBefG).

Bei Werkverträgen kann ein **Verstoß gegen ein Verbotsgesetz** vorkommen. Gemäß § 134 hat dies die **Nichtigkeit** des Vertrages zur Folge, sofern sich nicht aus dem Gesetz etwas anderes ergibt. Wenn die Parteien zu Zwecken der Hinterziehung von Steuern und Sozialabgaben vereinbaren, eine Leistung **ohne Rechnung** (umgangssprachlich: »schwarz«) zu erbringen, verstößt dies gegen § 1 II Nr. 2 SchwarzArbG. Nach neuerer Rechtsprechung des BGH führt dieser Verstoß zur vollständigen Nichtigkeit des Vertrages nach § 134, wenn der Unternehmer vorsätzlich handelt und der Besteller den Verstoß des Unternehmers kennt und bewusst zum eigenen Vorteil ausnutzt.[434] Dem Unternehmer steht wegen der Nichtigkeit des Vertrages auch kein Anspruch gegen den Besteller auf Zahlung der vereinbarten Vergütung nach § 631 I zu. Auch ein Anspruch aus § 812 I 1, 1. Var.[435], gerichtet auf Wertersatz für die erbrachten Leistungen (§ 818 II), ist gem. § 817 S. 2 ausgeschlossen. Sofern der Besteller bereits den Werklohn bezahlt hat, hat er keinen bereicherungsrechtlichen Anspruch auf Rückzahlung nach § 812 I 1, 1. Var. Wenn die Parteien einen zunächst wirksam geschlossenen Vertrag nachträglich so abändern, dass er nunmehr gegen das Verbot des § 1 II Nr. 2 SchwarzArbG verstößt, ist nicht nur die Änderungsvereinbarung, sondern der gesamte Vertrag nach § 134 nichtig.[436] 271b

II. Besondere Werkverträge

1. Bauvertrag

Mit der Neuregelung in **§ 650a I 1** hat der **Bauvertrag** eine **Legaldefinition** erhalten. Es handelt sich danach um einen Vertrag über die Herstellung, die Wiederherstellung, die Beseitigung oder den Umbau eines Bauwerks, einer Außenanlage oder eines Teils davon. § 650a II regelt, wann ein **Vertrag über die Instandhaltung eines Bauwerks** als **Bauvertrag** anzusehen ist. Dies ist der Fall, wenn das Werk für die Konstruktion, den Bestand oder den bestimmungsgemäßen Gebrauch des Bauwerks von wesentlicher Bedeutung ist. Nur unter diesen Voraussetzungen kann davon ausgegangen werden, dass es sich nach der Vertragsdauer und dem Umfang des Vertrages um einen auf längerfristige Zusammenarbeit angelegten Vertrag handelt und die Anwendung der speziellen bauvertragsrechtlichen Vorschriften deshalb gerechtfertigt ist. 271c

Neben den allgemeinen Vorschriften der §§ 631 ff. gelten für den Bauvertrag ergänzend die §§ 650a–h (vgl. § 650a I 2). Diese sehen unter anderem vor

- das Anordnungsrecht des Bestellers in Bezug auf Leistungsänderungen und die dazugehörigen Vergütungsfolgen nebst gerichtlichen Durchsetzungsmöglichkeiten (§§ 650b–650d),

434 BGH NJW 2013, 3167 (3168); 2014, 1805.
435 Näheres hierzu unter → Rn. 373 ff.
436 BGH NJW 2017, 1808.

- die Sicherungshypothek des Bauunternehmers und die Bauhandwerkersicherung (§§ 650e, 650f),
- Regelungen zur obligatorischen Zustandsfeststellung nach Abnahmeverweigerung sowie zur Schlussrechnungserteilung als weitere Fälligkeitsvoraussetzung für die Vergütung (§ 650g),
- die Schriftform für die Kündigung eines Bauvertrags (§ 650h).[437]

2. Verbraucherbauvertrag

271d **Verbraucherbauverträge** sind nach der **Legaldefinition** in **§ 650i I** Verträge, durch die der Unternehmer (§ 14) von einem Verbraucher (§ 13) zum Bau eines neuen Gebäudes oder zu erheblichen Umbaumaßnahmen an einem bestehenden Gebäude verpflichtet wird. Von den Regelungen in den §§ 650i–650l und § 650n darf nicht zum Nachteil des Verbrauchers abgewichen werden (vgl. § 650o).

Für den Bauvertrag und den Verbraucherbauvertrag sind auch die allgemeinen Vorschriften der §§ 631–650 anwendbar, was sich aus den Formulierungen in § 650a I 2 und § 650i III ergibt.

3. Architektenvertrag und Ingenieurvertrag

271e **§ 650p I** enthält eine **Legaldefinition des Architekten- und Ingenieurvertrags.**[438] Es muss sich handeln um

- Leistungen im Zusammenhang mit der Planung und Ausführung eines »Bauwerks« oder einer »Außenanlage«,
- die zur Erreichung der vereinbarten Planungs- und Überwachungsziele erforderlich sind.

Maßgebend für die Leistungspflichten und deren Bestimmung – gegebenenfalls im Wege der Auslegung – ist der jeweilige Stand der Planung und Ausführung des Bauwerks oder der Außenanlage.[439] Durch diesen Vertrag wird der Unternehmer nach § 650p I verpflichtet, die Leistungen zu erbringen, die nach dem jeweiligen Stand der Planung und Ausführung des Bauwerks oder der Außenanlage erforderlich sind, um die zwischen den Parteien vereinbarten Planungs- und Überwachungsziele zu erreichen. Falls wesentliche Planungs- und Überwachungsziele noch nicht vereinbart sind, hat der Unternehmer zunächst eine Planungsgrundlage zur Ermittlung dieser Ziele zu erstellen und dem Besteller die Planungsgrundlage zusammen mit einer Kosteneinschätzung für das Vorhaben zur Zustimmung vorzulegen (§ 650p II). Nach der Rechtsprechung des BGH handelt es sich bei einem Architekten- oder Ingenieurvertrag (§§ 650p–650t BGB) um einen Werkvertrag, weil die Tätigkeit des Architekten (bzw. des Ingenieurs) der Herbeiführung eines Erfolgs iSd § 631 dient, nämlich der Herstellung eines mangelfreien Bauwerks. Der Gesetzgeber hat diese Rechtsprechung bestätigt, indem er in § 650q I die allgemeinen Vorschriften über das Werkvertragsrecht für entsprechend anwendbar erklärt. Zugleich wird den Besonderheiten dieses Vertragstyps durch spezielle Rege-

437 Ausführlich hierzu: *Reiter* JA 2018, 161 ff.
438 *Orlowski* ZfBR 2016, 434.
439 BeckOGK/*Bernhard* § 650p Rn. 6.

lungen Rechnung getragen.[440] Die – nicht in § 650p erwähnte – Gegenleistungspflicht des Bestellers ergibt sich aus § 650q I iVm § 631 I. Ergänzend muss die Verordnung über die Honorare für Leistungen der Architekten und Ingenieure (HOAI) beachtet werden.[441]

4. Bauträgervertrag

Ein **Bauträgervertrag** liegt nach der **Legaldefinition** des **§ 650u I 1** – insoweit wortgleich mit § 632a II aF – vor bei 271f

- der Errichtung oder dem Umbau eines Hauses oder eines vergleichbaren Bauwerks im eigenen Namen (Herstellung der Bauleistung einschließlich der Planung) und
- der Verpflichtung des Unternehmers zur Übertragung des Grundstückseigentums an den Besteller (bzw. zur Bestellung/Übertragung eines Erbbaurechts)

aufgrund ein und desselben Vertrags.

Neben dem Grundstück bekommt der Erwerber auch sämtliche Planungs- und Bauleistungen aus einer Hand.[442] Ein Bauträgervertrag liegt auch vor, wenn ein bereits fertiggestelltes Bauwerk vom Bauträger erworben wird.[443]

§ 650u I 2 stellt klar, dass für die Bauverpflichtung des Bauträgers, also Errichtung oder Umbau, grundsätzlich die Vorschriften des Werkvertragsrechts (gesamter Untertitel 1, also die §§ 631–650o) gelten. Ausnahmen ergeben sich aus § 650u II.[444] Auf die Verpflichtung zur Eigentumsübertragung (bzw. zur Bestellung/Übertragung eines Erbbaurechts) finden gem. § 650u I 3 die Vorschriften über den Kauf Anwendung. Dies hat zur Folge, dass bei Mängeln am Grundstück allein die §§ 434 ff. gelten.[445] Da beide Teile des Bauträgervertrags eine rechtliche Einheit bilden, muss der ganze Vertrag nach § 311b I 1 notariell beurkundet werden.[446]

Der Gesetzgeber hat in Titel 9 (Werkvertrag und ähnliche Verträge, §§ 631–651m) neben dem Werkvertragsrecht (Untertitel 1), dem Architektenvertrag und Ingenieurvertrag (Untertitel 2) sowie dem Bauträgervertrag (Untertitel 3) im Untertitel 4 den (Pauschal-)Reisevertrag (§§ 651a ff.) normiert. Dieser wird gesondert unter → Rn. 324 ff. erläutert.

III. Wesen und Inhalt des Werkvertrags

Das Wesen des Werkvertrags hatten wir uns bei der Abgrenzung zum Dienstvertrag verdeutlicht: Gemäß § 631 I wird der Unternehmer zur Herstellung eines Werkes (= konkreter Erfolg) verpflichtet; Gegenstand seiner Leistungspflicht ist eine entgeltliche Wertschöpfung dadurch, dass er durch seine Arbeitsleistung für den Besteller 272

440 BT-Drs. 18/8486, 67. Ausführlich hierzu: *Reiter* JA 2018, 241 ff.
441 *Looschelders* SchuldR BT § 32 Rn. 10.
442 BeckOGK/*Molt* § 650u Rn. 3 f.
443 *Orlowski* ZfBR 2016, 438.
444 Einzelheiten: BT-Drs. 18/8486, 73 f.
445 *Orlowski* ZfBR 2016, 438.
446 Palandt/*Retzlaff* § 650u Rn. 9.

das vereinbarte Werk schafft.[447] Der Besteller muss dafür die vereinbarte Vergütung zahlen. Diese Verpflichtungen von Unternehmer und Besteller stehen in einem engen Gegenseitigkeitsverhältnis. Der Werkvertrag ist ebenfalls ein gegenseitiger Vertrag.

Der Werkvertrag hatte schon immer seine Hauptbedeutung für **Bauunternehmer** und **Handwerker**.

Beispiele: Herstellung eines Bauwerks (jetzt: Bauvertrag nach §§ 650a ff.), Veränderung und Ausbesserung von Sachen des Bestellers, wie zB Reparatur oder Reinigung.

Ebenfalls einschlägig ist er für viele freischaffende **Künstler**.

Beispiel: Schreiben eines Buches (eventuell Biografie des Auftraggebers), Liederabend einer Sängerin.

Andere **geistige oder organisatorische Produkte** können ebenfalls Inhalt eines Werkvertrags sein.

Beispiele: Gutachten einer Rechtsanwältin, Erstellung von Datenverarbeitungsprogrammen, Theateraufführung, Konzert, Filmproduktion.

Auch Arbeiten in Bezug auf den **Körper eines Menschen** oder eines Tieres kommen als Werkvertrag in Betracht.[448]

Beispiele: Schönheitsoperation, Röntgenaufnahme für eine andere Ärztin, Durchführung eines Labortests, Tätowierung, Anfertigung einer Zahnprothese, Dauerwelle beim Friseur, Hufbeschlag eines Pferdes.

Hingegen ist die Herstellung beweglicher Sachen (zB Kleidungsstücke, Schuhe, Möbel) dem Werkvertragsrecht weitgehend entzogen. Nach § 650 I (→ Rn. 300) findet auf den Werklieferungsvertrag im Grundsatz Kaufrecht Anwendung, obwohl auch hier ein bestimmter Erfolg, und zwar die Herstellung oder Erzeugung einer beweglichen Sache, geschuldet wird.

Beachte: Es ist zu unterscheiden, ob ein **konkreter Erfolg** geschuldet wird (= Werkvertrag iSd § 631) oder nur eine **bestimmte Tätigkeit** (= Dienstvertrag iSd § 611) oder eine **selbstständige Tätigkeit wirtschaftlicher Art** für einen anderen in dessen Interesse (= Geschäftsbesorgungsvertrag iSd § 675 I).

Zu beachten ist, dass der (Werk-)Unternehmer nicht mit dem Begriff des Unternehmers nach § 14 verwechselt werden darf. Diese Vorschrift definiert seit 30.6.2000 den Begriff des Unternehmers für das Verbraucherschutzrecht als Gegenbegriff zum Verbraucher. Unternehmer im Sinne des Werkvertragsrechts ist dagegen **jede natürliche oder juristische Person**, die sich zur Herstellung eines Werkes gem. § 631 II verpflichtet, auch wenn sie nicht in Ausübung einer gewerblichen oder selbstständigen beruflichen Tätigkeit handelt. Der Werkunternehmer ist sozial unabhängig und idR wirtschaftlich selbstständig. Er kann auch Verbraucher iSd § 13 sein.[449]

447 BGH NJW 1983, 1489.

448 Zahlreiche weitere Beispiele: Palandt/*Retzlaff* Einf v § 631 Rn. 22–34.

449 MüKoBGB/*Busche* § 631 Rn. 32 mwN; NK-BGB/*Raab* § 631 Rn. 3.

IV. Vertragstypische Pflichten (und Rechte) der Vertragsparteien

Einige Vorschriften des Werkvertragsrechts sowie Rechte (Ansprüche) und Pflichten der Vertragsparteien wollen wir anhand eines Übungsfalls betrachten und uns wieder an die gutachtliche Denkweise erinnern![450] 273

Übungsfall 10

Bea Beckmann (B) hat ihr Smart-TV-Gerät zur Reparatur in die Werkstatt des Unternehmers Udo Unsinn (U) gegeben. U liefert das Gerät in der Wohnung der B ab. Die 10-jährige Tanja, Tochter der B, nimmt das Gerät entgegen. B stellt am Abend fest, dass das Gerät, wie zuvor auch, zwar ein schönes Bild, aber keinen Ton von sich gibt. Deshalb bezahlt sie die beigefügte Rechnung über 150 EUR nicht. Sie verlangt von U, dass dieser das Gerät zunächst einwandfrei ausbessere. U verweigert ihr dies mit der Begründung, B solle erst die Hälfte des Rechnungsbetrags bezahlen.

Ist das Verlangen des U begründet?

1. Herstellung des Werks gegen Zahlung einer Vergütung

Wenn Sie sich im Werkvertragsrecht schon auskennen würden, könnten Sie ein Gutachten zu diesem Fall mit folgendem Satz beginnen: 274

> **Formulierungsbeispiel:**
> »U könnte gegenüber B einen Anspruch auf Bezahlung des halben Rechnungsbetrags gem. § 631 I Hs. 2 iVm § 632 I und § 641 I haben!«

Lesen Sie diese drei Vorschriften nacheinander durch!

■ Welche Voraussetzung muss für diesen Anspruch zunächst erfüllt sein?

▶ »Voraussetzung ist, dass zwischen U und B ein wirksamer Vertrag iSd § 631 zustande gekommen ist, aus dem B zur Zahlung verpflichtet ist.«

Als B den Fernsehapparat zur Reparatur in die Werkstatt des U gegeben hat, hat sie den U beauftragt, ein Werk, nämlich den reparierten Fernseher, herzustellen (§ 631 I). U hat diesen Auftrag durch Vornahme der Reparatur auch ausgeführt, sodass ein wirksamer Werkvertrag vorliegt. Gemäß § 631 I Hs. 2 ist B grundsätzlich zur Entrichtung der vereinbarten Vergütung verpflichtet. 275

Ob U und B eine Vergütung vereinbart haben, ist nicht ersichtlich; sie gilt aber gem. § 632 I als stillschweigend vereinbart, wenn die Herstellung des Werkes den Umständen nach nur gegen Vergütung zu erwarten ist (= widerlegbare Vermutung, § 632 I lesen!). Dabei kommt es nicht auf subjektive Vorstellungen des Bestellers an, sondern auf eine objektive Betrachtungsweise. Meist gilt: »Es arbeitet keiner umsonst.«

■ Wie ist der Fall bis hierher zu lösen? (Formulieren Sie zuerst wieder selbst!)

▶ »Da es »normalen« Umständen entspricht, dass die Reparatur eines Fernsehgeräts nur gegen Zahlung einer Vergütung vorgenommen wird, gilt diese zumindest als stillschweigend vereinbart. Der vorliegende Fall gibt keinen Anlass zu Zweifeln, dass es sich bei der Höhe der Vergütung von 150 EUR um einen üblichen Preis handelt.« (vgl. § 632 II – lesen!)

450 Vgl. dazu *Wörlen/Metzler-Müller* BGB AT Rn. 132 ff.

276 § 632 wollen wir uns zwischendurch genauer ansehen!

Während § 632 I regelt, ob überhaupt eine Vergütung zu zahlen ist, wenn die Parteien darüber nichts vereinbart haben, bestimmt § 632 II, wieviel der Besteller beim Fehlen einer Vereinbarung über die Höhe der Vergütung zu zahlen hat. Das ist die übliche Durchschnittsvergütung.

Besteht eine Taxe, ist die taxmäßige Vergütung als vereinbart anzusehen.

■ Was versteht man unter einer Taxe (außer einem Mietwagen ...)?
▶ Eine Taxe ist ein hoheitlich nach Bundes-, Landes- oder Ortsrecht, also staatlich festgelegter Preis. Dazu zählen zB die Gebührenordnungen für Steuerberater (StBVV), Ärzte (GOÄ), Zahnärzte (GOZ), Rechtsanwälte (RVG), Taxifahrer (Taxitarifordnung), soweit sie nicht lediglich einen Rahmen vorgeben.[451] Bei Architekten- und Ingenieurverträgen sind die Vorgaben der HOAI als öffentliches Preisrecht zu beachten.

■ Kommt Ihnen diese Regelung bekannt vor?
▶ Eine inhaltlich gleiche Vorschrift hatten wir beim Dienstvertrag, § 612, kennengelernt (→ Rn. 265).

277 Ein **Kostenanschlag** (= Kostenvoranschlag, kaufmännische Vorkalkulation) ist gem. § 632 III im Zweifel, also wenn nichts dazu ausdrücklich vereinbart wurde und die Vertragsparteien dazu verschiedener Meinung sind, nicht zu vergüten. Allerdings können die Parteien abweichende Vereinbarungen treffen.

Nur ausnahmsweise sind Vorarbeiten des Unternehmers (zB Entwürfe, Zeichnungen) zu vergüten. Das ist der Fall, wenn diese entweder den Gegenstand eines selbstständigen Werkvertrages bilden oder so umfangreich sind, dass ihre Unentgeltlichkeit nach den Grundsätzen von Treu und Glauben oder aber gem. § 632 I nicht erwartet werden kann. Grundsätzlich trägt allerdings der Unternehmer Aufwendungen zur Förderung eines Vertragsschlusses auf eigenes Risiko und kann hierfür keine Vergütung verlangen.[452]

2. Fälligkeit der Vergütung bei Abnahme des Werks

278 Zurück zum Fall: Nachdem wir festgestellt haben, dass eine Vergütungspflicht für B besteht, müssen wir prüfen, ob die Vergütung auch fällig ist. Mangels einer entsprechenden vertraglichen Vereinbarung gilt § 641 I (lesen und »Abnahme« unterstreichen!). Danach ist – abweichend von der allgemeinen Fälligkeitsregel des § 271 I – die Vergütung nicht sofort, sondern erst bei der Abnahme des Werks (→ Rn. 279) zu entrichten.

In einem Gutachten könnte man folgendermaßen fortfahren:

> **Formulierungsbeispiel:**
> »Gemäß § 641 I wird die Vergütung bei der Abnahme des Werks fällig. Im vorliegenden Fall hat B den reparierten Fernseher jedoch nicht abgenommen. Zwar hat ihre 10-jährige Tochter das Gerät entgegengenommen, doch kann darin nicht eine rechtlich bedeutsame konkludente Abnahme durch B gesehen werden.«

451 Palandt/*Retzlaff* § 632 Rn. 14.
452 *Looschelders* SchuldR BT § 33 Rn. 11 mwN.

- Warum nicht? Was wäre Voraussetzung, damit die Tochter der B eine wirksame Abnahmeerklärung abgeben könnte?
- ▶ Man könnte daran denken, dass die Tochter als Vertreterin der B die Abnahmeerklärung abgegeben hat mit der Folge, dass sie über §§ 164 I, 165 auch gegen B wirkt; doch ist im vorliegenden Fall kein Anlass ersichtlich, Vertretungsmacht anzunehmen, sodass allenfalls eine Genehmigung der B iSd § 177 die Abnahmeerklärung der Tochter hätte wirksam werden lassen können. 279

Im Gutachten könnten wir daher schreiben:

> **Formulierungsbeispiel:**
> »Da B ihre Tochter zu der Abnahme nicht bevollmächtigt hatte – was gem. §§ 164 I, 165 möglich gewesen wäre –, liegt keine Abnahmeerklärung vor. B gibt vielmehr klar zu erkennen, dass sie zur Abnahme nicht bereit ist.«

Unter **Abnahme** iSd § 640, die neben der Vergütungspflicht vertragliche Haupt- 280
pflicht des Bestellers beim Werkvertrag ist,[453] ist zweierlei zu verstehen: Zum einen ist die Abnahme die körperliche Entgegennahme des hergestellten Werks, soweit technisch möglich, zum anderen die Billigung des Werks als vertragsmäßige Leistung[454] (§ 640 I 1 lesen!). Wegen unwesentlicher Mängel kann die Abnahme nicht verweigert werden (§ 640 I 2).

Wenn der Besteller bereits im Besitz des Werkes ist, was zB bei Reparaturen an seinem Haus der Fall ist, beschränkt sich seine Abnahmeverpflichtung auf die Anerkennung der vertragsgemäßen Herstellung. Sofern eine Abnahme auch in Form der Billigung nicht möglich oder üblich ist (zB bei Konzerten, bei der Personenbeförderung) und deshalb die Pflicht nach § 640 I entfällt, kommt es auf die Vollendung des Werks an (§ 646).

Die Falllösung setzen wir wie folgt fort:

> **Formulierungsbeispiel:**
> »Da die Abnahme fehlt, ist die Vergütung allein durch die Ablieferung des Fernsehgeräts in der Wohnung der B nicht fällig geworden, sofern nicht B zu diesem Zeitpunkt zur Abnahme gem. § 640 verpflichtet war.«

- Was ist nach § 640 Voraussetzung, damit B zur Abnahme verpflichtet wäre?
- ▶ Die vertragsmäßige Ausführung des Werks!

> **Formulierungsbeispiel:**
> »Das wäre der Fall, wenn U der B ein vertragsmäßig hergestelltes Werk bzw. das gem. § 631 I versprochene Werk hergestellt hätte.«

> **Tipp:** Unterstreichen Sie das Wort »vertragsmäßig« in § 640 I 1!

- Was ist, wenn der Besteller trotz vertragsgemäßer Herstellung des Werks dessen Abnahme verweigert? Was kann der Unternehmer in einem solchen Fall tun?
- ▶ Der Unternehmer kann vom Besteller die Abnahme des Werks § 640 I 1 verlangen.

---

453 jurisPK-BGB/*Genius* § 640 Rn. 1; HK-BGB/*Scheuch*/*Ebert* § 631 Rn. 9.
454 Palandt/*Retzlaff* § 640 Rn. 3.

■ Wenn der Besteller diesem Verlangen des Unternehmers nicht nachkommt – welche Möglichkeiten bestehen dann für den Unternehmer? Lesen Sie § 640 ganz durch!

▶ Der Unternehmer kann
- auf Abnahme klagen, denn § 640 I ist eine Anspruchsgrundlage[455]
- nach § 640 II 1 dem Besteller nach Fertigstellung des Werks eine angemessene Frist zur Abnahme setzen. Wenn der Besteller die Abnahme nicht innerhalb dieser Frist unter Angabe mindestens eines Mangels verweigert hat, gilt das Werk als abgenommen (= **Abnahmefiktion**).

Ist der Besteller ein Verbraucher (§ 13), muss er nach § 640 II 2 zusammen mit der Aufforderung zur Abnahme über die Folgen einer nicht erklärten oder ohne Angabe von Mängeln verweigerten Abnahme in Textform (§ 126b) belehrt werden. Falls dies nicht erfolgt, tritt die Abnahmefiktion nicht ein. Von dieser Vorschrift kann nicht zum Nachteil des Verbrauchers abgewichen werden (vgl. § 650o).

Bevor Sie sich mit der werkvertraglichen Mängelhaftung und der Fortsetzung der Falllösung (→ Rn. 284) befassen, lesen Sie zum Dienst- und Werkvertrag erst die folgende Übersicht.

455 Eine Klage auf Abnahme mit anschließender Zwangsvollstreckung gem. § 888 ZPO ist zulässig; s. Palandt/*Retzlaff* § 640 Rn. 11 mwN.

Übersicht 11a

281

Dienstvertrag (§§ 611–630h)

1. **Wesen des Dienstvertrags**
   - Leistung versprochener Dienste jeder Art gegen Vergütung (§ 611)
   - geschuldet wird in erster Linie ein Tätigwerden, nicht der Erfolg einer Tätigkeit
   - gegenseitiger Vertrag

   Beispiele:
   - Rechtsanwaltstätigkeit
   - Nachhilfestunden von Lehrern
   - Architektin als Bauleiterin
   - Tierarzt
   - Steuerberaterin

2. **Arbeitsvertrag** (§ 611a) = Sonderfall/Unterfall des Dienstvertrages
   - weisungsgebundene Tätigkeit,
   - persönliche Abhängigkeit des Arbeitnehmers und
   - Eingliederung in die Unternehmensorganisation des Arbeitgebers

3. **Behandlungsvertrag** (§§ 630a–h)
   = freier (unabhängiger) Dienstvertrag

   Beispiele:
   - medizinische Behandlung (Regelfall)
   - Heilpraktiker, Masseure, Physiotherapeutin

Werkvertrag (§§ 631–651)

1. **Wesen und Inhalt des Werkvertrags:**
   - Unternehmer schuldet Herstellung des versprochenen Werks (§ 631 I) oder Dienste mit **Herbeiführung eines Erfolgs** (§ 631 II = Unterschied zu Dienstvertrag) gegen Entrichtung von Vergütung (§§ 631 I, 632)
   - gegenseitiger Vertrag
   - Abnahmepflicht des Bestellers von vertragsmäßigem Werk, § 640
   - § 641: Fälligkeit der Vergütung bei Abnahme (= körperliche Entgegennahme und Billigung des Werks als vertragsgemäße Leistung)

   Beispiele:
   - Reparaturverträge
   - Rechtsanwältin als Gutachterin

2. **Anwendung des Kaufrechts**
   § 650 I: Verträge über Lieferung herzustellender oder zu erzeugender **beweglicher** (vertretbarer) Sachen (**Werklieferungsvertrag**, → Rn. 300)

3. Mängel des Werks

a) Sachmängel

282 Gemäß § 633 I muss das Werk so beschaffen sein, dass es frei von Sach- und Rechtsmängeln ist (§ 633 I lesen!).

■ An welche Vorschrift erinnert Sie diese Formulierung?

▶ § 633 I bestimmt für den Unternehmer die gleiche Pflicht wie § 433 I 2 für den Verkäufer.

Dementsprechend folgen § 633 II 1 und 2 dem Wortlaut von § 434 I 1 und 2 aF (vgl. jetzt § 434 II 1 Nr. 1, 2, III 1 Nr. 1, 2 nF) und § 633 II 3 entspricht § 434 III aF (vgl. jetzt § 434 V, II 2, 1 Nr. 1, III 2, 1 Nr. 2 nF). Für Rechtsmängel folgt § 633 III dem Wortlaut von § 435.

■ Wenn Sie § 633 nun nochmals ganz lesen, sollten Sie wieder selbst in der Lage sein zu formulieren, unter welchen vier Voraussetzungen ein Sachmangel des vom Unternehmer hergestellten Werks vorliegen kann.

▶ **Ein Sachmangel**

liegt vor, wenn das Werk			**liegt darüber hinaus vor,**
• nicht die vereinbarte Beschaffenheit hat.	• sich nicht für die vertraglich vorausgesetzte Verwendung eignet.	• sich nicht für die gewöhnliche Verwendung eignet und nicht die Beschaffenheit aufweist, die bei Werken der gleichen Art üblich ist.	• wenn der Unternehmer das Werk »falsch«, dh ein anderes Werk (»aliud«), oder das Werk in zu geringer Menge hergestellt hat.
§ 633 II 1	**§ 633 II 2 Nr. 1**	**§ 633 II 2 Nr. 2**	**§ 633 II 3**
Vereinbarte Beschaffenheit	**Vertragliche Verwendung**	**Gewöhnliche Verwendung**	**Herstellung anderes Werk/ zu geringe Menge**

Klausurtipp: § 633 II immer in folgender **Reihenfolge** prüfen:

§ 633 II 1 ⟶ **§ 633 II 2 Nr. 1** ⟶ **§ 633 II 2 Nr. 2**

b) Rechtsmängel

283 Ein Rechtsmangel liegt gem. § 633 III (im Umkehrschluss) vor, wenn Dritte irgendwelche Rechte in Bezug auf das Werk gegen den Besteller geltend machen können.

■ Fällt Ihnen ein Beispiel für »Rechte Dritter« ein?

▶ Rechte Dritter sind zB Patentrechte oder Urheberrechte.

Die Tatsache, dass die **Abnahme** des Werks durch den Besteller erst erfolgt ist, wenn er das Werk nicht nur entgegengenommen, sondern auch als vertragsgemäße Lieferung gebilligt hat, schwächt die Position des Unternehmers: Solange die Abnahme **nicht** erfolgt ist, ist sein Vergütungsanspruch nicht fällig. **284**

Gerade kleinere Unternehmer konnten vor dem Hintergrund dieser Regelung in Zahlungsschwierigkeiten geraten, da insbesondere bei der Herstellung von aufwendigen Werken die Zeitspanne zwischen Beginn der Herstellung und der zur Fälligkeit der Vergütung führenden Abnahme erheblich sein konnte. Aus diesem Grunde wurde dem Unternehmer vom Gesetzgeber seit dem 1.5.2000 die Möglichkeit eingeräumt, unter den Voraussetzungen von § 632a **Abschlagszahlungen** zu verlangen (lesen Sie von der langen Vorschrift nur § 632a I 1). **285**

Zurück zum Fall (Gutachten)!

> **Formulierungsbeispiel:**
> »Da der von U gelieferte Fernsehapparat nach wie vor ohne Ton läuft, liegt ein Sachmangel iSv § 633 II 2 Nr. 1 vor. Somit hat U den Vertrag noch nicht ordnungsgemäß erfüllt, sodass B nicht zur Abnahme verpflichtet und die Vergütung noch nicht fällig ist.
> Das Verlangen des U, dass B den halben Rechnungsbetrag bezahlen solle, ist auch nicht nach § 632a als Abschlagszahlung gerechtfertigt, da U keinen für sich abgeschlossenen Teil des Werks abgeliefert hat.[456]
> Dass U bereits Arbeit und Material investiert hat, begründet auch keinen Anspruch des U auf Teilzahlung gem. § 641 I 2. Die berücksichtigte Möglichkeit einer Teilabnahme und Bezahlung der abgenommenen Teile ist im Übrigen keine Teilzahlung, sondern volle Bezahlung der bisher abgenommenen Teile.[457] U hat keinen Anspruch auf Zahlung der Vergütung in Form des halben Rechnungsbetrags.«

4. Rechte des Bestellers bei Mängeln des Werks

Die Rechte des Bestellers bei Mängeln der Werkleistung ergeben sich aus § 634 (lesen!), der § 437 nachgebildet ist. **286**

Danach kann der Besteller zunächst

- **Nacherfüllung** (§ 634 Nr. 1 iVm § 635) verlangen
  oder nach deren Scheitern
- die **Selbstbeseitigung** (§ 634 Nr. 2 iVm § 637) des Mangels vornehmen **und** dafür **Aufwendungsersatz** fordern.

Stattdessen kann er

- sein **Rücktrittsrecht** (§ 634 Nr. 3, 1. Var. iVm §§ 323, 636, 326 V) ausüben
  oder
- **Minderung** der Vergütung erklären (§ 634 Nr. 3, 2. Var. iVm § 638)

und darüber hinaus

- **Schadensersatz** (§ 634 Nr. 4, 1. Var. iVm §§ 636, 280, 281, 283 und 311a)

456 Zweck von § 632a ist es, den gegenüber seinen Zulieferern vorleistungspflichtigen Unternehmer zu entlasten und die mit der Vorfinanzierung verbundenen wirtschaftlichen Nachteile auszugleichen (vgl. Palandt/*Retzlaff* § 632a Rn. 1).

457 Diese kann vertraglich vereinbart werden wie zB beim Hausbau.

oder
- **Ersatz für vergebliche Aufwendungen** (§ 634 Nr. 4, 2. Var. iVm § 284)

verlangen.

287 Wie im Kaufrecht der Verkäufer soll (erst recht) der Unternehmer im Werkvertragsrecht grundsätzlich die Möglichkeit der Nacherfüllung haben, bevor der Besteller von den anderen in § 634 genannten Rechten Gebrauch machen kann. Der Vorrang der Nacherfüllung ergibt sich daraus, dass der Besteller vor Geltendmachung von einem dieser anderen Rechte erfolglos eine Frist zur Nacherfüllung gesetzt haben muss. Für die Selbstvornahme (§ 634 Nr. 2) ergibt sich das aus § 637 I, für den Rücktritt oder die Minderung (§ 634 Nr. 3) aus § 323 I, für den Schadensersatzanspruch oder den gegebenenfalls an dessen Stelle tretenden Aufwendungsersatzanspruch (§ 634 Nr. 4) aus § 281 I 1. Lediglich in den Fällen von § 323 II und § 281 II sowie § 636 ist die Fristsetzung zur Nacherfüllung entbehrlich.

Bei den Mängelrechten müssen Sie unterscheiden:

- **Bis zur Abnahme** hat der Besteller einen Erfüllungsanspruch gegenüber dem Unternehmer auf Verschaffung (Herstellung) des versprochenen mangelfreien Werkes (vgl. §§ 631, 633). Seine Rechte – auch bezüglich eventueller Leistungsstörungen – richten sich nach den allgemeinen Vorschriften.
- **Ab der Abnahme** beschränkt sich der Erfüllungsanspruch auf das hergestellte und durch die Abnahme als Erfüllung angenommene konkrete Werk und dessen Mängel. Der Besteller hat dann nur noch die Rechte aus § 634. Ein Anspruch auf Neuherstellung kann sich eventuell ausnahmsweise im Rahmen des Nacherfüllungsanspruchs von § 634 Nr. 1 iVm § 635 ergeben.[458]

> **Merke:** Die Mängelrechte nach § 634 stehen dem Besteller grundsätzlich erst nach Abnahme des Werkes zu.[459]

Zur Verdeutlichung mancher dieser vielen Paragrafen[460] nun einige Fälle:

a) Nacherfüllung

288

> **Übungsfall 11**
>
> Bea Beckmann (B) benötigt ein neues Dach für ihre Villa in München und beauftragt Udo Ungenau (U), ihr selbiges mit neuen Dachziegeln zu decken. Einige Tage nach Abnahme des Werks durch B, die noch nicht bezahlt hat, regnet es durch das neue Dach in den Dachboden der Villa.
>
> Welchen Anspruch hat B gegen U?

B könnte gegen U einen Anspruch auf Nacherfüllung gem. §§ 650a II, 634 Nr. 1 iVm §§ 635, 633 II 2 Nr. 2[461] haben.

> **Lernhinweis:** Die folgende Nummerierung der Tatbestandsvoraussetzungen entspricht dem unter → Rn. 289 aE abgedruckten Prüfungsschema.

---

458 Palandt/*Retzlaff* § 634 Rn. 6.

459 BGH NJW 2017, 8.

460 Zwischendurch ein auflockernder und zugleich ernster Hinweis: Schreiben Sie in Klausuren nie das **Wort** »Paragraf«! Das ist verpönt – sprechen Sie besser von »Norm« oder »Vorschrift«.

461 So die richtige Zitierreihenfolge für die Anspruchsgrundlage!

(I.) Voraussetzungen:

(1) Voraussetzung dafür ist ein wirksamer Bauvertrag iSd § 650a II, den B und U hier geschlossen haben.[462] Auf diesen finden die Vorschriften der §§ 631 ff. Anwendung (vgl. § 650a I 2).

(2) Weiterhin müsste das Werk (das neu gedeckte Dach) einen Sach- (oder Rechts-) mangel iSv § 633 aufweisen. Da B und U weder eine besondere Beschaffenheit des Dachs vereinbart (§ 633 II 1) noch nach dem Vertrag eine besondere Verwendung vorausgesetzt haben (§ 633 II 2 Nr. 1) und kein Rechtsmangel iSv § 633 III vorliegt, kann nur ein Sachmangel nach § 633 II 2 Nr. 2 in Betracht kommen – sofern sich das neu gedeckte Dach nicht für die gewöhnliche Verwendung eignet und nicht eine Beschaffenheit aufweist, die der Besteller üblicherweise erwarten kann.

■ Wie würden Sie entscheiden?
▶ Die gewöhnliche Verwendung eines – jeden – Hausdachs besteht darin, das Innere des Hauses vor Regen und anderen Immissionen von oben zu schützen. Das undichte Dach eignet sich hierfür nicht und weist daher einen Sachmangel gem. § 633 II 2 Nr. 2 auf.

Dieser Sachmangel muss bei Gefahrübergang vorhanden gewesen sein. Im Werkvertragsrecht ist dabei grundsätzlich auf die Abnahme abzustellen (§ 644 I 1). Der Mangel war vorliegend bereits bei der Abnahme vorhanden.

(3) Für einen Haftungsausschluss durch Vertrag (§ 639) oder Gesetz (§ 640 III) gibt es im Sachverhalt keine Anhaltspunkte.

Somit kann B gem. §§ 650 II, 634 Nr. 1 iVm § 635 zunächst »nur« Nacherfüllung verlangen und muss dem U dazu eine Frist setzen, bevor sie die anderen in § 634 genannten Rechte bzw. Ansprüche geltend machen kann.

(II.) Rechtsfolge:

U hat gem. § 635 I die Wahl, ob er den Mangel beseitigt oder ein neues Werk herstellt.

■ Wenn Sie sich ans Kaufrecht und § 439 I (→ Rn. 22 ff.) erinnern, sollten Sie einen **289**
Unterschied bemerken?
▶ Im Werkvertragsrecht hat der **Unternehmer** das Wahlrecht, während nach § 439 I der **Käufer** zwischen Nacherfüllung oder Ersatzlieferung wählen kann.

Dies erklärt sich daraus, dass die Interessenlage beim Werkvertrag eine andere als beim Kaufvertrag ist: Die **Herstellung** des Werks für den Besteller durch den Unternehmer erfordert mehr als den bloßen Austausch bereits fertig hergestellter Leistungsgegenstände von Verkäufer und Käufer. Da der Werkunternehmer das Werk erst noch herstellen muss, ist er mit dem Produktionsprozess, anders als der Verkäufer, **selbst** befasst. Daher soll ihm die Wahl überlassen bleiben, auf welche Weise er dem Nacherfüllungsanspruch des Bestellers nachkommt.[463] Der Anspruch des Bestellers auf Nacherfüllung ist allerdings ausgeschlossen, wenn diese dem Unternehmer nicht möglich (§ 275 I) oder von ihm gem. § 275 II, III nicht zu erbringen ist. In diesen

462 Der Fall wird nicht als »Klausur« gelöst, sondern soll nur die wichtigsten Vorschriften der Mängelhaftung im Werkvertragsrecht verdeutlichen!

463 Vgl. BT-Drs. 14/6040, 265.

Fällen steht dem Besteller nur ein Schadensersatzanspruch nach § 634 Nr. 4, 1. Var. iVm §§ 280, 283 (gegebenenfalls § 311a II) zu.[464] Außerdem kann der Unternehmer unter den Voraussetzungen von § 635 III die Nacherfüllung verweigern, wenn sie nur mit unverhältnismäßigen Kosten möglich ist. Das ist der Fall, wenn der durch die Beseitigung des Werkmangels erzielbare Erfolg bei Abwägung aller Umstände des Einzelfalls in keinem vernünftigen Verhältnis zur Höhe des dafür erforderlichen Geldaufwands steht und es dem Unternehmer nicht zugemutet werden kann, diese Aufwendungen zu tragen.[465]

Der Anspruch der B gegen U ist somit begründet. Ob das Dach durch Mängelbeseitigung oder Herstellung eines neuen Werks regendicht gemacht wird, obliegt, wie gesagt, gem. § 635 I der Entscheidung des U.

Prüfungsschema

Anspruch des Bestellers auf Nacherfüllung gem. § 634 Nr. 1 iVm § 635

I. **Voraussetzungen:**
1. Werkvertrag (iSd § 631)
2. Sachmangel (§ 633 II) oder Rechtsmangel (§ 633 III) bei Gefahrübergang (§ 644 – Abnahme)
3. Kein Haftungsausschluss durch Vertrag (vgl. § 639) oder Gesetz (§ 640 III)

II. **Rechtsfolge:**
Wahlrecht des Unternehmers:
- Beseitigung des Mangels
  oder
- Herstellung eines neuen Werks,

es sei denn: Leistungsverweigerungsrecht des Unternehmers (§ 635 III)

b) Selbstvornahme

290 **Übungsfall 12**

In Fall 11 setzt B dem U, nachdem sie sich im BGB informiert hat, eine Frist zur Nacherfüllung von zwei Wochen. Als U, der wegen eines unverschuldeten Autounfalls im Krankenhaus liegt, sich nach drei Wochen nicht meldet, will B das Dach auf Kosten des U selbst reparieren und verlangt von U einen Vorschuss für die dafür erforderlichen Aufwendungen iHv 1.000 EUR.

Ist der Anspruch der B gegen U begründet?

B könnte gegen U einen Anspruch auf Aufwendungsersatz und Vorschusszahlung gem. §§ 650a II, 634 Nr. 2 iVm §§ 637 I und III, 633 II 2 Nr. 2 haben.

Lernhinweis: Die folgende Nummerierung der Tatbestandsvoraussetzungen entspricht dem unter → Rn. 290 aE abgedruckten Prüfungsschema.

464 *Brox/Walker* SchuldR BT § 25 Rn. 16.
465 BGH NJW 2013, 371 (371).

(I.) Voraussetzungen:

(1) Ein wirksamer Bauvertrag iSv § 650a II liegt vor, auf den die §§ 631 ff. Anwendung finden (vgl. soeben → Rn. 288).

(2) Ebenso ist ein Sachmangel iSv § 633 II 2 Nr. 2 gegeben, der bei Abnahme des Werks und mithin bei Gefahrübergang vorlag.

(3) Damit B gem. § 634 Nr. 2 iVm § 637 I den Mangel selbst beseitigen bzw. durch einen Dritten beseitigen lassen kann, muss B dem U erfolglos eine angemessene Frist zur Nacherfüllung bestimmt haben. Dadurch, dass B dem U eine Frist von zwei Wochen gesetzt hat, um das Dach in einen regendichten Zustand zu versetzen und U innerhalb dieser Frist den Mangel nicht behoben hat, ist eine erfolglose Nachfristsetzung gem. § 637 I gegeben. Hierbei spielt die Arbeitsunfähigkeit des U aufgrund eines Verkehrsunfalles keine Rolle. Die Haftung des Unternehmers ist verschuldensunabhängig.

Zwischenfrage:

- Handelt es sich bei § 634 Nr. 2 (Selbstvornahme) um einen Anspruch?
- ▶ Nein, es ist nur ein **Recht** des Bestellers. Um einen Anspruch geht es dagegen bei dem Ersatz der erforderlichen Aufwendungen.

(4+5) B muss Aufwendungen zur Selbstbeseitigung des Mangels gehabt haben, die hierfür erforderlich sind (§ 637 I). Die erforderlichen Aufwendungen, um das Dach in einen »regendichten« Zustand zu versetzen, betragen 1.000 EUR.

(6) Es liegt kein Haftungsausschluss zugunsten des U vor, weder durch Vertrag (vgl. § 639) noch durch Gesetz (vgl. § 640 III).

Der Anspruch der B gegen U auf Aufwendungsersatz gem. §§ 650a II, 634 Nr. 2 iVm § 637 I ist folglich begründet.

(II.) Rechtsfolge:

Bereits vor der Reparatur kann B von U nach § 650a II iVm § 637 III einen Kostenvorschuss iHv 1.000 EUR verlangen.

Beachte: § 637 III ist eine Anspruchsgrundlage! Mit dem Anspruch auf Vorschuss kann der Besteller gegen den Vergütungsanspruch des Unternehmers nach §§ 387 ff. aufrechnen.

Prüfungsschema

Anspruch des Bestellers auf Ersatz der Aufwendungen für die Selbstvornahme gem. § 634 Nr. 2 iVm § 637

I. Voraussetzungen:

1. Werkvertrag (iSd § 631)
2. Sachmangel (§ 633 II) oder Rechtsmangel (§ 633 III) bei Gefahrübergang (§ 644 – Abnahme)

3. Angemessene Fristsetzung zur Nacherfüllung und erfolgloser Fristablauf (§ 637 I),
falls nicht Fristsetzung entbehrlich
   - bei ernsthafter und endgültiger Erfüllungsverweigerung (§§ 637 II 1, 323 II Nr. 1)
   - bei einem Fixgeschäft (§§ 637 II 1, 323 II Nr. 2)
   - bei einer Rechtfertigung aus besonderem Grund (§§ 637 II 1, 323 II Nr. 3)
   - wenn die Nacherfüllung fehlgeschlagen oder dem Besteller nicht zuzumuten ist (§ 637 II 2)
4. Besteller hatte Aufwendungen zur Selbstbeseitigung des Mangels (§ 637 I)
5. Aufwendungen sind zur Mangelbeseitigung erforderlich (Verhältnismäßigkeitsprinzip)
6. Kein Haftungsausschluss durch Vertrag (vgl. § 639) oder Gesetz (§ 640 III)

II. Rechtsfolge:
Ersatz der erforderlichen Aufwendungen,
es sei denn: Verweigerungsrecht des Unternehmers (§ 637 I)

c) Rücktritt

291 **Übungsfall 13**

In Abwandlung von Fall 12 hat B nach Ablauf von drei Wochen keine Lust, das Dach selbst zu reparieren und will mit U als Vertragspartner nichts mehr zu tun haben, sondern einen anderen Dachdecker beauftragen.

Was kann B tun?

B könnte von dem Vertrag mit U loskommen, wenn die Voraussetzungen für den Rücktritt gem. §§ 650a II, 634 Nr. 3, 1. Var. iVm § 323 I, 2. Var. vorliegen würden.

Lernhinweis: Die folgende Nummerierung der Tatbestandsvoraussetzungen entspricht dem unter → Rn. 293 aE abgedruckten Prüfungsschema.

(I.) Voraussetzungen:

(1+2+3) Die Voraussetzungen *wirksamer Bauvertrag* iSv § 650a II, *Sachmangel* gem. § 633 II 2 Nr. 2 *bei Abnahme* und *erfolglose Nachfristsetzung* – hier nach § 323 I, 2. Var. – sind gegeben.

(4) Es liegt auch weder ein gesetzlicher (§ 639) noch ein vertraglicher (§ 640 III) Haftungsausschluss zugunsten von U vor.

Ein Rücktritt der B mit den Folgen der §§ 346 ff. erscheint also möglich.

■ Was wären die konkreten rechtlichen und tatsächlichen Folgen, wenn B gem. § 349 den Rücktritt erklären würde?
▶ Gemäß § 346 I sind im Fall des Rücktritts die empfangenen Leistungen zurück zu gewähren.

Das hätte in diesem Fall wenig Sinn: B hat noch keine Vergütung bezahlt, und was soll U mit den Dachziegeln anfangen?

Daraus wird ersichtlich, dass der Rücktritt des Bestellers den Unternehmer erheblich belasten würde, da er den Anspruch auf den Werklohn vollständig verliert und das Werk vielfach nicht anderweitig verwenden kann. 292

(5) Der **Rücktritt** ist daher gem. § 634 Nr. 3, 1. Var. iVm § 323 V 2 **ausgeschlossen,** wenn die Pflichtverletzung/der **Mangel unerheblich** ist.

Auf unseren Fall bezogen bedeutet das: Da Fehler jedem passieren können und außer etwas Regenwasser im Dachboden keine weiteren Schäden aufgetreten sind, wird man die Erheblichkeit der Pflichtverletzung des U verneinen und dabei – trotz der verschuldensunabhängigen Haftung des Unternehmers – berücksichtigen müssen, dass U sich nicht »vorsätzlich« ins Krankenhaus begeben hat, um die von B gesetzte Frist nicht einzuhalten.

(II.) Ergebnis: Somit hat B in Fall 13 kein Rücktrittsrecht!

Der Besteller muss sich in einem solchen Fall mit den anderen Rechtsbehelfen von § 634, insbesondere der Minderung (dazu sogleich) begnügen! 293

Das Rücktrittsrecht ist darüber hinaus auch ausgeschlossen, wenn der Besteller für den Mangel des Werks weit überwiegend (oder ganz) allein verantwortlich ist (§ 634 Nr. 3, 1. Var. iVm § 323 VI).

Prüfungsschema

Rücktrittsrecht des Bestellers bei mangelhaftem Werk gem. § 634 Nr. 3, 1. Var. iVm §§ 636, 323, 326 V

I. Voraussetzungen:

1. Werkvertrag iSd § 631
2. Sachmangel (§ 633 II) oder Rechtsmangel (§ 633 III) bei Gefahrübergang (§ 644 – Abnahme)
3. angemessene Fristsetzung zur Nacherfüllung und erfolgloser Fristablauf (§§ 634, 1. Var., 323 I),
   falls nicht Fristsetzung entbehrlich
   - bei ernsthafter und endgültiger Erfüllungsverweigerung (§§ 634 Nr. 3, 1. Var., 323 II Nr. 1)
   - bei einem Fixgeschäft (§§ 634 Nr. 3, 1. Var., 323 II Nr. 2)
   - bei einer Rechtfertigung aus besonderem Grund (§§ 634 Nr. 3, 1. Var., 323 II Nr. 3)
   - wenn die Nacherfüllung fehlgeschlagen oder dem Besteller nicht zuzumuten ist (§ 636, 2. Var.)
   - wenn der Schuldner nach § 275 I–III nicht zu leisten braucht (§ 326 V)
4. Kein Haftungsausschluss durch Vertrag (vgl. § 639) oder Gesetz (§ 640 III)
5. Kein Ausschluss des Rücktrittsrechts gem. § 323 V oder VI
6. Rücktrittserklärung, § 349

II. Rechtsfolge:

Anspruch aus § 346 I (Zurückgewährung der empfangenen Leistungen)

d) Minderung

294 Da B sich inzwischen entschlossen hat, einen anderen Dachdecker zur Behebung des Dachschadens zu beauftragen, wird sie an einer Minderung wenig Interesse haben.

Wandeln wir also, um die Voraussetzungen der Minderung (die denen von § 437 Nr. 2, 2. Var. iVm § 441 entsprechen) von § 634 Nr. 3, 2. Var. iVm § 638 zu verdeutlichen, Übungsfall 12 (→ Rn. 290) nochmals wie folgt ab:

Übungsfall 14

Nachdem die Zweiwochenfrist und die darauf folgende dritte Woche verstrichen sind, entschließt B sich, den Dachschaden hinzunehmen. Sie teilt dem U mit, dass sie stattdessen die Vergütung, die sie an U zahlen muss, mindern werde. Zu Recht?

295 Ein Recht (= Gestaltungsrecht! – kein Anspruch, → Rn. 32) auf Minderung könnte sich für B aus § 634 Nr. 3, 2. Var. unter den Voraussetzungen von §§ 650a II, 638 iVm § 633 II 2 Nr. 2 ergeben.

Lernhinweis: Die folgende Nummerierung der Tatbestandsvoraussetzungen entspricht dem unter → Rn. 296 aE abgedruckten Prüfungsschema.

(I.) Voraussetzungen:

(1+2) Die Voraussetzungen, dass zwischen U und B ein wirksamer Bauvertrag vorliegt und das Werk einen Sachmangel iSv § 633 II 2 Nr. 2 bei Abnahme aufweist, sind auch in diesem Fall gegeben.

(3) Aus der Formulierung in § 638 I 1 ergibt sich, dass auch für die Minderung grundsätzlich alle Voraussetzungen für das Rücktrittsrecht erfüllt sein müssen. Eine erfolglose Nachfristsetzung – hier nach § 323 I, 2. Var. – ist, wie in Fall 12 (→ Rn. 290) bereits erörtert, gegeben.

(4) Auch hier liegt weder ein gesetzlicher (§ 639) noch ein vertraglicher (§ 640 III) Haftungsausschluss zugunsten von U vor.

(5) Gemäß § 638 I 2 (lesen!) iVm § 323 V 2 ist die **Minderung** im Gegensatz zum Rücktritt auch **zulässig, wenn die Pflichtverletzung unerheblich** ist!

(6) B hat auch gegenüber U die Minderung erklärt (§ 349).

(II.) Rechtsfolge:

Statt ihr Rücktrittsrecht auszuüben, kann B die Vergütung gem. §§ 650a II, 634 Nr. 3, 2. Var. iVm § 638 mindern.

Für die Berechnung der Minderung gilt § 638 III, der § 441 wörtlich nachgebildet ist, was das Verständnis sehr erleichtert.

Aus dieser Vorschrift ergibt sich folgende – bereits im Kaufrecht (→ Rn. 48) dargestellte – »mathematische Formel«, in der statt »Kaufpreis« im Werkvertragsrecht »Vergütung« steht:

$$\frac{y}{\text{Vereinbarte Vergütung}} = \frac{\text{Wert mit Mangel}}{\text{Wert ohne Mangel}}$$

Daraus folgt:

$$y = \frac{\text{Wert mit Mangel} \times \text{vereinbarte Vergütung}}{\text{Wert ohne Mangel}}$$

Prüfungsschema 296

Minderungsrecht des Bestellers bei mangelhaftem Werk gem. § 634 Nr. 3, 2. Var. iVm §§ 323, 638

I. Voraussetzungen:

1. Werkvertrag iSd § 631
2. Sachmangel (§ 633 II) oder Rechtsmangel (§ 633 III) bei Gefahrübergang (§ 644 – Abnahme)
3. Gemäß § 638 (»statt zurückzutreten«): Voraussetzungen des Rücktritts sind erforderlich:
   angemessene Fristsetzung zur Nacherfüllung und erfolgloser Fristablauf (§§ 634 Nr. 3, 1. Var., 323 I),
   falls nicht Fristsetzung entbehrlich
   - bei ernsthafter und endgültiger Erfüllungsverweigerung (§§ 634 Nr. 3, 1. Var., 323 II Nr. 1)
   - bei einem Fixgeschäft (§§ 634 Nr. 3, 1. Var., 323 II Nr. 2)
   - bei einer Rechtfertigung aus besonderem Grund (§§ 634 Nr. 3, 1. Var., 323 II Nr. 3)
   - wenn die Nacherfüllung fehlgeschlagen oder dem Besteller nicht zuzumuten ist (§ 636, 2. Var.)
4. Kein Haftungsausschluss durch Vertrag (vgl. § 639) oder Gesetz (§ 640 III)
5. Kein Ausschluss des Minderungsrechts gem. § 323 V 1 oder VI (Minderungsrecht ist auch bei unerheblichem Mangel möglich, § 638 I 2)
6. Erklärung der Minderung, § 349

II. Rechtsfolge:
Recht aus § 638 I 1 (Minderung der Vergütung)

e) Schadensersatz

Im Gegensatz zum Nacherfüllungsanspruch und den übrigen bisher genannten Rechten des Bestellers sind die **Ansprüche auf Schadensersatz verschuldensabhängig** ausgestaltet. Dies ergibt sich aus den Verweisungen in § 634 Nr. 4, 1. Var. (lesen!) auf die §§ 280, 281, 283 und 311a (lesen Sie zumindest § 280 I 2!). Voraussetzung für einen Schadensersatzanspruch ist daher eine Verantwortlichkeit des Schuldners iSv § 276. Der Unternehmer kann darüber hinaus die Garantie dafür übernehmen, dass sein Werk über eine bestimmte Beschaffenheit verfügt oder bestimmte Fehler nicht auftreten (sog. **unselbstständige Garantie** = »stengere Haftung« iSv § 276 I 1 – lesen!).

Er hat dann bei Fehlen dieser Beschaffenheit oder beim Auftreten des Fehlers Schadensersatz (nach §§ 634 Nr. 4, 1. Var., 280, 281) zu leisten, und zwar unabhängig davon, ob ihn hinsichtlich des Mangels ein Verschulden trifft.[466]

297 Wie im Kaufrecht ist auch im Werkvertragsrecht bei Schadensersatzansprüchen die **Unterscheidung** zwischen **Mangelschäden** und **Mangelfolgeschäden** wichtig.

Liegt ein Mangelschaden (also ein Schaden, der unmittelbar dadurch entsteht, dass das Werk mangelhaft ist) vor, hat der Besteller einen Anspruch auf Schadensersatz statt der Leistung, der nur unter den zusätzlichen Voraussetzungen von § 281 I – insbesondere erst nach erfolgloser Nachfristsetzung – besteht.

Liegt ein Mangelfolgeschaden vor, so richtet sich der Schadensersatzanspruch allgemein nach § 280 I, da er nicht anstelle (statt) der Leistung, sondern zusätzlich zu dem Erfüllungsanspruch besteht. Einer Fristsetzung nach § 281 I bedarf es hier nicht.

298 Wie beim Kaufrecht wird bezüglich des Umfangs des Schadensersatzes zwischen »**kleinem Schadensersatz**« und »**großem Schadensersatz**« unterschieden (→ Rn. 51 ff. sowie Übersicht 2, → Rn. 63). Verlangt der Besteller Schadensersatz statt der ganzen Leistung, kann er den großen Schadensersatzanspruch (Ersatz des vollen Nichterfüllungsschadens gegen Rückgabe des Werks) nur geltend machen, wenn der Mangel (= die Pflichtverletzung) **erheblich** ist (§ 280 I und III iVm § 281 I 3).

Andernfalls bleibt ihm nur der kleine Schadensersatzanspruch (§ 280 I und III iVm § 281 I 1), dh er muss das mangelhafte Werk behalten und kann nur Ersatz des infolge der Wertminderung entstandenen Schadens verlangen.

Prüfungsschema

Schadensersatz statt der Leistung bei mangelhaftem Werk gem. § 634 Nr. 4, 1. Var. iVm §§ 636, 280, 281

I. **Voraussetzungen:**
1. Werkvertrag iSd § 631
2. Sachmangel (§ 633 II) oder Rechtsmangel (§ 633 III) bei Gefahrübergang (§ 644 – Abnahme) = Pflichtverletzung iSd § 280 I 1
3. angemessene Fristsetzung zur Nacherfüllung und erfolgloser Fristablauf (§§ 634 Nr. 4, 1. Var., 281 I 1),
falls nicht Fristsetzung entbehrlich
   - bei endgültiger Leistungsverweigerung (§§ 634 Nr. 4, 1. Var., 281 II, 1. Var.)
   - bei Vorliegen besonderer Umstände (§§ 634 Nr. 4, 1. Var., 281 II, 2. Var.)
   - wenn der Unternehmer die Nacherfüllung verweigert (§§ 636, 1. Var., 635 III)
   - wenn die Nacherfüllung fehlgeschlagen oder dem Besteller nicht zuzumuten ist (§ 636, 2. und 3. Var.)
4. Unternehmer (Schuldner) muss den Mangel zu vertreten haben (§ 280 I 2 iVm §§ 276 ff.)
5. Schaden beim Besteller (= Gläubiger)

466 BeckOK BGB/*Voit* § 634 Rn. 14.

6. Kein Haftungsausschluss durch Vertrag (vgl. § 639) oder Gesetz (§ 640 III, §§ 650 I 2, 442 I 1)

II. Rechtsfolgen:
1. Schadensersatz statt der Leistung (= kleiner Schadensersatz)
2. Schadensersatz statt der ganzen Leistung (= großer Schadensersatz), falls Pflichtverletzung erheblich ist (§ 281 I 3)

Lösen wir dazu noch einen Fall:

Übungsfall 15 299

Bei Bea B wird durch Udo U nicht nur das Dach der Villa, sondern auch das Dach der seitlich ans Haus angebrachten Doppelgarage neu und mangelhaft gedeckt, wobei U fahrlässig handelt. Einige Tage nach Abnahme des Werks durch B regnet es durch das neue Dach in die Doppelgarage. Dort ist der Wassereindrang so stark, dass sich größere Putzbrocken von der Decke lösen und den Lack einer der beiden Luxuslimousinen der B empfindlich beschädigen.

B verlangt von U Schadensersatz, da sie das Auto neu lackieren lassen muss. Zu Recht?

B könnte gegen U einen Anspruch auf Schadensersatz gem. §§ 650a II, 634 Nr. 4, 1. Var. iVm §§ 280 I, 633 II 2 Nr. 2 haben.

Lernhinweis: Die folgende Nummerierung der Tatbestandsvoraussetzungen entspricht dem unter → Rn. 299 aE abgedruckten Prüfungsschema.

(I.) Voraussetzungen:

(1+2) Die Voraussetzungen »wirksamer Bauvertrag iSv § 650a II« sowie »Mangelhaftigkeit des Werks iSv § 633« (hier: Sachmangel nach § 633 II 2 Nr. 2) bei Abnahme sind erfüllt.

Mit der Herstellung des mangelhaften Daches hat U zugleich eine Pflicht aus dem Schuldverhältnis verletzt, sodass B gem. § 280 I 1 grundsätzlich Schadensersatz verlangen kann.

(3) Da U fahrlässig handelte, hat er diese Pflichtverletzung auch zu vertreten (§§ 280 I 2, 276 I 1 und II).

(4) Ein Schaden der B liegt in der Beschädigung ihrer Luxuslimousine.

Weil B nicht »Schadensersatz statt der Leistung«, sondern Schadensersatz für die Verletzung (Beschädigung) eines anderen Rechtsguts als des Vertragsgegenstands (= Mangelfolgeschaden) begehrt, greifen § 280 III und § 281 zugunsten des U nicht ein, dh einer erfolglosen Nachfristsetzung nach § 281 I 1 bedarf es nicht.

(II.) Rechtsfolge:

Somit sind alle Voraussetzungen für den Anspruch auf Schadensersatz der B gegenüber U gem. §§ 650a II, 634 Nr. 4, 1. Var. iVm §§ 280 I, 633 II 2 Nr. 2 erfüllt. Für den Umfang des zu ersetzenden Schadens sind die §§ 249 ff. zu beachten.

Prüfungsschema

Schadensersatz neben der Leistung bei Mangelfolgeschaden aufgrund eines mangelhaften Werks gem. § 634 Nr. 4, 1. Var. iVm § 280 I

I. **Voraussetzungen:**
   1. Werkvertrag iSd § 631
   2. Sachmangel (§ 633 II) oder Rechtsmangel (§ 633 III) bei Gefahrübergang (§ 644 – Abnahme) = Pflichtverletzung iSd § 280 I 1
   3. Unternehmer (Schuldner) muss den Mangel zu vertreten haben (§ 280 I 2 iVm §§ 276 ff.)
   4. Schaden beim Besteller (= Gläubiger)
   5. Kein Haftungsausschluss durch Vertrag (vgl. § 639) oder Gesetz (§ 640 III)

II. **Rechtsfolge:**
   Schadensersatz neben der Leistung (= Mangelfolgeschaden)

5. Anwendung des Kaufrechts (Werklieferungsvertrag)

300 Im Kaufrecht geht es um die **Übereignung** von Sachen, beim Werkvertrag hingegen um die **Herstellung** eines Werkes.

Es gibt allerdings Überschneidungen, wenn sich der Vertrag auf die Lieferung einer Sache bezieht, die der Schuldner noch herstellen muss. Diese Problematik regelt der Vertragstyp des **Werklieferungsvertrags**. Auf diese Verträge über die Lieferung herzustellender oder zu erzeugender **beweglicher** Sachen (zB Schrank oder Maßanzug) finden gem. § 650 I 1 (der § 651 aF entspricht) die Vorschriften über den Kauf Anwendung. Damit hat der deutsche Gesetzgeber die Verbrauchsgüterkaufrichtlinie umgesetzt. Der Unternehmer muss also – wie ein Verkäufer – die hergestellten Sachen dem Vertragspartner übereignen. Auch wenn der Besteller die Materialien zur Herstellung des Werkes zur Verfügung stellt oder wenn die bewegliche Sache dazu bestimmt ist, in eine unbewegliche Sache eingebaut zu werden, ist Kaufrecht anwendbar, was sich aus § 650 I 2 ergibt. Dies ist insofern sinnvoll, als der Unternehmer nach § 950 durch die Verarbeitung Eigentum an der von ihm hergestellten neuen Sache erwirbt. Verändert allerdings der Unternehmer die vom Besteller zur Verfügung gestellte Sache zB durch eine Reparatur, ohne dass eine neue Sache entsteht, ist das Werkvertragsrecht anwendbar.[467]

Beispiel:
Bella Block (B) lässt sich vom Schneider Udo Utsch (U) ein maßgeschneidertes Modellkleid anfertigen. Gemäß § 650 I findet Kaufrecht Anwendung – auch für den Fall, dass die B den Stoff für das Kleid dem U zur Verfügung stellt. Denn U stellt aus diesem das Modellkleid (= eine neue Sache) her, das dann der B übereignet werden muss.
Sofern B das ihr bereits gehörende Modellkleid von U ändern lässt, liegt ein Werkvertrag iSd § 631 vor. Denn § 650 I geht von der Übereignungspflicht (»Lieferung«) des Unternehmers aus. Diese hat er nicht, wenn der Besteller bereits Eigentümer der Sache ist.

Nach § 650 I 3 sind zusätzlich die werkvertraglichen Vorschriften der §§ 642, 643, 645, 648 und 649 anzuwenden, wenn es sich bei der herzustellenden oder zu erzeu-

467 *Brox/Walker* SchuldR BT § 23 Rn. 10; *Looschelders* SchuldR BT § 32 Rn. 4.

genden beweglichen Sache um eine **nicht vertretbare** Sache (vgl. § 91 – lesen!)[468] handelt.

Zum Abschluss ein kleiner Test. Welche Verträge liegen vor bzw. welche Vorschriften sind jeweils relevant?

- Sie bestellen sich im Internet-Shop einer großen Modeanbieterin einen (Hosen-) Anzug.
- ▶ Es liegt ein Kaufvertrag iSd § 433 vor.
- Sie lassen sich bei Ihrem Schneider einen (Hosen-)Anzug anmessen und bestellen diesen.
- ▶ Das ist eine Mischung aus Kauf- und Werkvertrag, auf den gem. § 650 I 1 die Vorschriften über den Kauf Anwendung finden. Dies gilt auch dann, wenn dem Schneider der Stoff vom Besteller selbst geliefert wird. Denn der Unternehmer stellt daraus eine neue Sache her.
- Welche Konsequenz hat es, wenn Sie dem Schneider einen mangelhaften Stoff liefern?
- ▶ Nach § 650 I 2 iVm § 442 I 1 sind die Rechte wegen eines Mangels an dem Stoff ausgeschlossen.

Da es sich bei dem Maßanzug um eine **nicht vertretbare Sache** handelt, sind gem. § 650 I 3 auch die soeben genannten fünf werkvertraglichen Vorschriften anzuwenden, die Sie sich bei Bedarf oder Interesse einmal nacheinander durchlesen sollten.

Abgrenzung: Werkvertrag (§ 631) – **Werklieferungsvertrag** (§ 650 I)
Um einen Werkvertrag handelt es sich
- bei der Herstellung von Bauwerken (= keine bewegliche Sache, Bauvertrag iSd § 650a),
- bei Umgestaltungs- und Reparaturarbeiten (= keine Lieferung),
- bei unkörperlichen Werken, wie zB Musikabend (= keine Sache).

Da die Mängelhaftung bei beiden Vertragstypen weitgehend angeglichen ist, hat die Einordnung an Bedeutung verloren.

Für **Verbraucherverträge** über die **Herstellung digitaler Produkte** wird die Anwendbarkeit des Werkvertragsrechts ab dem 1.1.2022 durch § 650 II-IV modifiziert und in weiten Teilen auf die §§ 327–327s verwiesen.

6. Verjährung der Mängelansprüche

a) Ansprüche auf Nacherfüllung, Aufwendungsersatz und Schadensersatz

Die Ansprüche aus § 634 Nr. 1, 2 und 4 verjähren bei Werken, die auf Herstellung, **301**
Wartung oder Veränderung einer Sache oder auf die Erbringung von Planungs- und Überwachungsleistungen gerichtet sind, gem. § 634a I Nr. 1 in zwei Jahren.

Da das Selbstvornahmerecht aus § 634 Nr. 2 iVm § 637 kein Anspruch (vgl. § 194 I) ist, kann es als solches nicht verjähren. Der Besteller kann also auf eigene Kosten immer eine Selbstvornahme ausüben. Die Verjährung betrifft nur den Anspruch auf Aufwendungsersatz.

468 Falls nicht mehr gewusst: In *Wörlen/Metzler-Müller* BGB AT unter Rn. 99 nachlesen.

Bei Bauwerken und darauf gerichteten Planungs- oder Überwachungsleistungen gilt gem. § 634a I Nr. 2 eine Frist von fünf Jahren. Im Übrigen gilt die regelmäßige Verjährungsfrist des § 195 von drei Jahren (§ 634a I Nr. 3). Sofern der Unternehmer einen Mangel des Werks arglistig verschwiegen hat, verjähren die Ansprüche nach § 634 I Nr. 1 ebenfalls erst in drei Jahren (§ 634a III 1). Die Fünfjahresfrist bei Bauwerken bleibt indessen – eigentlich ist das selbstverständlich – bestehen (§ 634a III 2).

b) Beginn der Verjährung

302 Die Verjährung der Ansprüche auf Nacherfüllung, Aufwendungsersatz und Schadensersatz beginnt gem. § 634a II mit der Abnahme (vgl. § 640) des Werks.

c) Auswirkungen auf Rücktrittsrecht und Minderung

303 Besonderheiten zum Rücktrittsrecht, das nicht als »Anspruch« verjähren kann, enthält § 634a IV, der auf § 218 – insbesondere § 218 I – verweist. Für die Minderung verweist § 634a V ebenfalls auf § 218 sowie auf seinen vorgehenden Abs. 4 S. 2. § 634a IV und V entsprechen dem Wortlaut von § 438 IV und V.

Nach § 218 I 1 unterliegt der Rücktritt (und entsprechend die Minderung) einer Art »Quasi-Verjährung«: Rücktritt und Minderung wegen nicht vertragsgemäß (mangelhaft) erbrachter Leistung sind unwirksam, wenn der Anspruch auf die Leistung oder der Nacherfüllungsanspruch verjährt ist und der Schuldner sich hierauf beruft.

Beispiel: Die beiden Kaufleute[469] B und U schließen einen Werkvertrag über die Programmierung von Software, der von beiden Seiten erfüllt wird. Da die Software einen Sachmangel aufweist, wandelt sich der Erfüllungsanspruch des B in einen Nacherfüllungsanspruch (§ 634 Nr. 1 iVm § 635) um. Zwei Jahre später (nach Eintritt der Verjährung des Nacherfüllungsanspruchs) stellt B den Mangel fest und setzt dem V eine Frist zur Nacherfüllung nach § 323 I. Nach erfolglosem Fristablauf erklärt B den Rücktritt und verlangt Rückerstattung des Kaufpreises.

■ Was kann U dagegen einwenden?
▶ U kann sich auf die Unwirksamkeit des Rücktritts gem. § 218 I berufen!

7. Ausschluss der Mängelhaftung

304 Grundsätzlich kann die Mängelhaftung auch vertraglich ausgeschlossen werden, sofern der Unternehmer nicht arglistig den Mangel verschwiegen oder eine Garantie für die Beschaffenheit des Werks übernommen hat (§ 639). Soll der Haftungsausschluss durch AGB erfolgen, sind die §§ 307, 309 Nr. 8b besonders zu beachten. Gesetzliche Ausschlussgründe enthalten § 640 III und § 650 I 2 iVm § 442 I.

Lesen Sie zu den Mängelrechten des Bestellers nun die zusammenfassende Übersicht 12.

469 Auf einen **Verbrauchervertrag** wären gem. § 650 II 2, 1 Nr. 1 die §§ 327 ff. anzuwenden.

Übersicht 12 305

Gewährleistungsansprüche und -rechte des Bestellers bei Mängeln des Werks

Voraussetzungen	Rechte/Rechtsfolgen				
Wirksamer Werkvertrag § 631	**Nachererfüllung**	**Selbstvornahme**	**Rücktritt**	**und** (§ 325)	**Schadensersatz**
Sach- oder Rechtsmangel (§ 633) bei Gefahrübergang (= Zeitpunkt der Abnahme, § 640)	§ 634 Nr. 1 → § 635 I	§ 634 Nr. 2 → § 637	§ 634 Nr. 3, 1. Var. → §§ 636, 323, 326 V		§ 634 Nr. 4, 1. Var. → §§ 636, 280, 281, 283 oder § 311a
	vorrangig	**und**	**oder**		**oder**
zusätzlich bei den Rechten nach § 634 Nr. 2, 3 und 4: erfolgloser Ablauf einer angemessenen Frist zur Nacherfüllung (oder Entbehrlichkeit der Fristsetzung)	**Mängelbeseitigung** oder **neues Werk** Verweigerungsrecht des Unternehmers § 635 III	**Aufwendungsersatz** **und** **gegebenenfalls Vorschuss** § 634 Nr. 2 → § 637	**Minderung** § 634 Nr. 3, 2. Var. → §§ 636, 323, 326 V → § 638 Berechnung: $x = \frac{WmM \cdot vV^{**}}{WoM}$		**Aufwendungsersatz** § 634 Nr. 4, 2. Var. → §§ 636, 280, 281, 283 oder § 311a → § 284
Kein Haftungsausschluss durch Gesetz (§ 640 III, § 650 I 2 iVm § 442 I) oder Vertrag (§ 639)	Verschuldensunabhängige »Haftung«				Voraussetzung: **Vertretenmüssen** Ausnahme: »Garantiehaftung«

** x = geminderte Vergütung
WmM = Wert mit Mangel; vV = vereinbarte Vergütung; WoM = Wert ohne Mangel.

V. Sicherung des Vergütungsanspruchs

Der Unternehmer hat ein Interesse daran, eine Sicherheit für seine Vergütungsforderung zu erhalten. Denn wie oben bereits gelernt (→ Rn. 278 ff.), ist er vorleistungspflichtig und muss das Werk zunächst herstellen. Die Vergütung wird erst bei der Abnahme des Werkes fällig (vgl. § 641 I); eventuell kann der Unternehmer nach § 632a eine Abschlagszahlung erhalten. Es kommen als Sicherheiten für ihn in Betracht:

1. Unternehmerpfandrecht

306 Bis zur Erfüllung des Vergütungsanspruchs durch den Besteller hat der Unternehmer für seine Forderungen aus dem Werkvertrag gem. § 647 ein **gesetzliches Pfandrecht** an den vom ihm hergestellten oder ausgebesserten beweglichen Sachen des Bestellers, wenn sie in seinen unmittelbaren Besitz gelangt sind. Der Besteller muss Eigentümer dieser Sachen sein (»...Sachen **des Bestellers** ...«). Wenn der Besteller dem Unternehmer beispielsweise einen ihm von einem Dritten im Rahmen eines Leih- oder Mietvertrages zur Verfügung gestellten Pkw zur Reparatur gibt, liegen die Voraussetzungen des § 647 nicht vor.

Für dieses – kraft Gesetzes entstandene – Pfandrecht gelten gem. § 1257 die Vorschriften über das rechtsgeschäftliche Pfandrecht entsprechend. Der Unternehmer kann sich also nach §§ 1228 ff. wegen seiner Forderung zB durch den Verkauf des Pfandes befriedigen.

Im Gegensatz zum Vermieterpfandrecht ist das Unternehmerpfandrecht also kein besitzloses Pfandrecht. Dennoch soll auch hier **kein gutgläubiger Erwerb** analog § 1257 iVm § 1207 möglich sein. Eine unmittelbare Anwendung von § 1257 scheidet aus, da nach seinem Wortlaut ein **bereits »kraft Gesetzes entstandenes«** Pfandrecht vorausgesetzt wird. Gegen eine analoge Anwendung der Gutglaubensvorschriften spricht ferner, dass das gesetzliche Pfandrecht unabhängig vom Parteiwillen entsteht, während § 1207, auf den § 1257 verweist, für das vom Parteiwillen abhängige vertraglich bestellte Pfandrecht gilt.[470]

2. Sicherungshypothek des Bauunternehmers

307 Soweit der Unternehmer Bauarbeiten leistet (zB Errichtung eines Neubaus), hat er wegen seiner Forderungen aus dem Vertrag gem. § 650e (lesen!) einen Anspruch auf Einräumung einer **Sicherungshypothek**[471] am Baugrundstück des Bestellers. Diese Hypothek entsteht nicht kraft Gesetzes. Sie muss vielmehr erst durch ein Rechtsgeschäft begründet werden (§§ 873, 1184).

Da dies ein Lernbuch zum **Einstieg** (vgl. Vorwort) in das Besondere Schuldrecht ist, das an Vorkenntnissen nur die des Allgemeinen Teils des BGB und des Allgemeinen Schuldrechts voraussetzt, begnügen wir uns hier mit einem Verweis auf das Sachenrechtsbuch von *Wörlen/Kokemoor*. Lesen Sie jetzt zur ersten Information nur § 1113 und § 1184!

470 So auch MüKoBGB/*Busche* § 647 Rn. 11 mwN.
471 Dazu *Wörlen/Kokemoor* SachenR Rn. 323.

Literatur zur Vertiefung (→ Rn. 263–307): *Alexander*, Leistungsstörungen im Dienstvertrag, JA 2015, 321; *Alpmann und Schmidt* SchuldR BT 1, 2. und 3. Teil; SchuldR BT 2, 6. Teil; *Boemke*, Lohnanspruch (§ 611 I BGB) und Mindestlohn (§ 1 MiLoG), JuS 2015, 385; *Boemke*, Arbeitnehmerstatus sog. Crowdworker, JuS 2021, 695; *Brox/Walker* SchuldR BT §§ 19–28; *Eichel*, Minderung und kleiner Schadensersatz im Kauf- und Werkrecht, JuS 2011, 1064; *Fikentscher/Heinemann* SchuldR §§ 82–84; *Führich* WirtschaftsPrivR Rn. 588 ff.; *Gerlach/Manzke*, Kaufrecht und Werkvertragsrecht – ein systematischer Vergleich, JuS 2019, 426; *Hirsch* SchuldR BT §§ 11–22; *Koch*, Der Behandlungsvertrag in der Praxis, JURA 2014, 985; *Leistner*, Die richtige Auslegung des § 651 BGB im Grenzbereich von Kauf- und Werkvertragsrecht, JA 2007, 81; *Looschelders* SchuldR BT §§ 28–35; *Medicus/Lorenz* SchuldR BT §§ 30–38; *Metzler-Müller* PrivatRFall 253 ff. sowie Fall 10; *Oetker/Maultzsch* Schuldverhältnisse § 8 Rn. 1–274; *Olzen/Kaya*, Der Behandlungsvertrag, §§ 630a–h BGB, JURA 2013, 661; *Orlowski*, Das gesetzliche Bauvertragsrecht – Übersicht und Stellungnahme zum Gesetzentwurf der Bundesregierung, ZfBR 2016, 419; *Peter*, Lernbeitrag Zivilrecht: Probleme bei der Behandlung und Rückabwicklung wegen Verstoßes gegen § 134 BGB nichtiger Dienst- und Werkverträge, JA 2014, 248 (Teil I), 333 (Teil II); *Pioch*, Die Folgen einer unerkannt gescheiterten Abnahme iSv § 640 BGB, JA 2015, 650; *Podszun/Brauckmann*, Fortgeschrittenenklausur zum Dienstvertragsrecht, JURA 2021, 81; *Reiter*, Das neue Bauvertragsrecht – Teil I: Allgemeines Werkvertragsrecht und Bauvertrag, JA 2018, 161; – Teil II: Verbraucherbauvertrag, Architekten- und Ingenieurvertrag, Bauträgervertrag, JA 2018, 241; *Riesenhuber*, Auslegung: Dogmatik von § 611a BGB, JuS 2018, 103; *Rudlowski*, Die vorzeitige Beendigung des Werkvertrages, JURA 2011, 567; *Schade/Graewe* WirtschaftsPrivR Rn. 340 ff., 346 ff.; *Schneider*, Der Behandlungsvertrag, JuS 2013, 104 ff.; *Schreiber*, Die Abgrenzung von Werk-, Werklieferungs- und Kaufvertrag, JURA 2013, 21 ff.; *Steckler/Tekidou-Kühlke* WirtschaftsR C/214.

E. Auftrag

In manchen Lehrbüchern und Grundrissen finden Sie die Reihenfolge der »Besonderen Schuldverhältnisse«, wie sie im BGB erscheinen, genau eingehalten: Im Anschluss an den Werkvertrag wird im BGB in den §§ 651a–y der Pauschalreisevertrag, in den §§ 652–655 der Maklervertrag und sodann (§§ 657–661a) die Auslobung geregelt. Hier wird der Auftrag (§§ 662–674) vorangestellt, da er in gewisser Weise ein »Verwandter« von Dienst- und Werkvertrag ist. 308

I. Wesen und Inhalt des Auftrags

Lesen Sie § 662. 309

Der Auftrag iSd § 662 hat eine »unentgeltliche Geschäftsbesorgung« zum Inhalt. Wegen des unentgeltlichen Tätigwerdens des Beauftragten ist der Auftrag kein »gegenseitiger«, sondern ein »unvollkommen zweiseitig verpflichtender« Vertrag. Es handelt sich um einen Vertrag, weil der Auftrag (anders als zB die Vollmachtserteilung iSv § 167) der Annahme durch den Beauftragten bedarf. Der Begriff der »Geschäftsbesorgung« umfasst jede – selbstständige oder unselbstständige sowie wirtschaftliche oder nicht wirtschaftliche – Tätigkeit in fremdem Interesse.

Die wichtigsten Vorschriften des Auftragsrechts wollen wir uns anhand eines Fallbeispiels ansehen.

II. Vertragstypische Pflichten (und Rechte) der Vertragsparteien

Übungsfall 16

Abdul Allgeier (A) hat von seiner verstorbenen Frau ein kleineres Aktienpaket geerbt. Da ihm das ständige Auf und Ab der Kurse zu aufregend ist, bittet er Banu Bauernschlau (B), eine in kaufmännischen Dingen erfahrene Freundin der Familie, die Aktien nach und nach zu günstigen Zeitpunkten zu verkaufen und an deren Stelle Goldmünzen oder festverzinsliche Wertpapiere für ihn anzuschaffen. B erklärt sich zu diesem Freundschaftsdienst bereit und erledigt die Transaktion zur Zufriedenheit von A. Sie rechnet ordnungsgemäß ab, übergibt ihm den Depotauszug der Bank über die festverzinslichen Wertpapiere und händigt ihm insgesamt 30 Goldmünzen aus. Außerdem bittet sie ihn um einen Betrag von 2.000 EUR, die sie teilweise für Bankgebühren, teils für Fahrtkosten zu Banken und Münzhändlern aufgewandt hat. Außerdem, so sagt sie, halte sie ein Honorar von weiteren 2.000 EUR für ihre Bemühungen für angemessen.

Auftraggeber A ist über diese Art von Freundschaftsdienst empört und meint, er sei der Beauftragten B nichts schuldig. Welchen Anspruch hat B?

310 ■ Wovon hängt es ab, ob A der B das Honorar zahlen muss oder nicht?

▶ Das hängt davon ab, ob A der B einen unentgeltlichen Auftrag iSv § 662 erteilt oder mit ihr einen Dienstvertrag iSd § 611 abgeschlossen hat.

Läge ein Dienstvertrag vor, bei dem der Verpflichtete, wie Sie wissen, im Gegensatz zum Werkvertrag nur ein reines Tätigwerden schuldet, wäre A zu einer Entrichtung der Vergütung verpflichtet (§§ 611 I, 612 – nochmals lesen!).

■ Zwischenfrage: Wie würden Sie nach dem, was Sie bisher über das Wesen dieser Vertragstypen gehört haben, Dienstvertrag und Werkvertrag vom Auftrag abgrenzen? (Überlegen Sie, machen Sie sich eine kleine Skizze, bevor Sie weiterlesen!)

▶ 1. Dienst- und Werkvertrag liegen vor bei entgeltlicher Tätigkeit, Auftrag bei unentgeltlichem Tätigwerden für einen anderen.

2. Der Dienstvertrag und der Auftrag unterscheiden sich vom Werkvertrag dadurch, dass bei ihnen lediglich die Dienstleistung, die Tätigkeit als solche, beim Werkvertrag jedoch ein Ergebnis bzw. ein Erfolg der Tätigkeit geschuldet wird.

Zurück zum Fall:

■ Handelt es sich bei dem Vertrag zwischen A und B um einen Auftrag oder einen Dienstvertrag?

▶ Um einen Auftrag; denn aus der Formulierung, dass A die B um einen »Freundschaftsdienst« bat und diese sich dazu bereit erklärte, geht hervor, dass sie die Geschäftsbesorgung für A unentgeltlich vornehmen sollte. Auf das zwischen A und B bestehende Schuldverhältnis sind die §§ 662 ff. direkt anwendbar.

311 Daraus ergeben sich für die **Beauftragte** insbesondere folgende **Pflichten**:

Gemäß § 666 hat sie den Auftraggeber über die ordnungsgemäße Ausführung des Auftrages zu informieren und ihm nach der Ausführung des Auftrags Rechenschaft abzulegen (§ 666 lesen!).

312 ■ Hat B dies im vorliegenden Fall getan? (Erst Nachdenken, dann lesen!)

▶ Da sie ordnungsgemäß abgerechnet hat, hat sie diese Pflicht erfüllt.

Außerdem hat B dem A die Depotauszüge über die festverzinslichen Wertpapiere sowie 30 Goldmünzen ausgehändigt.

Damit hat B eine weitere Pflicht als Beauftragte, nämlich die aus § 667 folgende Herausgabepflicht, erfüllt (§ 667 lesen!).

Die **Rechte** der **Beauftragten** ergeben sich aus den **Pflichten des Auftraggebers:**

■ Hat B ein Recht, von A für ihre Dienste ein Honorar zu verlangen? (Überlegen Sie!)

▶ Die Beauftragte muss die Geschäfte für A nach § 662 unentgeltlich besorgen. Insofern hat der A in unserem Fall Recht! B kann kein Honorar verlangen.

■ Wie steht es mit den Aufwendungen, die B für die Banken-Courtagen und für die Fahrtkosten gemacht hat? Diese Frage können Sie mit einem kurzen Blick ins Gesetz selbst beantworten! (Überfliegen Sie §§ 662 ff.!)

▶ Der Anspruch von B gegen A auf Ersatz der Aufwendungen ist gem. § 670 (lesen!) begründet. Nach dieser Vorschrift kann die Beauftragte vom Auftraggeber Ersatz der Aufwendungen verlangen, die sie zum Zwecke der Durchführung des Auftrags gemacht hat. Gemäß § 669 hätte sie sogar einen Vorschuss von A verlangen können (§ 669 lesen!).

III. Beendigung des Auftrags

■ Wie sieht es aus, wenn B in unserem Fall merkt, dass die Übernahme des Auftrags mit Arbeit verbunden ist und sie keine Lust mehr hat? Kann B die Ausführung des Auftrags einfach ablehnen oder kann A auf der Ausführung bestehen? Welche Vorschrift des Gesetzes gibt hierüber Auskunft? (Suchen!) **313**

▶ Wenn Sie im Gesetzestext gesucht haben, haben Sie § 671 I gefunden (lesen, falls noch nicht geschehen!).

Danach kann die Beauftragte den Auftrag jederzeit kündigen; ebenso kann umgekehrt der Auftraggeber ihn jederzeit widerrufen. Allerdings ist der Auftraggeber gem. § 671 II im Falle einer »unzeitigen Kündigung«, die nicht aus wichtigem Grund erfolgt, gegen einen eventuell entstehenden Schaden geschützt, da die Beauftragte diesen Schaden ersetzen muss (§ 671 II lesen). Ein wichtiger Grund kann zB vorliegen, wenn das notwendige Vertrauensverhältnis mit dem Auftraggeber erschüttert ist.

Wie alle bisher erwähnten unentgeltlichen Verträge ist der Auftrag von relativ geringer wirtschaftlicher Bedeutung.[472] **314**

Hinweis: Auftragsrecht kann insbesondere bei **ehrenamtlicher Tätigkeit** zur Anwendung kommen. Diese ist, auch, wenn eine geringe Aufwandsentschädigung gewährt wird, als unentgeltlich anzusehen.[473]

Einige Regelungen des Auftragsrechts finden allerdings entsprechende Anwendung auf den wirtschaftlich sehr bedeutsamen Geschäftsbesorgungsvertrag.

472 Vgl. *Brox/Walker* SchuldR BT § 29 Rn. 4.

473 BAG Urt. v. 29.8.2012 – 10 AZR 499/11, NZA 2012, 1433 Rn. 16, 21 (Telefonseelsorge); s. dazu zB *Wörlen/Kokemoor* ArbR Rn. 45.

F. Geschäftsbesorgung gegen Entgelt

I. Geschäftsbesorgungsvertrag

315 **1. Wesen und Inhalt**

Als Geschäftsbesorgung wird jede **selbstständige Tätigkeit** wirtschaftlichen Charakters **im Interesse eines anderen verstanden**, die innerhalb einer fremden wirtschaftlichen Interessensphäre vorgenommen wird.[474] Die entgeltliche Geschäftsbesorgung ist in den §§ 675 ff. geregelt. Während die §§ 675–675b den »Geschäftsbesorgungsvertrag« enthalten, regeln die §§ 675c–676c Verträge über Dienstleistungen im bargeldlosen Zahlungsverkehr (sog. »Zahlungsdienste«).

Der entgeltliche Geschäftsbesorgungsvertrag ist ein Dienstvertrag, wenn die Geschäftsbesorgung nur das Tätigwerden für den Auftraggeber zum Inhalt hat, oder ein Werkvertrag, wenn außer der Tätigkeit noch ein Erfolg derselben geschuldet wird. Auf den Geschäftsbesorgungsvertrag finden gem. § 675 I (lesen!) überwiegend die dort genannten Vorschriften des Auftragsrechts entsprechende Anwendung. Kennzeichen des Geschäftsbesorgungsvertrags ist die **weisungsabhängige Wahrnehmung fremder Interessen** – damit unterscheidet er sich vom reinen Dienst- bzw. Werkvertrag.

Typisch für den »entgeltlichen Geschäftsbesorgungsvertrag« sind selbstständige Tätigkeiten wirtschaftlicher, insbesondere vermögensbezogener Art im Interesse eines anderen.

> **Beispiele:** Anlageberatung, Vermögensverwaltung, Tätigkeiten von Steuerberatern und Wirtschaftsprüferinnen, Rechtsberatung und Prozessführung durch eine Rechtsanwältin, Pkw-Verkauf durch einen Autohändler für Fahrzeugeigentümer.

Es gibt für den Geschäftsbesorgungsvertrag keine (einheitliche) Formvorschrift. Allerdings schreibt § 675 III die Textform (§ 126b) für Verträge vor, durch die sich der eine Teil zur Anmeldung oder Registrierung des anderen Teils an dem von einem Dritten durchgeführten Gewinnspiel verpflichtet.

2. Vertragstypische Pflichten der Vertragsparteien

316 Sofern sich aus den Sondervorschriften der §§ 675–675b nichts anderes ergibt, gilt bei entsprechender Anwendung des Auftragsrechts nach § 675 I das bereits unter → Rn. 310 ff. Ausgeführte, dh, die Pflichten und Rechte der Parteien sind die gleichen wie beim Auftrag (vgl. § 675 I).

Darüber hinaus ergeben sich Rechte und Pflichten vor allem aus den **vertraglichen** Vereinbarungen der Parteien, seien es Individualvereinbarungen oder AGB. Falls noch Regelungslücken bestehen, sind je nach Art der Geschäftsbesorgung Dienst- oder Werkvertragsvorschriften ergänzend anwendbar.

Besonderes ergibt sich zunächst aus § 675a, der für bestimmte Geschäftsbesorger – vor allem für Kreditinstitute – zusätzliche **Informationspflichten** über Entgelte und Auslagen der Geschäftsbesorgung vorsieht. Darüber hinaus enthalten die §§ 675c–676c spezielle Pflichten und Rechte bei einigen typischen Bankgeschäften.

474 BGH NJW 1959, 573 = DB 1959, 168.

Wenn das Geschäftsbesorgungsverhältnis beendet werden soll, gilt idR Dienst- oder Werkvertragsrecht, denn die Anwendung der entsprechenden Vorschrift im Auftragsrecht (§ 671) ist durch § 675 I ausgeschlossen. Bei einer fristlosen Kündigung des Verpflichteten ist zum Schutz des Geschäftsherrn § 671 II anwendbar (vgl. § 675 I aE).

II. Zahlungsdienste

Mit dem Untertitel 3 »Zahlungsdienste« wurde der zivilrechtliche Teil der Zahlungsdienste-Richtlinie[475] mit Wirkung v. 31.10.2009 durch die §§ 675c ff. umgesetzt. Diese Regelungen ersetzten die früheren §§ 676a–676h, die den Überweisungsvertrag, den Zahlungsvertrag und den Girovertrag enthielten. Durch die Umsetzung der Zweiten Zahlungsdienste-RL[476] mit Gesetz vom 17.7.2017[477] – in Kraft seit 13.1.2018 – wurde das **Recht des Zahlungsverkehrs** in den §§ 675c–676c modifiziert bzw. ergänzt. Mit vorgenanntem Gesetz ist außerdem das Gesetz über die Beaufsichtigung von Zahlungsdiensten (Zahlungsdiensteaufsichtsgesetz – ZAG) neu gefasst worden. 317

1. Begriff der Zahlungsdienste

Der Begriff der Zahlungsdienste wird im BGB nicht definiert, sondern im ZAG. Die Begriffsbestimmungen dieses Gesetzes sind – wie auch die des Kreditwesengesetzes – im Rahmen der §§ 675c ff. anwendbar (vgl. § 675c III). Nach § 1 I 2 ZAG umfasst der Begriff der Zahlungsdienste unter anderem die Vornahme von Barein- und -auszahlungen (Nr. 1 und Nr. 2), die Lastschrift, die Überweisung und die Kartenzahlung (Nr. 3 a, b, c). Zu den Zahlungsdiensten zählen alle Arten von Verträgen über Zahlungsvorgänge, bei denen ein sog. Zahlungsdienstleister (vgl. § 675f I – lesen!) zwischen dem Zahler und dem Zahlungsempfänger eingeschaltet wird. Dies gilt vor allem für Überweisungs-, Kartenzahlungs- und Lastschriftverträge sowie Verträge über die Ausgabe oder Nutzung von elektronischem Geld (vgl. § 675c II). Die unmittelbare Zahlung von Bargeld an den Empfänger wird also nicht erfasst (§ 2 I Nr. 1 ZAG).

■ »Überfliegen« Sie die §§ 675c ff. und suchen Sie den Begriff des Kreditinstituts!
▶ Nicht gefunden!? Richtiges »Suchergebnis«! In den §§ 675c ff. ist nur vom »Zahlungsdienstleister« die Rede.

■ Was ist im normalen Sprachgebrauch unter einem Zahlungsdienstleister zu verstehen?
▶ Die Bank bzw. Sparkasse, welche zB die Überweisung ausführt.

Mit **Zahlungsdienstleister** sind vor allem die Kreditinstitute (vgl. § 1 I 1 Nr. 3 ZAG) gemeint, aber auch die nur über eine sog. »kleine Banklizenz« verfügenden Zahlungsinstitute (§ 1 I 1 Nr. 1 ZAG) wie zB FinTech-StartUps (die zB Crowdfunding oder neue Mobile Payment-Lösungen betreiben) sowie staatliche Akteure (insbesondere der Bund und die Länder, aber auch die Gemeinden sowie Sozialversicherungsträger, vgl. § 1 I 1 Nr. 5, 4 ZAG) »soweit sie außerhalb ihres hoheitlichen Handelns Zahlungsdienste erbringen«.

475 RL 2007/64/EG des Europäischen Parlaments und des Rates über Zahlungsdienste im Binnenmarkt, zur Änderung der Richtlinien 97/7/EG, 2002/65/EG, 2005/60/EG und 2006/48/EG sowie zur Aufhebung der Richtlinie 97/5/EG v. 13.11.2007, ABl. 2007 L 319, 1.

476 RL 2015/2366/EU v. 25.11.2015 (ABl. 2015 L 337, 35, ber. 2016 L 169, 18).

477 BGBl. 2017 I 2446.

■ Und wer ist der Zahlungsdienstnutzer (wieder ein neuer Begriff?! Lesen Sie § 675f I – dort finden Sie die Definition!)?

▶ Der Zahlungspflichtige, dh derjenige, der zB Geld von seinem Girokonto überweisen möchte.

Die in den §§ 675c ff. geregelten Verträge werden als Geschäftsbesorgungsverträge angesehen. Von den Regelungen in diesen Vorschriften darf nicht zum Nachteil des Zahlungsdienstnutzers abgewichen werden (§ 675e I). Sie sind also zugunsten des Kunden (= »verständlicherer« Ausdruck?!) einseitig zwingend. § 675e ganz lesen – dessen Abs. 4 eine Ausnahme enthält.

2. Zahlungsdienstevertrag

318 Bei dem in § 675f geregelten Zahlungsdienstevertrag unterscheidet man zwischen

- dem Einzelzahlungsvertrag (Abs. 1). Dieser ist auf die Ausführung eines einzelnen Zahlungsvorganges gerichtet.
  und
- dem Zahlungsdiensterahmenvertrag (Abs. 2). Hier hat der Zahlungsdienstleister für den Kunden einzelne und aufeinander folgende Zahlungsvorgänge auszuführen und gegebenenfalls ein auf dessen Namen lautendes Zahlungskonto zu führen.

Beispiel: Führung eines laufenden Kontos.

Vorgenannte Unterscheidung ist für den Umfang der Informationspflichten von Bedeutung (vgl. § 675d I iVm Art. 248 §§ 1–12, 13 I, III–V und §§ 14–16 EGBGB).

Der **Zahlungsdienstevertrag** ist ein **gegenseitiger Vertrag** iSd § 320: Der Zahlungsdienstleister muss einen oder mehrere **Zahlungsvorgänge** (= Bereitstellung, Übermittlung oder Abhebung eines Geldbetrags – unabhängig von der zugrunde liegenden Rechtsbeziehung zwischen Zahler und Zahlungsempfänger – Legaldefinition in § 675f IV 1) ausführen und der Kunde als Zahlungsdienstnutzer ist verpflichtet, das vereinbarte Entgelt (= Gegenleistung) zu entrichten (§ 675f V 1).

Die Kündigung des Zahlungsdiensterahmenvertrages ist durch den Nutzer jederzeit möglich. Der Zahlungsdiensteanbieter kann dies nur bei unbefristeten Verträgen und nur für den Fall, dass das Kündigungsrecht vereinbart wurde (§ 675h I, II).

3. Autorisierung von Zahlungsvorgängen

319 Die Regelungen zur **Autorisierung von Zahlungsvorgängen** und über Schutzmaßnahmen sind in den §§ 675j–675m zu finden. **Autorisierung** heißt, dass der Zahler dem Zahlungsvorgang (zB durch Unterschrift bei Erteilung eines Lastschriftmandats, die TAN-Eingabe bei einer Überweisung oder die Eingabe der PIN bei einer Kreditkartenzahlung) seine **Zustimmung** erteilen muss, damit der Zahlungsvorgang ihm gegenüber wirksam ist (§ 675j I 1).

■ Wissen Sie noch, für welche Willenserklärungen der Oberbegriff »Zustimmung« im BGB verwandt wird?[478]

478 Falls nicht mehr gewusst: In *Wörlen/Metzler-Müller* BGB AT unter Rn. 56 und 60 nachlesen.

▶ Der Begriff »Zustimmung« umfasst die Einwilligung (= vorherige Zustimmung) und die Genehmigung (= nachträgliche Zustimmung). Dies ist auch in § 675j I 2 geregelt.

Es ist auch eine Vereinbarung der Parteien dahingehend möglich, dass die Zustimmung mittels eines bestimmten »Zahlungsinstruments« (vgl. § 675j I 4) erfolgen kann.

■ Kennen Sie Beispiele für ein Zahlungsinstrument?
▶ Ein Zahlungsinstrument kann zB eine »girocard« (= Bankkarte oder Sparkassen-Card, früher: »EC-Karte«) oder eine Kreditkarte sein.

Auf diese Weise kann beim »kontaktlosen Bezahlen« im Einzelhandel mit Karte oder dem Handy die Zustimmung zu einer Zahlung auch ohne PIN, TAN oder Unterschrift erteilt werden. Um Missbräuchen durch Dritte vorzubeugen, können Betragsobergrenzen und Sperrmöglichkeiten für bestimmte Vorgänge vereinbart werden (§ 675k).

4. Haftung des Kunden bei Missbrauch durch Dritte

Beim Missbrauch von Bank- oder Kreditkarten des Kunden durch unberechtigte Dritte können Haftungsprobleme auftreten. Nach § 675l I 1 ist der Kunde verpflichtet, unmittelbar, nachdem er das Zahlungsinstrument erhalten hat, alle zumutbaren Vorkehrungen zu treffen, um die personalisierten Sicherheitsmerkmale, wie zB Passwort, PIN oder TAN, vor unbefugtem Zugriff zu schützen. Einen Verlust oder Diebstahl bzw. die missbräuchliche Verwendung muss der Kunde dem Dienstleister unverzüglich anzeigen, sobald er davon Kenntnis erhalten hat (§ 675l I 2). 320

Für den Fall **nicht autorisierter Zahlungsvorgänge** braucht der Zahler (= Kunde) dem Dienstleister keine Aufwendungen zu ersetzen (§ 675u S. 1). Der Dienstleister ist vielmehr verpflichtet, dem Zahler den Zahlungsbetrag unverzüglich zu erstatten und – falls der Betrag einem Zahlungskonto belastet worden ist – dieses Zahlungskonto wieder auf den Stand zu bringen, auf dem es sich ohne die Belastung durch den nicht autorisierten Zahlungsvorgang befunden hätte (§ 675u S. 2).

Sofern die nicht autorisierten Zahlungsvorgänge auf einer missbräuchlichen Nutzung eines verloren gegangenen, gestohlenen oder sonst abhanden gekommenen Zahlungsinstruments beruhen, kann der Dienstleister vom Kunden nach § 675v I **Ersatz** des hierdurch entstandenen **Schadens bis zu** einem Betrag von **50 EUR** verlangen (= **verschuldensunabhängiger Schadenersatzanspruch).** Der Gesetzgeber wollte damit für den Kunden einen Anreiz schaffen, den Verlust zu vermeiden oder das Missbrauchsrisiko durch möglichst rasche Anzeige des Verlustes gering zu halten.[479] Der Zahler (Kunde) muss nur dann seinem Zahlungsdienstleister den gesamten Schaden gem. § 675v III ersetzen, wenn er

- in betrügerischer Absicht gehandelt hat (Nr. 1) oder
- den Schaden durch vorsätzliche oder grob fahrlässige Verletzung einer oder mehrerer Pflichten gem. § 675l I oder einer oder mehrerer vereinbarter Bedingungen für die Ausgabe und Nutzung des Zahlungsinstruments herbeigeführt hat (Nr. 2).

Weitere detaillierte Haftungsregelungen sind in den folgenden Vorschriften bis § 676c enthalten. Diese wollen wir hier nicht vertiefen. Sie können bei Interesse in der Literatur zur Vertiefung nachlesen.

479 Vgl. BT-Drs. 16/11643, 113.

Übersicht 13

321

Auftrag (§§ 662–674)

1. Wesen

Wesen des Auftrags (§ 662): Unentgeltliche Geschäftsbesorgung durch Beauftragten für Auftraggeber (selbstständige oder unselbstständige, wirtschaftliche oder nichtwirtschaftliche Tätigkeit).

2. Rechte und Pflichten der Vertragsparteien

Rechte des Beauftragten

- Vorschuss: § 669
- Aufwendungsersatz: § 670
- Kündigung: § 671

Pflichten des Beauftragten

- Ordnungsgemäße Ausführung
- Auskunfts- und Rechenschaftspflicht: § 666
- Herausgabe des Erlangten: § 667

Pflichten des Auftraggebers

- folgen aus den Rechten des Beauftragten

Rechte des Auftraggebers

- Widerruf (§ 671)
- bei Sorgfaltspflichtverletzung durch Beauftragten: gegebenenfalls Schadensersatz gem. §§ 280 I, 241 II

3. Auftrag und Vollmacht (rechtsgeschäftliche Vertretungsmacht)

Die einseitig zu erteilende Vollmacht (§ 166 II 1) ist streng von dem ihr zugrunde liegenden Rechtsverhältnis – zB dem Auftrag(svertrag) – zu unterscheiden. Der **Auftrag** betrifft das **Innenverhältnis** zwischen Auftraggeber und Beauftragtem, die **Vollmacht** dagegen das **Außenverhältnis** zu einem Dritten. Einer Vollmacht liegt bei Unentgeltlichkeit in der Regel ein Auftrag zugrunde, während der Auftrag nicht ohne Weiteres mit einer Vollmachterteilung verbunden ist (auch »Bote« mit Auftrag ist möglich)!

Übersicht 14

Geschäftsbesorgung gegen Entgelt (§§ 675–676c) 322

Geschäftsbesorgungsvertrag (§§ 675–675b) | **Zahlungsdienste (§§ 675c–676c)**

Geschäftsbesorgung (§§ 675–675b)

- Dienst-/Werkverträge über eine Geschäftsbesorgung
- Selbstständige Tätigkeit wirtschaftlicher Art (Vermögensverwaltung, Steuer- und Rechtsangelegenheiten)
- Weisungsabhängige Wahrnehmung fremder Interessen, § 675 I iVm §§ 665 f.
- Neben Dienst-/Werkvertragsvorschriften gilt Auftragsrecht (Verweis in § 675 I)
  - Aufwendungsersatz gem. § 670 (neben der Vergütung)
  - Herausgabeanspruch gem. § 667
- § 675a = zusätzliche Informationspflichten

Zahlungsdienste (§§ 675c–676c)

Entsprechende Anwendung von Vorschriften über den Auftrag (§§ 663, 665–670 und 672–674), soweit sich aus §§ 675c ff. nichts Abweichendes ergibt

Zahlungsdienstevertrag
(§ 675f)
= Sonderform des Geschäftsbesorgungsvertrags, § 675c I
grundsätzlich entgeltlich, § 675f V

Einzelzahlungsvertrag*
§ 675f I

Zahlungsdiensterahmenvertrag*
§ 675f II
Hauptfall: Girokonto

Primärpflicht des ZDL:[1] Ausführung eines Zahlungsvorgangs, § 675f I

Pflicht des ZDL: für den ZDN[2] einen Zahlungsvorgang auszuführen.

Pflicht des ZDL: einzelne Zahlungsvorgänge ausführen sowie ein auf den Namen des ZDN laufendes Zahlungskonto führen.

* Einordnung ist wichtig wegen verschiedener Informationspflichten, § 675d I iVm Art. 248 §§ 1–12, 13 I, III–V und §§ 14–16 EGBGB.

1 ZDL = Zahlungsdienstleister (Definition bzw. Übersicht: § 1 ZAG – Kreditinstitute und Ähnliche).

2 ZDN = Zahlungsdienstnutzer (Definition: § 675f I – Zahlende und Zahlungsempfänger).

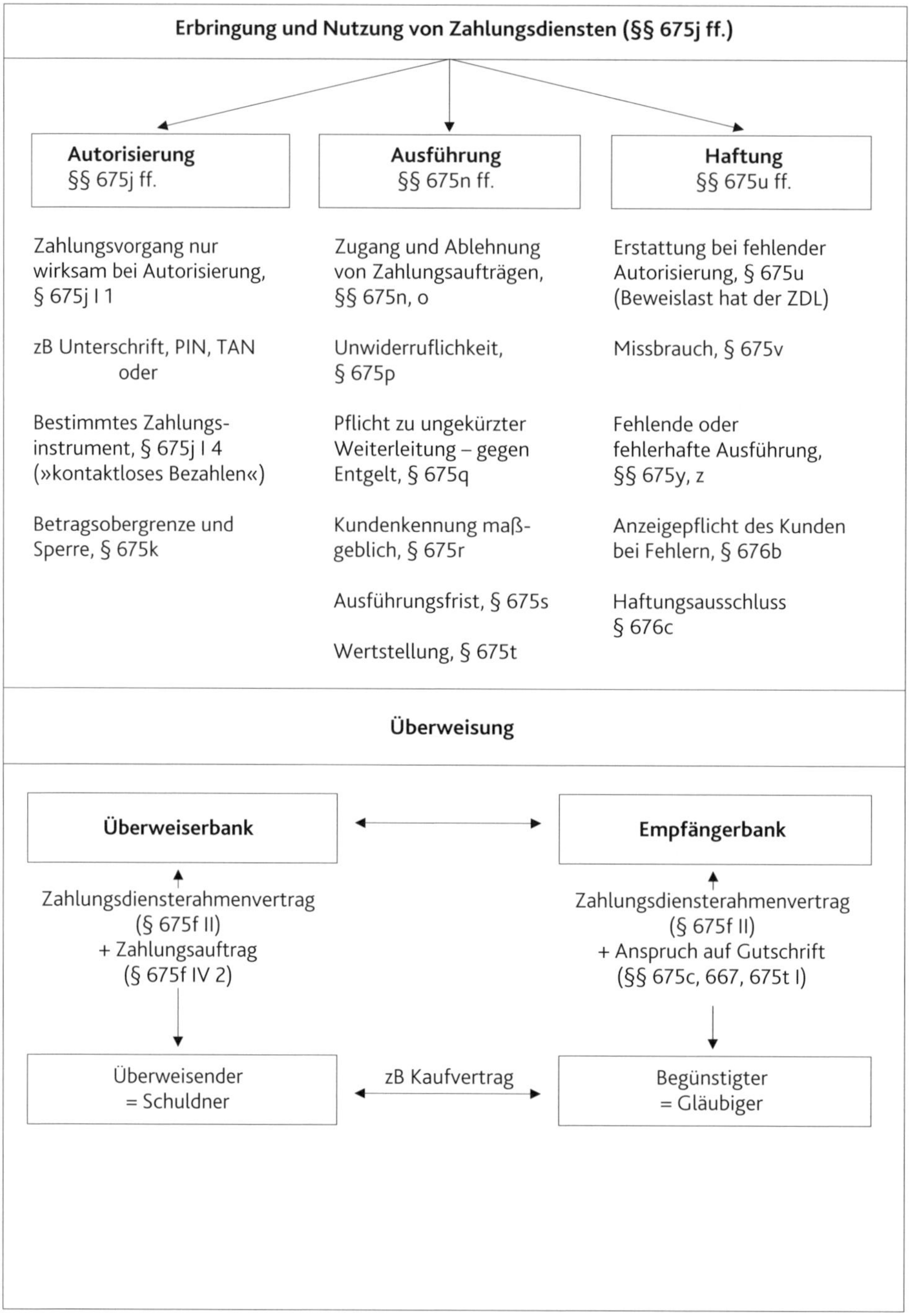
Erbringung und Nutzung von Zahlungsdiensten (§§ 675j ff.)
Autorisierung
§§ 675j ff.
Ausführung
§§ 675n ff.
Haftung
§§ 675u ff.
Zahlungsvorgang nur wirksam bei Autorisierung, § 675j I 1
zB Unterschrift, PIN, TAN
oder
Bestimmtes Zahlungsinstrument, § 675j I 4 (»kontaktloses Bezahlen«)
Betragsobergrenze und Sperre, § 675k
Zugang und Ablehnung von Zahlungsaufträgen, §§ 675n, o
Unwiderruflichkeit, § 675p
Pflicht zu ungekürzter Weiterleitung – gegen Entgelt, § 675q
Kundenkennung maßgeblich, § 675r
Ausführungsfrist, § 675s
Wertstellung, § 675t
Erstattung bei fehlender Autorisierung, § 675u (Beweislast hat der ZDL)
Missbrauch, § 675v
Fehlende oder fehlerhafte Ausführung, §§ 675y, z
Anzeigepflicht des Kunden bei Fehlern, § 676b
Haftungsausschluss § 676c
Überweisung
Überweiserbank
Empfängerbank
Zahlungsdiensterahmenvertrag (§ 675f II) + Zahlungsauftrag (§ 675f IV 2)
Zahlungsdiensterahmenvertrag (§ 675f II) + Anspruch auf Gutschrift (§§ 675c, 667, 675t I)
Überweisender = Schuldner
zB Kaufvertrag
Begünstigter = Gläubiger

Übersicht 15

323

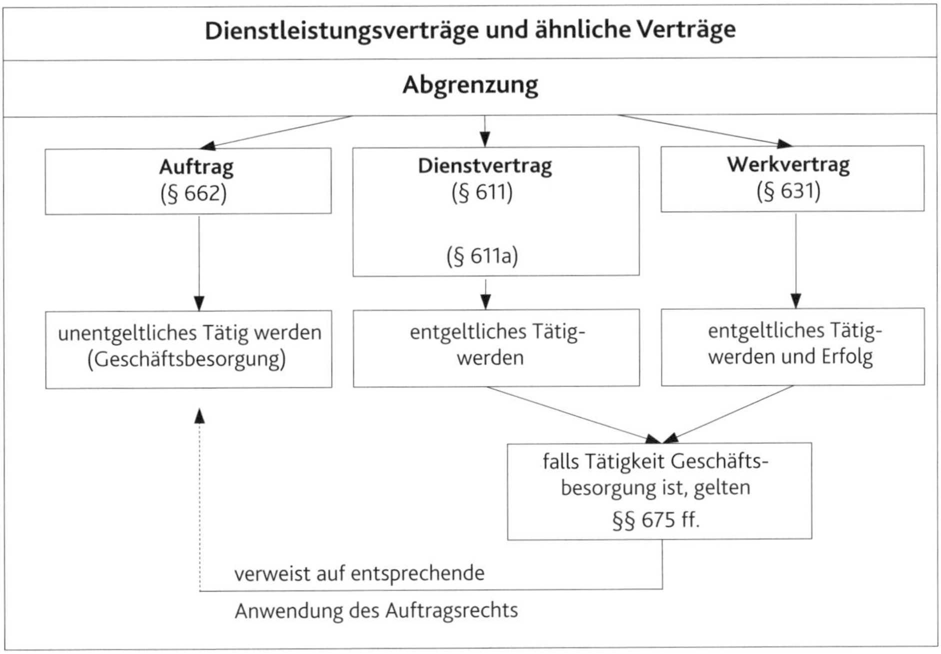

Literatur zur Vertiefung (→ Rn. 308–323): *Alpmann und Schmidt* SchuldR BT 3, 1. Teil; *Boës*, Examensrelevante Probleme im Zusammenhang mit § 670 BGB, JURA 2021, 1194; *Brockmann/Lücke*, Unentgeltlichkeit im Bürgerlichen Recht, JA 2021, 448; *Brox/Walker* SchuldR BT § 29 Rn. 1–64; *Coester-Waltjen*, Der Auftrag, JURA 2001, 567; *Derleder*, Die vollharmonisierende Europäisierung des Rechts der Zahlungsdienste und des Verbraucherkredits, NJW 2009, 3195; *Fikentscher/Heinemann* SchuldR § 86; *Führich* WirtschaftsPrivR Rn. 614 ff.; *Grundmann*, Das neue Recht des Zahlungsverkehrs, WM 2009, 1109, 1157; *Hauck*, Bereicherungsausgleich bei Anweisungsfällen nach Umsetzung der Zahlungsdiensterichtlinie, JuS 2014, 1066; *Heetkamp/Quaß*, »Zivilrecht vs. PayPal Law«, JA 2021, 322; *Hirsch* SchuldR BT §§ 25, 26; *Hoffmann/Rastegar*, Kontaktlose Zahlungen im Privatrecht, WM 2021, 957; *Köndgen*, Das neue Recht des Zahlungsverkehrs, JuS 2011, 481; *Laitenberger*, Das Einzugsermächtigungslastschriftverfahren nach Umsetzung der Richtlinie über Zahlungsdienste im Binnenmarkt, NJW 2010, 192; *Looschelders* SchuldR BT §§ 39–41; *Lordt/Rennig*, FinTech in der zivilrechtlichen Klausur, JuS 2019, 311; *Möslein*, Innovative Finanztechnologien (FinTechs) im künftigen Europäischen Recht, JuS 2019, 294; *Medicus/Lorenz* SchuldR BT §§ 42–43; *Omlor*, Digitaler Zahlungsverkehr, JuS 2019, 289; *Omlor*, FinTech – Versuch einer begrifflichen und rechtssystematischen Einordnung, JuS 2019, 306; *Petersen*, Anweisungsverhältnisse, JURA 2017, 157; *Petersen*, Der Bankvertrag, JURA 2004, 627; *Podszun/Brauckmann*, Fortgeschrittenenklausur zum Dienstvertragsrecht, *JURA* 2021, 81; *Schade/Graewe* WirtschaftsPrivR Rn. 354 f., 586; *Schur/Schur*, Kreditkartenzahlungen – eine zivil- und strafrechtliche Betrachtung, JA 2017, 739; *Steckler/Tekidou-Kühlke* WirtschaftsR C/294; *Thüsing/Schneider*, Die Haftung für Rat, Auskunft und Empfehlung, JA 1996, 807.

G. Pauschalreisevertrag

I. Zweck des Reisevertragsrechts

Die gesetzliche Regelung dieses Vertragstyps befindet sich in den §§ 651a–y. Es handelt 324
sich um Vorschriften, die erst sehr spät in das BGB aufgenommen wurden. Diese Vor-

schriften schienen dem Gesetzgeber angesichts des zunehmenden Massen- und Pauschalreiseverkehrs seit den 1960er Jahren notwendig. Die Bestimmungen der §§ 651a ff., die ursprünglich als eigenes Reisevertragsgesetz geplant waren, wurden in reduzierter Form in das BGB mit Wirkung v. 1.10.1979 eingefügt, um die Rechtsstellung des Reiseteilnehmers an einer sog. Pauschalreise zu verbessern.[480] Durch das »Gesetz zur Änderung reiserechtlicher Vorschriften« v. 23.7.2001[481] wurde mit Wirkung v. 1.9.2001 die Insolvenzsicherung verbessert (= § 651k aF, seit 1.7.2018 in §§ 651r, 651s geregelt) und eine Regelung für Gastschulaufenthalte (= § 651l aF, seit 1.7.2018: § 651u) eingefügt.

Die Neufassung des Reisevertragsrechts erfolgte aufgrund der **Pauschalreise-RL** (EU) 2015/2302 v. 25.11.2015.[482] Sie ist **voll harmonisierend**. Das heißt, der nationale Gesetzgeber kann davon nicht abweichen und es gilt EU-weit das gleiche Recht.[483] Vorgenannte Richtlinie wurde mit Wirkung v. 1.7.2018 durch das »Dritte Gesetz zur Änderung reiserechtlicher Vorschriften« v. 17.7.2017[484] ins deutsche Recht umgesetzt. Das Gesetz enthielt eine komplette Neugestaltung des privaten Reiserechts. Die bisherigen §§ 651a–m wurden durch die vollständig neu gefassten §§ 651a–y ersetzt. Die BGB-InfoV wurde aufgehoben und ihr Inhalt in die neuen Art. 250–253 EGBGB übernommen. Durch das Gesetz über die Insolvenzsicherung durch Reisesicherungsfonds und zur Änderung reiserechtlicher Vorschriften[485] wurde 2021 nach der Insovenz des Thomas-Cook-Konzerns die Insolvenzsicherung bei Pauschalreisen verbessert und auf Reisesicherungsfonds übertragen (vgl. § 651r nF).

II. Parteien und vertragstypische Pflichten (und Rechte) beim Pauschalreisevertrag

325 Die Parteien des Pauschalreisevertrags sind der Unternehmer (Reiseveranstalter) und der Reisende. Lesen Sie § 651a I.

Grundsätzlich nicht als **Reiseveranstalter** anzusehen ist das Reisebüro, bei dem die Reise gebucht wird. Das Reisebüro hat meist die Stellung eines Handelsvertreters (§ 84 HGB), der den Reisevertrag zwischen Reiseveranstalter (zB TUI) und dem Reisenden lediglich vermittelt. Es schuldet nicht die Durchführung der Reise.[486] Zwischen Reisebüro und Reisendem wird vielmehr ein Geschäftsbesorgungsvertrag geschlossen. Um einen Reiseveranstalter handelt es sich auch, wenn er nicht gewerblich tätig wird und nur gelegentlich Reisen veranstaltet.[487] § 651v sieht für den Vermittler eines Pauschalreisevertrags eine eigenständige Pflicht vor, den Reisenden nach Art. 250 §§ 1–3 EGBGB zu informieren. Damit erfüllt er zugleich die Informationspflichten des Reiseveranstalters aus § 651d I 1.

Reisender ist, wer im eigenen Namen für sich und/oder andere Reiseteilnehmer bucht. Dass er die Reise selbst antritt, ist nicht erforderlich.[488] Bei Buchung einer Reise für mehrere Reiseteilnehmer (also bei Gruppenreisen) wird angenommen, dass der Buchende die anderen Reisenden beim Vertragsschluss nach §§ 164 ff. vertritt, sodass er

480 Vgl. dazu *Medicus/Lorenz* SchuldR BT § 39 Rn. 2.
481 BGBl. 2001 I 1658.
482 ABl. 2015 L 326, 1. Sie hat die Pauschalreise-RL 90/314/EWG ersetzt.
483 *Looschelders* SchuldR BT § 36 Rn. 2.
484 BGBl. 2017 I 2394; dazu *Führich* NJW 2017, 2945; *Heinicke* ZRP 2016, 226.
485 V. 25.6.2021, BGBl. 2021 I 2114.
486 BGHZ 82, 219 = NJW 1982, 377.
487 Beispiele hierfür bei Palandt/*Sprau* Einf v. § 651a Rn. 4.
488 BT-Drs. 18/10822, 65.

nicht für die Pflichten seiner Mitreisenden eintreten muss. Bei Familienreisen hingegen wird der Buchende grundsätzlich alleiniger Vertragspartner des Reiseveranstalters.[489]

■ Welches sind die Pflichten der Vertragsparteien?
▶ Der Reiseveranstalter ist zur Verschaffung einer Pauschalreise verpflichtet, während der Reisende dafür den vereinbarten Reisepreis bezahlen muss.

■ Um welche Art Vertrag handelt es sich im Hinblick auf die Verpflichtungen der Parteien?
▶ Um einen gegenseitigen Vertrag.

■ Was bedeutet das für eventuelle Leistungsstörungen des Vertrags?
▶ Sofern nicht Sondervorschriften in den §§ 651a–y enthalten sind, gelten bei Leistungsstörungen neben den allgemeinen Vorschriften der §§ 275 ff. auch die §§ 320 ff.!

Inhaltlich handelt es sich beim Pauschalreisevertrag um einen Vertrag eigener Art, der **326**
dem Werkvertrag nahesteht (die gesetzlichen Regelungen befinden sich deshalb auch im Untertitel 4 von Titel 9 = Werkvertrag und ähnliche Verträge). Gegenstand des Vertrags ist, wie wir eben gelesen haben, die Verschaffung einer »Pauschalreise«.

■ Was versteht man darunter? (Lassen Sie Ihre Urlaubsfantasie spielen!)
▶ Beförderung, Unterkunft und Verpflegung, gegebenenfalls noch weitere Zusatzleistungen (vgl. § 651a II 1, III).

■ Ist das Pauschalreisevertragsrecht anwendbar, wenn Sie in ein Reisebüro gehen, um ein Flugticket für einen Hin- und Rückflug nach Teneriffa zu buchen? (Überlegen Sie, bevor Sie weiterlesen!)
▶ Da keine »Pauschalreise« geschuldet wird, sondern lediglich der Flug nach Teneriffa und zurück, liegt ein einfacher Beförderungs-(= Werk-)vertrag vor.

Nach der **Definition der Pauschalreise** in § 651a II 1 muss der Reiseveranstalter eine **Gesamtheit von mindestens zwei verschiedenen Arten von Reiseleistungen** für den Zweck derselben Reise erbringen. Eine Pauschalreise liegt auch dann vor,

- wenn die vom Vertrag umfassten Reiseleistungen auf Wunsch des Reisenden oder entsprechend seiner Auswahl zusammengestellt wurden (§ 651a II 2 Nr. 1) oder
- wenn der Reiseveranstalter dem Reisenden in dem Vertrag das Recht einräumt, die Reiseleistungen erst nach Vertragsschluss aus seinem Angebot auszuwählen (§ 651a II 2 Nr. 2), sog. Reise-Geschenkbox.[490]

Die **Reiseleistungen** werden in § 651a III definiert als

- die Beförderung von Personen (Nr. 1),
- die Beherbergung (Nr. 2),
- die Vermietung von Kraftfahrzeugen und Krafträdern (Nr. 3) sowie
- jede touristische Leistung (Nr. 4), wie zB Ausflüge, Führungen, Skipässe, Wellnessbehandlungen, Eintrittskarten für Konzerte und Sportveranstaltungen.[491]

Ausnahmen regelt § 651a IV und V – zur Information lesen.

---

489 *Looschelders* SchuldR BT § 36 Rn. 15 f.
490 Vgl. Erwägungsgrund 11 der neuen Pauschalreise-RL.
491 Erwägungsgrund 19 der neuen Pauschalreise-RL.

Keine Vertragspartner des Reisenden sind die einzelnen Leistungsträger (zB Hoteliers, Fluggesellschaften).[492] Sie sind nur Erfüllungsgehilfen des Reiseveranstalters.[493]

Nach der neuen Pauschalreise-RL sind **Gastschulaufenthalte keine Pauschalreisen**. Gemäß § 651u I gelten die meisten Vorschriften des Reisevertragsrechts für Gastschulaufenthalte bei einer Gastfamilie in einem anderen Staat von mehr als drei Monaten entsprechend. Für kürzere Gastschulaufenthalte gelten diese Vorschriften nur, wenn dies vereinbart ist.

III. Zustandekommen des Pauschalreisevertrages

327 Auch für den **Abschluss des Pauschalreisevertrags** gelten die **allgemeinen Regeln der §§ 145 ff.** Der **Katalog** bzw. **Reiseprospekt** des Reiseveranstalters ist nur eine **invitatio ad offerendum**, also die Aufforderung zur Abgabe eines Angebots. Im Allgemeinen wird das Angebot durch den Reisenden mit der Buchung der Reise abgegeben. Der Reiseveranstalter nimmt dieses Angebot spätestens durch die Reisebestätigung an. Ihn sowie den Reisevermittler treffen nach § 651d bzw. § 651v Informationspflichten, die in Art. 250 EGBGB geregelt sind.

Der Reisende muss nach Art. 250 § 1 EGBGB vor Abgabe seiner Vertragserklärung über die wesentlichen Eigenschaften der Reiseleistungen, den Reisepreis und die Zahlungsmodalitäten unterrichtet (Art. 250 § 3 EGBGB) und ihm muss bei oder unverzüglich nach Vertragsschluss eine Reisebestätigung ausgehändigt werden, die die allgemeinen Reisebedingungen enthält (Art. 250 § 6 EGBGB).

Die Pauschalreise-RL gilt auch für Geschäftsreisen.[494] Sofern der **Reisende** ein **Verbraucher** ist, steht ihm bei einem außerhalb von Geschäftsräumen abgeschlossenen Pauschalreisevertrag gem. § 312 VII 2 das Widerrufsrecht nach § 312g I zu, wenn nicht die mündlichen Verhandlungen, auf denen der Vertragsschluss beruht, auf vorhergehende Bestellung des Verbrauchers geführt worden sind.

IV. Schutzvorschriften für den Reisenden

328 Der Reiseveranstalter muss – als Hauptleistungspflicht – die Reiseleistungen mangelfrei erbringen sowie den Reisenden nach § 651d I iVm Art. 250 § 1–3 EGBGB informieren. Darüber hinaus hat er Schutz- und Obhutspflichten (vgl. § 241 II) gegenüber den Rechtsgütern und Interessen des Reisenden.[495]

Eine wichtige Vorschrift zum Schutze des Reisenden, die an das Widerrufsrecht des Verbrauchers erinnert, ist § 651h I (lesen!): Bis zu Beginn der Reise kann der Reisende jederzeit vom **Vertrag zurücktreten**. Außerdem kann er gem. § 651e I an seiner Stelle einen anderen an der Reise teilnehmen lassen (= **Vertragsübertragung**). Für diese **gesetzliche Ersetzungsbefugnis** sind weder ein besonderer Grund noch die Zustimmung des Reiseveranstalters erforderlich. Im Falle des Rücktritts gelten nicht die allgemeinen Vorschriften über den Rücktritt vom Vertrag (welche sind das?[496]), sondern § 651h I 2 (lesen!), wodurch der Reisende bessergestellt wird. Der Reisever-

492 *Brox/Walker* SchuldR BT § 28 Rn. 3.
493 OLG Frankfurt a. M. NJW-RR 2009, 1354 (1355).
494 BT-Drs. 18/10822, 64.
495 *Oetker/Maultzsch* Schuldverhältnisse § 9 Rn. 40.
496 **§§ 346 ff.!**

anstalter verliert den Anspruch auf den vereinbarten Reisepreis, kann aber stattdessen eine angemessene Entschädigung verlangen (§ 651h I 3). Im Vertrag können auch durch vorformulierte Vertragsbedingungen (= AGB) angemessene Entschädigungspauschalen festgelegt werden. Ansonsten bestimmt sich die Höhe der Entschädigung nach dem Reisepreis abzüglich des Werts der vom Reiseveranstalter ersparten Aufwendungen sowie abzüglich dessen, was er durch anderweitige Verwendung der Reiseleistungen erwirbt (§ 651h II 1 und 2).

Der Reiseveranstalter kann allerdings keine Entschädigung verlangen, wenn am Be- 329
stimmungsort oder in dessen unmittelbarer Nähe **unvermeidbare, außergewöhnliche Umstände** auftreten, die die Durchführung der Pauschalreise oder die Beförderung von Personen an den Bestimmungsort erheblich beeinträchtigen. Umstände sind unvermeidbar und außergewöhnlich, wenn sie nicht der Kontrolle der Partei unterliegen, die sich hierauf beruft, und sich ihre Folgen auch dann nicht hätten vermeiden lassen, wenn alle zumutbaren Vorkehrungen getroffen worden wären (§ 651h III). Diese Regelung tritt funktional an die Stelle der Kündigung wegen höherer Gewalt nach § 651j aF. Durch die Formulierung »**unvermeidbare, außergewöhnliche Umstände**« in der neuen Pauschalreise-RL hat der deutsche Gesetzgeber den Begriff der höheren Gewalt zugunsten eines einheitlichen europäischen Verständnisses aufgegeben.[497]

■ Können Sie Beispiele für unvermeidbare, außergewöhnliche Umstände nennen?

▶ Beispiele für unvermeidbare, außergewöhnliche Umstände sind:[498] die Störung des Flugverkehrs durch Vulkanasche,[499] Kriegshandlungen, schwerwiegende Beeinträchtigungen der Sicherheit durch Terrorismus, Naturkatastrophen, aber auch ein Ausbruch schwerer Krankheiten am Reiseziel sowie ein (Ein-)Reiseverbot aufgrund der COVID-19-Pandemie[500].

Sofern eine Reise vom Reisenden wegen Todes, Unfalls oder Krankheit nicht angetreten werden kann, sind die geschuldeten Rücktrittskosten sowie entstehende Reisekosten häufig im Rahmen einer »Reiserücktrittskosten-Versicherung« gedeckt.

V. Haftung des Reiseveranstalters bei Reisemängeln

Besondere Vorschriften enthält das Reisevertragsrecht bei Reisemängeln in den 330
§§ 651i ff. Der Gesetzgeber hat diese Sonderregelungen parallel zu §§ 434 ff. und §§ 633 ff. ausgestaltet, allerdings nicht auf das allgemeine Leistungsstörungsrecht verwiesen.

Nach § 651i I muss der Reiseveranstalter dem Reisenden die Pauschalreise frei von Reisemängeln verschaffen.

■ Lesen Sie die Definition des Reisemangels in § 651i II! Was fällt Ihnen auf?

▶ Es ist eine ähnliche gesetzliche Formulierung wie beim Mangel im Kaufrecht (§ 434 I aF; vgl. jetzt § 434 II 1 Nr. 1, 2, III 1 Nr. 1, 2 nF) und im Werkvertragsrecht (§ 633 II).

---

497 BT-Drs. 18/10822, 76.

498 BT-Drs. 18/10822, 76.

499 Der Ausbruch des Vulkans Eyjafjallajökull hatte zur Folge, dass Mitte April 2010 der Flugverkehr in weiten Teilen Nord- und Mitteleuropas wegen der ausgetretenen Vulkanasche eingestellt werden musste.

500 BeckOK/*Geib* § 651h BGB Rn. 26.

§ 651i II beschreibt also, wann **kein** Reisemangel vorliegt.

■ Versuchen Sie anhand dieser Negativbeschreibungen herauszufinden, wann tatsächlich ein Reisemangel vorliegt!

▶ Ihr Ergebnis sollte Folgendes enthalten:

Ein Reisemangel

liegt vor, wenn die Pauschalreise			**liegt auch vor, wenn**
• nicht die vereinbarte Beschaffenheit hat.	• sich nicht für den nach dem Vertrag vorausgesetzten Nutzen eignet.	• sich nicht für den gewöhnlichen Nutzen eignet und keine Beschaffenheit aufweist, die bei Pauschalreisen der gleichen Art üblich ist und die der Reisende nach der Art der Pauschalreise erwarten kann.	• der Reiseveranstalter Reiseleistungen nicht oder mit unangemessener Verspätung verschafft.
§ 651i II 1	**§ 651i II 2 Nr. 1**	**§ 651i II 2 Nr. 2**	**§ 651i II 3**

Hinsichtlich des Inhalts und Umfangs der geschuldeten Reiseleistungen ist in erster Linie die **Parteivereinbarung** relevant. Nach § 651d III werden die gem. **Art. 250 § 3 Nr. 1, 3–5 und 7 EGBGB** gemachten **Angaben Inhalt des Vertrags**, wenn nicht die Vertragsparteien ausdrücklich etwas anderes vereinbart haben. Vorgenannte Angaben enthalten vor allem die wesentlichen Eigenschaften der Reiseleistung wie Bestimmungsort, Reiseroute, Transportmittel, Ort, Tag und Zeit der Abreise und der Rückreise, Unterkunft, Mahlzeiten, Besichtigungen, den Reisepreis, die Zahlungsmodalitäten, die für die Durchführung der Pauschalreise erforderliche Mindestteilnehmerzahl sowie den Hinweis, dass der Reisende vor Reisebeginn gegen Zahlung einer angemessenen Entschädigung oder gegebenenfalls einer vom Reiseveranstalter verlangten Entschädigungspauschale jederzeit vom Vertrag zurücktreten kann.

331 Die **Rechte des Reisenden** bei einem Reisemangel sind in § 651i III aufgelistet. Dies sind:

- »Abhilfe« nach § 651i III Nr. 1 iVm § 651k (= modifizierter Erfüllungsanspruch – Parallele zum Kauf- und Werkvertragsrecht: Nacherfüllung!),
- »Kündigung« nach § 651i III Nr. 5 iVm § 651l,
- »Minderung« nach § 651i III Nr. 6 iVm § 651m (Berechnung erfolgt wie bei § 638 III, → Rn. 295),
  und
- »Schadensersatz « nach § 651i III Nr. 7, 1. Var. iVm § 651n,
- »Ersatz vergeblicher Aufwendungen « nach § 651i III Nr. 7, 2. Var. iVm § 651n.

1. Abhilfe

Der Reisende muss zunächst **Abhilfe** verlangen (§ 651i III Nr. 1 iVm § 651k I). Der Reiseveranstalter muss den Mangel beseitigen. Er kann die Abhilfe nur verweigern, wenn diese unmöglich ist oder unter Berücksichtigung des Ausmaßes des Reisemangels und des Werts der betroffenen Reiseleistung mit unverhältnismäßigen Kosten verbunden ist (§ 651k I 2). **331a**

> **Beispiel:** Wird der Reisende in seinem Hotelzimmer durch Lärm gestört, so kann Abhilfe darin bestehen, dass der Reiseveranstalter entweder die Lärmquelle beseitigt oder dem Reisenden ein anderes Zimmer zuweist.

Zur **Abhilfe** kann der Reisende dem Reiseveranstalter eine **angemessene Frist** setzen. Nach fruchtlosem Fristablauf zur Abhilfe hat der Reisende ein **Selbstvornahmerecht** und einen **Aufwendungsersatzanspruch** nach § 651i III Nr. 2 iVm § 651k II 1. Die Fristsetzung ist nach § 651i III Nr. 2 iVm § 651k II 2 entbehrlich, wenn die Abhilfe vom Reiseveranstalter verweigert wird oder wenn sofortige Abhilfe notwendig ist.

Wenn der Reiseveranstalter die Beseitigung des Reisemangels nach § 651k I 2 verweigern kann und der Reisemangel einen erheblichen Teil der Reiseleistung betrifft, hat der Reiseveranstalter gem. § 651i III Nr. 3 iVm § 651k III 1 **Abhilfe durch angemessene Ersatzleistungen** anzubieten. Sofern diese zur Folge haben, dass die Pauschalreise im Vergleich zur ursprünglich geschuldeten nicht von mindestens gleichwertiger Beschaffenheit ist, hat der Reiseveranstalter dem Reisenden eine angemessene Herabsetzung des Reisepreises zu gewähren (§ 651i III Nr. 3 iVm § 651k III 2).

> **Beispiel:**[501] Die Eheleute Friedhelm und Max buchten eine Pauschalreise nach Antalya. Nach dem Pauschalreisevertrag sollten sie in einem bestimmten Hotel in einem Zimmer mit Meerblick oder seitlichem Meerblick wohnen. Wegen einer Überbuchung wurden sie jedoch für drei Tage in einem anderen Hotel untergebracht. Das Zimmer in diesem Hotel bot keinen Meerblick und wies schwerwiegende Hygienemängel auf. Da das ersatzweise angebotene Hotelzimmer nicht von mindestens gleichwertiger Beschaffenheit wie das gebuchte war, hat der Reiseveranstalter den Eheleuten eine angemessene Herabsetzung des Reisepreises (= Minderung) zu gewähren. Die Angemessenheit richtet sich nach § 651m I 2 (vgl. § 651k III 2).

2. Minderung

Nach § 651i III Nr. 6 iVm § 651m mindert sich der Reisepreis für die Dauer des Reisemangels, wenn und solange die Abhilfe nach § 651i III Nr. 1 iVm § 651k I ausbleibt. Die **Minderung** tritt – wie beim Mietvertrag – **kraft Gesetzes** ein.[502] Sie hängt also nicht davon ab, dass der Reisende dem Veranstalter eine Frist zur Abhilfe gesetzt hat. Allerdings ist die Minderung nach § 651o II Nr. 1 **ausgeschlossen**, wenn der Reisende den **Mangel** dem Reiseveranstalter **schuldhaft nicht angezeigt hat.** Durch die Anzeige soll der Reiseveranstalter die Möglichkeit haben, Abhilfe zu schaffen. Er ist nach § 651d I iVm Art. 250 § 6 II Nr. 5 EGBGB verpflichtet, den Reisenden in der Vertragsbestätigung auf diese Anzeigenobliegenheit hinzuweisen. Wurde dieser Hinweis unterlassen, besteht die Vermutung, dass der Reisende die Anzeige nicht schuldhaft unterlassen hat.[503] **331b**

501 Nach BGH NJW 2018, 789.
502 Vgl. BT-Drs. 8/2343; jurisPK-BGB/*Keller* § 651d aF Rn. 23 mwN.
503 BGH MDR 2017, 565 zu § 6 II Nr. 7 InfoV aF.

Für die Berechnung der Minderung enthält § 651m I 2 die passende »Formel«: Der Reisepreis ist in dem Verhältnis herabzusetzen, in welchem zur Zeit des Vertragsschlusses der Wert der Pauschalreise in mangelfreiem Zustand zu dem wirklichen Wert gestanden haben würde (Erinnern Sie sich an die Formulierung in § 441 III und § 638 III?). Hinsichtlich der Minderungshöhe kann man sich an der »Frankfurter Tabelle zur Reisepreisminderung«,[504] der ADAC-Tabelle zur Reisepreisminderung[505] oder der Kemptener Reisemängel-Tabelle[506] orientieren (die zuletzt genannte Tabelle verfügt bereits über eine Rubrik »Corona-Pandemie« mit den dazu bislang veröffentlichten Urteilen).

Hat der Reisende mehr als die geminderte Vergütung gezahlt, so ist der Mehrbetrag vom Unternehmer gem. § 651i III Nr. 6 iVm § 651m II zu erstatten, wobei § 346 I und § 347 I entsprechende Anwendung finden.

Fortsetzung des Beispielfalles: Nach der Entscheidung des BGH würde sogar die Unterbringung der Eheleute Friedhelm und Max in einem Hotel ähnlichen Standards und ähnlicher Ausstattung sowie mit Meerblick einen Reisemangel darstellen, der für die betreffenden Urlaubstage zu einer Verringerung des geschuldeten Reisepreises um 10% führt (Minderungsrecht nach § 651i III Nr. 6 iVm § 651m), da der Wert der vom Reiseveranstalter tatsächlich erbrachten Leistung nicht dem Wert der gebuchten Leistung entsprochen hat. Ein Reisender, dem vertraglich ein bestimmtes Hotel versprochen wird, zahlt einen Teil des Reisepreises auch dafür, dass er diese Auswahl nach seinen persönlichen Vorlieben selbst trifft und dies gerade nicht dem Reiseveranstalter überlässt.[507]

Beruht der Mangel auf einem besonders schwerwiegenden Ereignis (zB Vergewaltigung der Reisenden durch einen Angestellten des Hotels oder Beinahe-Absturz auf dem Rückflug),[508] kann die Zahlung des Reisepreises ganz ausgeschlossen sein, weil der Zweck der Reise (= Erholung) vollständig verfehlt wird.

3. Kündigung

331c Die Kündigung ist nach § 651i III Nr. 5 iVm § 651l nur möglich, wenn die Pauschalreise durch den Reisemangel **erheblich beeinträchtigt** wird. Außerdem muss der Reisende vor der Kündigung dem Reiseveranstalter zunächst eine **angemessene Frist** zur Abhilfe gesetzt haben und diese Frist muss erfolglos abgelaufen sein (§ 651l I 2), soweit die Fristsetzung nicht ausnahmsweise entbehrlich ist – dies in den Fällen, in denen die Abhilfe vom Reiseveranstalter verweigert wird oder eine sofortige Abhilfe notwendig ist (§ 651l I 2 iVm § 651k II 2).

Wenn der Reisende die Kündigung erklärt hat, behält der Reiseveranstalter hinsichtlich der erbrachten und der nach § 651l II noch zu erbringenden Reiseleistungen, wie zB die Rückbeförderung des Reisenden, den Anspruch auf den vereinbarten Reisepreis (§ 651l II 1). Der Anspruch des Reiseveranstalters auf den vereinbarten Reisepreis entfällt allerdings nach § 651l II 2 hinsichtlich der nicht mehr zu erbringenden Reiseleistungen; insoweit geleistete Zahlungen sind dem Reisenden vom Reiseveranstalter zu erstatten.

---

504 Online: www.tabelle.info/frankfurter_tabelle.html (zuletzt abgerufen am 20.8.2021).

505 Online: www.adac.de/-/media/adac/pdf/jze/reisepreisminderungstabelle.pdf?la=de-de (zuletzt abgerufen am 20.8.2021).

506 Online: https://reiserechtfuehrich.com/category/kemptener-reisemangeltabelle/ (zuletzt abgerufen am 20.8.2021).

507 BGH NJW 2018, 790.

508 Hierzu BGH NJW 2008, 2775 (2776).

Die infolge der Aufhebung des Vertrags notwendigen Maßnahmen muss der Reiseveranstalter treffen, vor allem, falls der Vertrag die Beförderung des Reisenden umfasste. In diesem Fall muss der Reiseveranstalter unverzüglich für die Rückbeförderung sorgen und die Mehrkosten tragen (§ 651l III).

4. Anspruch auf Schadensersatz

Ein Schadensersatzanspruch steht dem Reisenden nach § 651i III Nr. 7, 1. Var. iVm § 651n I zu. Er ist neben der Minderung oder der Kündigung möglich und umfasst den **Mangelschaden** und den **Mangelfolgeschaden.**[509] Dieser Anspruch ist allerdings ausgeschlossen, wenn **331d**

- der Reisende den Reisemangel verschuldet hat (§ 651n I Nr. 1),
- der Reisemangel von einem Dritten verschuldet worden ist, der weder Leistungsträger noch in anderer Weise an der Erbringung der Reiseleistung beteiligt ist (§ 651n I Nr. 2) oder
- der Reisemangel durch unvermeidbare, außergewöhnliche Umstände verursacht wurde (§ 651n I Nr. 3).

Vor der Geltendmachung von Schadensersatz muss aber eine **Mängelanzeige** durch den Reisenden erfolgt sein (§ 651o II Nr. 2) und dem Reiseveranstalter dadurch die Möglichkeit gegeben werden, Abhilfe zu schaffen. Bei schuldhafter Unterlassung der Mängelanzeige kann der Reisende keinen Schadensersatz nach § 651n verlangen.

5. Entschädigung wegen nutzlos aufgewendeter Urlaubszeit

Der Reisende kann auch eine **angemessene Entschädigung in Geld** wegen nutzlos aufgewendeter Urlaubszeit gem. § 651i III Nr. 7, 1. Var. iVm § 651n II verlangen, wenn die Reise vereitelt oder erheblich beeinträchtigt wird. Die Entschädigung dient dem durch die Pauschalreiserichtlinie vorgeschriebenen **Ersatz des immateriellen Schadens.** Für die Höhe der Entschädigung können der Umfang der die erhebliche Beeinträchtigung begründenden Reisemängel, die zu einer nutzlosen Aufwendung der Urlaubszeit bei dem Reisenden geführt haben, sowie der Reisepreis als maßgeblich herangezogen werden.[510] Da durch diese Regelung ein Nichtvermögensschaden erfasst wird, sind auch nicht berufstätige Personengruppen wie Hausmänner, Studenten, Schülerinnen, Rentner oder Kinder anspruchsberechtigt.[511] **331e**

> **Fortsetzung des Beispielsfalles:**[512] Für den Anspruch nach § 651i III Nr. 7, 1. Var. iVm § 651n II müssen die unzumutbaren hygienischen Verhältnisse im Hotelzimmer während der ersten drei Tage, die dadurch bedingten Beeinträchtigungen des Schlafs der Reisenden sowie die nahezu vollständige Entwertung des Umzugstags als eines für die Erholung vorgesehenen Reisetags als entschädigungsrelevante Gesichtspunkte berücksichtigt werden. Demgegenüber bleiben der fehlende seitliche Meerblick und die Unterbringung in einem dem Standard nach nicht geringwertigeren Ersatzhotel außer Betracht; diese Umstände haben den Erholungs- und Erlebniswert der Reise und damit den Zweck der aufgewendeten Urlaubszeit allenfalls in einer vernachlässigbaren Weise beeinträchtigt. Eine Entschädigung iHv insgesamt 600 EUR für die Eheleute Friedhelm und Max ist insoweit angemessen.

509 BT-Drs. 18/10822, 83 zu § 651f aF.
510 BGH NJW 2018, 791; 2005, 1047.
511 NK-BGB/*Niehus* § 651 aF Rn. 21 mwN.
512 BGH NJW 2018, 791 – zu § 651f II aF.

6. Ersatz vergeblicher Aufwendungen

331f Nach § 651i III Nr. 7, 2. Var. iVm § 284 kann der Reisende anstelle des Schadensersatzes auch den Ersatz seiner vergeblichen Aufwendungen verlangen. Durch die Formulierung in § 284 »anstelle des Schadensersatzes statt der Leistung« folgt, dass die Voraussetzungen für einen Schadensersatzanspruch nach § 651i III Nr. 7, 1. Var. iVm § 651n I vorliegen müssen.[513]

331g Die §§ 651i ff. enthalten ein eigenständiges Gewährleistungsrecht; ein Rückgriff auf das allgemeine Leistungsstörungsrecht (§§ 280 ff.) ist deshalb nicht möglich.

7. Verjährung, Haftungsbeschränkung

Alle Gewährleistungsansprüche des Reisenden **verjähren** innerhalb von **zwei Jahren** ab dem Zeitpunkt des vertraglich vorgesehenen Reiseendes (§ 651j). Die in § 651g I aF enthaltene Ausschlussfrist, nach der der Reisende gegenüber dem Reiseveranstalter seine Gewährleistungsrechte innerhalb von einem Monat nach dem vertraglich vorgesehenen Ende der Reise geltend machen musste, ist mit Wirkung vom 1.7.2018 entfallen, da sie mit der Pauschalreise-RL nicht vereinbar war.[514]

Die oben genannten **reisevertraglichen Vorschriften sind** nach § 651y S. 1 grundsätzlich **zwingend**; von ihnen kann also auch nicht durch eine Individualvereinbarung zulasten des Reisenden abgewichen werden.

Der Reiseveranstalter kann allerdings seine **Haftung durch Vertrag** auf den dreifachen Reisepreis nach § 651p I **beschränken**, falls es sich bei dem Schaden des Reisenden um keinen Körperschaden handelt (§ 651p I Nr. 1) und der Schaden nicht schuldhaft herbeigeführt worden ist (§ 651p I Nr. 2).

VI. Insolvenzsicherung

332 Wenn der Reiseveranstalter zahlungsunfähig oder über sein Vermögen das Insolvenzverfahren eröffnet wird, besteht für den Reisenden die Gefahr, dass er den schon bezahlten Reisepreis ohne Erhalt der (vollständigen) Reiseleistungen einbüßt. Nach § 651r muss der Reiseveranstalter sicherstellen, dass dem Reisenden der gezahlte Reisepreis erstattet wird, soweit im Fall der Zahlungsunfähigkeit des Reiseveranstalters Reiseleistungen ausfallen oder der Reisende im Hinblick auf erbrachte Reiseleistungen Zahlungsaufforderungen von Leistungserbringern nachkommt, deren Entgeltforderungen der Reiseveranstalter nicht erfüllt hat. Dem Reisenden muss vom Reiseveranstalter nach § 651r IV ein unmittelbarer Anspruch gegen den Absicherer (= Reiseversicherungsfonds, Versicherer oder Kreditinstitut; Legaldefinition in § 651r III 1) verschafft werden. Zum Nachweis dieses Anspruchs erhält der Reisende einen **Sicherungsschein**, der vom Absicherer nach Art. 252 EGBGB ausgestellt wird.

Lesen Sie bei Interesse die §§ 651r und 651s.

Dieser Überblick über die wichtigsten Vorschriften des Reisevertragsrechts (s. auch → Rn. 334 mit Übersicht 16) soll genügen und abschließend mit (teils amüsanten) **Beispielen für »Reisemängel«** aus der »Pauschalreise-Rechtsprechung« abgerundet werden:

513 BT-Drs. 18/10822, 85.
514 BT-Drs. 18/10822, 79.

Beispiele: 333

- **Ameisen**

Keinen Mangel stellt es dar, wenn ein Reisender beim Aufschneiden eines Brots eine lebende Ameise findet. (AG Mönchengladbach, Az. 5a C 706/88)

- **Baulärm**

Erhebliche Lärmbelästigung durch Baustellen in unmittelbarer Nähe des gebuchten Bungalows, die ein längeres Schlafen als bis 7 Uhr nicht möglich werden lässt, rechtfertigt eine anteilige Minderung für die Tage, an denen gebaut wurde, von 30% des Reisepreises. (AG Warstein, Az. 3 C 51/88)

- **Doppelzimmer**

Bucht ein Reisender ein Doppelzimmer, erhält er jedoch am Urlaubsort nur ein Einzelzimmer mit Zusatzbett, so hat er Minderungsansprüche iHv 25% des Reisepreises. (AG Frankfurt, Az. 30 C 4403/84-45)

- **Einfach primitiv**

Das Wort »einfach« in einem Werbeprospekt ist äußerst auffallend und muss daher reduzierend gelesen werden. Daher besteht für primitive Hotelausstattung kein Minderungsanspruch. (AG München, Az. 2 C 10284/80)

- **Fortuna-Reise**

Bucht der Reisende eine sog. Fortuna-Reise, so lässt er sich auf das Risiko ein, in einem weniger bevorzugten und möglicherweise sehr einfachen Hotel untergebracht zu werden. (AG Frankfurt a.M., Az. 2/24 S 306/83)

- **Glockengeläut**

Wer seinen Urlaub in einem kleinen alten spanischen Fischerdorf bucht, muss damit rechnen, dass sich dort auch eine Kirche befindet, deren Uhr durch Glockengeläut die Zeit verkündet. (AG Frankfurt a.M., Az. 30 C 302/84-45)

- **Grünfärbung blonder Haare im Hotelpool**

Verfärbt sich das blonde Haar einer Reisenden als Folge des Chlorzusatzes im Hotelschwimmbecken grün, so ist eine Reisepreisminderung um 10% unter Berücksichtigung eines Mitverschuldens wegen Nichtbenutzung einer Badekappe angemessen. (AG Bad Homburg BeckRS 1998, 13164)

- **Halb-Doppelzimmer**

Bucht der Reisende eine Reise mit Unterbringung in einem Doppelzimmer, das er zusammen mit einer anderen, ihm unbekannten Person teilen muss, so liegt kein Reisemangel darin, dass diese Person ein eigenartiges Verhalten an den Tag legt, einen unangenehmen Körpergeruch aufweist und darüber hinaus nachts schnarcht. (AG Frankfurt, Az. 30 C 10250/82)

- **Kakerlaken**

Der Reisende kann den Reisepreis um 100% mindern, wenn sich im Hotelzimmer ca. zehn Kakerlaken pro m^2 aufhalten, nachdem die Beleuchtung eingeschaltet wurde. Das heißt, dass wegen der Lichtscheue dieser Tiere bei Dunkelheit noch mehr vorhanden sind. (LG Frankfurt, Az. 2/24 S 475/87)

- **Lärm im Hotel**

Eine Lärmbeeinträchtigung durch andere Hotelgäste bis 5 Uhr morgens stellt keinen Reisemangel auf Mallorca dar. Das Gegenteil ist der Fall. Ein Reisender würde es als Mangel auffassen, wenn er in der Hauptreisezeit in einem Touristenzentrum auf Mallorca auf Nachtruhe stoßen würde. (AG Köln, Az. 122 C 176/82)

- **Mäuse**

Es stellt keine wesentliche Beeinträchtigung dar, wenn während einer zweiwöchigen Urlaubsreise zwei Mäuse aus dem Garten durch die Terrassentür in den Speisesaal gelangen und dort von einem Gast erschlagen werden. (AG Frankfurt a.M., Az. 30/32/311 C 79/72)

- **Meerblick**

Wird in einem Pauschalreisevertrag Meerblick zugesagt, so besagt dies nicht, dass die Betrachtung des Meers direkt und in geradem Winkel möglich sein muss. Auch der seitliche Meerblick vom Balkon des Hotelzimmers genügt dieser Zusicherung. (AG Frankfurt a.M., Az. 30 C 1208/85-69)

- **Reiseverzögerungen**
Zeitliche Verzögerungen bei der An- oder der Rückreise von vier Stunden muss der Reisende noch hinnehmen. Der Anreise- wie der Rückreisetag ist durch die Belastungen der Fahrt ohnehin ausgefüllt und hat keinen besonderen Erholungswert. (AG Frankfurt a.M., Az. 30 C 10424/80)

- **Sexuelle Belästigung**
Wird eine weibliche Pauschalreisende im Einflussbereich des Hotels durch Hotelangestellte und/oder einheimische Besucher ständig sexuell belästigt, so stellt dies einen Reisemangel dar, wenn der Hotelier nicht dagegen einschreitet. Der Reisenden kann nicht entgegengehalten werden, dass sie ein solches Verhalten provoziert hat, da fröhliches Verhalten und leichte Kleidung zum Urlaubsalltag gehören. (LG Frankfurt a.M. NJW 1984, 1762)

- **Strand**
Ist der Strand vom Hotel 600 m weiter entfernt als im Prospekt zugesichert, so berechtigt dies nicht zur Minderung, da es unerheblich ist, ob man zehn Minuten oder 15 Minuten zum Strand geht (AG München, 151 C 33090/89). Der Reisende kann Minderung verlangen, wenn im Prospekt die Wegstrecke zum Strand mit 850 bis 1.500 m angegeben ist, aber tatsächlich 3,5 km beträgt. Dabei ist es unbeachtlich, wenn der Veranstalter darauf hinweist, die angegebene Entfernung sei die Luftlinie, da man nicht davon ausgehen kann, der Reisende könne zum Strand fliegen. (AG München, Az. 6 C 15778/79)

- **Verwirkung**
Rügt ein Reisender erst drei Tage vor Ende der Reise mit einem Schreiben gegenüber der örtlichen Reiseleitung einzelne Reisemängel, so hat er seine reisevertraglichen Gewährleistungsansprüche verwirkt. Es ist in hohem Maße treuwidrig, eventuell vorhandene Reisemängel während fast des gesamten Urlaubs hinzunehmen, um dann nach Reiseende finanzielle Ansprüche daraus herleiten zu können. (AG Frankfurt a.M., 30 C 281/86-45)

- **Wasserknappheit**
Fällt während der gesamten Reisezeit zwischen 7 und 21 Uhr die Wasserversorgung aus, sodass es dem Reisenden nicht möglich ist, sich regelmäßig zu waschen und zu duschen und selbst Mahlzeiten zuzubereiten, ist hierfür eine Minderung des Reisepreises um ein Drittel angemessen. (AG München, Az. 6 C 15458/80)

- **Wüster Wüstenritt**
Ein Urlauber buchte eine Pauschalreise, in deren Rahmen auch ein Kamelritt bei Beduinen angeboten wurde. Der Tourist verletzte sich beim Versuch auf das Kamel aufzusteigen erheblich, denn das freche Kamel stand einfach auf und marschierte los, bevor der Reiter im Sattel saß. Da der Reiseveranstalter für diesen Ritt über seinen Kameltreiber (als seinem Erfüllungsgehilfen) kein geeignetes Tier zur Verfügung gestellt hatte, lag ein Reisemangel vor. Der Reiseveranstalter muss für diesen fatalen Wüstenritt insgesamt 16.100 EUR Schadensersatz für nutzlos aufgewendete Urlaubszeit einschließlich Schmerzensgeld zahlen. (OLG Koblenz NJW-RR 2014, 237)

- **Zimmerzuteilung**
Ein Reisender kann Minderung verlangen, wenn er sein gebuchtes Hotelzimmer erst gegen 16 Uhr beziehen kann und daher einige Stunden in der Hotelhalle warten muss. Dies stellt insbesondere einen Mangel dar, wenn das Reiseprogramm bereits am Morgen beginnen sollte und dem Reisenden ein Tag Urlaub verloren geht. (AG Frankfurt, Az. 31 C 12064/74)

Literatur zur Vertiefung (→ Rn. 324–334): *Alpmann und Schmidt* SchuldR BT 2, 7. Teil; *Bauermeister/Zimmermann*, Fortgeschrittenenklausur zum Pauschalreiserecht, *JURA* 2021, 186; *Brox/Walker* SchuldR BT § 28 III; *Fikentscher/Heinemann* SchuldR § 85; *Förster*, Das neue Pauschalreiserecht in Studium und Examen, JA 2018, 561; *Führich*, Basiswissen Reiserecht, 4. Aufl. 2018; *Führich*, Reiserecht, 7. Aufl. 2015; *Führich*, Das neue Pauschalreiserecht, NJW 2017, 2945; *Heinicke*, Pauschalreise-Richtlinie – Neuer Wein in alten Schläuchen?, ZRP 2016, 226; *Looschelders* SchuldR BT § 36; *Medicus/Lorenz* SchuldR BT §§ 39–41; *Oetker/Maultzsch* Schuldverhältnisse § 9; *Petersen*, Der Dritte beim Reisevertrag, JURA 2018, 330; *Paulus*, Das neue Pauschalreisevertragsrecht, JuS 2018, 647; *Staudinger/Röben*, Das Pauschalreiserecht – Ein Überblick über die wichtigsten Examensprobleme, JA 2015, 241.

Übersicht 16

334

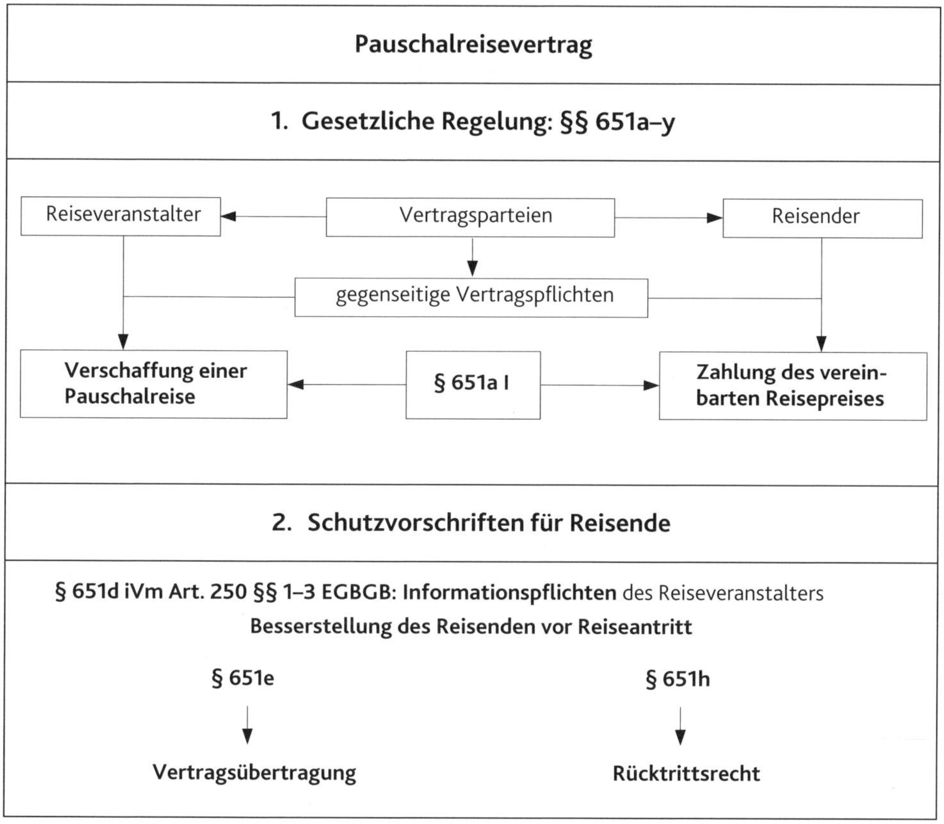

(Fortsetzung auf S. 208)

3. Rechte der Reisenden bei Reisemängeln

Voraussetzung: Reiseveranstalter verletzt seine Pflicht, dem Reisenden die Pauschalreise frei von Reisemängeln zu verschaffen (§ 651i I)

Begriff Reisemangel: § 651i II

- **Abhilfe** – § 651i III Nr. 1–4 iVm § 651k
  - Beseitigung des Reisemangels – § 651k I 1
  - Nach fruchtloser Fristsetzung: **Selbstvornahme + Aufwendungsersatz** – § 651k II
  - Abhilfe durch angemessene **Ersatzleistungen** – § 651k III
  - **Kostentragung** für notwendige Beherbergung – § 651k IV, V
- **Kündigung** – § 651i III Nr. 5 iVm § 651l
  - **Voraussetzung: Abhilfeverlangen** + fruchtloser **Fristablauf** – § 651l I 2
- **Minderung** – § 651i III Nr. 6 iVm § 651m
- **Schadensersatz** – § 651i III Nr. 7 iVm § 651n
  - Angemessene Entschädigung wegen **nutzlos aufgewendeter Urlaubszeit (immaterieller Schaden)** – § 651n II
- **Ersatz vergeblicher Aufwendungen** – § 651i III Nr. 7 iVm § 284

Für Minderung, Schadensersatz und Ersatz vergeblicher Aufwendungen: **Voraussetzung: Mängelanzeige** – § 651o

Verjährungsfrist: zwei Jahre ab vertraglichem Reiseende, § 651j
Abweichende Vereinbarungen zum Nachteil des Reisenden grundsätzlich nicht möglich, § 651y

Aber: **Haftungsbeschränkung möglich**, falls kein Körperschaden, kein Verschulden, § 651p

H. Maklervertrag

I. Wesen und Inhalt des Maklervertrags

Lesen Sie § 652 I! 335

Ein Maklervertrag gem. § 652 liegt vor, wenn eine Partei (Auftraggeber) der anderen (Makler) für den Nachweis der Gelegenheit zum Abschluss eines Vertrags oder für die Vermittlung eines Vertrags einen Maklerlohn verspricht.[515] Der Maklerlohn gilt gem. § 653 I (lesen!) als stillschweigend vereinbart, wenn die dem Makler übertragene Leistung den Umständen nach nur gegen eine Vergütung zu erwarten ist. Eine ähnliche Formulierung haben Sie bereits im Dienst- und Werkvertragsrecht kennengelernt – zur Wiederholung die §§ 612 I und 632 I lesen!

Vom Dienst- und Werkvertrag unterscheidet sich der Maklervertrag dadurch, dass der Makler **nicht** zu einer Tätigkeit **verpflichtet** ist: Nur wenn er tätig wird und der Auftraggeber den vermittelten Vertrag schließt, besteht Anspruch auf Maklerlohn!

Andererseits ist auch der Auftraggeber nicht verpflichtet, den vom Makler angebote- 336
nen Vertrag mit dem Dritten abzuschließen: Nur wenn er es tut, muss er Maklerlohn zahlen!

Der Anspruch auf Maklerlohn in Form einer Provision oder Courtage setzt immer voraus, dass der in Aussicht genommene Vertrag, zB ein Grundstückskaufvertrag oder ein Versicherungsvertrag, tatsächlich abgeschlossen wurde, und zwar in Folge der Tätigkeit des Maklers.

Hinweis: Nur wenn ein Makler tätig wird und der Auftraggeber den durch ihn vermittelten Vertrag abschließt, besteht Anspruch auf Maklerlohn!

(In der Praxis kommt es an diesem Punkt häufig zu Meinungsverschiedenheiten, die vor Gericht geklärt werden müssen.)

II. Abgrenzung Makler – Vertreter

Wenn soeben (→ Rn. 336) von der Vermittlung zB eines Versicherungsvertrags durch 337
einen Versicherungsmakler die Rede war, darf nicht versäumt werden, darauf hinzuweisen, dass dieser keinesfalls mit dem sog. Versicherungsvertreter (früher auch: »Versicherungsagent«) verwechselt werden darf, von dem einmal[516] im Rahmen der Eigenhaftung des Stellvertreters die Rede war.

- ■ Was ist der Unterschied zwischen einem Versicherungsmakler (§ 59 III VVG) und dem Versicherungsvertreter (§ 59 II VVG)?
- ▶ Der Versicherungsvertreter ist »Vertreter« eines Versicherungsunternehmens (vgl. § 69 VVG – gesetzliche Vollmacht). Seine Willenserklärung wird grundsätzlich dem vertretenen Versicherungsunternehmen (Versicherer) nach den §§ 164 ff. zugerechnet.

515 Abweichende Vereinbarungen sind möglich. Die §§ 652 ff. werden bei der Vermittlung von **Mietverträgen** über **Wohnraum** aber durch das WoVermG überlagert. In § 2 Ia WoVermG ist das sog. »**Bestellerprinzip**« verankert, wonach derjenige den Wohnungsmakler bezahlen muss, der ihn engagiert hat; Vermieter dürfen danach also diese Kosten nicht auf die Mieter abwälzen. Seit Ende 2020 müssen gem. § 656d I 1 Verbraucher nur noch höchstens die **Hälfte** der Maklergebühr beim **Kauf** von Wohnungen und Einfamilienhäusern bezahlen, wenn der Verkäufer den Makler beauftragt hat.

516 In *Wörlen/Metzler-Müller* BGB AT Rn. 398 ff.

Der Versicherungsmakler dagegen ist weder Vertreter noch Gehilfe des Versicherers, sondern steht sozusagen in der Mitte zwischen diesem und dem Versicherungsnehmer. Der Makler kann gegenüber dem Versicherungsnehmer keine Willenserklärung abgeben, für die der Versicherer unter Umständen haftet; der Makler vermittelt, mit anderen Worten, nur die Möglichkeit zum Abschluss eines Versicherungsvertrags. Der Versicherungsmakler ist in der Regel selbstständiger Versicherungskaufmann, den gegenüber dem Versicherer oder Versicherungsnehmer keine vertragliche Erfüllungspflicht trifft, sondern lediglich eine **Bemühungspflicht.**

Nehmen Sie sich zur Wiederholung die folgende Übersicht 17 vor, auf der wir Ihnen am Ende auch ganz kurz die »**Auslobung**« und die »**Verwahrung**« vorstellen.

Übersicht 17

338

Maklervertrag

1. **Gesetzliche Regelung: §§ 652–656**

Makler → **Nachweis der Gelegenheit** zum Abschluss eines Vertrags (zB Grundstückskaufvertrag, Versicherungsvertrag)

Vertragsparteien → **keine gegenseitigen Pflichten!**

Auftraggeber → **Muss** vermittelten Vertrag **nicht** abschließen! **Wenn Vertragsabschluss** aufgrund Nachweis durch Makler: Zahlung des Maklerlohns

2. **Makler wird selbstständig tätig** = nicht »in Vertretung« dessen, für den er Vertragsabschluss vermittelt (= keine Erfüllungspflicht, sondern »Bemühungspflicht«)
3. **Abgrenzung Versicherungsmakler – Versicherungsvertreter**

   Versicherungsvertreter (vgl. §§ 59 II, 69 ff. VVG) wird als Vertreter eines Versicherungsunternehmens (»Versicherer«) tätig = Anwendung von §§ 164 ff. = Versicherungsunternehmen muss sich grundsätzlich Erklärungen des »Versicherungsvertreters« zurechnen lassen.

339

Auslobung

1. **Gesetzliche Regelung:** §§ 657–661a
2. **Wesen** (§ 657 – lesen!): »Bindendes Versprechen«, bei dem jemand »durch öffentliche Bekanntmachung eine Belohnung für die Vornahme einer Handlung, insbesondere für die Herbeiführung eines Erfolgs aussetzt« = **einseitig verpflichtendes Rechtsgeschäft** des Versprechenden!

   Beispiele: Belohnung für Aufklärung von Straftaten oder den Finder verlorener Sachen; auch bei einem Preisausschreiben (§ 661) handelt es sich um eine Art Auslobung iSv § 657!

340

Verwahrung

1. **Gesetzliche Regelung:** §§ 688–700
2. **Wesen** (§ 688 – lesen): **Einseitige Verpflichtung** des Verwahrers, eine ihm vom Hinterleger übergebene Sache aufzubewahren. Verwahrung kann **entgeltlich oder unentgeltlich** sein (§ 689). Bei unentgeltlicher Verwahrung haftet Verwahrer nur für Sorgfalt, welche er in eigenen Angelegenheiten anzuwenden pflegt (§ 690; vgl. auch § 694). Gegebenenfalls: Aufwendungsersatz gem. § 693.

Literatur zur Vertiefung (→ Rn. 335–340): *Alpmann und Schmidt* SchuldR BT 2, 8. Teil; *Althammer*, Der Maklervertrag nach § 652 I BGB, JA 2006, 594; *Armbrüster*, Online-Vertrieb von Versicherungsprodukten, JuS 2019, 299; *Brox/Walker* SchuldR BT § 29 III; *Fischer*, Die Verteilung der Maklerkosten bei der Vermittlung von Kaufverträgen über Wohnimmobilien, NJW 2020, 3553; *Fikentscher/Heinemann* SchuldR §§ 88–90; *Hirsch* SchuldR BT § 24 I; *Lindner*, Das Bestellerprinzip beim Kauf von Einfamilienhäusern und Wohnungen und die Verteilung von Maklerkosten (§§ 656a-d BGB), ZMR 2021, 24; *Looschelders* SchuldR BT §§ 37 f., 46; *Medicus/Lorenz* SchuldR BT § 44; *Oetker/Maultzsch* Schuldverhältnisse § 10; *Peters*, Der Online-Partnervermittlungsvertrag, JuS 2021, 104; *Schrader*, Grundkonstellationen des Immobilien- und Wohnungsmaklervertrages, JA 2015, 561; *Waibel/Reichstädter*, Maklerrecht im Überblick, JURA 2002, 649; *Weishaupt*, Der Maklervertrag im Zivilrecht, JuS 2003, 1166.

4. Kapitel. Weitere vertragliche (rechtsgeschäftliche) Schuldverhältnisse

341 Bei unserem Spaziergang durch das Besondere Schuldrecht des BGB können wir nur einige der wichtigsten Sehenswürdigkeiten besichtigen. In diesem Kapitel zB nur weitere vertragliche Schuldverhältnisse. Das bringt die Paragrafenreihenfolge etwas »durcheinander«, da im BGB die vertraglichen und gesetzlichen Schuldverhältnisse »vermischt« sind.

So erscheint im Anschluss an die Verwahrung, deren Regelung mit § 700 endet, in den §§ 701 ff. das gesetzliche Schuldverhältnis der Haftung des Beherbergungsgastwirts (vgl. → Rn. 369).

Die wichtigen §§ 705 ff. regeln die Rechtsverhältnisse der » Gesellschaft bürgerlichen Rechts« (GbR; gleichbedeutend: »BGB-Gesellschaft«), die den organisatorischen Grundtyp aller handelsrechtlichen Personengesellschaften bildet.[517] Sie werden daher in dem Grundriss von *Wörlen/Kokemoor/Lohrer* über das Handels- und Gesellschaftsrecht[518] näher behandelt. Die »Gemeinschaft« (§§ 741 ff.) wird hier nicht dargestellt, da sie weder für juristische Anfänger noch für Nichtjuristen von besonderer Bedeutung ist. Größere Bedeutung kommt der Gemeinschaft hinsichtlich eigentumsrechtlicher Fragen zu, sodass auf sie im Sachenrecht bei der Behandlung des Miteigentums (§§ 1008 ff.) eingegangen wird.[519] Ebenso wenig relevant sind »Spiel/Wette« (§§ 762 f.).

Anders dagegen die »Bürgschaft«. Sie ist rechtlich interessant und als Kreditsicherungsmittel[520] praxisrelevant.

A. Bürgschaft

I. Begriff und Wesen

342 Das Bürgschaftsrecht des BGB wird von den §§ 765–778 umfasst. Lesen Sie § 765 I. Das Wesen der Bürgschaft besteht darin, dass sich der Bürge gegenüber dem Gläubiger eines Dritten, den man als »Hauptschuldner« bezeichnet, verpflichtet, für die Erfüllung der Verbindlichkeit (Schuld) dieses Dritten einzustehen. Im Klartext: Unter bestimmten Voraussetzungen muss der Bürge an den Gläubiger – im Regelfall – eine Geldsumme zahlen, die der Hauptschuldner seinem Gläubiger schuldet.

517 Das »Gesetz zur Modernisierung des Personengesellschaftsrechts (**Personengesellschaftsrechtsmodernisierungsgesetz** – MoPeG)« vom 10.8.2021 (BGBl. 2021 I 3436) unterscheidet mit Wirkung zum 1.1.2024 zwischen einer **rechtsfähigen** und einer nicht rechtsfähigen Form der GbR (s. § 705 II nF). Die rechtsfähige GbR kann auf freiwilliger Basis in ein neu zu schaffendes »**Gesellschaftsregister**« (§ 707 nF) eingetragen werden und ist dann verpflichtet, als Namenszusatz die Bezeichnung »eingetragene Gesellschaft bürgerlichen Rechts« oder »**eGbR**« zu führen (§ 707a II nF). S. dazu *Wörlen/Kokemoor/Lohrer* HandelsR Rn. 147–153a; *Hell*, Grundzüge und Modernisierung des Rechts der Gesellschaft bürgerlichen Rechts (GbR), JA 2021, 12; *Mohamed*, Die Reform des Personengesellschaftsrechts, JuS 2021, 820; *Pieronczyk*, Der »Mauracher Entwurf« zur Reform des Personengesellschaftsrechts – worauf Studenten und Referendare vorbereitet sein müssen, JURA 2021, 53.

518 Vgl. *Wörlen/Kokemoor/Lohrer* HandelsR Rn. 141–226.

519 Vgl. *Wörlen/Kokemoor* SachenR Rn. 57–61.

520 Vgl. dazu auch *Wörlen/Kokemoor* SachenR Rn. 251 ff.

Beachte: Eine Bürgschaft kann für jede schuldrechtliche Verbindlichkeit bestellt werden, nicht nur für Geldforderungen!

Zweck der Bestellung einer Bürgschaft ist die Sicherung einer wirksamen Forderung des Gläubigers gegen den Hauptschuldner (= Kreditsicherung).

Aufgrund des Bürgschaftsvertrags stehen dem Gläubiger zwei Forderungen zu:

- eine Forderung gegen den Hauptschuldner (Hauptverbindlichkeit) und
- eine weitere gegen den Bürgen (Bürgschaftsschuld).[521]

Die Rechtsverhältnisse der drei Beteiligten verdeutlicht die folgende Skizze:

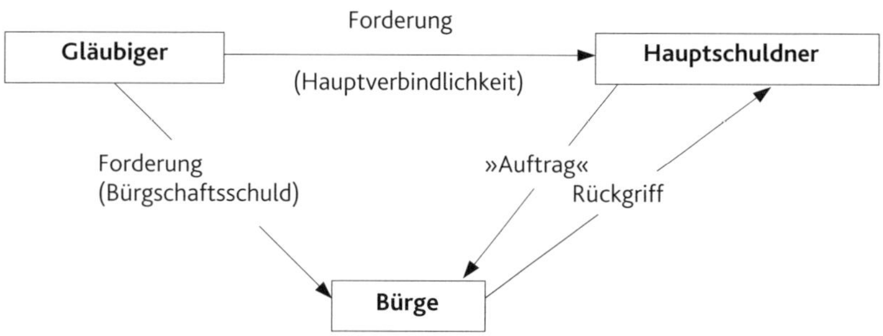

Aus dieser Grafik können Sie, außer der Tatsache, dass dem Gläubiger zwei Forderungen zustehen, auch das Rechtsverhältnis zwischen Hauptschuldner und Bürgen erkennen: In der Regel liegt diesem ein Auftrag in Form einer Geschäftsbesorgung zugrunde.[522]

II. Voraussetzungen und Rechtsfolgen des Bürgschaftsanspruchs

Einige wichtige Vorschriften des Bürgschaftsrechts soll der nächste Übungsfall verdeutlichen: 343

Übungsfall 17

Kurt Knubel (K) hat am 1.4. von Volimira Vogt (V) mehrere Computerserver für 60.000 EUR gekauft und geliefert bekommen. Da er nicht alles bar bezahlen konnte, hat die Bimbes-Bank AG (B) iHv 40.000 EUR gegenüber der V eine Bürgschaft übernommen. K zahlt die am 1.6. fällige Rate nicht, weil nach Installation der Server ein erwiesener Mangel hervorgetreten ist. V bestreitet den Mangel und will die B aus der Bürgschaft auf Zahlung der gesamten Restschuld in Anspruch nehmen. Die B weigert sich mit der Begründung, K habe die Zahlung der Raten mit Recht abgelehnt. Im Übrigen möge sich V zunächst an K halten.

Kann V die B mit Aussicht auf Erfolg verklagen?[523]

521 Vgl. *Reinicke/Tiedtke,* Kreditsicherung, 5. Aufl. 2006, Rn. 85; *Reinicke/Tiedtke,* Bürgschaftsrecht, 3. Aufl. 2008, Rn. 1.

522 Vgl. dazu → Rn. 309.

523 Weitere instruktive Bürgschaftsfälle vgl. *Alpmann und Schmidt* SchuldR BT 2 Rn. 361 ff.

344 Eine Klage der V gegen B hätte Erfolg, wenn V gegen B einen Anspruch auf Zahlung der Restschuld hätte.

■ Welche Anspruchsgrundlage käme für V möglicherweise in Betracht? (Überlegen Sie, bevor Sie weiterlesen!)

▶ Sie haben die Vorschrift, aus der sich ein Anspruch der V gegen B ergeben kann, vor kurzem gelesen: § 765 I!
Danach ist der Bürge (B) gegenüber dem Gläubiger (V) eines Dritten (K) verpflichtet, für die Erfüllung der Verbindlichkeit des Dritten einzustehen, sofern ein wirksamer Bürgschaftsvertrag geschlossen wurde.

Für den Abschluss eines Bürgschaftsvertrags gelten wie für jeden Vertragsschluss die allgemeinen Vorschriften (§§ 145 ff.!), deren Einhaltung wir unterstellen.

345 Gemäß § 766 S. 1 (lesen!) ist zur Wirksamkeit des Bürgschaftsvertrages grundsätzlich die **Schriftform** der Bürgschaftserklärung erforderlich. Die elektronische Form reicht dafür nicht aus (§ 766 S. 2).

■ Wurde diese Form eingehalten?

▶ Obwohl der Sachverhalt dazu keine Angaben enthält, ist der Vertrag nicht (gem. welcher Vorschrift des Allgemeinen Teils?[524]) nichtig.

Zwar wurde der mögliche Mangel der Form nicht durch Erfüllung der Hauptverbindlichkeit nach § 766 S. 3 (lesen – an welche bereits bekannten Vorschriften erinnert Sie diese Formulierung?[525]) geheilt, doch ist das unschädlich:

Unabhängig davon, ob B ihre Bürgschaftserklärung schriftlich oder mündlich abgegeben hat, ist diese wirksam. B als Bank-AG ist gem. § 6 I HGB und § 3 I AktG Kaufmann (Formkaufmann). Die Vorschriften des HGB als Sondergesetz gehen denen des BGB vor.[526] In § 350 HGB ist bestimmt, dass die Bürgschaftserklärung, die gem. § 343 I HGB für die Bank ein »Handelsgeschäft« ist, formfrei abgegeben werden kann.

Tipp: Notieren Sie neben § 766 »§ 350 HGB«!

346 Grundsätzlich müsste B für die Verbindlichkeiten des K gegenüber V einstehen, und zwar gem. § 767 I 1 in der Höhe der jeweils bestehenden Hauptverbindlichkeit (§ 767 I 1 lesen!).

§ 767 I ist eine ganz wichtige Vorschrift, da sie den das Bürgschaftsrecht kennzeichnenden Grundsatz der dauernden Abhängigkeit (**Akzessorietät**) der Bürgschaftsverpflichtung von der Hauptschuld enthält.

Das Bürgschaftsrecht wird von dem sog. »Akzessorietätsprinzip« beherrscht.

■ Welche Hauptschuld besteht zwischen dem Schuldner K und der Gläubigerin V?

▶ Die Verpflichtung des K zur Kaufpreiszahlung!

■ Warum weigert K sich, die fällige Rate zu zahlen?

▶ Weil die Kaufsache einen erwiesenen Mangel (vgl. § 434!) hat.

524 **§ 125 S. 1!**

525 **§§ 311b I 2, 518 II.**

526 Vgl. hierzu *Wörlen/Metzler-Müller* BGB AT Rn. 39 (»Subsidiaritätsprinzip«) sowie Art. 2 EGHGB.

- Welche Rechte hat K deshalb gegenüber V?
- ▶ Er kann gem. § 437 Nr. 1–3 iVm den dort genannten Vorschriften Nacherfüllung verlangen, Rücktritt oder Minderung erklären und gegebenenfalls Schadensersatz fordern, dh, er hat gegenüber dem Zahlungsanspruch der V eine »Einrede«[527], auf die er sich zu Recht beruft. Diese Einrede macht im vorliegenden Fall auch die Bank B geltend.

Ob sich auch der Bürge auf die **Einrede** des Hauptschuldners gegenüber dem Gläubiger berufen kann, ergibt sich aus dem Bürgschaftsrecht. Suchen und lesen Sie die entsprechende Vorschrift! 347

Wenn Sie fündig geworden sind, haben Sie die Antwort in § 768 I gelesen.

Dies ist ein Ausfluss des Akzessorietätsprinzips: Der Bürge soll dem Gläubiger nur unter denselben Voraussetzungen wie der Hauptschuldner haften!

Im vorliegenden Fall verweigert B die Zahlung zu Recht: Unter Berufung auf die Mängelrechte des K (§ 437) und auf § 768 braucht sie nicht zu zahlen. Der Einwand der B, V möge sich erst an den Käufer halten, war überflüssig.

- Was aber meinte B damit?
- ▶ Die Antwort gibt § 771, eine weitere Zentralvorschrift des Bürgschaftsrechts (lesen!). 348

Man nennt diese Art von Verteidigung des Bürgen gegenüber dem Anspruch des Gläubigers **»Einrede der Vorausklage«**.

Die Einrede der Vorausklage ist unter bestimmten Voraussetzungen ausgeschlossen. Einzelne Ausschlussgründe enthält § 773 I (lesen!).

Unser Fall gibt keinen Anlass anzunehmen, dass einer dieser Gründe des § 773 vorliegt. Besonders wichtig ist § 773 I Nr. 1, von dem in der Praxis insofern häufig Gebrauch gemacht wird, als der Gläubiger auf dem Verzicht dieser Einrede besteht, um sich das lästige Vorgehen gegen seinen Hauptschuldner zu ersparen. Er möchte direkt gegen den Bürgen vorgehen können, wenn sein Schuldner nicht zahlt. Man nennt diese Art der Bürgschaft »**selbstschuldnerische Bürgschaft**«[528]. Wenn der Bürge dem Gläubiger die Hauptschuld zahlt (den Gläubiger »befriedigt«), geht die Forderung des Gläubigers gegen den Hauptschuldner auf ihn gem. § 774 I 1 über. Der Bürge muss sich also an den Hauptschuldner halten.

In unserem Fall müssen wir wieder berücksichtigen, dass es sich bei der Bank um einen Vollkaufmann im Sinne des HGB handelt. 349

§ 349 S. 1 HGB bestimmt, dass dem Bürgen die Einrede der Vorausklage nicht zusteht, wenn die Bürgschaft für ihn ein Handelsgeschäft ist. Dabei gelten die von einem Kaufmann vorgenommenen Rechtsgeschäfte im Zweifel gem. § 344 I HGB immer als Handelsgeschäfte.

- Als Ergebnis unseres Falls können wir festhalten, dass eine Klage der V gegen B keinen Erfolg haben wird. Versuchen Sie, den Grund dafür selbst stichwortartig zu notieren, bevor Sie weiterlesen.

527 Vgl. hierzu *Wörlen/Metzler-Müller* BGB AT Rn. 415 ff.

528 Weitere Bürgschaftsarten sind zu finden bei *Richter* VertragsR 479 ff.

▶ B kann sich gegenüber der Zahlungsforderung der V gem. § 768 I 1 (lesen Sie auch Abs. 2) auf die Rechte des K aus § 437 berufen.

Die Einrede der Vorausklage ist dagegen gem. §§ 349 S. 1, 344 I HGB ausgeschlossen.

Bevor wir die Bürgschaft kurz von verwandten Rechtsgeschäften abgrenzen, prägen Sie sich die wichtigsten Vorschriften zur Bürgschaft ein mit

Übersicht 18

350

Bürgschaft

I. **Gesetzliche Regelung: §§ 765–778**

1. **Wesen:** Vertragliche **Verpflichtung** des **Bürgen**, gegenüber dem **Gläubiger** für Verbindlichkeit des Dritten (= **Hauptschuldner**) **einzustehen** (= Mittel der Kreditsicherung)

   Anspruch des Gläubigers (= Kreditgeber) gegen Bürgen setzt immer das Bestehen einer Verbindlichkeit des Hauptschuldners voraus
   = **Grundsatz** der **Akzessorietät** von **Bürgschaft** und **Hauptschuld**

2. **Schriftform** erforderlich: § 766 S. 1
   - Ausnahme: Bürgschaft ist Handelsgeschäft (§ 350 HGB)
   - Mangel wird durch Erfüllung geheilt (§ 766 S. 3)

II. **Wirkungen des Akzessorietätsgrundsatzes:**
§ 767: Bürgschaftsschuld immer in Höhe der Hauptschuld
§ 768: Bürge hat dieselben Einreden wie Hauptschuldner und kann sie geltend machen, auch wenn Hauptschuldner sich nicht darauf beruft

III. **Einrede der Vorausklage: § 771**
- Bürge kann Gläubiger auf Geltendmachung seiner Forderung bei Hauptschuldner verweisen
- Ausschluss der Einrede der Vorausklage: vgl. § 773! (Besonders wichtig: § 773 I Nr. 1 = **»selbstschuldnerische Bürgschaft«**)

IV. **Gesetzlicher Forderungsübergang: § 774**
- Wenn Bürge den Gläubiger befriedigt, wird Bürge Inhaber der Forderung gegen Hauptschuldner (§ 774 I 1). Über § 412 Anwendbarkeit von §§ 399 ff.
- Mitbürgen sind »Gesamtschuldner« § 774 II – § 426 (Ausgleichspflicht im »Innenverhältnis«)

III. Abgrenzung zu Schuldbeitritt und Garantievertrag

1. Schuldbeitritt (auch: »kumulative Schuldübernahme«[529])

351 Ein Schuldbeitritt hat zur Folge, dass derjenige, der der Schuld beitritt, neben dem Hauptschuldner als **Gesamtschuldner** (vgl. die Definition in § 421 S. 1) selbst verpflichtet wird. Der Schuldbeitritt ist – anders als die befreiende Schuldübernahme (§§ 414 ff.)[530] – gesetzlich nicht geregelt, aber als reiner Verpflichtungsvertrag (form-

529 Vgl. *Wörlen/Metzler-Müller* SchuldR AT Rn. 437.
530 S. hierzu *Wörlen/Metzler-Müller* SchuldR AT Rn. 435–439.

los) nach § 311 I im Rahmen der Vertragsfreiheit zulässig.[531] Der Beitretende übernimmt eine **eigene Schuld** – im Gegensatz zur Bürgschaft. Die Haftung des Beitretenden ist nicht subsidiär. Aufgrund des § 421 S. 1 kann der Gläubiger die Leistung nach seinem Belieben ganz oder zum Teil von jedem der Gesamtschuldner fordern.

Wie die Bürgschaft ist auch der Schuldbeitritt bei seiner Entstehung vom Bestehen einer Hauptschuld abhängig. Nach seiner Entstehung besteht beim Schuldbeitritt im Unterschied zur Bürgschaft keine Akzessorietät von der Hauptverbindlichkeit: Die einzelnen Forderungen des Gläubigers gegen die Gesamtschuldner sind voneinander unabhängig.[532] Der Schuldbeitritt begründet eine **selbstständige Verpflichtung** des Beitretenden, während der Bürge nur haftet, solange die Hauptschuld tatsächlich besteht.

Die Formvorschrift des § 766 ist – obwohl der Beitretende strenger als ein Bürge haftet – nicht anwendbar.[533] Allerdings hat die Abgrenzung von Bürgschaft und Schuldbeitritt an Bedeutung verloren, da die besonderen Vorschriften für Verbraucherdarlehensverträge (§§ 491 ff.) auf den Schuldbeitritt eines Verbrauchers zu einem Darlehensvertrag entsprechend anwendbar sind. Analog § 492 I besteht deshalb auch in diesem Fall für den Schuldbeitritt ein Schriftformerfordernis.[534]

2. »Garantievertrag«

Der Garantievertrag ist im Gesetz (nicht mit der unselbstständigen Garantie iSv § 443 **352**
verwechseln!) nicht geregelt, aber aufgrund der Vertragsfreiheit (§ 311 I) möglich. Durch den Garantievertrag soll ein künftiges Risiko in der Weise abgesichert werden, dass jemand die Haftung für einen bestimmten Erfolg oder die Gefahrtragung bzw. den Schaden übernimmt, der aus einem Rechtsverhältnis mit einem Dritten entstehen kann.[535] Im Gegensatz zur Bürgschaft, mit der der Garantievertrag das Einstehen für die Schuld eines Dritten gemeinsam hat, wird beim Garantievertrag eine von Bestand und Umfang einer anderen Forderung völlig unabhängige, selbstständige neue Forderung begründet, die keiner Veränderung unterliegt.

Die Garantie ist eine **verschuldensunabhängige Erfüllungshaftung**, bei der der Garant auch für alle »nicht typischen Zufälle« haftet.[536] Dieser Vertrag kann **formfrei** abgeschlossen werden. Da ihm ein besonderes wirtschaftliches und rechtliches Eigeninteresse des Garanten zugrunde liegt, bedarf es keiner warnenden Formvorschrift; eine Analogie zu § 766 scheidet aus.[537]

> **Beispiele:**[538] Ein Baubetreuer/Verkäufer übernimmt gegenüber der Bauherrin/Erwerberin die Garantie für eine bestimmte Finanzierung bzw. eine Garantie für die Vermietung eines Neubaus (Vermietungsgarantie) oder Erzielung einer bestimmten Miete (Mietgarantie).

Der Garant haftet – im Unterschied zum Schuldbeitritt – nicht als Gesamtschuldner. Nur wenn der vertraglich vereinbarte Garantiefall eintritt, greift seine Haftung.

---

531 Palandt/*Grüneberg* Überbl v. § 414 Rn. 2 mwN.
532 *Reinicke/Tiedtke,* Kreditsicherung, 5. Aufl. 2006, Rn. 2.
533 BGHZ 121, 1 (3 ff.) = NJW 1993, 584.
534 *Looschelders* SchuldR BT § 50 Rn. 10.
535 *Schmidt* in Creifelds RechtsWB »Garantievertrag«.
536 NK-BGB/*Beckmann* Vorbem. zu §§ 765 ff. Rn. 14 mwN.
537 BGH BeckRS 1963, 31180480; MüKoBGB/*Bydlinski* Vorbem. § 414 Rn. 23.
538 Vgl. Palandt/*Sprau* Einf. v. § 765 Rn. 16 mwN.

Gemeinsamkeiten und Unterschiede zwischen Bürgschaft, Schuldbeitritt und Garantie verdeutlicht die folgende Übersicht.

352a **Übersicht 18a**

Abgrenzung Bürgschaft, Schuldbeitritt und Garantie

Bürgschaft § 765	**Schuldbeitritt § 311 I**	**Garantie § 311 I**
Einigung, Inhalt: § 765 **Schriftform:** § 766 Hauptforderung erforderlich: § 767	Einigung, dass Beitretender Schuldner wird **formfrei** Hauptforderung erforderlich	Einigung, dass Leistung erbracht wird **formfrei** keine Hauptforderung erforderlich
streng akzessorisch §§ 767 f., 770	akzessorisch nur **bei Entstehung**, ansonsten § 425	**keine** Akzessorietät
Nebenverpflichtung § 771 § 772	**selbstständige** Verpflichtung	**selbstständige** Verpflichtung
fremdnützig	eigenes Interesse des Schuldners	eigenes Interesse des Schuldners

persönliche Sicherung von **Forderungen**

B. Vergleich, Schuldversprechen und Schuldanerkenntnis

I. Vergleich

353 Der – grundsätzlich formfreie – Vergleich ist gem. § 779 I (lesen!) ein gegenseitiger Vertrag, durch den der Streit oder die Ungewissheit der Parteien über ein Rechtsverhältnis im Wege des **gegenseitigen Nachgebens** beseitigt wird. Der Ungewissheit über ein Rechtsverhältnis steht es gleich, wenn die Durchsetzung eines Anspruchs unsicher ist (§ 779 II).

Sofern ein Streit oder eine Ungewissheit über ein Rechtsverhältnis, seien sie tatsächlicher (Beweisfragen!) oder rechtlicher Art, vorliegen und sich die Parteien durch gegenseitiges Nachgeben (dabei handelt es sich nicht um einen juristischen Begriff, sondern um einen solchen aus dem Sprachgebrauch des täglichen Lebens)[539] sozusagen »auf der Mitte« treffen, hat der Vergleich die Rechtsfolge, dass die streitigen Beziehungen der Parteien neu geregelt werden und ein Zurückgreifen auf die bisherigen Streitpunkte ausgeschlossen ist.[540] Indem das Gesetz einen Vergleich bei Irrtum über die Vergleichsgrundlage für unwirksam erklärt, lässt es ausnahmsweise einen »Motivirrtum«[541] relevant werden: Er liegt gem. § 779 I vor, wenn der nach dem Inhalt des Vergleichsvertrags als feststehend zugrunde gelegte Sachverhalt der Wirklichkeit nicht entspricht und der Streit oder die Ungewissheit bei Kenntnis der Sachlage nicht entstanden wären. Während es sich in § 779 um den »außergerichtlichen Vergleich« handelt, liegt die Hauptbedeutung des Vergleichs in der Praxis im »gerichtlichen Vergleich«: Ein solcher »Prozessvergleich« dient im Regelfall dazu, einen Rechtsstreit voll oder teilweise abzuschließen und hat nach Rechtskraft ähnliche Wirkung wie ein Urteil, dh unter anderem, er ist »Vollstreckungstitel« iSd § 794 I Nr. 1 ZPO, worauf wir nicht näher eingehen wollen, da das Zivilprozessrecht nicht unser Thema ist.

II. Schuldversprechen und Schuldanerkenntnis

Lesen Sie die §§ 780 und 781. Zu Recht werden Sie sich möglicherweise gefragt haben, worin der Unterschied zwischen diesen beiden einseitig verpflichtenden (!) Rechtsgeschäften besteht. Der Unterschied ist ein rein terminologischer.[542] **354**

Beispiel für Schuldanerkenntnis:
»Ich erkenne an, 1.000 EUR zu schulden«.

Beispiel für Schuldversprechen:
»Ich verspreche, 1.000 EUR zu zahlen«.

Voraussetzungen und Rechtsfolgen beider abstrakten, dh von einem zugrunde liegenden Schuldverhältnis unabhängigen Verträge sind identisch. Sinn dieser Verträge ist es, die Beweislage bei der Durchsetzung von Ansprüchen (zB aufgrund eines Verkehrsunfalls!) zu stärken. Grundsätzlich ist daher (= Schutz- und Beweisfunktion![543]) bei beiden die Schriftform Voraussetzung für ihre Wirksamkeit (Ausnahmen: § 782 – lesen – sowie wiederum § 350 HGB). Die elektronische Form ist für die Erklärung des Versprechens bzw. die Anerkennungserklärung ausgeschlossen (§§ 780 S. 2, 781 S. 2).

Literatur zur Vertiefung (→ Rn. 341–354): *Alexander*, Gemeinsame Strukturen von Bürgschaft, Pfandrecht und Hypothek, JuS 2012, 481; *Alpmann und Schmidt* SchuldR BT 2, 9. bis 11. Teil; *Beck*, Die Rechtsprechung zur Wirksamkeit von Bürgschaften naher Angehöriger und deren Übertragbarkeit auf weitere besondere Nähesituationen, JURA 2019, 244; *Bezzenberger*, »Die Geschäftsidee« (Fortgeschrittenenklausur zum Bürgschafts- und AGB-Recht), JURA 2020, 845; *Bizer/Kiefner*, Examensklausur zum Bürgschaftsvertrag, JURA 2021, 429-437; *Böcker*, »Bürgschaftsregress« (Examensklausur), JURA 2007, 617; *Brox/Walker* SchuldR BT §§ 32, 33; *Chledonis*, Einige Gedanken zur strittigen Rechtsnatur des selbstständigen Schuldversprechens (§§ 780 f. BGB), JURA 2014, 261; *Coester-Waltjen*, Die

539 Vgl. auch Palandt/*Sprau* § 779 Rn. 9 unter Hinweis auf BGHZ 39, 60 = NJW 1963, 637.
540 *Brox/Walker* SchuldR BT § 33 Rn. 8.
541 Vgl. dazu *Wörlen/Metzler-Müller* BGB AT Rn. 221 ff.
542 Die nachfolgenden Beispiele finden sich bei *Brox/Walker* SchuldR BT § 33 Rn. 13. Muster für ein selbstständiges Schuldanerkenntnis mit Vollstreckungsunterwerfung: *Richter* VertragsR 485.
543 Vgl. dazu *Wörlen/Metzler-Müller* BGB AT Rn. 288 ff.

Bürgschaft, JURA 2001, 742; *Dastis*, Examenswissen zum Schuldanerkenntnis, JuS 2018, 330; *Fikentscher/Heinemann* SchuldR §§ 96–98; *Führich* WirtschaftsPrivR Rn. 567 ff.; *Grigoleit/Herresthal*, Der Schuldbeitritt, JURA 2002, 825; *Henning*, Fortgeschrittenenklausur zum Bürgschaftsrecht, JURA 2020, 154; *Hirsch* SchuldR BT §§ 36–40, 42 II und III; *Looschelders* SchuldR BT §§ 50–52; *Medicus/Lorenz* SchuldR BT §§ 50, 52; *Musielak*, Bürgschaft, JA 2015, 161; *Oetker/Maultzsch* Schuldverhältnisse §§ 13–15; *Richter* VertragsR 474 ff., 484 ff.; *Schade/Graewe* WirtschaftsPrivR Rn. 361 ff.; *Schlinker*, Rückgriffsansprüche des Bürgen nach Zahlung auf eine mit einer dauernden Einrede behafteten Forderung, JURA 2009, 404; *Schmolke*, Grundfälle zum Bürgschaftsrecht, JuS 2009, 679 (784); *Schreiber*, Die Verteidigungsmittel eines Bürgen, JURA 2007, 730; *Schreiber*, Schuldversprechen und Schuldanerkenntnis, JURA 2014, 8; *Stürner/Hemler*, Akzessorietät und Abstraktheit: zwei Strukturbegriffe des Zivilrechts, JURA 2021, 23-29; *Wellenhofer-Klein*, Das Schuldanerkenntnis – Erscheinungsformen und Abgrenzungskriterien, JURA 2002, 505.

3. Teil. Gesetzliche Schuldverhältnisse

Lesen Sie zur Einführung noch einmal Übersicht 4 »Entstehung von vertraglichen und gesetzlichen Schuldverhältnissen« in dem Buch zum Schuldrecht AT dieser Reihe![544] 355

Nun wissen Sie (wieder), dass gesetzliche Schuldverhältnisse unabhängig von einem darauf gerichteten Willen der Parteien allein kraft Gesetzes durch die Verwirklichung eines bestimmten Tatbestands entstehen. Vertragliche Schuldverhältnisse dagegen kommen durch zwei sich deckende Willenserklärungen der Beteiligten (= Angebot und Annahme) zustande.

Von gesetzlichen Schuldverhältnissen des besonderen Schuldrechts sind vier besonders hervorzuheben: Die »Geschäftsführung ohne Auftrag« (§§ 677–687), die »Haftung des Gastwirts« (§§ 701–704), die »Ungerechtfertigte Bereicherung« (§§ 812–822) sowie die »Unerlaubte(n) Handlung(en)« (§§ 823–853); dabei ist die Gastwirtshaftung in diesem Rahmen nicht so »wichtig« und wird nur kurz vorgestellt.

1. Kapitel. Geschäftsführung ohne Auftrag (GoA)

A. Begriff und Wesen

Die echte »Geschäftsführung ohne Auftrag« (im Folgenden wie gemeinhin üblich mit 356
»GoA« abgekürzt) ist dadurch gekennzeichnet, dass eine Person im Interessenbereich eines anderen für diesen tätig wird, ohne dass hierfür eine vertragliche oder gesetzliche Verpflichtung oder Berechtigung bestand. Das Gesetz gibt dem Handelnden unter bestimmten Voraussetzungen im Nachhinein eine Berechtigung für sein Tun und regelt diesen Tatbestand in § 677 (lesen!). Es handelt sich um die sog. »berechtigte GoA«.

B. Berechtigte GoA – Rechte und Pflichten der Beteiligten

Ob eine berechtigte GoA vorliegt, hängt gem. § 677 von folgenden **Voraussetzungen** 357
ab:

(1) Der Geschäftsführer muss ein Geschäft »für einen anderen«, also ein (objektiv) **»fremdes« Geschäft**, besorgt haben.
(2) Der Geschäftsführer muss **Fremdgeschäftsführungswillen** haben.
(3) Der Geschäftsführer darf von dem anderen **»nicht beauftragt«** oder auf andere Weise, zB durch eine andere gesetzliche Vorschrift, zur Vornahme des Geschäfts verpflichtet oder berechtigt sein.
(4) Das Geschäft muss dem **Interesse** und dem »wirklichen oder mutmaßlichen **Willen**« des Geschäftsherrn **entsprechen**.

544 *Wörlen/Metzler-Müller* SchuldR AT Rn. 113.

Sind diese vier Voraussetzungen erfüllt, ist das gesetzliche Schuldverhältnis der GoA iSd §§ 677 ff. entstanden.

Rechtsfolgen sind bestimmte Pflichten für den Geschäftsführer und den Geschäftsherrn, aus denen entsprechende Rechte des anderen folgen.

I. Rechte des Geschäftsführers

358 Der Geschäftsführer kann gem. §§ 683 S. 1, 670 (beide Vorschriften lesen!) vom Geschäftsherrn **Aufwendungsersatz** verlangen. Unter »Aufwendungen« versteht man freiwillige Vermögensopfer im Interesse eines anderen.[545] Die Aufwendung muss dabei kausal mit der Geschäftsausführung zusammenhängen. Außerdem muss der Geschäftsführer mit seiner Aufwendung die Geschäftsausführung bezwecken. Ähnlich wie beim Auftrag zählen Vorbereitungs- (zB Reisekosten), Hilfs- und Nebenmaßnahmen sowie Folgekosten (zB Steuern) zur Ausführung im weiteren Sinne.[546]

II. Rechte des Geschäftsherrn

359 Neben der in § 677 festgelegten Pflicht des Geschäftsführers, das Geschäft mit Rücksicht auf den wirklichen oder den mutmaßlichen Willen des Geschäftsherrn zu führen, hat der Geschäftsführer natürlich die Pflicht, das Geschäft mit der gebotenen Sorgfalt zu führen und darauf zu achten, dass dem Geschäftsherrn kein Schaden entsteht. Verletzt er diese allgemeine Sorgfaltspflicht und entsteht dem Geschäftsherrn hieraus ein Schaden, hat dieser entsprechende **Schadensersatzansprüche**, und zwar gem. § 280 I sowie gegebenenfalls nach § 823 I.

Wurde der Geschäftsführer für den Geschäftsherrn zur Abwehr drohender Gefahren tätig, mindert sich allerdings gem. § 680 der Verschuldensmaßstab, dh, der Geschäftsführer haftet nur für Vorsatz und grobe Fahrlässigkeit. Daneben hat der Geschäftsführer noch einige Nebenpflichten, die sich aus § 681 ergeben, der wiederum auf das Auftragsrecht verweist (§§ 680 und 681 lesen!).

360 Dabei können sich insbesondere folgende **Ansprüche des Geschäftsherrn** ergeben:

(1) Anspruch auf Unterrichtung von der Übernahme der Geschäftsführung gem. § 681 S. 1 (nochmal lesen!).
(2) Anspruch auf Auskunft und Rechenschaft gem. § 681 S. 2 iVm § 666 (lesen).
(3) Anspruch auf Herausgabe des aus der Geschäftsführung Erlangten gem. § 681 S. 2 iVm § 667 (lesen!).

C. Unberechtigte GoA

361 Möglich ist auch, dass der Geschäftsführer ein Geschäft für den Geschäftsherrn nicht in dessen Interesse und entsprechend seinem Willen vornimmt, sondern **gegen den Willen des Geschäftsherrn** handelt. In diesem Fall spricht man von einer »unberechtigten GoA«, die gem. § 678 zu Schadensersatzansprüchen des Geschäftsherrn gegen

545 Vgl. Palandt/*Grüneberg* § 256 Rn. 1 mwN.
546 MüKoBGB/*Schäfer* § 683 Rn. 22.

den Geschäftsführer führen kann, sofern nicht die Ausnahme des § 679 (lesen!) eingreift.

Andererseits trifft den Geschäftsherrn bei der »unberechtigten GoA« die Verpflichtung, alles, was er durch die Geschäftsführung erlangt hat, dem Geschäftsführer **herauszugeben** (§ 684 S. 1 – lesen!). Aus der Formulierung »liegen die Voraussetzungen des § 683 nicht vor« (dh: entspricht die Übernahme der Geschäftsführung nicht dem Willen oder den Interessen des Geschäftsherrn) folgt zugleich, dass dem unberechtigten Geschäftsführer **kein Aufwendungsersatzanspruch** zusteht.

Nach § 684 S. 2 kann der Geschäftsherr die Geschäftsführung allerdings genehmigen. Dann muss er das aus der Geschäftsführung Erlangte nicht herausgeben, ist aber wiederum zum Aufwendungsersatz nach § 683 verpflichtet.

D. »Schulfälle« zur GoA

Übungsfall 18

Hausbewohnerin Hadiya Hinterseher (H) bemerkt, dass unter der Flurtür ihres verreisten Wohnungsnachbarn Norbert Nebenan (N) Wasser herausfließt. Es ist zu vermuten, dass ein Rohrbruch eine Überflutung herbeigeführt hat. H verständigt sofort einen Klempner, der nach sachgemäßer Öffnung der Wohnungstür den Schaden behebt. H streckt die Reparaturkosten und die Kosten für die Öffnung der Wohnungstür vor.

Als N aus dem Urlaub zurückkehrt, verlangt H von ihm den Ersatz ihrer Aufwendungen.
Zu Recht?

■ Überlegen Sie selbst, welche Anspruchsgrundlage zugunsten der H eingreifen könnte! 362

▶ Wenn Sie soeben aufmerksam gelesen oder die Vorschriften der §§ 677 ff. überflogen haben, haben Sie sicherlich »§ 683 S. 1 iVm § 670« gefunden.

Tipp: Unterstreichen Sie im Text von § 683 S. 1 die Worte »wie ein Beauftragter« und schreiben Sie daneben »§ 670« an den Rand!

■ Was setzt dieser Anspruch bezüglich der wahrgenommenen GoA voraus?

▶ Aus der Formulierung von § 683 S. 1 folgt, dass »berechtigte GoA« iSv § 677 vorliegen muss. Ob dies der Fall ist, hängt (→ Rn. 357) von vier Voraussetzungen ab.

■ Versuchen Sie (schriftlich), den Sachverhalt unter diese Voraussetzungen gutachtlich zu subsumieren, bevor Sie weiterlesen!

▶ (1) H hat für ihren Nachbarn N ein objektiv fremdes Geschäft besorgt, indem sie den Klempner beauftragt und anschließend dessen Rechnung bezahlt hat, da es eigentlich Sache des N ist, Rohrbrüche in seiner Wohnung reparieren zu lassen und entsprechende Rechnungen zu bezahlen. 363
(2) Da H mit der Geschäftsübernahme keine eigenen Interessen verfolgte, hatte sie auch Fremdgeschäftsführungswillen.
(3) H hatte auch keinen Auftrag von N bekommen, der zur Zeit des Rohrbruchs im Urlaub war.

(4) Schließlich hatte H im Interesse des N und (zumindest) nach dem – objektiv zu beurteilenden – mutmaßlichen Willen des N gehandelt, da durch die rasche Reparatur ein größerer Schaden in dessen Wohnung verhindert wurde.

Somit sind alle Voraussetzungen einer berechtigten GoA iSv § 683 S. 1 iVm § 670 erfüllt, sodass der Anspruch der H gegen N auf Aufwendungsersatz begründet ist.

Übungsfall 19

Zoe Zufall (Z) ist Zeugin eines Verkehrsunfalls, bei dem Bülent Beule (B) schwer verletzt wird und bewusstlos im Fahrzeug liegen bleibt. Z trifft sofort die ihr erforderlich scheinenden Maßnahmen: Anlegen eines Notverbands aus ihrem Autoverbandskasten, telefonische Benachrichtigung des Unfallrettungsdienstes, Löschen des brennenden Unfallautos mit ihrem Handfeuerlöscher, Benachrichtigung eines Abschleppdienstes usw. Nachdem B aus der Klinik entlassen wird, erweist er sich als undankbar und will die von Z getätigten Aufwendungen nicht ersetzen, da er lebensmüde ist und lieber gestorben wäre…

Z meint, B sei zum Aufwendungsersatz gesetzlich verpflichtet. Stimmt das?

364 ■ Was die Zahlungsverweigerung des B für die Lösung des Falls bedeutet, sollten Sie anhand der Gesetzeslektüre selbst herausfinden können! Versuchen Sie es und fertigen Sie ein stichwortartiges Gutachten (Anspruchsgrundlage/Voraussetzungen prüfen/Ergebnis formulieren) an, bevor Sie weiterlesen!

▶ Anspruchsgrundlage für Z gegen B könnte § 683 S. 1 iVm § 670 sein.
Voraussetzung für den Anspruch ist, dass Z in berechtigter Geschäftsführung ohne Auftrag für B gem. § 677 gehandelt hat. Da Z von B nicht beauftragt worden war (dieser war ja bewusstlos), wurde Z nicht in Erfüllung einer vertraglichen Verpflichtung tätig, sondern nahm ein objektiv fremdes Geschäft vor, das normalerweise im Interesse des B lag und seinem mutmaßlichen Willen entsprach. Da die Rettung jeden Menschenlebens, hier das des B, im öffentlichen Interesse liegt, ist der entgegenstehende Wille des B, auf den er sich offenbar beruft, in diesem Fall gem. § 679 unbeachtlich gewesen (die Rettung eines **Selbstmörders** ist entsprechend § 679 wegen der Wertung des § 323c StGB stets als berechtigte GoA anzusehen).[547]

Der Anspruch der Z gegen B ist begründet. B ist zum Ersatz der Aufwendungen gem. § 683 S. 1 iVm § 670 verpflichtet.

E. Eigengeschäftsführung

365 Von »Eigengeschäftsführung« spricht man, wenn jemand ein objektiv fremdes Geschäft nicht für den anderen, sondern – wie ein eigenes Geschäft – für sich führt. Dabei sind zwei Formen möglich:

547 Jauernig/*Mansel* § 679 Rn. 2 mit Hinweis auf BayObLGZ 68, 204. Andere Begründungen (Der Wille des in einer psychischen Ausnahmesituation befindlichen Selbstmörders ist analog §§ 104 Nr. 2, 105 unbeachtlich; der sog. Appellselbstmörder ist meist mit seiner Rettung nachträglich einverstanden, genehmigt also iSd § 684 S. 2) bzw. abweichende Ansichten s. NK-BGB/*Schwab* § 679 Rn. 13 mwN.

I. Vermeintliche Eigengeschäftsführung

Wird ein objektiv fremdes Geschäft versehentlich als eigenes geführt, finden die Vorschriften über die »GoA« gem. § 687 I (lesen) keine Anwendung. Der Ausgleich zwischen den Parteien findet gegebenenfalls nach den Vorschriften über die »ungerechtfertigte Bereicherung« (§§ 812 ff.) statt, die Sie in Kürze kennen lernen werden. 366

> **Beispiel:** Karl Klein (K) hat von Elaria Eigen (E) ein Fahrrad erworben und verkauft es weiter an Demir Dreier (D). K geht davon aus, dass er Eigentümer des Rads ist. In Wirklichkeit steht das Fahrrad noch im Eigentum der E, da die Übereignung von E an K wegen fortgeschrittener Demenz der E unwirksam war (vgl. §§ 104 Nr. 2, 105 I).

Hier fehlt der für die GoA erforderliche Fremdgeschäftsführungswille. Daher sind die Bestimmungen über die GoA nicht anwendbar.

II. Angemaßte Eigengeschäftsführung (»unechte GoA«)

Die »unechte GoA« liegt vor, wenn sich jemand anmaßt, ein objektiv fremdes Geschäft als eigenes zu führen, ohne dazu berechtigt zu sein, und dies auch weiß. Diesen Fall spricht § 687 II 1 an (lesen!), der dem Geschäftsherrn die Ansprüche aus den §§ 677, 678, 681, 682 zugesteht. 367

Der Geschäftsherr kann das Geschäft genehmigen, es sozusagen »an sich ziehen«, um Ansprüche aus GoA geltend zu machen, dh, er kann von dem Geschäftsführer gem. §§ 687 II 1, 681 S. 2, 667 die Herausgabe des Erlangten verlangen. In diesem Fall ist er gem. § 687 II 2 iVm § 684 S. 1 wie bei der (echten) »unberechtigten GoA« verpflichtet, seinerseits das aus der Geschäftsführung Erlangte herauszugeben. Das bedeutet jedoch nicht, dass er alle aus der Geschäftsführung erlangten Vorteile herausgeben muss, sondern lediglich, dass er dem Geschäftsführer dessen Aufwendungen, die er selbst erspart hat, ersetzen muss.

> **Beispiel:**[548] Dieb D stiehlt der E ein Bild und verkauft anschließend das gestohlene Bild zu einem Preis, der weit über dem Wert des Bildes liegt.
> Der Verkauf eines Bildes ist ein Geschäft des Eigentümers, hier also eines der E. Der Verkauf durch D war daher ein für D fremdes Geschäft, das er unberechtigterweise als eigenes Geschäft geführt hat.
> Gemäß §§ 687 II 1, 681 S. 2, 667 kann E von D daher das aus der Geschäftsführung Erlangte (also den gesamten Kaufpreis) herausverlangen.
> Falls D aber ein Verkaufsinserat auf einem Online-Marktplatz geschaltet hätte, müsste ihm E die dafür angefallenen Kosten gem. §§ 687 II 2, 684 S. 1 als Aufwendungsersparnis ersetzen.

Die wichtigsten Vorschriften zum Recht der GoA sind in Übersicht 19 zusammengefasst.

548 Abgewandelt nach *Brox/Walker* SchuldR BT § 38 Rn. 4.

Übersicht 19 (Teil 1)

368 **Geschäftsführung ohne Auftrag (GoA)**
§§ 677–687

Geschäftsführer (GF) wird im Interessenbereich eines anderen (= Geschäftsherr, GH) tätig, ohne dass eine vertragliche oder gesetzliche Verpflichtung besteht.

Voraussetzungen § 677

1. **Geschäftsbesorgung**
   GF muss objektiv **fremdes Geschäft** (»für einen anderen«) besorgt haben
2. **Fremdgeschäftsführungswille**
3. **Handeln ohne Auftrag**
   GH hat keinen Auftrag erteilt
4. **Berechtigung**
   - Geschäft muss den objektiven **Interessen** und dem (wirklichen oder mutmaßlichen) **Willen** des GH **entsprechen**
   - entgegenstehender Wille ist bei öffentlichem Interesse unbeachtlich (§ 679)

Rechtsfolge: Gesetzliches Schuldverhältnis

Erfüllungsansprüche

Ansprüche des GF

Aufwendungsersatz, §§ 683, 670

für freiwillige Vermögensopfer zum Zwecke der Durchführung des Geschäfts

Ansprüche des GH

Übernahme anzeigen, § 681 S. 1

Auskunft, Rechenschaft, §§ 681 S. 2, 666

Herausgabe des Erlangten, §§ 681 S. 2, 667

Verzinsungspflicht, §§ 681 S. 2, 668

Ansprüche aus Pflichtverletzung

Anspruch wegen Verzugs mit dem Aufwendungsersatzanspruch, §§ 280 I, II, 286

Anspruch wegen Verletzung von Nebenpflichten, §§ 280 I, 241 II

bei Verletzung von Sorgfaltspflicht durch GF: Anspruch auf Schadensersatz aus § 280 I (eventuell Haftungsbeschränkung für GF nach § 680) und gegebenenfalls gem. § 823 I

Übersicht 19 (Teil 2)

Echte und unechte GoA

Echte GoA		Unechte GoA	
Berechtigte GoA § 677	**Unberechtigte GoA § 678**	**Geschäftsanmaßung § 687 II**	**Vermeintliche GoA § 687 I**
Voraussetzungen			
1. Geschäftsbesorgung 2. Fremdgeschäftsführungswille 3. Handeln ohne Auftrag 4. Berechtigung	1. Geschäftsbesorgung 2. Fremdgeschäftsführungswille 3. Handeln ohne Auftrag 4. gegen den Willen des Geschäftsherrn	1. Geschäftsbesorgung 2. Eigengeschäftsführungswille 3. positives Wissen, dass fremdes Geschäft 4. keine Berechtigung	1. Geschäftsbesorgung 2. Eigengeschäftsführungswille 3. Auffassung, dass das Geschäft ein eigenes sei
Rechtsfolgen			
Schuldverhältnis entsteht **Pflichten des GF:** § 681 S. 1 §§ 681 S. 2, 666 §§ 681 S. 2, 667 §§ 681 S. 2, 668 Haftung nach § 280 I und gegebenenfalls § 823 I **Pflichten des GH:** §§ 683, 670 Haftung nach §§ 280 I, 241 II	**Schuldverhältnis entsteht** Ggf. Schadensersatzanspruch GH gegen GF nach § 678	**Die allgemeinen Vorschriften** (§§ 812 ff., 823 ff., 987 ff.) **gelten** Außerdem: **Pflichten des GF:** Herausgabe des Erlangten (§§ 687 II, 681 S. 2, 667) Auskunft, Rechenschaft, (§§ 687 II, 681 S. 2, 666) **Pflichten des GH:** Aufwendungsersatz nach §§ 684 S. 1, 812 ff.	**Nur die allgemeinen Vorschriften** (§§ 812 ff., 823 ff., 987 ff.) **gelten**

Exkurs: Haftung des Gastwirts

369 Die »Haftung des Gastwirts« (vgl. Überschrift § 701) für eingebrachte Sachen nimmt eine Zwischenstellung ein, da dieses gesetzliche Schuldverhältnis nur entstehen kann, wenn zuvor ein (anderes) vertragliches Schuldverhältnis begründet wurde. Lesen Sie § 701 I! Diese Haftung des Wirts ist allerdings unabhängig von einem Vertrag. Neben der gesetzlichen soll noch eine Vertragshaftung bestehen können. Die verschärfte gesetzliche Gastwirtshaftung wird mit den besonderen Diebstahlsgefahren wegen der Vielzahl von Gästen und Personal sowie mit der Beweisnot des geschädigten Gastes begründet.[549]

Statt »aufnimmt« müsste es in § 701 I eigentlich besser heißen »aufgenommen hat«: Denn bevor der Gastwirt Beteiligter des gesetzlichen Schuldverhältnisses im Sinne dieser Vorschrift werden kann, muss er einen »Beherbergungsvertrag« mit einem Gast geschlossen haben!

Beachte: Der **Beherbergungsvertrag** ist ein **»gemischter Vertrag«** (hierzu → Rn. 5 f.), der sowohl Elemente des Miet-, (oft auch) des Kauf- und des Verwahrungsvertrags enthält. (Überlegen Sie, welche Elemente dieser Vertragstypen der Beherbergungsvertrag enthält und lesen Sie die für die genannten Verträge geltenden Grundvorschriften im BGB nach!)

Wenn ein Beherbergungsvertrag zustande gekommen ist, haftet der »Gastwirt« gem. § 701 I – gemeint ist der »Beherbergungswirt« (Hotel, Pension etc.), nicht der Kneipenwirt (vornehmer: Schank- und/oder Speisewirt!) – für den Schaden, der dem Gast durch Verlust, Zerstörung oder Beschädigung von Sachen entsteht, die dieser in den Betrieb (Hotel, Pension ...) eingebracht hat. Der (Beherbergungs- bzw.) Gastwirt haftet unter diesen Voraussetzungen unabhängig von seinem Willen kraft gesetzlicher Anordnung aus sog. »Gefährdungshaftung« (→ Rn. 431 ff.) und ist insofern Beteiligter eines gesetzlichen Schuldverhältnisses.

Literatur zur Vertiefung (→ Rn. 355–369): *Alpmann und Schmidt* SchuldR BT 3, 2. Teil; *Brox/Walker* SchuldR BT §§ 31, 35–38; *Falk*, Von Titelhändlern und Erbensuchern – Die GoA-Rechtsprechung am Scheideweg, JuS 2003, 833; *Fikentscher/Heinemann* SchuldR § 87; *Giesen*, Grundsätze der Konfliktlösung im Besonderen Schuldrecht: Das Recht der fremdnützigen Geschäftsführung, JURA 1996, 225, 288 und 344; *Hey*, Die Geschäftsführung ohne Auftrag, JuS 2009, 400; *Hirsch* SchuldR BT § 61; *Hohloch*, Grundfälle zur Gastwirtshaftung, JuS 1984, 357; *Kupfer/Weiß*, Geschäftsführung ohne Auftrag, JA 2018, 894; *Looschelders* SchuldR BT §§ 42–45, 47; *Lorenz*, Grundwissen Zivilrecht: Geschäftsführung ohne Auftrag (GoA), JuS 2016, 12; *Medicus/Lorenz* SchuldR BT §§ 46, 61–69, Rn. 1102–1123; *Medicus/Petersen* BürgerlR Grundwissen § 16; *Pöschke/Sonntag*, Fortgeschrittenen Klausur – Zivilrecht: Bestandsschutz durch Abschleppen vom Privatparkplatz, JuS 2009, 711; *Rademacher*, Die Geschäftsführung ohne Auftrag im europäischen Privatrecht, JURA 2008, 87; *Röthel*, Gesetzliche Schuldverhältnisse: Eine Einführung, JURA 2012, 362; *Röthel*, Rechtsfolgen der Geschäftsführung ohne Auftrag, JURA 2012, 598; *Schade/Graewe* WirtschaftsPrivR Rn. 381 ff.; *Schimmel/Buhlmann*, Ein fehlgeschlagener Theaterbesuch, JURA 2001, 400; *Schmidt*, Der Anwendungsbereich der berechtigten Geschäftsführung ohne Auftrag, JuS 2004, 862; *Staake*, Rechtsprechung ZR: Die Gefälligkeit ohne Auftrag – Eine neue Kategorie im Recht der GoA?, JURA 2016, 651; *Stamm*, Die Rückführung der sog. »auch fremden Geschäfte« von der Geschäftsführung ohne Auftrag auf die Gesamtschuld, JURA 2002, 730; *Tachau*, Berechtigte Geschäftsführung ohne Auftrag als unbestellte Leistung? Zur Konkurrenz von § 683 BGB und § 241a BGB, JURA 2006, 889; *Wandt* Gesetzl. Schuldverhältnisse §§ 2–8.

549 *Medicus/Lorenz* SchuldR BT § 46 Rn. 17 f. mwN und interessanten Ausführungen zur Entstehungsgeschichte.

2. Kapitel. Ungerechtfertigte Bereicherung

A. Einführung

Wenn Sie bisher aufmerksam gelesen (und gelernt) haben, müsste Ihnen zumindest die erste und wichtigste Vorschrift des »Bereicherungsrechts« sofort eingefallen sein! 370

■ Falls nicht: Überlegen Sie! Suchen Sie im Gesetzestext oder im dazugehörigen Index!
▶ Sofern Sie diesem Ratschlag gefolgt sind, haben Sie diese Vorschrift gefunden: Das Recht der ungerechtfertigten Bereicherung ist in den §§ 812 ff. geregelt.

Lesen Sie § 812 I und den folgenden **Lernhinweis** von *Klunzinger*:[550]

»Zweck der in §§ 812 ff. BGB geregelten Ansprüche aus ungerechtfertigter Bereicherung ist es, »ungerechtfertigte« Vermögensverschiebungen rückgängig zu machen. Das könnte auf den ersten Blick missverstanden werden: Das Gesetz will damit nicht den »groben Hobel« ansetzen, um einen allgemeinen Ausgleich unterschiedlicher und damit möglicherweise (wirtschaftlich, gesellschafts- oder sozialpolitisch) als »ungerecht« empfundener Besitzverhältnisse zu erreichen. Es geht vielmehr darum, einen Rechtserwerb rückgängig zu machen, der zwar nach der Dogmatik des BGB rechtswirksam vollzogen ist, jedoch im Verhältnis zu demjenigen, der durch die Vermögensverschiebung benachteiligt ist, keinen Rechtsgrund besitzt. Dabei kennt das Gesetz keinen einheitlichen Tatbestand der ungerechtfertigten Bereicherung, sondern nur einen Katalog verschiedener Ansprüche mit unterschiedlichen Voraussetzungen. Allein in § 812 I BGB sind vier Bereicherungsfälle enthalten (insoweit wäre es **unvollständig und falsch**, in einer Klausur als **Anspruchsgrundlage** lediglich **§ 812 BGB ohne Präzisierung** der jeweiligen **Variante** zu nennen!). Grundsätzlich unterscheidet man danach, ob die Bereicherung durch eine »Leistung« oder »in sonstiger Weise« erfolgte; man spricht insoweit von der »Leistungskondiktion« und der »Kondiktion in sonstiger Weise«.«

»Kondiktion« (lat. condictio) wurde aus dem Römischen Recht entlehnt. Es ist die Bezeichnung für die einzelnen bereicherungsrechtlichen Ansprüche.[551]

Der Unterschied zwischen diesen Kondiktionen wird Ihnen nach der Lektüre der folgenden Seiten (hoffentlich) klar sein.

B. § 812 I und seine vier Grundtatbestände

371

I. Überblick

Das gesetzliche Schuldverhältnis des § 812 I gibt unter bestimmten Voraussetzungen dem Entreicherten einen Herausgabeanspruch gegen den Bereicherten. Diese Voraussetzungen wollen wir uns genauer ansehen und prüfungsschematisch ordnen. Lesen Sie nochmals Abs. 1 S. 1!

Danach muss jemand (der Anspruchsgegner)

(1) »etwas erlangt« haben (= darin liegt seine Bereicherung!).
Dies muss geschehen sein
(2a) »durch **Leistung eines anderen**« (des Anspruchstellers) (1. Variante)
oder

550 BürgerlR § 56.
551 Vgl. *Alpmann* Brockhaus Studienlexikon Recht, 4. Aufl. 2014, »ungerechtfertigte Bereicherung«.

(2b) »in **sonstiger Weise**« (2. Variante),
und zwar
(3) »ohne rechtlichen Grund«.

Bei der ersten Tatbestandsvariante handelt es sich um eine »**Leistungskondiktion**« (s. oben). »Leistung« im Sinne des Bereicherungsrechts ist nach Rechtsprechung und Lehre »jede bewusste und zweckgerichtete Vermehrung fremden Vermögens«.[552]

Das Merkmal »auf dessen Kosten« ist bei der Leistungskondiktion entbehrlich und muss nicht gesondert geprüft werden. Denn es dient lediglich der Bestimmung des Bereicherungsgläubigers, die durch vorgenannte Definition der »Leistung« möglich ist. Dies lässt sich auch mit dem Wortlaut des § 812 I 1 vereinbaren, zumal man die Formulierung »auf dessen Kosten« sprachlich allein auf die 2. Variante (»in sonstiger Weise«) beziehen kann.[553]

Unter einer Bereicherung »in sonstiger Weise« (zweite Tatbestandsvariante von § 812 I 1) ist jede Art von Bereicherung zu verstehen, die **nicht** durch eine Leistung des Entreicherten erfolgt. Dies ist zB der Fall, wenn der Bereicherte einen Eingriff in das Vermögen des Entreicherten vornimmt. Man nennt diese 2. Variante des § 812 I 1 »**Nichtleistungskondiktion**«, deren wichtigster Unterfall die »Eingriffskondiktion« ist. Außer dieser Eingriffskondiktion gibt es als Unterfälle der Nichtleistungskondiktion noch die sog. **Rückgriffkondiktion** (zB, wenn ein Dritter den Schuldner von dessen Verbindlichkeit gegenüber dem Gläubiger befreit) oder die **Verwendungskondiktion** (zB wenn jemand Aufwendungen zugunsten eines anderen tätigt). Schulbeispiel für die Eingriffskondiktion ist der eigenmächtige Ge- oder Verbrauch fremder Sachen (zB – etwas »altmodisch«? – Kohle des Nachbarn im Keller wird »verheizt«; dazu noch später).

Bei dieser Kondiktion ist – anders als bei der Leistungskondiktion – stets zu prüfen, ob der Eingriff in das Recht eines anderen »auf dessen Kosten« erfolgt ist. Bei dem anderen muss allerdings keine Vermögensminderung eingetreten sein – zumal nur eine Bereicherung rückgängig gemacht werden und nicht eine Vermögensminderung (wie beim Schadensersatzrecht) ausgeglichen werden soll. Das Merkmal »auf dessen Kosten« dient hier der Bestimmung des Bereicherungsgläubigers: Der Anspruch steht demjenigen zu, in dessen Rechtsposition eingegriffen wurde. Also beim Eingriff in das Eigentum dem Eigentümer.

Die Unterteilung in die vorgenannten **zwei Gruppen von Bereicherungsansprüchen**

■ Zwischenfrage: Wie lautet deren Bezeichnung?
▶ S. Fußnote.[554]

wird auch »**Trennungstheorie**« genannt. So die hM. Die – früher vertretene – **Einheitslehre** bzw. **-theorie** geht hingegen von einem einheitlichen Tatbestand der ungerechtfertigten Bereicherung aus.[555]

552 Vgl. statt aller Palandt/*Sprau* § 812 Rn. 3 und Rn. 14 mwN.
553 *Looschelders* SchuldR BT § 54 Rn. 14 mwN.
554 Leistungskondiktion und Nichtleistungskondiktion.
555 Hierzu NK-BGB/*von Sachsen Gessaphe* Vor §§ 812 ff. Rn. 15 f. mwN; *Looschelders* SchuldR BT § 54 Rn. 3 f. mwN.

Die **Nichtleistungskondiktion** ist gegenüber der Leistungskondiktion **grundsätzlich subsidiär**. Denn eine Bereicherung »durch Leistung« schließt eine Bereicherung »in sonstiger Weise« begrifflich aus. Dieser sich aus dem Gesetzeswortlaut ergebende Vorrang der Leistungs- gegenüber der Nichtleistungskondiktion bezieht sich allerdings auf das Zweipersonenverhältnis: Was durch eine »Leistung« erlangt worden ist, kann nicht zugleich »in anderer Weise« erlangt worden sein.[556] Wenn Sie § 812 I 2 lesen, sehen Sie, dass dort zwei weitere Tatbestände der Leistungskondiktion geregelt sind. 372

Der Herausgabeanspruch nach § 812 I besteht nach Satz 2, 1. Var. auch, wenn der rechtliche Grund (der Leistung) nicht schon von Anfang an fehlte (wie bei Abs. 1 S. 1, 1. Var.), sondern später wegfällt oder der mit einer Leistung bezweckte Erfolg nicht eintritt (Satz 2, 2. Var.).

Was das bedeutet, wird klarer, wenn wir diese vier Tatbestandsvarianten anhand praktischer Beispiele betrachten.

II. § 812 I 1, 1. Var. (Leistungskondiktion)

Übungsfall 20 373

Verena Vaupel (V) und Kyrill Kunde (K) (beide volljährig)[557] schließen am 7.2. einen Kaufvertrag über ein wertvolles Buch (»Weltatlas mit Goldschnitt«) zum Preis von 60 EUR. Die Übereignung des Buches und Geldes findet am 2.3. statt. Bis zum 28.2. war V geisteskrank! Am 1.3. ist sie nach entsprechender ärztlicher Behandlung wieder gesund.

Kann V das Buch von K herausverlangen?

Bevor wir diesen Fall nach dem Bereicherungsrecht lösen, sollten wir uns noch einmal das wichtige »Trennungs- und Abstraktionsprinzip«[558] in Erinnerung rufen.

■ Was ist der wesentliche Inhalt des »Trennungs- und Abstraktionsprinzips«? (Beliebte Prüfungsfrage! Versuchen Sie, selbst die Antwort zu formulieren, bevor Sie weiterlesen!)

▶ Das Trennungsprinzip besagt, dass das schuldrechtliche Verpflichtungsgeschäft (zB ein Kaufvertrag iSv § 433) rechtlich streng zu trennen ist von dem in Erfüllung der schuldrechtlichen Verpflichtung folgenden sachenrechtlichen Verfügungsgeschäft (zB der Übertragung des Eigentums an einer beweglichen Sache gem. § 929 S. 1 – lesen!). Verpflichtungs- und Verfügungsgeschäft sind außerdem auch in ihrem rechtlichen Bestand voneinander unabhängig (= Abstraktionsprinzip). Dabei kann es vorkommen, dass zB das Verpflichtungsgeschäft unwirksam war, während das nachfolgende Verfügungsgeschäft wirksam war (oder umgekehrt!).

■ Welches sachenrechtliche Verfügungsgeschäft hat die Verkäuferin V am 2.3. vorgenommen?

556 *Medicus/Petersen* BürgerlR Rn. 727 mwN. Hier finden Sie auch nähere Erläuterungen dieser Problematik im Dreipersonenverhältnis.

557 Dieser klarstellende **Hinweis** ist **eigentlich überflüssig!** Wenn zwei Parteien einen Vertrag schließen und über ihr Alter nichts ausgesagt ist, dürfen (müssen!) Sie vom **»Normalfall« der Volljährigkeit** der Geschäftspartner ausgehen!

558 Vgl. *Wörlen/Metzler-Müller* BGB AT Rn. 268 ff.

- ▶ Die Übertragung des Eigentums (= Übereignung) an dem Buch gem. § 929 S. 1 durch Einigung und Übergabe. Da V am 2.3. »gesund« war, war ihre im Rahmen der Einigung abgegebene Willenserklärung wirksam, sodass K Eigentümer des Buchs geworden ist. V kann den Herausgabeanspruch des Eigentümers aus § 985, an den man immer zuerst denkt, wenn es um die Herausgabe einer Sache geht, nicht geltend machen.
- ■ Betrachten Sie nun den Kaufvertrag vom 7.2., aufgrund dessen V die Eigentumsübertragung vorgenommen hat. War dieser Kaufvertrag (das schuldrechtliche Verpflichtungsgeschäft) wirksam? (Denken Sie nach!)
- ▶ Voraussetzung für die Wirksamkeit eines Vertrags sind bekanntlich zwei übereinstimmende Willenserklärungen. Da V am 7.2. geisteskrank war, war ihre auf den Kaufvertragsschluss zielende Willenserklärung gem. § 105 I iVm § 104 Nr. 2 nichtig bzw. der Kaufvertrag unwirksam.

V war gar nicht gem. § 433 I 1 zur Übertragung des Eigentums an dem Buch auf K verpflichtet. Da sie das Eigentum am 2.3. dennoch gem. § 929 S. 1 wirksam auf K übertragen und damit ihren Anspruch aus § 985 verloren hat, könnte sie die unerwünschte Folge des Abstraktionsprinzips nicht mehr beseitigen, wenn nicht das Bereicherungsrecht einen Ausgleich schaffen würde:

374 Ein Anspruch auf Herausgabe des Buchs könnte sich für V aus § 812 I 1, 1. Var. ergeben.

> **Lernhinweis:** Die folgende Nummerierung der Tatbestandsvoraussetzungen entspricht dem unter → Rn. 374 aE abgedruckten Prüfungsschema.

(I.) Voraussetzungen:

(1) K müsste **etwas erlangt** haben. »Etwas« kann jede Verbesserung der Vermögenssituation sein, wobei Vermögen **großzügig zu begreifen** und nicht nur als Vermögenswert zu verstehen ist.[559] K hat Besitz (§ 854) und Eigentum an dem Buch erlangt, da die am 2.3. im Rahmen von § 929 S. 1 abgegebene Einigungserklärung der V wirksam war.

(2) Dies müsste durch eine **Leistung** der V geschehen sein. »Leistung« ist jede bewusste, gewollte und zweckgerichtete Vermögensmehrung. Eine Vermögensmehrung lag vor, da V dem K am 2.3. das Buch bewusst zum Zwecke der Erfüllung des Kaufvertrages übereignet hatte.

(3) Schließlich müsste K das Buch »**ohne rechtlichen Grund**« erlangt haben. Als rechtlicher Grund kommt der am 7.2. geschlossene Kaufvertrag in Betracht. An diesem Tag war V aber noch geisteskrank und deshalb geschäftsunfähig (§ 104 Nr. 2). Ihre zu diesem Zeitpunkt abgegebene Willenserklärung ist gem. § 105 I nichtig. Ein wirksamer Kaufvertrag kam zwischen V und K nicht zustande, sodass K das Buch ohne rechtlichen Grund erlangte.

(II.) Rechtsfolge:

Damit sind alle Voraussetzungen von § 812 I 1, 1. Var. erfüllt mit der Folge, dass V das Buch von K herausverlangen kann.

559 Jauernig/*Stadler* § 812 Rn. 8.

Auf die gleiche Weise kann K wiederum das als Kaufpreis gezahlte Geld zurückbekommen! Prüfen Sie § 812 I 1, 1. Var. daraufhin systematisch durch!

Prüfungsschema

Leistungskondiktionen gem. § 812 I

I. Voraussetzungen:
1. Anspruchsgegner muss etwas erlangt haben
2. durch eine Leistung des Anspruchstellers
3. a) Fehlen des rechtlichen Grundes, § 812 I 1, 1. Var.
   b) späterer Wegfall des rechtlichen Grundes, § 812 I 2, 1. Var.
   c) Nichteintritt des bezweckten Erfolges, § 812 I 2, 2. Var.

II. Rechtsfolge:
Herausgabe oder Wertersatz – Umfang des Bereicherungsanspruchs: §§ 818 f.

III. § 812 I 1, 2. Var. (Nichtleistungskondiktion)

Übungsfall 21 375

Ringo Reiter (R) hat ein Reitpferd bei Bäuerin Blanka Baum (B) im Stall untergebracht, in dem noch einige Pferde der B stehen. Der Gehilfe der B füttert versehentlich auch die Pferde der B mit dem im Eigentum des R stehenden Pferdefutters.

R will von B Herausgabe des Betrages, den er (R) für das Futter ausgegeben hatte. Zu Recht?

R könnte gegen B einen Anspruch aus ungerechtfertigter Bereicherung gem. § 812 I 1, 2. Var. haben.

■ Welche drei Voraussetzungen müssen für diesen Anspruch erfüllt sein? (Blättern Sie zurück und schreiben Sie sich die drei Voraussetzungen der 2. Var. von § 812 I 1 auf, bevor Sie weiterlesen!)

► (1) Damit der Anspruch des R begründet ist, müsste B »etwas erlangt« haben!

■ Was hat B erlangt? (Das Pferdefutter? Wohl kaum; das haben die Pferde [fressender Weise] erlangt … Überlegen Sie! Was verlangt R?)

► Hätte der Gehilfe das der B und nicht das dem R gehörende Pferdefutter verwendet, hätte B sich neues Pferdefutter kaufen müssen! B hat dadurch Aufwendungen »erspart«; sie hat, anders ausgedrückt, eine »Aufwendungsersparnis« erlangt.

(2) B hat diese Ersparnis nicht durch eine Leistung des R erlangt, sondern »in sonstiger Weise« auf Kosten des R, durch den Eingriff ihres Gehilfen in das Eigentum des R.

(3) Dieser Eingriff erfolgte schließlich ohne rechtlichen Grund (es gibt keinen rechtlichen Grund dafür, ohne Erlaubnis fremdes Eigentum zu verbrauchen!), sodass R von B die Herausgabe der ersparten Aufwendungen (= Wertersatz → Rn. 388 f.) verlangen kann.

Prüfungsschema
Nichtleistungskondiktion gem. § 812 I 1, 2. Var.

I. **Voraussetzungen:**
1. Anwendbarkeit der Nichtleistungskondiktion
2. Anspruchsgegner muss etwas erlangt haben
3. in sonstiger Weise auf Kosten des Anspruchstellers
   - Eingriffskondiktion (Eingriff in fremde Rechtsposition)
   - Rückgriffkondiktion (Leistung auf fremde Schuld des Anspruchsgegners)
   - Verwendungskondiktion (Verwendung auf fremde Sachen des Anspruchsgegners)
4. ohne Rechtsgrund

II. **Rechtsfolge:**
Herausgabe oder Wertersatz – Umfang des Bereicherungsanspruchs: §§ 818 f.

IV. § 812 I 2, 1. Var. (Leistungskondiktion)

376 **Übungsfall 22**

Mutter Mira (M) schenkt ihrem Sohn Sergius (S), der noch im Elternhaus wohnt, zum bestandenen 1. juristischen Staatsexamen einen VW ID.3. Während der folgenden Referendarzeit verliert S immer mehr das Interesse für die Juristerei, die ihm in der Praxis plötzlich öde und trocken erscheint. Anstatt sich ernsthaft auf das 2. Staatsexamen vorzubereiten und die angebotenen Klausurenkurse zu besuchen, treibt S sich überwiegend in Bars und Clubs herum, um dort seinen Frust zu ertränken. Eines Abends kommt S zu wiederholtem Mal angetrunken nach Hause und wird von M wegen seines ungesunden Lebenswandels zur Rede gestellt. Im Verlauf des lautstarken Wortwechsels beleidigt S seine Mutter aufs Übelste und wird handgreiflich. Als S am nächsten Morgen seinen Rausch ausgeschlafen hat, verlangt seine Mutter eine Entschuldigung. S verweigert diese und beleidigt sie erneut.

Daraufhin erklärt M den Widerruf der Schenkung und verlangt von S die Herausgabe des Autos. Zu Recht?

Als Anspruchsgrundlage, nach der M von S Herausgabe des Autos verlangen könnte, kommt § 812 I 2, 1. Var. in Betracht.

Lesen Sie § 812 I noch einmal ganz! Satz 2 nimmt Bezug auf Satz 1 (»Diese Verpflichtung besteht auch dann, wenn (1) … **oder** (2) …«).

Im Unterschied zur ersten Variante von Satz 1 (»ohne rechtlichen Grund«, der von Anfang an nicht vorhanden war) fällt in Satz 2 der (ursprünglich vorhandene) rechtliche Grund für eine Leistung später weg.

Auch der Anspruch aus § 812 I 2, 1. Var. hat drei

Voraussetzungen:

Lernhinweis: Die folgende Nummerierung der Tatbestandsvoraussetzungen entspricht dem unter → Rn. 374 aE abgedruckten Prüfungsschema.

377 (1) S muss »etwas erlangt« haben.

- Was hat S erlangt? (Geben Sie die Antwort zunächst wieder selbst und begnügen Sie sich nicht damit zu sagen, S habe »das Auto« erlangt, sondern geben Sie eine juristisch fundierte Antwort! Was hat S, **rechtlich** gesehen, wirklich erlangt? Erst denken, dann lesen!)
- ▶ S hat nicht nur »das Auto« erlangt, sondern Besitz und Eigentum an diesem (vgl. § 929 S. 1)!

(2) Dies muss durch eine »Leistung« der M geschehen sein.

- Ist dies der Fall? (Nachdenken!)
- ▶ M hat bewusst und zweckgerichtet das Vermögen des S vermehrt, indem sie in Erfüllung des Schenkungsvertrags[560] dem S das Auto übereignet hat (§ 929 S. 1). Auch die zweite Voraussetzung für den Anspruch ist erfüllt.

(3) Der rechtliche Grund für diese Leistung muss »später weggefallen« sein!

Die Überlassung des Autos an S erfolgte aufgrund einer wirksamen »Handschenkung« **378**
gem. § 516 I, sodass die Leistung der M zunächst mit rechtlichem Grund erbracht wurde.

Der rechtliche Grund könnte aber später dadurch weggefallen sein, dass M die Schenkung widerrufen hat. Dann müsste der Widerruf wirksam sein.

Nach § 530 I kann eine Schenkung widerrufen werden, wenn sich der Beschenkte durch eine schwere Verfehlung gegen den Schenker groben Undanks schuldig gemacht hat.

Das Vorliegen dieser Voraussetzung ist in einer Gesamtwürdigung unter Berücksichtigung auch des Verhaltens des Schenkers zu beurteilen.[561]

M hat sich nach den Beschimpfungen und der Handgreiflichkeit ihres Sohnes korrekt verhalten, indem sie offenbar auf die Trunkenheit des S Rücksicht nahm und ihm am nächsten Tag Gelegenheit zu einer Entschuldigung gab. Dadurch, dass S diese Gelegenheit nicht wahrgenommen, vielmehr eine neue Beleidigung ausgesprochen hat, hat er sich groben Undanks schuldig gemacht.

Gemäß § 531 I erfolgt der Widerruf der Schenkung durch Erklärung gegenüber dem **379**
Beschenkten. Diese Erklärung hat M gegenüber S abgegeben. Der Widerruf der Schenkung ist somit wirksam.

Folglich ist der zunächst wirksame Schenkungsvertrag nunmehr unwirksam, sodass der rechtliche Grund für die Leistung der M (später) weggefallen ist.

Rechtsfolge:

Gemäß § 812 I 2, 1. Var. (auf den § 531 II verweist) verlangt M daher zu Recht die Herausgabe des Autos.

V. § 812 I 2, 2. Var. (Leistungskondiktion)

Die gleiche Rechtsfolge (Herausgabe des Erlangten) soll schließlich gem. § 812 I 2, **380**
2. Var. eingreifen, wenn der mit einer Leistung bezweckte Erfolg nicht eintritt (§ 812 I im Hinblick auf diese Variante nochmals ganz lesen!).

560 → **Rn. 145–150.**
561 BGH BeckRS 2005, 13945 = FamRZ 2006, 196; NK-BGB/*Dendorfer-Ditges/Wilhelm* § 530 Rn. 3.

Ein solcher Fall liegt zB vor, wenn jemand einem anderen einen Schuldschein (vgl. dazu auch die §§ 371, 952) unterzeichnet, um ein Darlehen zu bekommen, das dann aber nicht ausgezahlt wird. Er kann diesen Schuldschein gem. § 812 I 2, 2. Var. wieder herausverlangen.

C. Sondertatbestände der Eingriffskondiktion des § 816

I. Entgeltliche Verfügung eines Nichtberechtigten

Lesen Sie § 816 I 1! Die Bedeutung dieser Vorschrift verdeutlicht der nächste Übungsfall:

Übungsfall 23

Nerd Norbert (N) macht Urlaub auf Sylt und mietet sich dort bei der Fahrradvermieterin Bikel-Bea (B) ein wertvolles E-Bike, mit dem er auf der Insel seinen Körper gemächlich stählen will. Den vielen Schweiß, den er dabei verliert, holt er sich abends in Form geistiger Getränke in Sylts »Schickeria-Lokalen« wieder zurück. Als er gegen Ende des Urlaubs feststellt, dass er nahezu »pleite« ist, meint er, er habe sich genug gestählt, verkauft das E-Bike für 1.000 EUR an den gutgläubigen Enno Eigen (E) und übereignet diesem das Rad.

B erfährt rechtzeitig davon und verlangt von N Herausgabe des Erlöses von 1.000 EUR. Zu Recht?

Die Skizze verdeutlicht dieses »Dreiecksverhältnis«:

381 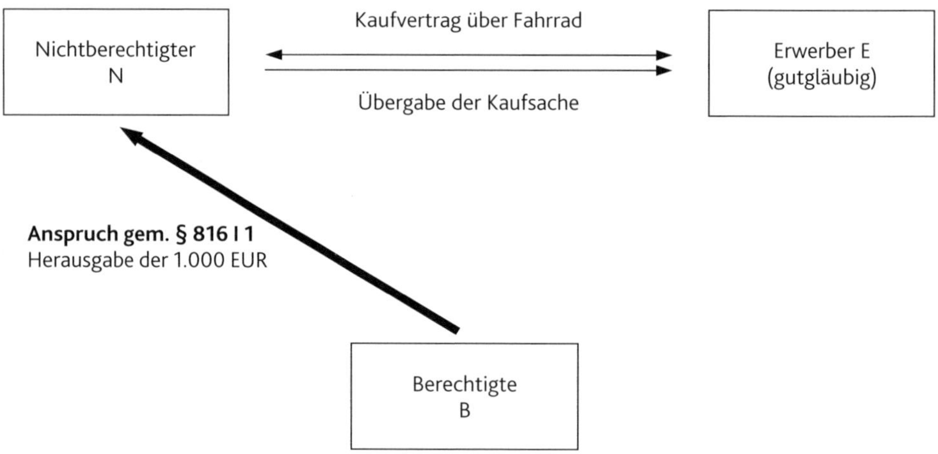

B könnte gegen N einen Anspruch auf Herausgabe der 1.000 EUR gem. § 816 I 1 haben.

Dafür müssen zwei **Voraussetzungen** erfüllt sein:

Lernhinweis: Die folgende Nummerierung der Tatbestandsvoraussetzungen entspricht dem unter → Rn. 382 aE abgedruckten Prüfungsschema.

(1) N müsste als Nichtberechtigter eine Verfügung getroffen haben.

- ■ Welche Verfügung kommt in Betracht?
- ▶ Die Eigentumsübertragung an E gem. § 929 S. 1. N war jedoch nicht Eigentümer, sondern B, sodass N als Nichtberechtigter verfügte.

(2) Die Verfügung müsste dem Berechtigten – hier der B – gegenüber wirksam sein.

■ Wie kann die Verfügung eines Nichtberechtigten »allgemein« (vgl. BGB Allgemeiner Teil!) wirksam werden? (Wenn Sie es nicht sofort wissen, suchen Sie im Index unter den Stichworten »Verfügung« und dann »Nichtberechtigter« bevor Sie weiterlesen!)

▶ Von der »Verfügung eines Nichtberechtigten« spricht der Gesetzgeber in § 185: Danach kann die Verfügung wirksam werden durch Zustimmung (Einwilligung gem. § 185 I iVm § 183 S. 1 oder Genehmigung gem. § 185 II 1 iVm § 184 I) des Berechtigten. Lesen Sie diese Vorschriften, um sich den Unterschied zwischen Einwilligung und Genehmigung (Oberbegriff: Zustimmung!) wieder in Erinnerung zu rufen!
Beides liegt nicht vor.

Dennoch könnte die Verfügung des N wirksam sein, und zwar aufgrund einer Vorschrift des Sachenrechts: Lesen Sie § 932 I 1! Das Fahrrad ist B auch nicht gem. § 935 »abhandengekommen«, da sie als Vermieterin freiwillig den Besitz dem Mieter N überlassen hat![562]

Die Verfügung des N, der (als »Nichteigentümer« ist er Nichtberechtigter) gem. **382**
§ 929 S. 1 das der B zustehende Eigentum an dem Fahrrad auf E übertragen hat, könnte gem. § 932 I 1 wirksam sein, wenn E von der Nichtberechtigung des N nichts gewusst hat bzw. in gutem Glauben war, dass N Eigentümer des Fahrrads war. Zur Annahme, dass E gem. § 932 II (lesen!) nicht in gutem Glauben war, gibt es keinen Anlass; E hatte keinen Grund, an der Eigentümerstellung des N zu zweifeln. Vielmehr konnte E gem. § 1006 I 1 vom Eigentum des N ausgehen. E wurde folglich gem. §§ 932, 929 S. 1 gutgläubig Eigentümer des Fahrrads, sodass die Verfügung des Nichtberechtigten wirksam war.

Die Voraussetzungen von § 816 I 1 sind erfüllt. **Rechtsfolge** ist, dass B gegen N einen Anspruch auf Herausgabe des tatsächlich »durch die Verfügung Erlangten« hat, dh, sie kann die 1.000 EUR herausverlangen. Natürlich liegt der Gedanke nahe, dass N die erhaltenen 1.000 EUR von E bereits verbraucht hat. Dass und warum er sich darauf nicht berufen kann, werden Sie gleich noch unter → Rn. 390 erfahren.

Prüfungsschema

Entgeltliche Verfügung eines Nichtberechtigten gem. § 816 I 1

I. Voraussetzungen:
1. Entgeltliche Verfügung eines Nichtberechtigten (zB nach § 929)
2. Die Verfügung ist dem Berechtigten (= Anspruchsteller) gegenüber wirksam (zB nach § 932 oder gem. § 185 II)

II. Rechtsfolge:
Herausgabe des durch die Verfügung Erlangten (= die tatsächlich erlangte Gegenleistung) durch den Nichtberechtigten

562 **Dazu mehr in *Wörlen/Kokemoor* »SachenR« Rn. 123.**

II. Unentgeltliche Verfügung eines Nichtberechtigten

383 Lesen Sie nun § 816 I 2! Ein Fall des § 816 I 2 läge vor, wenn N in Fall 23 dem E das Fahrrad nicht aufgrund eines Kaufvertrags (entgeltlich), sondern (unentgeltlich) aufgrund einer Schenkung iSv § 516 übertragen hätte.

- Überlegen Sie selbst, worauf und gegen wen der Anspruch in dieser Fallabwandlung gerichtet ist!
- ▶ Sofern die Voraussetzungen von § 816 I (Sätze 1 und 2) erfüllt sind, richtet sich der Anspruch der Berechtigten (B) nicht gegen den nichtberechtigt Verfügenden (N), sondern gegen denjenigen, der durch die Verfügung etwas erlangt hat (E). B hat danach einen Anspruch auf Herausgabe des Fahrrads gegen E gem. § 816 I 2!

Das ist auch nur »recht und billig«: E hat für das Fahrrad, das im Eigentum von B stand (!), nichts bezahlt!

Prüfungsschema

Unentgeltliche Verfügung eines Nichtberechtigten gem. § 816 I 2

I. Voraussetzungen:
1. Unentgeltliche Verfügung eines Nichtberechtigten; Anspruchsgegner = Bereicherter (unentgeltlicher Erwerber)
2. Die Verfügung ist dem Berechtigten (= Anspruchsteller) gegenüber wirksam

II. Rechtsfolge:
Herausgabe des unentgeltlich erworbenen Gegenstandes durch den Bereicherten (Erwerber) an den Anspruchsteller

III. Leistung an einen Nichtberechtigten

384 Die »schwierigste« Anspruchsgrundlage des Bereicherungsrechts dürfte § 816 II sein (lesen!). Dazu lösen wir

Übungsfall 24

Nele Naumann (N) hat gegenüber Sido Sorglos (S) eine Forderung aus Kaufvertrag iHv 1.000 EUR und schuldet ihrerseits Bikel-Bea (B) 1.000 EUR aus einem Darlehensvertrag. Als B das Darlehen zurückverlangt, N aber nicht »flüssig« ist, schließen B und N am 1.6. einen Abtretungsvertrag nach § 398 hinsichtlich der Forderung der N gegen S, ohne dem S etwas davon zu sagen. S überweist am 5.6. seine Kaufpreisschuld an N. Am 9.6. fordert B unter Hinweis auf die durch N erfolgte Abtretung den S auf, an sie 1.000 EUR zu zahlen. S weigert sich, da er bereits an N bezahlt hat.

Welchen Anspruch hat B gegen N?[563]

563 Kommt Ihnen dieser Fall bekannt vor? – Richtig! Er ist nahezu identisch mit **Übungsfall 28 in *Wörlen/Metzler-Müller* SchuldR AT Rn. 428.** Lesen Sie daher dort noch einmal Sachverhalt und Lösung von Übungsfall 28, bei dem nur die Frage zu beantworten war, ob S die Zahlung zu Recht verweigert. **Übungsfall 24 hier** ist sozusagen die **Fortsetzung** davon.

Zum besseren Verständnis des Falls eine grafische Skizze:

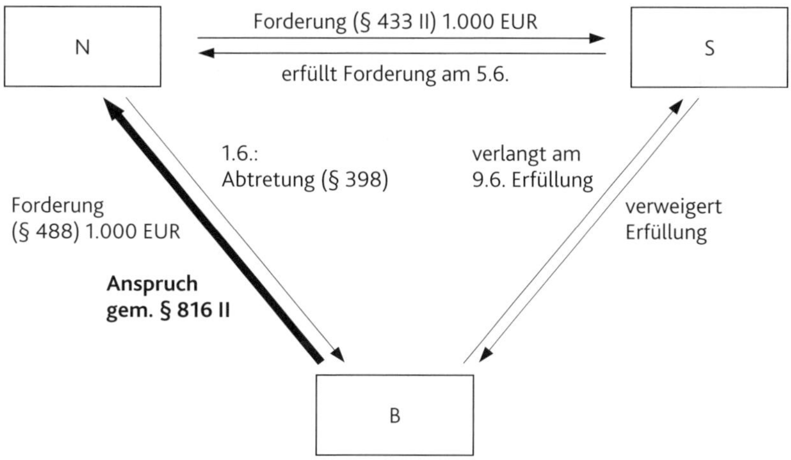

■ Da es sich um einen Beispielsfall für § 816 II handelt, können Sie den ersten Satz unserer Falllösung gleich selbst formulieren (versuchen Sie es, bevor Sie weiterlesen!).

▶ »B könnte gegen N einen Anspruch auf Herausgabe der 1.000 EUR gem. § 816 II haben«.

Dann müssten folgende Voraussetzungen erfüllt sein:

(1) An einen Nichtberechtigten (= Anspruchsgegnerin N) muss eine »Leistung« bewirkt worden sein.
(2) Die Leistung an den Nichtberechtigten (= N) muss dem Berechtigten (= Anspruchstellerin = B) gegenüber wirksam sein.

Stellen wir fest, ob diese zwei Voraussetzungen vorliegen!

(1) Da S an N durch Überweisung seine Kaufpreisschuld bezahlt hat und damit »bewusst und zweckgerichtet« das Vermögen der N vermehrt hat, hat er an N eine Leistung bewirkt. N war bezüglich der Annahme dieser Leistung Nichtberechtigte, wenn N am 5.6. nicht mehr Inhaber der Kaufpreisforderung war. **385**

■ Trifft das zu?

▶ N hatte ihre Kaufpreisforderung am 1.6. gem. § 398 S. 1 an B abgetreten – (§ 398 S. 1 lesen!).

■ Welche Rechtsfolge tritt ein?

▶ Rechtsfolge der Abtretung ist, dass mit dem Abschluss des Abtretungsvertrags gem. § 398 S. 2 B anstelle der N Gläubigerin dieser Forderung wurde. Das bedeutet, dass N die Zahlung als Nichtberechtigte annahm.

Die erste Voraussetzung von § 816 II ist also erfüllt.

Von dieser Abtretung hat allerdings der Schuldner (S) nichts gewusst. Das Gesetz sieht eine Benachrichtigung des Schuldners über die Abtretung – wie Sie wissen – auch nicht vor. **386**

■ Welche Überlegung lag dem zugrunde?

▶ Jemand, der eine Forderung abtritt, tut dies in der Regel, weil er selbst gerade nicht liquide (zahlungsfähig) ist. Da mangelnde Liquidität durchaus geeignet ist, den geschäftlichen Ruf einer Person zu mindern, muss der Gläubiger einer Forderung seinen Schuldner nicht über die Abtretung informieren. Andererseits muss dann der Schuldner geschützt werden, wenn er – wie in unserem Fall – seine vermeintliche Schuld an seinen ursprünglichen Gläubiger bezahlt. Weil er von der Abtretung nichts wusste, wäre es unbillig, dass er an den Gläubiger nochmals zahlen müsste. Diesen Schutz gewährt das Gesetz dem Schuldner bekanntlich[564] in § 407 I (lesen!).

387 (2) Die Leistung an die Nichtberechtigte N könnte gegenüber B wirksam sein, wenn S durch die Zahlung an N von seiner Leistungspflicht frei geworden ist. Da S, als er an N leistete, von der Abtretung der Forderung an B nichts wusste und nichts wissen konnte, muss B als neue Gläubigerin der Forderung die Leistung des S an die bisherige Gläubigerin gem. § 407 I gegen sich gelten lassen. Das bedeutet, dass die Leistung des S an N der B gegenüber wirksam ist.

Somit ist auch die zweite Voraussetzung von § 816 II erfüllt. B kann die Herausgabe des Geleisteten, der 1.000 EUR, von N verlangen.

Prüfungsschema

Leistung an einen Nichtberechtigten gem. § 816 II

I. **Voraussetzungen:**
1. Leistung an einen Nichtberechtigten (= Anspruchsgegner)
2. Die Leistung ist dem Berechtigten gegenüber wirksam (gem. §§ 407 f. oder aufgrund Genehmigung des Berechtigten)

II. **Rechtsfolge:**
Herausgabe des Geleisteten durch den Nichtberechtigten

D. Umfang des Bereicherungsanspruchs

388 Für den Umfang des Herausgabeanspruchs, der nicht immer so klar erkennbar ist wie im letzten Fall, gilt § 818 (Abs. 1 lesen!).

Vereinfacht ausgedrückt heißt das, dass der Bereicherte all das herauszugeben hat, um das sein Vermögen durch die ungerechtfertigte Bereicherung vermehrt worden ist, dh, er muss das tatsächlich Erlangte herausgeben. In Fall 21 (vor → Rn. 375) war dies die Aufwendungsersparnis, die identisch ist mit dem »Wertersatz«, den der Bereicherte gem. § 818 II leisten muss – (Abs. 2 lesen!).

Typisches Beispiel für § 818 II, das in Lehrbüchern aufgeführt wird, ist folgender Fall:

389 Der armen Poetin B wird infolge einer Anschriftenverwechselung zu Weihnachten eine Gans ins Haus geschickt. Nachdem B im Glauben an einen edlen Spender den Festbraten mit ihrer Familie verzehrt hat, stellt sich die Verwechselung heraus.

564 Vgl. *Wörlen/Metzler-Müller* SchuldR AT Rn. 427 ff.

B kann die Gans nicht herausgeben; sie hat deshalb gem. § 818 II grundsätzlich ihren Wert zu ersetzen. Allerdings ist hierbei sogleich § 818 III zu beachten (lesen!).

Aus § 818 III ergibt sich, dass der Empfänger nur insofern bereichert ist, als er Aufwendungen erspart hat. Sog. **»Luxusaufwendungen«**, dh Aufwendungen, die der Bereicherte normalerweise nicht gemacht hätte, fallen **nicht** darunter.[565]

■ Was bedeutet diese Vorschrift für unsere Poetin? (Lassen Sie Ihre Fantasie spielen!)

▶ Ob und inwieweit B noch bereichert ist, hängt davon ab, was sie eigentlich ursprünglich als Weihnachtsessen zu sich nehmen wollte: Wenn die arme Poetin ohne die »zufällig ins Haus geflogene« Gans mit ihrer Familie nachweislich nur Bockwürstchen gegessen hätte, ist zwar der Wert der Gans (zumindest äußerlich...) fortgefallen, aber B ist noch tatsächlich bereichert um den Ersparniswert, dh um den Kaufpreis der Würstchen; diesen hat sie dem Entreicherten herauszugeben.

Insoweit trägt der Entreicherte grundsätzlich ein geringes Risiko. Allerdings ist der **Wegfall der Bereicherung** zugunsten des bereicherten Schuldners nur zu berücksichtigen, wenn der **Schuldner** auch **schutzwürdig** ist. **390**

Dies ist nicht der Fall, wenn der Bereicherte weiß, dass er etwas ohne rechtlichen Grund erhalten hat; dann weiß er (muss es zumindest wissen!), dass er das Erlangte wieder herausgeben muss, und darf es nicht einfach verbrauchen, um sich auf den Wegfall der Bereicherung – dabei gilt übrigens der Grundsatz »Geld hat man!« – gem. § 818 III zu berufen. Dies gilt bereits, wenn der Bereicherte nur damit rechnen muss, dass er das Erlangte eventuell herausgeben muss; so zB, wenn er auf Herausgabe verklagt wurde. Das ergibt sich aus § 818 IV (lesen!).

Hinweis: »Rechtshängigkeit« (vgl. dazu die §§ 253 I, 261 I und III, 696 III ZPO) bedeutet, dass ein Anspruch durch Klage bei Gericht geltend gemacht und die Klage dem Beklagten zugestellt wurde.

In diesem Fall entfällt für den Bereicherten nicht nur die Möglichkeit, sich auf den Wegfall der Bereicherung zu berufen, sondern er muss das, was er möglicherweise rechtsgrundlos besitzt, besonders sorgfältig behandeln.

Tut er dies nicht, haftet er verschärft nach den »allgemeinen Vorschriften«. Damit verweist § 818 IV auf »§ 292« **391**

Tipp: Unterstreichen Sie »allgemeine Vorschriften« in § 818 IV und notieren Sie § 292 am Rand!

Lesen Sie § 292 jetzt nicht; merken Sie sich nur, dass der (ungerechtfertigt) Bereicherte gem. § 818 IV iVm § 292 (und §§ 989, 987, auf die wiederum § 292 verweist) verschärft dafür haftet, wenn er den Bereicherungsgegenstand, den er besitzt, beschädigt oder zerstört, bzw. dass er eventuell daraus gezogene Nutzungen an den Berechtigten (mit)herausgeben muss!

Das Gleiche gilt gem. § 819 I (lesen) für den »bösgläubigen« Empfänger einer ungerechtfertigten Bereicherung sowie gem. § 819 II bei Verstoß gegen ein gesetzliches Verbot (§ 134) oder gegen die guten Sitten (§ 138).

565 NK-BGB/*Linke* § 818 Rn. 45 mwN.

E. Weitere Bereicherungstatbestände

392 regeln die §§ 813 I, 817 S. 1 und 822, mit denen wir uns im Rahmen dieses Grundrisses aber ebenso wenig befassen wollen wie mit der »Saldo-« oder »Zweikondiktionentheorie« zu § 818. Hierzu finden Sie etwas in der »Literatur zur Vertiefung«.

Lesen und lernen Sie zur Zusammenfassung die folgende

393 **Übersicht 20**

Ungerechtfertigte Bereicherung
§§ 812 ff.

Ausgleich einer ungerechtfertigten Vermögensverschiebung durch Herausgabeansprüche

Leistungskondiktion
§ 812 I

- Anspruchsgegner hat etwas erlangt
- Vermögensverschiebung durch Leistung des Anspruchstellers
  - Fehlen des rechtlichen Grundes, § 812 I 1, 1. Var.
  - späterer Wegfall des rechtlichen Grundes, § 812 I 2, 1. Var.
  - Nichteintritt des bezweckten Erfolges, § 812 I 1, 2. Var.

Nichtleistungskondiktion

Subsidiär (keine Leistung)
- Anspruchsgegner hat etwas erlangt
- in sonstiger Weise auf Kosten des Anspruchstellers, § 812 I 2, 2. Var.
- ohne Rechtsgrund

Verfügung eines Nichtberechtigten, § 816 I

Leistung an einen Nichtberechtigten, § 816 II

Rechtsfolgen, §§ 818 f.

- Herausgabe des tatsächlich Erlangten, der Nutzungen, Surrogate, § 818 I
- Falls nicht möglich: Wertersatz (auch Aufwendungsersparnis), § 818 II
- Keine Herausgabe bei Wegfall der Bereicherung, § 818 III außer verschärfte Haftung
  - bei Rechtshängigkeit des Bereicherungsanspruchs, § 818 IV
  - bei Bösgläubigkeit des Empfängers oder bei Verstoß gegen ein gesetzliches Verbot oder gegen die guten Sitten, § 819 I und II

Und abschließend »auf einen Blick«: 394

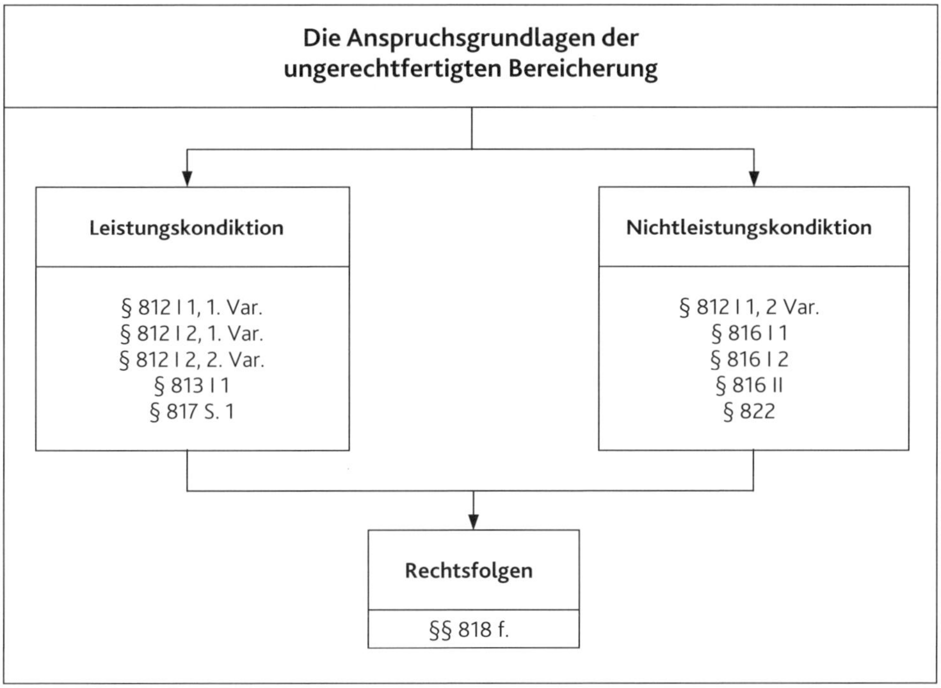

Literatur zur Vertiefung (→ Rn. 370–394): *Alpmann und Schmidt* SchuldR BT 3, 3. Teil; *Bayreuther/Arnold*, Der praktische Fall – Bürgerliches Recht: Rückabwicklung einer rechtsgrundlosen Verfügung durch einen minderjährigen Nichtberechtigten, JuS 2003, 769; *Brox/Walker* SchuldR BT §§ 39–43; *Conrad*, Die bereicherungsrechtliche Rückabwicklung nach Anfechtung wegen arglistiger Täuschung (§ 123 I Var. 1 BGB), JuS 2009, 397 ff.; *Fikentscher/Heinemann* SchuldR §§ 101–105; *Führich* WirtschaftsPrivR Rn. 647 ff.; *Hirsch* SchuldR BT §§ 43–52; *Holler*, Die Kodifikation des bereicherungsrechtlichen Grundtatbestandes, JA 2020, 808; *Hombrecher*, Die verschärfte Haftung Minderjähriger nach § 819 I BGB – Der Flugreisefall (BGH NJW 1971, 609 = BGHZ 55, 128), JURA 2004, 250; *Hombrecher*, Bereicherungshaftung nach gesetzlichem Eigentumserwerb im Mehrpersonenverhältnis – Der Jungbullenfall (BGHZ 55, 176), JURA 2003, 333; *Jülch*, Der Bereicherungsausgleich im 3-Personen-Verhältnis nach § 816 II BGB, JA 2013, 324; *Jülch*, Obligatorische Schwäche dinglichen Rechts am Beispiel von § 816 I 2 BGB, JA 2012, 316; *Kiehnle/Huber*, Der Corona-Friseursalon (Anfängerklausur), JuS 2020, 1037; *Köhler*, Dritthaftung gem. § 816 I 2 BGB oder § 822 BGB nach Rücktritt, JuS 2013, 769; *Linardatos*, Die Kondiktionstatbestände des § 816 I BGB, JA 2018, 102 (Teil 1), 184 (Teil 2); *Looschelders* SchuldR BT §§ 53–57; *Lorenz*, Bereicherungsrechtliche Drittbeziehungen, JuS 2003, 729 und 839; *Lorenz/Cziupka*, Grundtypen der Kondiktionen, JuS 2012, 777; *Lorenz*, Geschäftsführung ohne Auftrag (GoA), JuS 2016, 12; *Medicus/Lorenz* SchuldR BT §§ 61–69; *Medicus/Petersen* BürgerlR Grundwissen §§ 26–28; *Musielak*, Einführung in das Bereicherungsrecht, JA 2020, 161; *Musielak,* Zum Inhalt und Umfang des Bereicherungsanspruchs, JURA 2017, 1; *Petersen*, Die Leistung an einen Nichtberechtigten, JURA 2010, 281 ff.; *Röthel,* Bereicherungsausgleich wegen Verfügung eines Nichtberechtigten (§ 816 BGB), JURA 2015, 574; *Röthel*, Bereicherungsausgleich für Nutzungen, JURA 2013, 1110; *Röthel*, Der Anspruch auf Herausgabe des Erlangten, JURA 2012, 844; *Röthel,* Der Wegfall der Bereicherung (§ 818 Abs. 3 BGB): Eine Einführung, JURA 2015, 922; *Röthel,* Die Bereicherungshaftung des unentgeltlichen Empfängers gem. § 822 BGB, JURA 2016, 613; *Röthel,* Die sog. Saldotheorie, JURA 2015, 1287; *Röthel,* Die »verschärfte Haftung«

des Bereicherungsschuldners, JURA 2016, 260; *Schade/Graewe* WirtschaftsPrivR Rn. 386 ff.; *Thöne*, Die Grundprinzipien des Bereicherungsrechts, JuS 2019, 193; *Tommaso/Weinbrenner*, Bereicherungsrechtliche Mehrpersonenverhältnisse nach § 822 BGB, JURA 2004, 649; *Wandt* Gesetzl. Schuldverhältnisse §§ 9–12; *Würdinger*, Die bereicherungsrechtliche Rückabwicklung bei einem Widerspruch des Zahlenden im Einzugsermächtigungsverfahren, JuS 2007, 418.

3. Kapitel. Unerlaubte Handlungen (Deliktsrecht)

A. Einführung

Unter einer »unerlaubten Handlung« iSd §§ 823–853 versteht man einen widerrechtlich (dh ohne »Rechtfertigungsgrund«) und schuldhaft (vorsätzlich oder fahrlässig) vorgenommenen Eingriff in ein vom Gesetz geschütztes absolutes Recht bzw. Rechtsgut einer Person, durch den diese einen Schaden erleidet. Man bezeichnet die unerlaubte Handlung auch als Delikt, was sich aus dem lateinischen »delictum« (= Vergehen) herleitet; das Recht der unerlaubten Handlung wird aufgrund dessen auch als »Deliktsrecht« bezeichnet. **395**

Hinweis: Häufig erfüllen Delikte zugleich einen Straftatbestand des Strafgesetzbuchs (StGB); allerdings ist die Strafbarkeit nicht Voraussetzung für ein zivilrechtliches Delikt, das zum Schadensersatz verpflichtet.

Gegenstand und Zweck des zivilrechtlichen Deliktsrechts ist der Ausgleich bzw. die Wiedergutmachung von Schäden, die durch eine unerlaubte Handlung eingetreten sind. Dabei kann eine unerlaubte Handlung sowohl in einem Tun als auch in einem Unterlassen bestehen. Letzteres zB, wenn eine Rechtspflicht zum Handeln oder zum Vermeiden einer unerlaubten Handlung besteht. Beispiel dafür ist die »Verkehrssicherungspflicht«, dh die allgemeine Rechtspflicht, im (insbesondere Rechts-)Verkehr Rücksicht auf andere zu nehmen und diese nicht zu gefährden. Die Streupflicht bei Schnee und/oder Glatteis ist beispielsweise besonders zu erwähnen. Der Ausgleich wird dadurch erreicht, dass der Schädiger dem Geschädigten den entstandenen Schaden zu ersetzen hat. **Grundvorschrift** des Rechts der unerlaubten Handlung ist **§ 823 I** (lesen).

Neben den Rechtsgütern Leben, Körper, Gesundheit und Freiheit ist auch das Eigentum geschützt. Dabei handelt es sich um sog. **»absolute Rechte«**.

■ Was ein absolutes Recht ist, müssten Sie aus der Einführung in das BGB noch wissen. (Überlegen Sie!) **396**

▶ Ein absolutes Recht ist ein Recht einer Person, das ihr gegenüber jedermann zusteht.

■ Welche Rechte sind von den absoluten Rechten zu unterscheiden und worin besteht der Unterschied?

▶ »Relative Rechte« sind Rechte einer Person, die sich nicht gegen jedermann, sondern nur gegen bestimmte Personen richten, die zu dem Rechtsträger in einer bestimmten Beziehung (Relation) stehen. Relative Rechte folgen in der Regel aus Schuldverhältnissen, wie zB Kauf-, Mietvertrag usw. Rechte aus einem Kaufvertrag kann der Käufer nur gegenüber dem Verkäufer geltend machen, nicht aber gegenüber jedem Dritten.

Der Aufzählung der in § 823 I genannten Rechtsgüter und dem Eigentumsrecht folgt die Erwähnung »sonstiger Rechte«. **397**

Das bedeutet, dass damit ebenfalls nur »absolute Rechte«, die (wie auch das Eigentum) gegen jedermann wirken, gemeint sind.

■ Haben Sie eine Vorstellung, welche Rechte unter diesen Begriff fallen können?

▶ Darunter fallen zB Namensrechte (vgl. § 12), Firmen-, Patent-, Warenzeichen- und Urheberrechte, Aneignungsrechte wie Jagd- und Fischereirechte, das »Recht am eingerichteten und ausgeübten Gewerbebetrieb«. Erforderlich ist eine unmittelbare Beeinträchtigung des Gewerbebetriebs durch einen betriebsbezogenen Eingriff (zB Unterbrechung der Stromzufuhr), durch den dem »Inhaber« eines solchen Betriebs ein Schaden entsteht.[566]

Auch das dingliche Anwartschaftsrecht (zB des Vorbehaltskäufers), das wir als eigentumsähnliches Recht bereits kennen gelernt haben, fällt hierunter und ebenso der Besitz. Dieser ist nach zutreffender hM insoweit gleich einem absoluten Recht nach Abs. 1 geschützt, wie er dem Besitzer eine »eigentumsähnliche« Stellung verleiht.[567]

Merke: Das Vermögen ist kein absolutes (und von § 823 I geschütztes) Rechtsgut, da es die Aktiva einer Person darstellt und auch relative Rechte (zB Forderungen aus Schuldverhältnissen) erfasst. Das Vermögen wird aber von § 263 StGB erfasst – ein Schutzgesetz iSd § 823 II.

B. Grundtatbestand des § 823 I

398 Welche Voraussetzungen für einen Anspruch auf Schadensersatz aus § 823 I im Einzelnen erfüllt sein müssen, soll der nächste kurze Übungsfall verdeutlichen.

Übungsfall 25

Bei einer Schlägerei im Wirtshaus zertrümmert Stanzi Schlagdrauf (S) einen Bierkrug auf dem Kopf des Bodo Brumm (B). B muss zum Arzt und die Wunde nähen lassen.

Welche Ansprüche hat B gegen S?

■ Was wird der »Beschädigte« B in erster Linie von der Schädigerin S verlangen?

▶ Ersatz für Arztkosten (und: eventuell »Schmerzensgeld«). Anspruchsgrundlage für die Arztkosten könnte § 823 I sein, mit anderen Worten:
»B könnte gegen S einen Anspruch auf Ersatz der Arztkosten gem. § 823 I haben«.

■ Was wäre in einem Gutachten zu tun, wenn wir die mögliche Anspruchsgrundlage gefunden haben?

▶ Prüfung der Voraussetzungen dieser Anspruchsgrundlage!

Man prüft die **Voraussetzungen von § 823** in folgender Reihenfolge:

1. **Tatbestandsmäßigkeit** der Handlung des Anspruchsgegners = objektive Rechtsgutsverletzung
2. **Widerrechtlichkeit** bzw. Rechtswidrigkeit dieser Handlung
3. **Verschulden** des Anspruchsgegners
4. **Schaden** des Anspruchstellers

566 Ausführlich hierzu BeckOK BGB/*Förster* § 823 Rn. 177 ff. mit Beispielen.
567 Vgl. Palandt/*Sprau* § 823 Rn. 12; HK-BGB/*Staudinger* § 823 Rn. 33, 35.

I. Tatbestandsmäßigkeit

1. Positives Tun

■ Was muss geschehen sein, damit S den Tatbestand des § 823 I verwirklicht hat? **399**

▶ S müsste durch eine Handlung eines der von § 823 I geschützten Rechtsgüter bzw. Rechte des B verletzt haben.

S hat sowohl den Körper als auch die Gesundheit des B verletzt. Außerdem wird verlangt, was aus dem Gesetz nicht direkt hervorgeht, aber eigentlich selbstverständlich ist, dass die Handlung (**positives Tun**) der Schädigerin ihr zuzurechnen ist und für die Rechtsgutsverletzung ursächlich gewesen sein muss. Man nennt diese Ursächlichkeit »**haftungsbegründende Kausalität**«. In unserem Fall bestehen an der Ursächlichkeit des Schlags mit dem Bierkrug für die Kopfverletzung keine Zweifel. S hat tatbestandsmäßig eine unerlaubte Handlung begangen.

2. Unterlassen

Die Rechtsgutsverletzung, die dem Schädiger zuzurechnen ist, kann nicht nur durch positives Tun, sondern auch durch **Unterlassen** verursacht werden. Ein zurechenbares Unterlassen kann den Tatbestand einer zum Schadensersatz führenden unerlaubten »Handlung« insbesondere dann erfüllen, wenn der Schädiger eine sog. **Garantenpflicht verletzt** hat, weil er aufgrund einer Garantenstellung eine Rechtspflicht zum Handeln hatte. 400

Diese Garantenstellung kann sich zum einen aus einer unmittelbar auf das verletzte Rechtsgut bezogenen Schutzpflicht ergeben (sog. »**Beschützergarant**«). Beispiele dafür sind Pflichten aus natürlicher Verbundenheit (zB Ehegatte, nahe Angehörige, Lebensgemeinschaften), aus tatsächlicher Gewährübernahme (zB Gefahrengemeinschaft zwischen Teilnehmern an einer alpinen Bergtour), aus Vertrag (zB vertragliche Beaufsichtigung von Kindern – Erzieherin, Babysitter) oder aus Gesetz (zB § 1353, eheliche Lebensgemeinschaft, § 1626, elterliche Sorge – lesen!).[568]

Zum anderen kann sich die Garantenstellung daraus ergeben, dass der Unterlassende eine Gefahrenquelle eröffnet hat oder für eine Gefahrenquelle verantwortlich ist (sog. »**Überwachungsgarant**«). Paradebeispiel hierfür ist die »**Verkehrssicherungspflicht**«. Damit bezeichnet man die Pflicht dessen, der die Gefahrenquelle eröffnet hat oder unterhält, die notwendigen und zumutbaren Vorkehrungen zu treffen, um Schäden anderer zu verhindern. Wer zB als Hauseigentümer Grund und Boden dem Verkehr für Menschen eröffnet, hat ihn in gefahrlosem Zustand zu halten etwa durch Beleuchtung bei Nacht oder durch Streuen bei Glatteis.[569]

Zur Verkehrssicherung zählen alle Maßnahmen, die ein umsichtiger und verständiger, in vernünftigen Grenzen vorsichtiger Mensch für notwendig und ausreichend hält, um andere vor Schäden zu bewahren. Wichtige Kriterien sind dabei die Wahrscheinlichkeit des Eintritts einer Rechtsgutsverletzung und die Wertigkeit der bedrohten Rechtsgüter. Bei ernsthaften Gefahren für Leben, Körper und Gesundheit anderer sind daher wesentlich umfangreichere Schutzvorkehrungen zu treffen als bei fern liegenden Gefahren für geringwertige Sachen.

568 Vgl. *Alpmann und Schmidt* SchuldR BT 4 Rn. 143.
569 Vgl. dazu *Brox/Walker* SchuldR BT § 45 Rn. 35.

Merke: Für die Rechtsgutsverletzung kausal ist jede Handlung, die nicht hinweggedacht werden kann, ohne dass der Erfolg (= die Rechtsgutsverletzung) entfällt. Bei Unterlassungen ist die Kausalität gegeben, wenn die Handlung nicht hinzugedacht werden kann, ohne dass der Erfolg entfällt.

II. Widerrechtlichkeit

401 Die Handlung der S müsste widerrechtlich gewesen sein. Dies ist der Fall, wenn der S kein »Rechtfertigungsgrund« zur Seite stand.

Mit dem Begriff der »Widerrechtlichkeit« ist der – überwiegend im Strafrecht verwendete – Begriff der »Rechtswidrigkeit« identisch. Die Feststellung der Widerrechtlichkeit hat die Aufgabe, über die Normwidrigkeit bzw. das Unrecht des schädigenden Verhaltens zu befinden.[570]

Das Unrecht und damit die Rechtswidrigkeit des Verhaltens sind ausgeschlossen, wenn die Rechtsordnung das Tun durch einen Rechtfertigungsgrund ausnahmsweise und ausdrücklich gestattet.

Als **zivilrechtliche Rechtfertigungsgründe** kommen in Betracht:

- Notwehr (§ 227),
- Notstand (§ 228 und § 904),
- Einwilligung des Verletzten (§ 630d I 1); ansonsten wäre jeder operative Arzteingriff eine widerrechtliche unerlaubte Handlung in Form einer Körperverletzung! Auch die »mutmaßliche« Einwilligung kann ausreichen, wie zB bei der Operation eines Bewusstlosen (§ 630d I 4)
  und
- Selbsthilfe (§ 229).

Lesen Sie die genannten Vorschriften alle durch und vergleichen Sie § 228 genau mit § 904!

■ Worin sehen Sie den wesentlichen Unterschied zwischen diesen beiden Notstandsformen? (Lesen Sie die Paragrafen nochmals und überlegen Sie!)

▶ Man bezeichnet den Tatbestand des § 228 als **»defensiven Notstand«**, wogegen § 904 den **»aggressiven Notstand«** beschreibt: Während § 228 die Beschädigung oder Zerstörung einer Sache rechtfertigt, wenn von dieser Sache eine Gefahr droht, rechtfertigt § 904 die Zerstörung oder Beschädigung einer Sache, um eine Gefahr abzuwehren, die von einer anderen Sache droht!

Mit diesem Wissen können Sie auch den folgenden drastischen Fall lösen:

Auf einem Spaziergang durch ein Wohnviertel rast ein zähnefletschender Rottweiler (= sehr kräftige und aggressive Hunderasse) auf Sie zu. Um sich des »Angriffs« zu erwehren, haben Sie keine andere Möglichkeit, als die nächstbeste Gartenzaunlatte abzubrechen, mit der Sie das Tier[571] tierarztreif schlagen …

■ Aus welchen Vorschriften ergeben sich Rechtfertigungsgründe für Ihr Handeln?

570 Vgl. Palandt/*Sprau* § 823 Rn. 23.

571 Dass Tiere zivilrechtlich als Sachen eingestuft werden, wissen Sie – falls nicht, vgl. *Wörlen/Metzler-Müller* BGB AT Übungsfall 1 vor Rn. 45.

▶ Die »Beschädigung« des Hundes ist nach § 228 gerechtfertigt, die Beschädigung des Gartenzauns nach § 904!

Wenn in einem Sachverhalt (den Sie als Klausurfall lösen müssen) keiner dieser Rechtfertigungsgründe ersichtlich ist, brauchen (dürfen!) Sie diese auch nicht »aufzählen«! Dann schreiben Sie nur das, was auch für unseren Übungsfall 25 zutrifft:

Ein Rechtfertigungsgrund für das Handeln der S ist nicht ersichtlich, sodass auch die zweite Anspruchsvoraussetzung von § 823 I erfüllt ist.

III. Verschulden

Damit S in Fall 25 zum Schadensersatz verpflichtet ist, müsste sie »vorsätzlich« oder **402**
»fahrlässig« gehandelt haben.

Damit wiederholt § 823 I die Begriffe, die § 276 I 1 Hs. 1 als allgemeine Voraussetzungen für die »Verantwortlichkeit des Schuldners« verwendet. Das BGB definiert die Fahrlässigkeit in § 276 II (nachlesen!), allerdings nicht den Vorsatz. Deshalb müssen wir uns merken (und können das leider nicht im Gesetz nachlesen):

Merke: Vorsatz ist das **Wissen und Wollen** des rechtswidrigen Erfolgs im Bewusstsein der Rechts-(Pflicht-)widrigkeit.

Hinweis: Im Unterschied zum Strafrecht, für das die Schuldtheorie (vgl. § 17 StGB) maßgeblich ist, erfordert der Vorsatz im Privatrecht das Bewusstsein der Rechts- bzw. Pflichtwidrigkeit.

»Fahrlässigkeit« kann in verschiedenen Verschuldensgraden vorliegen: § 276 II definiert die »normale« oder »einfache« Fahrlässigkeit. »Grob fahrlässig« im Sinne des BGB (vgl. zB § 300, der diesen Begriff – ohne ihn zu definieren – verwendet), handelt, wer die im Verkehr erforderliche Sorgfalt in besonders hohem Maße außer Acht lässt. »Leicht fahrlässig« handelt, wer dies nur in sehr geringem Maß tut … Wenn § 823 I »fahrlässiges« Handeln als Haftungsgrund ausreichen lässt, bedeutet das, dass auch leichteste Fahrlässigkeit hierfür genügt. Bei tatbestandsmäßiger, rechtswidriger unerlaubter Handlung wird demnach für jedes, auch für das geringste Verschulden gehaftet!

Der Umfang der Haftung hängt also **nicht** vom **Grad des Verschuldens** ab.

Dass dies manchmal sehr hart sein kann, zeigt etwa folgendes Beispiel:

Aufgrund eines leichten Versehens der Luna Lovegreen (L) fällt von ihrem Balkon im vierten Stock ein schwerer Blumentopf auf die Straße und tötet den Passanten Neville Nobody (N), der eine Ehefrau und vier Kinder hinterlässt, für die er unterhaltspflichtig ist.

■ Überlegen Sie, welchen Schaden L ersetzen muss! Lassen Sie Ihre Fantasie spielen und suchen Sie im Recht der unerlaubten Handlungen (§§-Überschriften lesen!) nach einer Lösung! Was ist passiert? Wie lässt sich das rechtlich qualifizieren?

▶ Wenn Sie die Überschriften der Vorschriften des Rechts der unerlaubten Handlungen überflogen haben, müssten Sie auf die §§ 844 und 845 gestoßen sein! (Beide Vorschriften durchlesen!)

403 Das kann also ganz schön teuer werden! Der Schädigerin hilft dann nur noch eine gute Versicherung. Entscheidende Bedeutung hat der Grad des Verschuldens bei der unerlaubten Handlung des Schädigers im Versicherungsrecht:

Vorsätzlich herbeigeführte Versicherungsfälle sind durch § 103 VVG in der Kfz-Haftpflichtversicherung ausgeschlossen, eine Leistungspflicht des Versicherers entfällt also. Der Haftpflichtversicherer haftet allerdings für alle Arten der Fahrlässigkeit. § 103 VVG geht als Spezialregelung der Haftpflichtversicherung der allgemeinen Regelung des § 81 VVG vor, wonach in der Schadensversicherung vorsätzlich herbeigeführte Versicherungsfälle ausgenommen sind und bei grob fahrlässig herbeigeführten der Versicherer seine Leistung kürzen kann[572] (so zB in der Kaskoversicherung). Hier bleibt dem Versicherungsnehmer der (volle) Versicherungsschutz nur bei (normal oder leicht) fahrlässigen Handlungen erhalten.[573]

Im Übungsfall 25 (→ Rn. 398) bestehen am Verschulden der S keine Zweifel; S hat vorsätzlich gehandelt!

IV. Schaden

404 Schließlich muss dem B durch die unerlaubte Handlung der S ein Schaden, also eine unfreiwillige Einbuße an seinen Rechtsgütern bzw. seinem Vermögen, entstanden sein, und die Handlung der S muss für diesen Schaden ursächlich sein (= »**haftungsausfüllende Kausalität**«).

- Ist diese Voraussetzung in unserem Fall erfüllt?
- Es ist ganz offensichtlich, dass B durch die Kopfverletzung und die dadurch anfallenden Arztkosten einen Schaden erlitten hat. Ebenso klar ist auch die Ursächlichkeit der Handlung der S für den Eintritt dieses Schadens.

Merke:

	haftungs- **begründende** Kausalität		haftungs- **ausfüllende** Kausalität	
Handlung	⟶	**Rechtsgutsverletzung** zB Körperverletzung Gesundheitsbeeinträchtigung	⟶	**Schaden**

Die haftungsbegründende Kausalität besteht zwischen der Handlung und der Rechtsgutsverletzung, die haftungsausfüllende Kausalität zwischen der Rechtsgutsverletzung und dem Schaden.

572 § 81 II VVG: »Führt der Versicherungsnehmer den Versicherungsfall grob fahrlässig herbei, ist der Versicherer berechtigt, seine Leistung in einem der Schwere des Verschuldens des Versicherungsnehmers entsprechenden Verhältnis zu kürzen.«

573 In der Kfz-Haftpflichtversicherung sind die Risikoausschlüsse, die der Versicherer mit dem Versicherungsnehmer vereinbaren kann, untergesetzlich in § 4 KfzPflVV geregelt. Die Versicherer dürfen von dieser Regelung zwar zugunsten des Versicherungsnehmers abweichen, viele Versicherer schöpfen die gesetzlich zulässigen Möglichkeiten zur Risikobegrenzung jedoch voll aus. So wird die oben aufgezeigte Rechtslage in A.1.5 AKB 2015 deklaratorisch wiedergegeben.

Dass die Ursächlichkeit aber nicht immer so eindeutig feststellbar ist wie hier, zeigt die Abwandlung unseres Übungsfalls, die wir uns ansehen wollen, bevor wir nochmals zum Ausgangsfall zurückkehren, um uns mit den Rechtsfolgen zu befassen.

V. Adäquater Kausalzusammenhang/Schutzbereich der Norm

1. Adäquanz

Übungsfall 26 (Abwandlung zu Fall 25)

Stanzi Schlagdrauf (S) hat mit dem Krug so fest zugeschlagen, dass der Arzt den Bodo Brumm (B) ins Krankenhaus einweisen musste. Dort wird die Verletzung des B endgültig geheilt, doch steckt er sich bei seinem Nachbarn an, der das Coronavirus eingeschleppt hat. B muss deshalb sechs weitere Wochen im Krankenhaus bleiben.

Muss S auch für den daraus entstandenen Schaden haften?

■ Prüfen Sie den Fall so durch, wie Sie es bei Fall 25 gelernt haben: Formulieren Sie die Anspruchsgrundlage und stellen Sie fest, ob alle (vier) Voraussetzungen für den Anspruch des B gegen S erfüllt sind! Was könnte im Unterschied zum vorigen Fall zweifelhaft sein? 405

▶ Es ist nicht mehr so klar, ob eine tatbestandsmäßige, widerrechtliche und schuldhafte Handlung des S für den infolge der Ansteckung eingetretenen Schaden ursächlich war.

■ Wie würden Sie diese Frage intuitiv beantworten?

▶ Nach streng logischen Grundsätzen muss man diese Frage wohl bejahen: Ohne den Schlag mit dem Bierkrug der S wäre B nicht zum Arzt und nicht ins Krankenhaus gekommen. Wäre er nicht ins Krankenhaus gekommen, hätte er sich nicht angesteckt. Bei nur logischer Betrachtungsweise würde diese Ursachenkette allerdings kein Ende nehmen und man könnte schließlich auch noch die Eltern der S haftbar machen; denn wenn sie S nicht in die Welt gesetzt hätten, hätte S den B auch nicht verletzen können.

Für die rechtliche Verantwortung des Schädigers muss der logischen Ursachenkette deshalb eine Grenze gesetzt werden!

Im Zivilrecht ist darum nur die Handlung für den eingetretenen Schaden ursächlich bzw. kausal, die vom Standpunkt eines objektiven Beobachters geeignet ist, unter normalen und vorhersehbaren Umständen diesen konkret eingetretenen Schaden herbeizuführen; anders ausgedrückt: Der Erfolg der schädigenden Handlung darf nicht außerhalb aller Wahrscheinlichkeit liegen, sondern Handlung und Erfolg müssen in einem angemessenen bzw. adäquaten Kausalzusammenhang stehen. Man nennt diese theoretische Einordnung des Kausalzusammenhangs »**Adäquanztheorie**«[574]. Der »Filter der Adäquanz« ist heute allgemein als Ausgrenzung derjenigen Kausalverläufe anerkannt, die dem Verantwortlichen billigerweise rechtlich nicht mehr zugerechnet werden können.[575] 406

In unserem Fall, der von der Rechtsprechung in ähnlicher Form schon öfter zu entscheiden war, wird allerdings die Kausalität derjenigen Handlung, die den Kranken-

574 *Wandt* Gesetzl. Schuldverhältnisse § 16 Rn. 133 mit Beispielen.
575 BGHZ 79, 259 (261) = NJW 1981, 983.

hausaufenthalt unmittelbar erforderlich machte, auch bezüglich der dort folgenden Infektion noch bejaht, da die Ansteckungsgefahr in Krankenhäusern erheblich größer ist als andernorts.

Der Schadensersatzanspruch des B gegen S aus § 823 I ist auch in Fall 26 in vollem Umfang begründet.

2. Schutzzweck der Norm

407 In Übungsfall 26 hat sich gezeigt, dass die **Adäquanztheorie** der logischen Kausalzusammenhangkette (die auf der sog. *Äquivalenztheorie*[576] aufbaut, welche vornehmlich im Strafrecht von besonderer Relevanz ist) durchaus ein Ende setzen kann. Sie kann aber für sich gesehen, namentlich wenn man auf den »vernünftigen« objektiven Beobachter abstellt, nicht immer zu befriedigenden Ergebnissen führen. Die Adäquanztheorie wurde daher von Lehre und Rechtsprechung durch die sog. Normzwecktheorie ergänzt. Entscheidend bei dieser »**Lehre vom Schutzbereich der Norm**«, die besondere Bedeutung im Hinblick auf § 823 II (Verletzung eines Schutzgesetzes; dazu → Rn. 417 ff.) hat, ist, ob die vom Schädiger verletzte Norm gerade die Verhinderung des eingetretenen Verletzungserfolgs bzw. des weiteren Schadens erfasst.

Literatur zur Vertiefung (→ Rn. 395–407): *Alpmann und Schmidt* SchuldR BT 4, 1. Teil, 1. Abschn.; *Armbrüster*, Grundfälle zum Schadensrecht, JuS 2007, 411; *Croon-Gestefeld*, § 823 Abs. 1 BGB: Die geschützten Rechte und Rechtsgüter, JURA 2016, 1007; *Croon-Gestefeld*, § 823 Abs. 1 BGB: Die Rahmenrechte, JURA 2016, 1374; *Brox/Walker* SchuldR BT §§ 44, 45; *Däubler*, Die Reform des Schadensersatzrechts, JuS 2002, 625; *Deckert*, Grundprobleme und Einzelfragen zum Delikts- und Schadensrecht, JuS 1998, L 1, 17, 25 und 33; *Deutsch/Ahrens*, Deliktsrecht, 6. Aufl. 2014, § 14; *Diederichsen*, Der deliktsrechtliche Schutz des Persönlichkeitsrechts, JURA 2008, 1 ff.; *Förster*, Verkehrssicherungspflichten, JA 2017, 721; *Führich* WirtschaftsPrivR Rn. 652 ff.; *Hirsch* SchuldR BT §§ 53–56; *Holle/Bredebach*, Jungfernflug mit Folgen (Fortgeschrittenenklausur), JuS 2021, 235; *Hombrecher*, Entschädigung in Geld bei Verletzung des Allgemeinen Persönlichkeitsrechts – Der Herrenreiterfall (BGHZ 26, 349), JURA 2004, 549; *Kötz/Wagner*, Deliktsrecht, 13. Aufl. 2016, Rn. 93–222; *Looschelders* SchuldR BT §§ 58–62; *Mäsch*, Deliktshaftung bei grobem Foulspiel, JuS 2021, 552; *Mäsch/Gotsche*, Unfallträchtige Wochenend-Fahrt (Examensklausur), JURA 2007, 779; *Medicus/Lorenz* SchuldR BT §§ 73–77; *Medicus/Petersen* BürgerlR §§ 24–25; *Medicus/Petersen* BürgerlR Grundwissen § 24; *Metzler-Müller* PrivatRFall 346 ff. sowie Fall 13; *Mohr*, Rechtswidrigkeit und Verschulden im Deliktsrecht, JURA 2013, 567; *Neuner*, Die Einwilligung im Deliktsrecht, JuS 2021, 617; *von Pechstaedt*, Zivilrechtliche Abwehrmaßnahmen gegen Stalking, NJW 2007, 1233; *Rauscher*, Die Schadensrechtsreform, JURA 2002, 577; *Röthel*, Deliktischer Anspruch beim Tod eines Menschen, JA 2018, 235; *Röthel*, Grundstudium ZR, Unerlaubte Handlungen: Eine Einführung, JURA 2013, 95; *Schade/Graewe* WirtschaftsPrivR Rn. 396 ff.; *Scholz*, Haftungsbegründende und haftungsausfüllende Kausalität im Zivil- und Zivilprozessrecht, JuS 2021, 914; *Staake/von Bressensdorf*, Grundfälle zum deliktischen Schutz des allgemeinen Persönlichkeitsrechts, JuS 2015, 683, 777; *Staudinger/Schmidt*, Marlene Dietrich und der (postmortale) Schutz vermögenswerter Persönlichkeitsrechte, JURA 2001, 241; *Wandt* Gesetzl. Schuldverhältnisse §§ 14–16; *Wünsche*, Crashkurs Verkehrssicherungspflichten, JURA 2021, 111.

576 Vgl. dazu nur *Brox/Walker* SchuldR BT § 45 Rn. 28.

C. Rechtsfolgen – Umfang des Schadensersatzes

I. Anwendung der allgemeinen Regeln

Rechtsfolge des Anspruchs ist, dass S dem B den entstandenen Schaden ersetzen muss. In welchem Umfang Schadensersatz zu leisten ist, ist in den §§ 823 ff. nicht gesondert geregelt; denn es gilt nichts anderes als bei allen Schadensersatzansprüchen, die aus anderen Anspruchsgrundlagen (zB § 280 I gegebenenfalls iVm III und §§ 281, 282, 283 oder 311a II 1) begründet sind. Für die Feststellung des Schadensumfangs gelten die einschlägigen Vorschriften des »Allgemeinen Schuldrechts«! 408

■ Welche sind dies? (Wenn Sie sich nicht mehr erinnern, blättern und suchen Sie im Gesetzestext bzw. im Index!)

▶ Wenn Sie dies getan haben, haben Sie sicherlich die §§ 249 ff. gefunden. Lesen Sie § 249!
Das bedeutet (§ 249 I), dass der Geschädigte so zu stellen ist, wie er ohne Eintritt des schädigenden Ereignisses gestanden hätte.

Beachte: § 249 I ist keine Anspruchsgrundlage, sondern regelt als **Rechtsfolge** eines schon bestehenden Schadenersatzanspruchs (hier gem. § 823 I) den **Umfang** des zu leistenden Schadenersatzes.[577]

■ Was kann B von S danach verlangen?

▶ Arzt- und Krankenhauskosten.

II. Schmerzensgeld

■ Woran könnte man im vorliegenden Fall, in dem B an Körper und Gesundheit verletzt wurde und insofern auch einen immateriellen Schaden hatte, weiterhin denken? 409

▶ An die Zahlung von Schmerzensgeld!

Gemäß **§ 253 I** kann ein immaterieller Schaden nur in den durch das Gesetz bestimmten Fällen ersetzt werden.

Ein solches Gesetz war vor der Schadensersatzreform § 847 aF, der »Schmerzensgeld« gewährte, wenn durch eine **unerlaubte Handlung** Rechtsgüter wie Körper, Gesundheit oder Freiheit verletzt wurden. § 847 aF wurde durch das am 1.8.2002 in Kraft getretene Schadensersatzrechtsänderungsgesetz aufgehoben und durch **§ 253 II** (lesen!) ersetzt.

Aus dem Wortlaut von § 253 II ergibt sich, dass auch Rechtsverletzungen, die **nicht** in einer unerlaubten Handlung bestehen, zB vertragliche Pflichtverletzungen, zum Ersatz von Schmerzensgeld führen können.

Beispiel: Bela B (B) lässt bei der Friseurin Franzi Färber (F) Dauerwellen machen. F begeht schuldhaft einen Arbeitsfehler, der zu einer Schädigung der Haare von B führt. Beim Blick in den Spiegel erleidet B einen Schock, der – neben dem Ersatz der Kosten für ein dreimaliges Haareschneiden und für einen Sachverständigen – einen Schmerzensgeldanspruch zur Folge hat.[578]

577 **Ausführlich hierzu: *Wörlen/Metzler-Müller* SchuldR AT Rn. 367 ff.**
578 In Anlehnung an AG Siegen NJW-RR 1990, 1248.

410 Streitig ist, ob § 253 II eine eigene Anspruchsgrundlage oder nur eine Rechtsfolgenregelung darstellt.

So sieht eine Meinung in § 253 II eine selbstständige Anspruchsgrundlage, die neben den Anspruch auf Ersatz von Vermögensschäden trete und nicht etwa ein bloßer Rechnungsposten innerhalb des Gesamtanspruchs sei.[579] Nach aA setzt diese Vorschrift vielmehr voraus, dass der Schuldner aufgrund eines anderweitig geregelten **haftungsbegründenden Tatbestands** zum Schadensersatz verpflichtet ist; mit § 253 II wird diese Verpflichtung auf den Ersatz des immateriellen Schadens erweitert.[580]

Letztgenannter Auffassung muss gefolgt werden: Sowohl die wörtliche (grammatische) als auch die systematische Auslegung[581] dieser Vorschrift sprechen dafür: Zum einen folgt aus der Formulierung »Ist wegen einer Verletzung ... Schadensersatz zu leisten ...«, dass der Gesetzgeber eine andere Anspruchsgrundlage voraussetzt, aufgrund derer Schadensersatz zu leisten ist. Ist eines der in § 253 II genannten Rechtsgüter verletzt, gilt für den Umfang des Schadens, dass (neben Vermögensschäden) auch der immaterielle Schaden durch Schmerzensgeld auszugleichen ist.

Zum anderen spricht auch die systematische Stellung von § 253 II innerhalb der **Rechtsfolgen**regelungen der §§ 249 ff. gegen die Annahme einer eigenen Anspruchsgrundlage. Vielmehr erweitert § 253 II den **Umfang des Schadensersatzes**, wenn die Voraussetzungen einer anderen, haftungsbegründenden Norm (»Anspruchsgrundlage«) erfüllt sind (zB § 280 I, § 823 I oder II).

Die Erweiterung des Schmerzensgeldersatzes durch § 253 II auch auf vertragliche Schadensersatzansprüche wirkt sich insbesondere bei der Einschaltung von Gehilfen aus. Wenn die Voraussetzungen für eine deliktische Haftung wegen des beim Handeln eines »Verrichtungsgehilfen« (→ Rn. 424 ff.) möglichen »Exkulpationsbeweises« (→ Rn. 427) nicht vorliegen, muss der Geschäftsherr gar nicht haften. Liegen aber die Voraussetzungen für eine vertragliche Haftung des Geschäftsherrn für den »Erfüllungsgehilfen« nach § 278 vor, bei dem eine Exkulpation nicht möglich ist, muss der Schädiger nach § 253 II auch den immateriellen Schaden ersetzen.[582]

411 In den Fällen 25 und 26 sind die Voraussetzungen für eine Schmerzensgeldzahlung von B an S erfüllt.

■ Welche nahe liegende Frage beantwortet § 253 II allerdings nicht? Versetzen Sie sich in die Lage des Anspruchstellers! Was wollen Sie wissen?

▶ Sie wollen wissen, was als »billige Entschädigung« für die erlittenen Schmerzen gewährt wird! Über die Höhe des Schmerzensgelds sagt § 253 II nichts aus!

»Billige Entschädigung« bedeutet, dass – im Falle eines Prozesses – das Gericht die von ihm für angemessen (»billig«) erachtete Entschädigung nach seinem Ermessen

579 Palandt/*Grüneberg* § 253 Rn. 4.

580 Jauernig/*Teichmann* § 253 Rn. 4; MüKoBGB/*Oetker* § 253 Rn. 15 f. mwN; NK-BGB/*Huber* § 253 Rn. 2; Staudinger/*Schiemann*, 2017, § 253 Rn. 28; BeckOK BGB/*Spindler* § 253 Rn. 7; jurisPK-BGB/*Vieweg/Lorz* § 253 Rn. 23; *Diederichsen* VersR 2005, 433 (435); *Looschelders* SchuldR AT § 48 Rn. 3.

581 Zur Gesetzesauslegung vgl. *Wörlen/Metzler-Müller* BGB AT Rn. 168–172.

582 *Brox/Walker* SchuldR BT § 52 Rn. 13.

(§ 287 ZPO) festsetzt. Entscheidend für die Bemessung ist vor allem das Maß der physischen und psychischen Schmerzen, die dem Verletzten zugefügt wurden.

Weitere Bemessungsgrundlagen sind zB die persönlichen Vermögensverhältnisse des Verletzten und des Schädigers, die Größe, Dauer, Heftigkeit der Schmerzen, die Dauer der stationären Behandlung, der Arbeitsunfähigkeit sowie der Trennung von der Familie und anderes mehr.

In der Praxis gibt es als Hilfe für die (gegebenenfalls richterliche) Entscheidung sog. »Schmerzensgeldtabellen«. In ihnen ist eine Vielzahl von Gerichtsentscheidungen aufgeführt, wobei jeweils die Art und Schwere der Verletzungen sowie Alter, Geschlecht und berufliche Stellung des Verletzten angegeben sind und schließlich der Betrag, der von den Gerichten im jeweiligen Fall zuerkannt wurde.[583]

Von welchen Erwägungen sich Richter bei der Festsetzung des Schmerzensgeldes leiten lassen sollen, richtet sich nach Ansicht des BGH nach der Doppelfunktion des Schmerzensgelds: In erster Linie soll es dem Verletzten einen Ausgleich für die immateriellen Einbußen verschaffen, die er durch die Verletzung erlitten hat. Neben dieser **Ausgleichsfunktion** (die jedem Schadensersatzanspruch immanent ist) soll das Schmerzensgeld auch eine **Genugtuungsfunktion**[584] erfüllen: Für das, was der Schädiger dem Geschädigten angetan hat, schuldet er ihm Genugtuung.[585]

III. Verdienstausfall (Erwerbs- und Fortkommensschaden)

Da wir unsere Fälle nicht nur klausurmäßig lösen wollen oder müssen, sondern sie **412**
benutzen wollen, um das Recht (hier = der unerlaubten Handlungen) kennen zu lernen, dürfen wir uns auch die Frage stellen »Was wäre wenn?«

■ Was wäre zB, wenn B berufstätig wäre? Könnte B von S gegebenenfalls auch seinen Verdienstausfall ersetzt verlangen? Wenn ja, aufgrund welcher Vorschrift?

▶ Eigentlich genügt dazu schon § 249 I! Danach ist der »alte« Zustand herzustellen.

Außerdem folgt der Ersatz von Verdienstausfall auch aus § 842 (lesen!), der angesichts der allumfassenden Vorschrift von § 249 I eigentlich überflüssig wäre. In dieser Vorschrift (und den §§ 843–846) hat das Gesetz bei Angriffen gegen die Person Art und Umfang des zu ersetzenden Schadens geregelt, wobei die §§ 249 ff. teilweise ergänzt, teilweise auch nur konkretisiert werden. § 842 selbst wird von der hL lediglich als Klarstellung dahin verstanden, dass die genannten Nachteile Vermögensschäden iSd §§ 249 ff. sind.[586]

Wenn eine Körper- oder Gesundheitsverletzung zur Aufhebung oder Minderung der Erwerbsfähigkeit oder zur Vermehrung der Bedürfnisse des Verletzten geführt hat, ist nach § 843 I der **Schadensersatz in Form einer Rente** zu leisten. Es muss bei der Feststellung der Rentenhöhe wegen Beeinträchtigung des Erwerbs oder Fortkom-

583 ZB *Slizyk*, Schmerzensgeld 2021, 17. Aufl. 2021; *Hacks/Wellner/Häcker/Offenloch*, SchmerzensgeldBeträge 2021, 39. Aufl. 2020. Beispiel: starker Nacken- und Kopfschmerz/mögliches Hals-Wirbel-Schleudertrauma nach Auffahrunfall (sog. HWS-Syndrom): 1.000 EUR Schmerzensgeld (OLG Nürnberg NJOZ 2021, 616 (Rn. 30).

584 **»Ausgleichsfunktion« und »Genugtuungsfunktion« sind Schlagworte, die gerne in mündlichen Prüfungen »abgefragt« werden.**

585 So schon BGHZ 18, 149 = BeckRS 1955, 30402368.

586 BGHZ 26, 77 = NJW 1958, 341; Jauernig/*Teichmann* § 842 Rn. 1; Palandt/*Sprau* § 842 Rn. 1.

mens gefragt werden, welches Einkommen der Verletzte ohne das schadenstiftende Ereignis nach dem regelmäßigen Verlauf der Dinge und künftig haben würde.[587]

IV. Ansprüche mittelbar Geschädigter

412a Der allgemeine Grundsatz, dass Schadensersatzansprüche nur von unmittelbar Geschädigten geltend gemacht werden können, gilt auch für das Deliktsrecht. Deshalb ist nach § 823 I nur der Inhaber des verletzten Rechtsguts berechtigt, den Anspruch geltend zu machen. Eine Ausnahme von diesem Grundsatz bilden die §§ 844 und 845. Danach haben auch **mittelbar Geschädigte** in den dort genannten Fällen **einen Anspruch**.

1. Ansprüche Dritter bei Tötung

Im Falle der aufgrund einer unerlaubten Handlung erfolgten Tötung hat der Ersatzpflichtige

- nach § 844 I die **Beerdigungskosten** demjenigen zu ersetzen, der diese Kosten zu tragen hat. Dies ist in der Regel der Erbe (vgl. § 1968).
- nach § 844 II dem Dritten den **Unterhaltsschaden** zu ersetzen. Anspruchsberechtigt auf diese Rente sind nur solche Personen, denen gegenüber der Getötete im Zeitpunkt der Verletzung kraft Gesetzes unterhaltspflichtig war, so zB nach § 1360 gegenüber dem Ehegatten und nach §§ 1601 ff. gegenüber Verwandten in gerader Linie, vor allem den Kindern.
- nach § 844 III 1[588] dem **Hinterbliebenen**, der zur Zeit der Verletzung zu dem Getöteten in einem besonderen persönlichen **Näheverhältnis** stand, für das ihm zugefügte seelische Leid eine **angemessene Entschädigung in Geld** (= »**Hinterbliebenengeld**«) zu leisten. Es handelt sich hierbei um den Ersatz des immateriellen Schadens. Das Näheverhältnis wird nach § 844 III 2 vermutet, wenn der Hinterbliebene der Ehegatte, der Lebenspartner, ein Elternteil oder ein Kind des Getöteten war. Es handelt sich hierbei nicht um Schmerzensgeld iSv § 253 II. Damit soll vielmehr das durch den Verlust einer nahestehenden Person verursachte **seelische Leid gelindert** werden.[589]

2. Schadensersatz wegen entgangener Dienste

Wenn der Verletzte kraft Gesetzes einem Dritten zur Leistung von Diensten in dessen Hauswesen oder Gewerbe verpflichtet war, hat nach § 845 der Dritte einen Ersatzanspruch hinsichtlich der Dienste, die ihm aufgrund der Tötung, Verletzung oder Freiheitsentziehung des Verletzten entgangen sind. Für diesen Anspruch kommen vor allem die zum elterlichen Hausstand gehörenden Kinder in Betracht, die nach § 1619 ihren Eltern zu Dienstleistungen in Haus und Geschäft verpflichtet sind. Der BGH hat die Haushaltstätigkeit einer Ehefrau nicht als Dienstleistung iSd § 845 angesehen.[590] Die Haushaltstätigkeit des Ehegatten stellt nach §§ 1356, 1360 einen Beitrag

587 HK-BGB/*Staudinger* § 843 Rn. 7 mwN.

588 Eingefügt mit Wirkung v. 22.7.2017 durch das »Gesetz zur Einführung eines Anspruchs auf Hinterbliebenengeld« v. 17.7.2017, BGBl. 2017 I 2421.

589 BT-Drs. 18/11397, 8.

590 BGH NJW 1968, 1823; 1969, 321.

zum Unterhalt der Familie dar. Im Fall der Tötung seiner Frau hat der Ehemann aber einen Anspruch nach § 844. Bei ihrer Verletzung hat nur sie allein einen Anspruch aus § 843.[591]

Der Wert der entgehenden Dienste ist in Form einer **Geldrente** zu ersetzen (§ 845 S. 1).

3. Mitverschulden und Schadensminderungspflicht

§ 846 bestimmt für die Renten nach § 844 und § 845 die Anwendbarkeit des § 254, wenn bei der Entstehung des Schadens, den der Dritte erleidet, ein Verschulden des Verletzten mitgewirkt hat. Denn dem Dritten sollen gegen den Schädiger keine weitergehenden Ansprüche als dem Verletzten selbst zustehen.[592]

V. Ersatzansprüche bei Sachschäden

Die §§ 848, 849 enthalten für den Ersatz von Sachschäden einige Sondervorschriften. **412b**
Deren praktische Bedeutung ist allerdings gering.[593]

VI. Mitverschulden des Geschädigten

Während der Grad des Verschuldens für den Umfang der Haftung nach den §§ 823 ff. **413**
keine Bedeutung hat, kann sich andererseits eine Haftungsminderung ergeben, wenn den Geschädigten an dem Eintritt des Schadens ein Mitverschulden trifft.

Dies folgt aus § 254 (ganz lesen!).

Beispiel 1: Wenn ein Autofahrer eine Fußgängerin auf dem Zebrastreifen anfährt und diese dadurch verletzt wird, liegt in der Regel eine allein vom Fahrer verschuldete unerlaubte Handlung vor.
Nähert sich ein Fahrer aber in vorschriftsmäßigem Tempo vorsichtig dem Zebrastreifen und ein Fußgänger rennt unerwartet sozusagen im letzten Augenblick leichtsinnig über die Straße und wird dann von dem Autofahrer verletzt, muss zwischen dem Verhalten des Autofahrers und dem des Fußgängers abgewogen und bei der Festsetzung des Schadens gem. § 254 das Mitverschulden des Geschädigten berücksichtigt werden (= § 254 I).

Beispiel 2: Eine Bankkundin benötigt dringend die Ausführung einer Geldüberweisung noch am selben Tag, weil ihr anderenfalls ein Patent verloren geht.
Unterlässt sie den Hinweis auf die Dringlichkeit, trifft sie ein Mitverschulden an dem durch den Verlust des Patents entstandenen Schaden (= § 254 II 1, 1. Var.).

Beispiel 3: Der Geschädigte ist nach einem Verkehrsunfall berechtigt, sich auf Kosten des Schädigers einen Mietwagen zu nehmen.
Ist sein beschädigtes Auto ein »Smart« gewesen, muss er sich ein gleichwertiges Fahrzeug mieten, nicht etwa einen » Tesla Model S«. Tut er es dennoch, verstößt er gegen seine »Schadensminderungspflicht« (= § 254 II 1, 2. Var.).

591 *Brox/Walker* SchuldR BT § 52 Rn. 27 mwN.
592 *Looschelders* SchuldR BT § 51 Rn. 16 mwN.
593 So *Looschelders* SchuldR BT § 51 Rn. 17 f.

414 **Prüfungsschema**

Grundtatbestand der unerlaubten Handlung gem. § 823 I

I. Voraussetzungen:

1. Tatbestandsmäßigkeit
   a) Verletzung eines der in § 823 I genannten absoluten Rechte
   b) Ursächlichkeit der Handlung für die Rechtsgutsverletzung – haftungsbegründende Kausalität
   gegebenenfalls Adäquanztheorie
2. Widerrechtlichkeit
3. Verschulden (Vorsatz oder Fahrlässigkeit); eventuell Verschuldensfähigkeit (§§ 827, 828)
4. Schaden
   Ursächlichkeit zwischen Rechtsgutsverletzung und Schaden – haftungsausfüllende Kausalität
   Adäquanztheorie

II. Rechtsfolge:

Schadensersatz; Umfang des zu ersetzenden Schadens: §§ 249 ff., gegebenenfalls §§ 842 ff.

Wir wollen uns das bisher zum Recht der unerlaubten Handlung Gelernte anhand der Übersicht 21 (Teil 1) ansehen, bevor wir weitere Vorschriften aus dem Recht der unerlaubten Handlung kennen lernen.

Übersicht 21 (Teil 1)

415

Unerlaubte Handlungen (Deliktsrecht)

Gesetzliche Regelung:
§§ 823 – § 853

Zweck

Ausgleich und Wiedergutmachung von Schäden.
Unerlaubte Handlung (Delikt; lat. delictum = Vergehen) = widerrechtlicher und schuldhafter Eingriff in ein vom Gesetz geschütztes absolutes Rechtsgut, durch den ein Schaden entsteht

Erläuterungen zu einzelnen Anspruchsvoraussetzungen (§ 823 I)

Tatbestandsmäßigkeit der Handlung des Schädigers
Menschliches Verletzungsverhalten (Tun oder Unterlassen)

Verletzung eines der in § 823 I genannten **absoluten Rechte** (ua Leben, Gesundheit)
Eigentumsverletzung: Verlust, Sachentziehung, Substanzverletzung (zB Beschädigung der Sache) …

»sonstige Rechte«:
- zB Namens- (§ 12), Firmen-, Patent-, Urheber-, Warenzeichenrechte, Anwartschaftsrecht
- berechtigter Besitz
- Recht am eingerichteten und ausgeübten Gewerbebetrieb
- allgemeines Persönlichkeitsrecht

nicht geschützt: **Vermögen**

Unterlassen:
= nur relevant, wenn der Unterlassende gegenüber dem Geschädigten eine Pflicht hat, die Rechts(guts)verletzung zu verhindern aufgrund
  - gesetzlicher oder vertraglicher Schutzpflicht
  - Verkehrs(sicherungs)pflicht

Widerrechtlichkeit
liegt vor, wenn kein Rechtfertigungsgrund (zB §§ 227, 228, 229, 904, Einwilligung) ersichtlich ist

Verschulden
umfasst regelmäßig
- Vorsatz (= Wissen und Wollen des Erfolgs und Bewusstsein der Rechtswidrigkeit)
  und
- Fahrlässigkeit (= Außerachtlassung der im Verkehr erforderlichen Sorgfalt, § 276 II)

(bei § 826: Vorsatz ist Voraussetzung)

Schaden
Vermögensschaden
Immaterieller Schaden

Handlung muss für den eingetretenen Schaden ursächlich (kausal) gewesen sein (**haftungsausfüllende Kausalität**)

Eine Handlung ist für den eingetretenen Erfolg (Schaden) kausal, wenn sie vom Standpunkt eines objektiven Beobachters geeignet ist, unter normalen Umständen diesen Erfolg herbeizuführen, dh, der Erfolg darf nicht außerhalb jeder Wahrscheinlichkeit liegen, sondern Handlung und Erfolg müssen in adäquatem (angemessenem) Kausalzusammenhang stehen = »**Adäquanztheorie**«

zusätzlich auch: **Normzwecktheorie** (dh der eingetretene Schaden muss vom **Schutzbereich der Norm** erfasst werden)

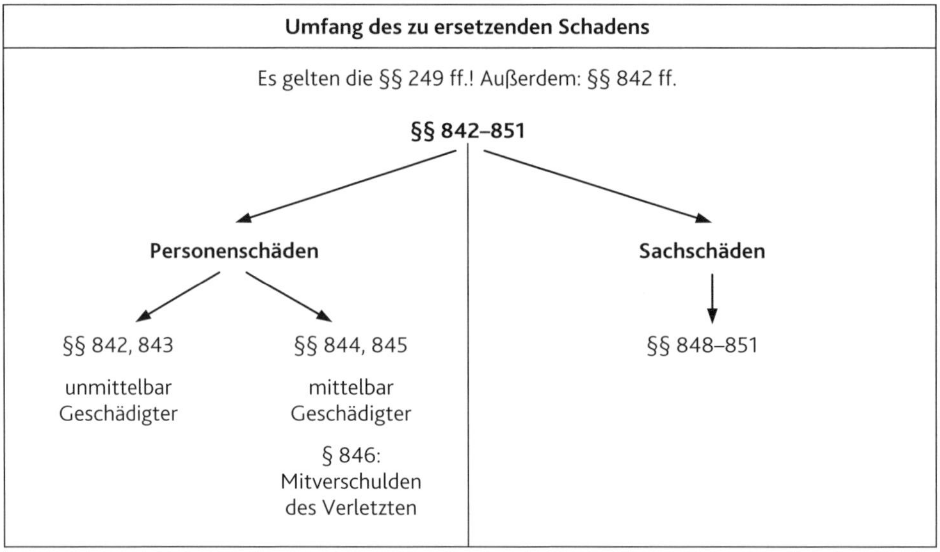

Literatur zur Vertiefung (→ Rn. 408–415): *Alpmann und Schmidt* SchuldR BT 4, 2. Teil, 1.–3. und 5. Abschn.; *Arntz*, Das Schmerzensgeld im Lichte der empirischen Glücksforschung, NJW 2017, 3329; *Bensalah/Hassel*, Kritische Aspekte zur taggenauen Schmerzensgeldbemessung, NJW 2019, 403; *Brost/Hassel*, Der Anspruch auf Geldentschädigung bei Persönlichkeitsrechtsverletzungen, NJW 2020, 2214; *Brox/Walker* SchuldR BT § 51 f.; *Coester-Waltjen*, Ersatz immaterieller Schäden im Deliktsrecht, JURA 2001, 133; *Diederichsen*, Neues Schadensersatzrecht: Fragen der Zumessung des Schmerzensgeldes und seiner prozessualen Durchsetzung, VersR 2005, 433; *Fikentscher/Heinemann* SchuldR §§ 106 ff.; *Führich* WirtschaftsPrivR Rn. 316 ff.; *Glasmacher/Pache*, Geldentschädigungsanspruch bei Persönlichkeitsrechtsverletzungen, JuS 2015, 303; *Hirsch*, Schadensersatz nach Verkehrsunfall – Reparaturkosten oder Wiederbeschaffungsaufwand?, JuS 2009, 299; *Looschelders* SchuldR BT §§ 70 f.; *Medicus/Petersen* BürgerlR § 33; *Metzler-Müller* PrivatRFall 194 ff.; *Mohr*, Berechnung des Schadens nach der Differenzhypothese, JURA 2010, 327 ff.; *Mohr*, Berechnung des Schadensersatzes im Wege der Kompensation und Anrechnung eines Mitverschuldens, JURA 2010, 808 ff.; *Mohr*, Grundlagen des Schadensersatzrechts, JURA 2010, 168 ff.; *Mohr*, Normativer Schadensbegriff und Berechnung des Schadensersatzes nach den Grundsätzen der Naturalrestitution, JURA 2010, 645 ff.; *Mohr*, Zurechnung von mittelbaren Verletzungsfolgen, JURA 2010, 567; *Neuner*, Das Schmerzensgeld, JuS 2013, 577; *Pöschke*, Art und Umfang des Schadensersatzes – die Systematik der §§ 249 ff. BGB, JA 2010, 257; *von Sachsen Gessaphe*, Verbesserter Opferschutz im Straßenverkehr und beim Schmerzensgeld, JURA 2007, 481; *Schade/Graewe* WirtschaftsPrivR Rn. 203 ff.; *Spancken/Schneidebach*, Die Berechnung des zu ersetzenden Schadens anhand der §§ 249 ff. BGB – Ein Leitfaden, JuS 2012, 298; *Wandt* Gesetzl. Schuldverhältnisse §§ 22–23.

D. Sondertatbestände

Neben der Grundvorschrift des § 823 I enthält das Recht der unerlaubten Handlung noch eine Reihe von »Sondertatbeständen«, deren Verwirklichung ebenfalls zum Schadensersatz verpflichtet. Auf eine – dogmatisch sinnvolle – Unterteilung in »verschuldensabhängige«, »nicht verschuldensabhängige« und »sonstige Sondertatbestände« wird in diesem Grundriss verzichtet und es werden nur die gängigsten, die ein »Einsteiger« kennen sollte, genannt. In der Übersicht 23 (→ Rn. 472) erhalten Sie einen Überblick. **416**

I. Verletzung eines Schutzgesetzes iSv § 823 II

Lesen Sie § 823 II 1! **417**

»Schutzgesetze« sind zB die meisten Vorschriften des Strafgesetzbuchs, mit denen Sie sich aber nicht ausführlicher beschäftigen müssen. Wenn das Strafrecht nicht zu Ihrem Lehrstoff gehört, hätten Sie zB in unseren Fällen 25 und 26 in einer Klausur nicht prüfen und feststellen müssen, dass S auch den Straftatbestand der Körperverletzung (§ 223 StGB) erfüllt hat und der Anspruch des B sich außer auf § 823 I auch auf § 823 II iVm § 223 StGB stützen ließe. (Wenn in Klausuren § 823 II iVm einem Strafgesetzparagrafen zu prüfen ist, wird Ihnen der Inhalt der strafrechtlichen Vorschrift regelmäßig mitgeteilt.)

Hinweis: In einem Gutachten müssen Sie neben einem Anspruch aus § 823 I zusätzlich auch Ansprüche aus § 823 II prüfen.

Sie müssen wissen, dass die beiden Absätze von § 823 zwei **verschiedene Anspruchsgrundlagen** darstellen, die **nebeneinander** eingreifen können.

Merke: Unter einem Schutzgesetz iSv § 823 II versteht man jede Rechtsnorm, die nicht nur die Allgemeinheit schützt, sondern unmittelbar den Schutz eines Einzelnen bezweckt. Schutzgesetze sind unter anderem auch Vorschriften der StVO und des StVG.

Im Zusammenhang mit § 823 II 1, in dem es um die Verletzung eines Schutzgesetzes geht, wurde die für die Feststellung der Ursächlichkeit zwischen schädigender Handlung und eingetretenem Schaden geltende Adäquanztheorie noch ergänzt. Neben dem adäquaten Kausalzusammenhang muss darüber hinaus festgestellt werden, ob der verursachte Schaden noch im Schutzbereich der verletzten Vorschrift bzw. der verletzten »Norm« liegt (= sog. »**Normzwecktheorie**«). **418**

Was dies bedeutet, verdeutlicht man sich am besten an einem

Beispiel: § 263 StGB stellt den »Betrug« unter Strafe. Zugleich ist § 263 ein Schutzgesetz iSv § 823 II 1. Das heißt, zivilrechtlich ist der Betrüger dem Betrogenen zum Schadensersatz verpflichtet. Das Rechtsgut, das von § 263 StGB geschützt werden soll, ist das Vermögen, das (→ Rn. 397) nicht unter die in § 823 I genannten »sonstigen Rechte« fällt!

■ Zwischenfrage: Warum nicht? Wie hatten wir die »sonstigen Rechte« iSv Abs. 1 klassifiziert?

▶ Als »absolute Rechte«, wie das dort genannte Eigentum, im Gegensatz zu den »relativen Rechten«, die nur zwischen zwei bestimmten Parteien eines Schuldverhältnisses gelten.

Ein relatives Recht ist zB auch eine Kaufpreisforderung.

■ Wie würden Sie den Begriff »Vermögen« definieren? Was gehört alles dazu? (Überlegen Sie!)

► Unter Vermögen wird im Zivilrecht regelmäßig die Gesamtheit der »Aktiva« verstanden, die einem Rechtssubjekt zustehen. Dies sind alle Rechte, sowohl absolute, dingliche Rechte wie das Eigentum oder Anwartschaftsrechte als auch ein Erbrecht oder Forderungen aus Schuldverhältnissen. Da vom »Vermögen« somit auch »relative Rechte« umfasst werden, kann das Vermögen kein sonstiges, »absolutes«, Recht iSv § 823 I sein!

419 Doch zurück zu § 823 II und zum Schutzbereich der Norm § 263 StGB. Geschützt werden sollen durch § 263 StGB, wie angedeutet, reine Vermögensschäden. Wenn der Geschädigte durch den Betrug einen Vermögensschaden von 10.000 EUR hat, muss der Schädiger diesen gem. § 823 II 1 iVm § 263 StGB ersetzen.

Beispiel (Fortsetzung): Wenn der Geschädigte vor lauter Schreck über den Vermögensverlust einen Schock bekommt und deswegen Arztkosten aufwenden muss, ist dieser Schaden nicht mehr gem. § 823 II 1 iVm § 263 StGB zu ersetzen, da er nicht mehr unter den sog. »Schutzbereich der Norm« des § 263 StGB fällt!

Diese **Normzwecktheorie** gilt nicht nur bei Verletzung eines Schutzgesetzes iSv § 823 II, sondern darüber hinaus bei allen Schadensersatzansprüchen (→ Rn. 407).

420 So ist zB auch bei einem Anspruch aus § 823 I stets zu erwägen, ob der geltend gemachte Schaden innerhalb des Schutzzwecks der verletzten Norm liegt. Zu prüfen ist, ob die Norm, gegen die der Schädiger verstoßen hat, den Zweck hatte, gerade eine Rechtsgutsverletzung der eingetretenen Art zu verhindern. Dies hat der BGH zB verneint, als aufgrund einer ärztlichen Untersuchung nach einer Körperverletzung eine bis dahin verborgene Krankheit entdeckt wurde, die dazu führte, dass der Geschädigte früher pensioniert wurde und dadurch einen weiteren Schaden erlitt.[594]

Sofern ein Verstoß gegen ein Schutzgesetz auch ohne Verschulden möglich ist, soll die Schadensersatzpflicht aus unerlaubter Handlung nur eintreten, wenn Verschulden vorliegt (§ 823 II 2). Der Grundsatz der Verschuldenshaftung erfährt nur durch wenige Einzelvorschriften Ausnahmen bzw. Einschränkungen. Einige davon sollen Sie abschließend noch kennen lernen.

Prüfungsschema

Schadensersatz wegen Verletzung eines Schutzgesetzes gem. § 823 II iVm Schutzgesetz

I. Voraussetzungen:
1. Tatbestandsmäßigkeit: Verletzung eines Schutzgesetzes (zB StGB, OWiG)
2. Rechtswidrigkeit
3. Verschulden
4. Schaden

II. Rechtsfolge:
Schadensersatz; Umfang §§ 249 ff., gegebenenfalls §§ 842 ff.

594 BGH NJW 1968, 2287. Weitere Nachweise bei Palandt/*Grüneberg* Vorb vor § 249 Rn. 29–31.

II. Haftung des Grundstücks- bzw. Gebäudebesitzers

Übungsfall 27 421

Passantin Pina Pech (P) parkt ihr Auto in einer bewohnten Straße. Durch eine heftige Windböe löst sich ein Dachziegel vom Haus des Hauseigentümers Henry Huber (H) und zerstört die Windschutzscheibe und Kühlerhaube des Autos der P. P muss dafür 2.000 EUR Reparaturkosten aufwenden.

Kann P von H Ersatz dieses Schadens verlangen?

■ Kommt ein Schadensersatzanspruch der P gegen H aus § 823 I in Betracht? Überlegen Sie, in welcher Reihenfolge die vier Anspruchsvoraussetzungen zu prüfen sind, und prüfen Sie die erste, bevor Sie weiterlesen!

▶ H müsste durch eine unerlaubte Handlung (Tun oder Unterlassen) eines der in § 823 I genannten Rechtsgüter der P verletzt haben. Im vorliegenden Fall ist das Eigentum der P verletzt worden. Dafür war weder ein Tun noch ein Unterlassen des H ursächlich, sondern ein Windstoß. Es fehlt schon an der Tatbestandsmäßigkeit, insbesondere an der haftungsbegründenden Kausalität einer unerlaubten Handlung des H.

Da es nicht billig (»gerecht«) erscheint, dass P den Schaden tragen soll, hat der Ge- 422
setzgeber dies in der Sondervorschrift des § 836 berücksichtigt (§ 836 I lesen!).

Voraussetzungen für diesen Anspruch aus **§ 836 I** sind:

1. Einsturz eines Gebäudes oder Ablösung eines Teils davon.
2. Dadurch Tod oder Verletzung eines Menschen oder Beschädigung einer Sache.
3. Einsturz oder Ablösung erfolgte aufgrund fehlerhafter Errichtung oder Unterhaltung durch Grundstücksbesitzer.

Beachte: Falls Grundstücks- und Gebäudebesitzer nicht identisch sind, haftet gem. § 837 der Gebäudebesitzer (zB Nießbrauch- oder Erbbauberechtigter)!

■ Prüfen Sie, ob diese Voraussetzungen im vorliegenden Fall gegeben sind!

▶ Die Subsumtion des Sachverhalts unter die Voraussetzungen (1) und (2) hat Ihnen sicher keine Schwierigkeiten bereitet. Fraglich ist, ob auch die dritte Voraussetzung erfüllt ist.
Dies ist aus dem Sachverhalt nicht ersichtlich.

Wichtig ist zu wissen, dass diese Voraussetzung schon erfüllt ist, wenn der Gebäude- 423
besitzer nicht nachweisen kann, dass er die im Verkehr erforderliche Sorgfalt beachtet hat. Notfalls wird in der Praxis ein Sachverständigengutachten herangezogen.

Grundsätzlich wird bezüglich der Tatbestandserfüllung von § 836 I 1 ein Verschulden des Grundstücksbesitzers vermutet. Von dieser Verschuldensvermutung kann er sich aber gem. § 836 I 2 entlasten (Satz 2 nochmals lesen!).

Als Ergebnis unseres Ausgangsfalls können wir festhalten, dass der Anspruch der P gegen H aus § 836 begründet ist, wenn H nicht nachweisen kann, dass er bezüglich der Errichtung oder der Unterhaltung die im Verkehr erforderliche Sorgfalt beachtet hat.

III. Haftung des Geschäftsherrn für Verrichtungsgehilfen

424 **Übungsfall 28** (Abwandlung von Fall 27)

Wie wäre es, wenn sich der Dachziegel nicht durch eine Windböe, sondern durch eine Unachtsamkeit der Dachdeckergesellin Gina Gans (G) gelöst hätte, die von ihrem Arbeitgeber, dem Dachdeckermeister Malte Maier (M), mit Dachdeckerarbeiten auf dem Hausdach beauftragt war?

■ Welche Anspruchsgrundlage kommt in diesem Fall in Betracht? Gegen wen kann P möglicherweise Ansprüche geltend machen? Überlegen Sie selbst!
▶ Zunächst ist an einen Anspruch der P gegen die Gesellin G aus § 823 I zu denken.

Prüfen wir dessen Voraussetzungen (Prüfungsschema → Rn. 414):

(1) Tatbestandsmäßigkeit?

G hat durch eine Handlung die Verletzung des Eigentums der P verursacht; die haftungsbegründende Kausalität liegt vor.

(2) Widerrechtlichkeit?

Keine Rechtfertigungsgründe ersichtlich!

(3) Verschulden?

Unachtsamkeit = Fahrlässigkeit! (Lesen Sie nochmals § 276 II!)

(4) Schaden?

Erforderlich ist weiterhin ein – adäquat kausal durch die Rechtsgutsverletzung eingetretener – Schaden. Schaden ist jeder Nachteil, den jemand durch ein bestimmtes Ereignis erleidet. Aufgrund der Eigentumsverletzung durch G entstanden der P Reparaturkosten iHv 2.000 EUR. Die Rechtsgutsverletzung der G war ursächlich für den Schaden der P. Es liegt nicht außerhalb der Wahrscheinlichkeit, dass ein herabfallender Dachziegel ein auf der Straße parkendes Auto beschädigt (Adäquanztheorie, → Rn. 406 f. nachlesen!).

Rechtsfolge: Somit hat P gegenüber G einen Schadensersatzanspruch gem. § 823 I.

G hat nach § 249 I den Zustand herzustellen, der ohne das schädigende Ereignis bestehen würde. Nach § 249 II 1 kann die Gläubigerin P bei Beschädigung einer Sache statt der Herstellung den dazu erforderlichen Geldbetrag, also 2.000 EUR, für die Reparaturkosten des Autos von G verlangen.

425 Nehmen wir an, Gesellin G ist nicht in der Lage, den Schaden zu bezahlen, weil der Lohn ihr nur gerade so zum Leben reicht.

■ An wen würden Sie sich als Geschädigte wenden?
▶ An den Meister M, für den G tätig wurde.

■ Welche Anspruchsgrundlage kommt für P in Betracht? Überfliegen Sie die Vorschriften der §§ 823 ff.
▶ Die Überschrift über Übungsfall 28 lautet: »Haftung des Geschäftsherrn für Verrichtungsgehilfen«! Fast identisch ist die Überschrift von § 831, den Sie sicher gefunden haben. Lesen Sie Abs. 1!

Anspruchsgrundlage für P gegen M ist § 831 I 1, der eine Haftung für vermutetes Verschulden festlegt! Prüfen wir die

1. Voraussetzungen von § 831 I 1

Damit der Schadensersatzanspruch der P gegen M begründet sein kann, müssen fünf Voraussetzungen (Prüfungsschema → Rn. 428 aE) vorliegen, die wir sofort auf unseren konkreten Fall bezogen untersuchen: **426**

(1) G müsste Verrichtungsgehilfin des M sein. Merkmal des Verrichtungsgehilfen ist die weisungsgebundene Tätigkeit für einen anderen, den »Geschäftsherrn« (= derjenige, der einen anderen zu einer Verrichtung bestellt). Im Verhältnis Gesellin – Meister ist dieses Merkmal gegeben.

(2) G müsste der P widerrechtlich (nicht schuldhaft![595] – der Geschäftsherr haftet für sein eigenes Verschulden) einen Schaden zugefügt haben, dh, G müsste tatbestandsmäßig und widerrechtlich eine unerlaubte Handlung iSd §§ 823 ff.[596] begangen haben. Dass dies geschehen ist, wurde oben (→ Rn. 424) bei der Kurzprüfung des Anspruchs aus § 823 I gegen G bejaht.

Merke: Schuldhaftes Handeln des Verrichtungsgehilfen ist **nicht** erforderlich. Denn § 831 begründet eine Haftung für eigenes Verschulden des Geschäftsherrn. Der Verrichtungsgehilfe muss deshalb weder deliktsfähig sein (§§ 827, 828) noch eine der Schuldformen (§ 276) erfüllen.

(3) G müsste die unerlaubte Handlung »in Ausführung der [weisungsgebundenen] Verrichtung« verübt haben. Es muss ein unmittelbarer innerer Zusammenhang zwischen der ihr aufgetragenen Verrichtung nach ihrer Art und ihrem Zweck sowie der schädigenden Handlung vorliegen. Diese Voraussetzung ist erfüllt, da G in Erfüllung eines Arbeitsvertrags mit M handelte.

Beachte: Wenn G anlässlich ihrer Dachdeckerarbeiten beim Hauseigentümer H (zB in der Mittagspause) einen Diebstahl begangen hätte, wäre dies nicht mehr »**in Ausübung**« der Verrichtung geschehen, sondern »**bei Gelegenheit**« dieser Verrichtung. § 831 I kann dann nicht angewendet werden!

(4) Der Anspruchstellerin (P) müsste ein Schaden entstanden sein, für den die Rechtsgutsverletzung (hier: Eigentumsverletzung) ursächlich war (»haftungsausfüllende Kausalität«). Auch diese Voraussetzung ist gegeben, wie bereits oben (= Anspruch der P gegen G aus § 823 I, → Rn. 424) festgestellt. **427**

(5) Weitere Voraussetzung ist, dass M schuldhaft gehandelt hat. Diese Voraussetzung steht so nicht explizit in § 831. Vielmehr enthält diese Vorschrift eine **Haftung für vermutetes Verschulden des Geschäftsherrn**, sofern dieser nicht den **Exkulpationsbeweis** (= Entlastungsbeweis) **nach § 831 I 2** führen kann; – letztgenannte Vorschrift lesen!

■ Welche (zwei) Exkulpationsmöglichkeiten für den Geschäftsherrn finden Sie in dieser Vorschrift?

595 Was sich aus dem Wortlaut von § 831 I ergibt; so auch BGH NJW 1996, 3205 (3207); BeckOK BGB/*Förster* § 831 Rn. 35; jurisPK-BGB/*Matusche-Beckmann* § 831 Rn. 76; NK-BGB/*Katzenmeier* § 831 Rn. 31; Palandt/*Sprau* § 831 Rn. 8.

596 *Brox/Walker* SchuldR BT § 48 Rn. 4.

- Der Geschäftsherr kann sich exkulpieren, wenn er
  a) fehlendes Verschulden seinerseits oder
  b) den fehlenden haftungsbegründenden Kausalzusammenhang zwischen Verschulden und Schaden nachweist.

Dieser sog. »Exkulpations- bzw. Entlastungsbeweis« ist also zum einen erbracht, wenn der Geschäftsherr nachweisen kann, dass er seine Gehilfen zB aufgrund guter Zeugnisse und guten Leumunds sorgfältig ausgewählt bzw. eingestellt und dass diese Gesellin schon jahrelang äußerst gewissenhaft und zuverlässig gearbeitet hat. Anders ausgedrückt: Der Exkulpationsbeweis ist erbracht, wenn der Geschäftsherr nachweisen kann, dass ihn bezüglich der Tätigkeit des Verrichtungsgehilfen **kein »Auswahl- und Überwachungsverschulden«** trifft.

Zum anderen ist der Exkulpationsbeweis erbracht, wenn der Geschäftsherr nachweisen kann, dass der Schaden auch bei Anwendung der im Verkehr erforderlichen Sorgfalt entstanden wäre (= Kausalzusammenhang zwischen Auswahl- bzw. Überwachungsverschulden und Schaden darf nicht vorhanden sein).

Falllösung: Das Verschulden des M wird durch den Eintritt des Schadens vermutet. Im Sachverhalt sind keine Anhaltspunkte für eine mögliche Exkulpation des M vorhanden.

2. Rechtsfolge

Da die Voraussetzungen des § 831 I vorliegen, hat P gegenüber M einen Schadensersatzanspruch, dessen Umfang sich aus § 249 I, II 1 ergibt (s. oben → Rn. 424).

428 In der Praxis wird dem Geschäftsherrn der Entlastungsbeweis häufig gelingen, sodass der Geschädigte auf einen Schadensersatzanspruch gegen den – in der Regel finanzschwächeren – Gehilfen aus § 823 I angewiesen ist.

Zum besseren Verständnis der rechtlichen Beziehungen eine grafische Skizze:

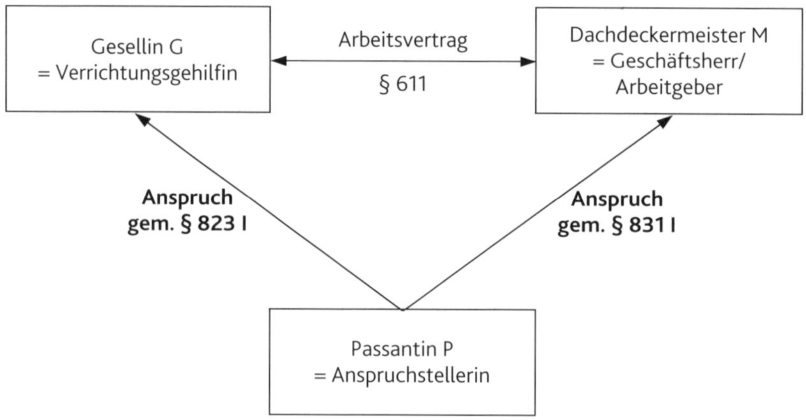

P kann selbstverständlich nicht von beiden Anspruchsgegnern (Geselle G und Dachdeckermeister M) Schadensersatz verlangen. Beide haften ihr als sog. Gesamtschuldner. Näheres dazu unter → Rn. 438.

Prüfungsschema

Haftung für den Verrichtungsgehilfen gem. § 831 I

I. Voraussetzungen:
1. Verrichtungsgehilfe – weisungsgebundene Tätigkeit
2. tatbestandsmäßige und rechtswidrige unerlaubte Handlung (§§ 823 ff.) des Verrichtungsgehilfen
3. Schadenszufügung in Ausübung der Verrichtung
4. Schaden
5. Verschulden des Geschäftsherrn
   a) Verschuldens- und Ursächlichkeitsvermutung
   b) Widerlegung der Vermutung = Exkulpationsbeweis des Geschäftsherrn gem. § 831 I 2
      - bei sorgfältiger Auswahl und Überwachung des Verrichtungsgehilfen
      - bei fehlender Kausalität zwischen Auswahl-/Überwachungsverschulden und Schaden

II. Rechtsfolge:
Schadensersatz
Umfang §§ 249 ff., gegebenenfalls §§ 842 ff.

3. Verhältnis von § 831 I zu § 278

Sofern Sie bei der Lektüre des Begriffs »Verrichtungsgehilfe« an den »Erfüllungsgehilfen«[597] gedacht haben, war das durchaus nahe liegend, aber nur, um sich die wesentlichen Unterschiede zwischen diesen beiden Gehilfentypen bzw. bezüglich der Voraussetzungen und Folgen ihres Auftretens für den »Geschäftsherrn« zu verdeutlichen! 429

■ Lesen Sie die Übersicht 21 (Rn. 408) in *Wörlen/Metzler-Müller* Schuldrecht AT »Haftung für Verschulden des Erfüllungsgehilfen« und vergleichen diese mit dem soeben Gelernten! Welche Unterschiede zu § 831 fallen Ihnen auf?

▶ Wenn Sie alle dort genannten Punkte gelesen haben, müssten Sie die in der folgenden Übersicht aufgelisteten Unterscheidungsmerkmale gefunden haben.

Übersicht 21 (Teil 2) 430

Unerlaubte Handlungen (Deliktsrecht)	
Unterschied zwischen § 831 und § 278	
§ 831	**§ 278**
= Selbstständige, deliktsrechtliche **Anspruchsgrundlage** gegen den Geschäftsherrn.	= **Keine** Anspruchsgrundlage, sondern eine reine Zurechnungsnorm. In einer Anspruchsgrundlage (zB § 280 I) wird die Voraussetzung des »Vertretenmüssens« damit ausgefüllt.

597 Vgl. dazu *Wörlen/Metzler-Müller* SchuldR AT Übungsfall 26 (Rn. 397).

Setzt **kein** bestehendes Schuldverhältnis zwischen Geschäftsherrn und Drittem voraus.	Setzt ein bestehendes **Schuldverhältnis** zwischen Geschäftsherrn und Drittem voraus.
Setzt voraus, dass der Verrichtungsgehilfe für den Geschäftsherrn **weisungsgebunden** tätig wird und dabei eine tatbestandsmäßige und widerrechtliche unerlaubte Handlung begeht.	Es **kommt nicht darauf** an, ob der Erfüllungsgehilfe vom Geschäftsherrn weisungsabhängig ist oder nicht.
Begründet eine **Haftung für eigenes (vermutetes) Verschulden** des Geschäftsherrn.	Begründet eine **Haftung für fremdes Verschulden** = das Verschulden des Erfüllungsgehilfen.
Der Geschäftsherr hat eine **Exkulpationsmöglichkeit**.	Der Geschäftsherr hat **keine** Exkulpationsmöglichkeit.

Beachte: Die Vorschriften von § 278 und § 831 können **nebeneinander** zur Anwendung kommen. Wenn eine Handlung gleichzeitig die Verletzung einer schuldrechtlichen Verhaltenspflicht und einen Verstoß gegen §§ 823 ff. enthält, haftet der Schädiger zum einen aus Vertrag (zB § 280 I) und zum anderen aus unerlaubter Handlung (zB § 823 I). Es besteht dann eine **Anspruchskonkurrenz**.
Wenn auf der Seite des Schuldners ein Gehilfe gehandelt hat, ist für die vertragliche Haftung des Schuldners zB § 280 I iVm § 278 einschlägig, für die Deliktshaftung § 831.

IV. Gefährdungshaftung

1. Begriff

431 Während das Recht der unerlaubten Handlungen grundsätzlich vom (gegebenenfalls vermuteten) Verschulden ausgeht, sieht das Gesetz eine Haftung auch für solche Fälle vor, in denen der Schaden durch eine zwar rechtmäßige, aber für andere mit möglichen Gefahren verbundene Tätigkeit verursacht wird.[598]

Diese »Gefährdungshaftung« ist namentlich eine Reaktion des Rechts auf die Gefahren der Industriegesellschaft.[599] Auslöser für diese Haftung ist allein schon die von der bloßen Inbetriebnahme einer Einrichtung ausgehende Gefährdung. Die Halterin dieser Einrichtung haftet ebenso wie der Halter eines sog. »Luxustiers« – im Gegensatz zum Haustier, das zB von einem Landwirt von Berufs wegen zur Erwerbstätigkeit benötigt wird (vgl. § 833) – ohne Verschulden, wenn durch den Betrieb der Einrichtung (oder: durch das Tier) andere einen Schaden erleiden, da es dem Geschädigten im Regelfall nicht möglich oder zumutbar ist, ein Verschulden des Halters nachzuweisen.[600]

2. Haftungstatbestände

432 Die wichtigsten Vorschriften, die eine Gefährdungshaftung begründen, sind:

- § 7 I StVG = »Haftung des Kfz-Halters« (und gegebenenfalls des Fahrers)
- § 1 I HPflG = »Haftung des Bahnunternehmers«
- §§ 33 ff. LuftVG = »Haftung des Halters eines Luftfahrzeugs«
- §§ 25 ff. AtomG = »Haftung für Kernanlagen«

598 Vgl. *Brox/Walker* SchuldR BT § 54 Rn. 1.
599 *Deutsch/Ahrens* DeliktsR Rn. 7.
600 Vgl. *Schmidt* in Creifelds RechtsWB »Gefährdungshaftung«.

- §§ 89 f. WHG = »Haftung für Änderungen der Wasserbeschaffenheit (Gewässerverunreinigung)«
- §§ 29 ff. BJagdG = »Haftung für Wildschäden«
- §§ 114 ff. BBergG = »Haftung für Bergschäden«
- § 833 S. 1 = »Haftung des Tierhalters«
- §§ 1, 2, 6 UmweltHG = »Anlagenhaftung bei Umwelteinwirkungen und Haftung für nichtbetriebene Anlagen«
- § 32 I GenTG = »Haftung des Betreibers gentechnischer Arbeiten«
- § 84 AMG = »Haftung für Arzneimittelschäden«

V. Haftungsminderung und Haftungsausschluss bei beschränkter oder fehlender Verschuldensfähigkeit

Die Haftung eines Schädigers für eine unerlaubte Handlung setzt neben deren Tatbestandsmäßigkeit und Widerrechtlichkeit ein Verschulden (→ Rn. 402) voraus. Das bedeutet, dass der Schädiger überhaupt verschuldensfähig, dh im Recht der unerlaubten Handlungen: »deliktsfähig« ist. **Deliktsfähigkeit** ist die Fähigkeit, unerlaubte Handlungen mit Verantwortlichkeit für deren Folgen vorzunehmen.[601] 433

Dabei ist zu unterscheiden zwischen (voller) Deliktsfähigkeit, bedingter Deliktsfähigkeit und Deliktsunfähigkeit.

1. Deliktsunfähigkeit

Gemäß § 827 S. 1 ist die Haftung ausgeschlossen von Personen, die im Zustand der Bewusstlosigkeit oder in einem die freie Willensbestimmung ausschließenden Zustand krankhafter Störung der Geistestätigkeit einem anderen einen Schaden zufügen. Gleiches gilt für Minderjährige unter sieben Jahren (§ 828 I). Lesen Sie § 827 S. 2! Das Sprichwort »Am Rausch ist nicht der Wein schuld, sondern der Trinker« findet sich also auch in dieser gesetzlichen Regelung. Denn wenn sich der Schädiger selbst durch geistige Getränke (zB Alkohol) oder ähnliche Mittel (zB Medikamente, Drogen) in diesen vorübergehenden Zustand versetzt hat, knüpft das Zivilrecht den Vorwurf an einen früheren Zeitpunkt, und zwar an das zumindest fahrlässige Betrinken. Der Schädiger ist also in gleicher Weise für den Schaden verantwortlich, wie wenn ihm Fahrlässigkeit bei der schädigenden Handlung selbst zur Last fiele. 434

Mit § 828 II soll die Verbesserung der Rechtsstellung von Kindern bei Unfällen im Straßen- und Bahnverkehr erreicht werden: Nach § 828 II 1 ist die Haftung (insbesondere für Mitverschulden iSv § 254) von **Kindern unter zehn Jahren ausgeschlossen**. Gemäß § 828 II 2 gilt dies **nicht** bei **Vorsatztaten** von Kindern zwischen sieben und zehn Jahren. 435

Mit § 828 II ist neueren Erkenntnissen der Entwicklungspsychologie Rechnung getragen worden, nach denen Kinder frühestens ab Vollendung des 10. Lebensjahres im Stande seien, die besonderen Gefahren des motorisierten Straßenverkehrs zu erkennen oder sich den Erkenntnissen entsprechend zu verhalten, insbesondere weil die Fähigkeit zur richtigen Einschätzung von Entfernungen und Geschwindigkeiten fehlt

601 Vgl. schon *Wörlen/Metzler-Müller* BGB AT Rn. 58.

sowie kindliche Eigenheiten einem verkehrsgerechten Verhalten entgegenstehen.[602] Der Gesetzgeber hat diese Erkenntnis allerdings **nur** auf den **Straßenverkehr** beschränkt. Die Haftungsprivilegierung greift nicht ein, wenn sich keine typische Überforderungssituation des Kindes durch die spezifischen Gefahren des motorisierten Verkehrs realisiert hat – so zB, wenn das Kind mit einem Fahrrad oder Skateboard gegen ein ordnungsgemäß parkendes Kraftfahrzeug gestoßen ist. Für diesen Fall muss es haften.[603] Aber: Lässt ein achtjähriges Kind auf dem Bürgersteig sein Fahrrad los, damit es von alleine weiterrollt, und rollt das führungslose Fahrrad auf die Fahrbahn gegen das zu diesem Zeitpunkt vorbeifahrende Kraftfahrzeug, so handelt es sich um einen Unfall mit einem Kraftfahrzeug iSd § 828 II 1, der zu einer Haftungsprivilegierung des Kindes führt.[604]

Dies nur als Information. Zu einer kritischen Würdigung dieser Vorschrift bleibt in diesem Einführungswerk kein Raum.[605]

2. Bedingte Deliktsfähigkeit

436 Bei Minderjährigen zwischen sieben und achtzehn Jahren wird gem. § 828 III darauf abgestellt, ob der Minderjährige, der einem anderen einen Schaden zufügt, bei der Begehung der unerlaubten Handlung die zur Erkenntnis der Verantwortlichkeit erforderliche Einsicht[606] hatte.

VI. Haftung mehrerer Schädiger

1. Verantwortlichkeit von Teilnehmern und Beteiligten, § 830

437 Gemäß § 830 ist jeder Teilnehmer einer unerlaubten Handlung dem Geschädigten für den vollen Schaden verantwortlich. Voraussetzung dieser **selbstständigen Anspruchsgrundlage** ist die Teilnahme an einer tatbestandsmäßig, rechtswidrig und schuldhaft begangenen unerlaubten Handlung iSd §§ 823 ff., und zwar als

- **Mittäter** – vgl. § 25 II StGB: bewusstes und gewolltes Zusammenwirken zur Herbeiführung des Verletzungserfolgs,
- **Anstifter** – vgl. § 26 StGB: derjenige, der vorsätzlich einen anderen zu dessen vorsätzlich begangener rechtswidriger Tat bestimmt hat,
  oder
- **Gehilfe** – vgl. § 27 StGB: derjenige, der vorsätzlich einem anderen zu dessen vorsätzlich begangener rechtswidriger Tat Hilfe geleistet hat.

Für den Geschädigten ergeben sich oftmals Beweisschwierigkeiten in Bezug auf die einzelnen Tatbeiträge sowie deren Kausalität. Dieses Problem hat der Gesetzgeber in

602 So etwa die Begründung des Entwurfs zum Schadensersatzrechtsänderungsgesetz, BT-Drs. 741/01.

603 BGH NJW 2005, 137 sowie NJW-RR 2005, 327.

604 BGH NJW 2008, 147.

605 Bei Interesse: *Oechsler*, Die Unzurechnungsfähigkeit von Kindern in Verkehrssituationen, NJW 2009, 3185 ff.; *Lang*, Beteiligung von Kindern an Verkehrsunfällen, r + s 2011, 409; *Oechsler*, Die Haftung Minderjähriger – alle Fragen geklärt? – Eine Betrachtung »unserer Kleinen« zwischen zehn und 14 Jahren, r + s Beil. 2011, 63.

606 Vgl. dazu *Wörlen/Metzler-Müller* BGB AT Rn. 59 zur Haftung von Fritzchen in Übungsfall 2 (Rn. 52).

§ 830 I 2 gelöst: Sollte nicht zu ermitteln sein, wer von mehreren Beteiligten den Schaden durch seine Handlung verursacht hat, trifft jeden Beteiligten die volle Haftung für den eingetretenen Schaden. Allerdings muss bei jedem Beteiligten ein haftungsbegründender Tatbestand gegeben sein; nur der Nachweis der Ursächlichkeit seines Verhaltens muss nicht erbracht werden.[607]

2. Gesamtschuldnerschaft, § 840

Bei der Haftung mehrerer Personen ist zwischen dem Außenverhältnis und dem In- **438**
nenverhältnis zu unterscheiden.

■ Was ist unter diesen Begriffen zu verstehen?
▶ Das Außenverhältnis betrifft die Haftung des «unerlaubt Handelnden« gegenüber dem Geschädigten, das Innenverhältnis die Haftung der einzelnen Schädiger untereinander.

a) Außenverhältnis

Täter einer unerlaubten Handlung, die nebeneinander verantwortlich sind, haften gem. § 840 dem Geschädigten als Gesamtschuldner. So Mittäter, Anstifter, Gehilfen (§ 830 I, II); Beteiligte (§ 830 I 2), Nebentäter nach §§ 823 ff., auch wenn der eine vorsätzlich, der andere fahrlässig gehandelt hat; Geschäftsherr nach § 831 und Verrichtungsgehilfe nach §§ 823 ff.

Für unseren Übungsfall 28 (vor → Rn. 424) verdeutlicht dies die folgende Skizze:

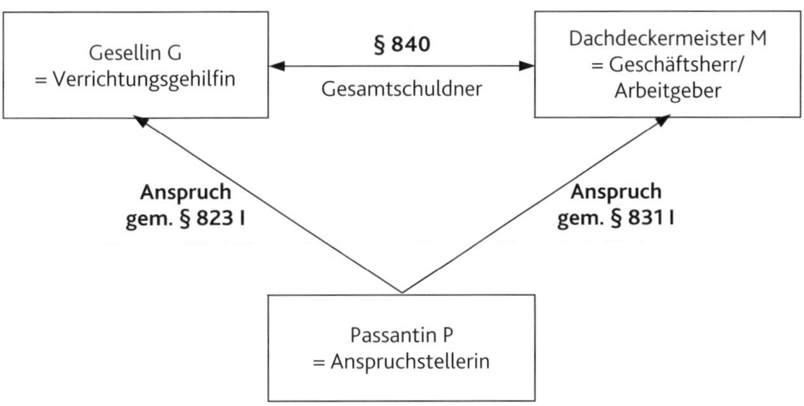

b) Innenverhältnis

Durch § 426 I wird ein Ausgleichsschuldverhältnis unter den Gesamtschuldnern begründet: Die Gesamtschuldner sind im Verhältnis zueinander zu gleichen Anteilen verpflichtet, sofern nicht das Gesetz etwas anderes bestimmt. Gesetzliche (abweichende) Regelungen sind in § 840 II und III für die Gesamtschuldner getroffen.

Beachte: Gemäß § 426 II geht, sofern ein Gesamtschuldner den Gläubiger befriedigt, die Forderung des Gläubigers gegen die übrigen Schuldner auf ihn über. Diese Vorschrift ist Beispiel für einen gesetzlichen Forderungsübergang; ein weiterer Fall hierfür ist zB § 774 (Bürgschaft → Rn. 348, 350).

607 Vgl. Palandt/*Sprau* § 830 Rn. 7 mwN.

Lesen Sie zum Abschluss des Rechts der unerlaubten Handlungen die zusammenfassende

Übersicht 21 (Teil 3)

439

Unerlaubte Handlungen (Deliktsrecht)	
Sondertatbestände	
• **§ 823 II**	**Voraussetzung:** Schädiger verstößt gegen ein Gesetz, das den Schutz des Geschädigten bezweckt (sog. Schutzgesetz, zB StGB, StVG, StVO). Verschulden auch erforderlich, wenn Schutzgesetz ohne Verschulden verwirklicht werden kann.
• § 824	Kreditgefährdung
• § 825	Bestimmung zu sexuellen Handlungen
• **§ 826**	Sittenwidrige Schädigung **Voraussetzung:** Vorsätzliche Schädigung in einer gegen die guten Sitten verstoßenden Weise **Beispiel:** Arglistige Täuschung eines Vertragspartners (auch durch den vorsätzlichen Einbau von illegaler Abschalteinrichtung bei Dieselfahrzeugen, um durch verfälschte Messergebnisse Kaufentscheidungen manipulierend zu beeinflussen)[608]; Ausnutzung wirtschaftlicher Machtstellung
• § 830	Mittäter und Beteiligte
• **§ 831**	**Haftung des Geschäftsherrn für Verrichtungsgehilfen**
• § 832	Haftung des Aufsichtspflichtigen (für vermutetes Verschulden – Entlastungsbeweis möglich)
• §§ 833, 834	Haftung des Tierhalters bzw. des Tieraufsehers (Gefährdungshaftung bei »Luxustier«; sonst: Entlastungsbeweis möglich)
• §§ 836–838	Haftung des Gebäudebesitzers bzw. des Gebäude-Unterhaltspflichtigen (für vermutetes Verschulden – Entlastungsbeweis möglich!)
• § 839	Eigenhaftung von Beamten bei fiskalischer Tätigkeit
• § 839 iVm Art. 34 GG	Haftung von öffentlich-rechtlichen Körperschaften für Amtspflichtverletzungen ihrer Amtsträger
• **§ 840**	**Haftung mehrerer**
Rechtsfolge	aller Sondertatbestände = Schadensersatz; Umfang: §§ 249 ff. gegebenenfalls §§ 842 ff.
Haftungsminderung, Haftungsausschluss:	§§ 827, 828: Bewusstlose, Geisteskranke, Minderjährige.

608 S. zB BGH NJW 2021, 918 (Rn. 18 f.); NJW 2020, 2804 (Rn. 12 f.).

Literatur zur Vertiefung (→ Rn. 416–439): *Alpmann und Schmidt* SchuldR BT 4, 1. Teil, 2. und 3. Abschn.; *Becker/Weidt,* Die deliktische Haftung mehrerer, JuS 2016, 481; *Brade/Gentzsch,* Die Haftung von Beteiligten – Grundwissen zu § 830 I 2 BGB, JA 2016, 895; *Brand,* Die Haftung des Aufsichtspflichtigen nach § 832 BGB, JuS 2012, 673; *Brox/Walker* SchuldR BT §§ 46–51; *Coester-Waltjen,* Die Haftung nach § 7 StVG, JURA 2004, 173; *Coester-Waltjen,* Die Haftung nach § 823 Abs. 2 BGB, JURA 2002, 102; *Deranco/Weber,* Mitverschulden Dritter im Schadensrecht, JURA 2021, 145; *Fikentscher/Heinemann* SchuldR §§ 108–113; *Führich* WirtschaftsPrivR Rn. 670 ff.; *Hirche/Schickl,* Immer Ärger mit dem Halter (Anfängerklausur), JuS 2021, 516; *Kilian,* Die deliktische Verantwortlichkeit Minderjähriger nach § 828 BGB nF, ZGS 2003, 168; *Looschelders* SchuldR BT §§ 64–70, 73 f.; *Lorenz,* Grundlagen der Gefährdungshaftung, JuS 2021, 307; *Medicus,* Tod als Schaden, ZGS 2006, 103; *Medicus/Lorenz* SchuldR BT §§ 78–87; *Medicus/Petersen* BürgerlR Grundwissen § 25 IV; *Metzler-Müller* PrivatRFall Fälle 15 und 16; *Omlor,* Haftung für Daimler-Thermofenster, JuS 2021, 554; *Petersen,* Verantwortlichkeit für Dritte, JURA 2016, 1257; *Raab,* Die Bedeutung der Verkehrssicherungspflichten und ihre systematische Stellung im Deliktsrecht, JuS 2002, 1041; *Röthel,* Gefährdungshaftung, JURA 2012, 444; *Röthel,* Kraftfahrzeughalter und Tierhalter, JURA 2014, 1124; *Röthel,* Haftung wegen Verletzung eines Schutzgesetzes (§ 823 II BGB), JURA 2021, 1297; *Schade/Graewe* WirtschaftsPrivR Rn. 404 ff.; *Schreiber,* Die Haftung bei Verkehrsunfällen, JURA 2007, 594; *Schubmehl/Rabbe,* Neunjähriger im Geschäfts- und Straßenverkehr (Übungsklausur Zivilrecht), JURA 2008, 853 ff.; *Wandt* Gesetzl. Schuldverhältnisse §§ 17–19.

E. Produzentenhaftung und Produkthaftung

I. Begriff und Wesen

Beide Begriffe beziehen sich auf die Haftung des Herstellers (Produzent) einer Ware (Produkt), die entweder von ihm selbst an den Endverbraucher oder, was häufiger der Fall ist, über Zwischenhändler vertrieben wird. 440

1. Produzentenhaftung

Der Begriff »Produzentenhaftung« weist auf eine persönliche Verantwortlichkeit des Produzenten, also auf ein Verschulden hin. 441

Die Frage nach der Haftung des Produzenten stellt sich regelmäßig dann, wenn dieser ein Produkt in den Verkehr gebracht hat und dem Verbraucher durch die Benutzung des Produkts ein Schaden entstanden ist.

Eine **vertragliche Haftung** des Herstellers (aufgrund einer vertraglichen Pflichtverletzung) scheidet in den meisten Fällen aus, da zwischen Hersteller und Endverbraucher in der Regel keine vertraglichen Beziehungen bestehen, sofern Letzterer das Produkt nicht direkt vom Hersteller bezogen hat.

Das Dreiecksverhältnis zwischen Hersteller, Verkäufer und Käufer verdeutlicht folgende Skizze:

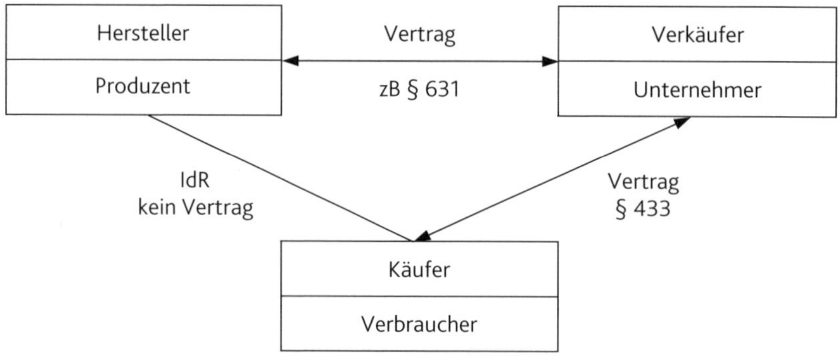

Ein **Schulbeispiel für** die **seltene vertragliche Produzentenhaftung** ist folgender vom BGH[609] entschiedener Fall (sog. »Ziegelsteinurteil«):
Ein Bauunternehmer bestellte direkt bei einem Ziegelwerk sog. Gittersteine mit einer Druckfestigkeit von 350 kg je cm². Nach Lieferung und Verarbeitung der Steine stellte sich heraus, dass diese nicht die geforderte Druckfestigkeit aufwiesen. Der Bauunternehmer ließ daraufhin das mit diesen Steinen errichtete Mauerwerk abbrechen und mit druckfesten Steinen neu errichten. Wegen der daraus entstandenen Kosten verlangte er Schadensersatz vom Inhaber des Ziegelwerks.
Der BGH gab der Klage statt, weil das beklagte Ziegelwerk die Druckfestigkeit der Steine dem Bauunternehmer vertraglich zugesichert habe und der Schaden Folge des Fehlens der zugesicherten Eigenschaft gewesen sei (sog. verschuldensunabhängige »Produzentengarantie«).

Die **vertragliche Haftung des Produzenten** kommt nur in Betracht, wenn der Verletzte in den Schutzbereich des Vertrages einbezogen ist. Für außenstehende Dritte ist eine vertragliche Anspruchsgrundlage daher nicht gegeben.

442 Die Vorschriften des Deliktsrechts sind grundsätzlich ebenfalls nicht auf die Produzentenhaftung zugeschnitten. Als allgemeine Haftungsgrundlage kommt die Verschuldenshaftung aus § 823 in Betracht, die von der Rechtsprechung durch die Umkehr der Beweislast hinsichtlich des Verschuldens erleichtert worden ist: Steht fest, dass das Produkt einen Fehler hatte, hat sich der Produzent insofern zu entlasten, als er darlegen muss, dass er den Fehler nicht vorhersehen oder vermeiden konnte.[610]

Ein **Schulbeispiel** für die **deliktische Produzentenhaftung** ist das sog. »Hühnerpesturteil« des BGH.[611]
Die Klägerin betrieb eine Hühnerfarm und ließ ihre Hühner von einem Tierarzt gegen Hühnerpest impfen. Kurz danach brach auf der Farm die Hühnerpest aus, die zum Tod fast aller Hühner führte. Den Impfstoff hatte der Tierarzt von dem beklagten Produzenten bezogen.
Eine Untersuchung des noch vorhandenen restlichen Impfstoffs ergab, dass dieser bakterielle Verunreinigungen und reaktivierte Hühnerpestviren enthielt, die den Ausbruch der Hühnerpest verursacht hatten. Auf welche Weise es im Betrieb des beklagten Produzenten zu der bakteriellen Verunreinigung und der damit verbundenen Reaktivierung der Viren gekommen war, konnte nicht aufgeklärt werden. Insbesondere blieb unaufgeklärt, ob der Schaden letztlich auf ein fehlerhaftes Verhalten des Produzenten oder seiner Mitarbeiter oder auf unvorhergesehene Ereignisse zurückzuführen war. Die Hühnerhalterin klagte auf Schadensersatz gegen den Produzenten.
Der BGH gab der Klage statt, da der Produzent nicht dargelegt hatte, dass ihn kein Verschulden an der Herstellung des fehlerhaften Impfstoffs traf. Der Leitsatz der BGH-Entscheidung lautet:

609 Vgl. BGH FHZivR 12 Nr. 1085 = VersR 1966, 241 = DB 1966, 147.
610 *Deutsch/Ahrens* DeliktsR Rn. 376.
611 BGHZ 51, 91 = NJW 1969, 269 = VersR 1969, 155.

»Wird jemand bei bestimmungsgemäßer Verwendung eines Industrieerzeugnisses dadurch an einem der in § 823 I BGB geschützten Rechtsgüter geschädigt, dass dieses Produkt fehlerhaft hergestellt war, so ist es Sache des Herstellers, die Vorgänge aufzuklären, die den Fehler verursacht haben, und dabei darzutun, dass ihn hieran kein Verschulden trifft.«

2. Produkthaftung

Der Begriff »Produkthaftung« bezieht sich auf das fehlerhafte Produkt und weist auf eine objektive verschuldensunabhängige Haftung hin. Diese Produkthaftung wurde nach dem Vorbild der »products liability« aus dem anglo-amerikanischen Recht in das Produkthaftungsgesetz übernommen:[612] Um einen größtmöglichen Verbraucherschutz zu erreichen, setzte der deutsche Gesetzgeber (wie so oft mit einiger Verspätung) die Richtlinie 85/374/EWG v. 25.7.1985 um. Am 1.1.1990 trat das »Gesetz über fehlerhafte Produkte« (ProdHaftG) in Kraft. 443

Dieses Gesetz ordnet eine grundsätzlich **verschuldensunabhängige Haftung** des Herstellers für Produktschäden an (vgl. § 1 I 1 ProdHaftG) und begründet eine Mischform aus Verschuldens- und Gefährdungshaftung[613] für fehlerhafte Produkte. Dadurch brachte das Produkthaftungsgesetz teilweise eine Verbesserung für den Verbraucher gegenüber der reinen Verschuldenshaftung nach den §§ 823 ff. Diese behält aber weiter ihre Bedeutung, da das Produkthaftungsgesetz zB die Haftung bei Tod und Körperschäden auf einen Höchstbetrag begrenzt und bei Sachschäden eine Selbstbeteiligung des Geschädigten vorsieht. 444

II. Produzentenhaftung nach §§ 823 ff.

1. Rahmentatbestand

Für die deliktische Produzentenhaftung, die aus den § 823 I und II iVm einem Schutzgesetz, § 831 und § 836 hergeleitet wurde, hat die Rechtsprechung einen Rahmentatbestand gebildet: Der Hersteller eines Produkts, das einen Fehler aufweist, haftet auf Ersatz des dadurch verursachten Schadens, wenn er nicht beweisen kann, dass ihn an dem Fehler bzw. dessen Auswirkungen kein Verschulden trifft (→ Rn. 442). 445

Eine Haftung des Herstellers setzt dabei voraus, dass ihm ein Verhalten zuzurechnen ist, welches die Rechtsgutsverletzung und den dadurch entstandenen Schaden verursacht hat. Dies ist der Fall, wenn das Produkt einen Fehler aufweist, für den ein Produzent typischerweise einstehen muss. Dann ist in dem Inverkehrbringen **eine objektive Pflichtverletzung** zu sehen, die den Tatbestand einer unerlaubten Handlung erfüllt.[614] Dabei bedürfen folgende Begriffe einer kurzen Erläuterung:

---

612 Für Interessierte am anglo-amerikanischen (hier: englischen) Recht sei der Hinweis auf den klassischen Fall »Donoghue v Stevenson« (1932!) erlaubt (unter anderem zu finden bei Smith & Keenan's English Law, 15. Aufl. 2007, Fall 264, und außerdem in *Wörlen/Balleis/Angress*, Introduction to English Civil Law – for German Speaking Lawyers and Law Students, Vol. 2, 4. Aufl. 2011, 29 ff.), in dem das House of Lords darüber zu befinden hatte, wer für die (Schock-)Schäden zu haften hatte, die eine Konsumentin erlitt, nachdem sie Ginger-Ale aus einer undurchsichtigen Flasche genossen hatte, in der sich eine tote Schnecke befunden hatte.

613 Vgl. *Wandt* Gesetzl. Schuldverhältnisse § 23 Rn. 1; MükoBGB/*Wagner*, Einl. ProdHaftG Rn. 18 ff., 23.

614 **Zur Prüfungsreihenfolge der Anspruchsvoraussetzungen der Produzentenhaftung bei § 823 I → Rn. 466 ff.**

a) Hersteller

446 Hersteller ist der Produzent des Endprodukts, eines Teilprodukts oder eines Grundstoffs. Auch ein Zulieferer ist somit als Hersteller anzusehen. Importeure und Vertriebshändler[615] fallen dagegen nicht unter den Begriff des Herstellers, der nach Deliktsrecht als Produzent haftbar ist, weil sie meist praktisch nicht in der Lage sind, die Verkehrssicherheit des Produkts zu überprüfen.[616]

b) Produktfehler

447 Als Fehler wird die mangelhafte Beschaffenheit des Produkts angesehen, das deshalb für den vorgesehenen Zweck nicht oder nur mit Gefahr für den Endverbraucher oder andere eingesetzt werden kann. Ein Produkt ist demnach fehlerhaft, wenn es nicht die Sicherheit bietet, die berechtigterweise erwartet werden konnte.

c) Verschulden

448 Für die deliktische Haftung ist Verschulden Voraussetzung. Konnte der Hersteller den Fehler nicht erkennen oder verhindern, haftet er nicht. Während normalerweise der Geschädigte das Verschulden des Schädigers beweisen muss, verlangt die Rechtsprechung (→ Rn. 442: »Hühnerpesturteil«)[617] zur deliktischen Produzentenhaftung, dass der Hersteller beweisen muss, dass ihn hinsichtlich des Produktfehlers kein Verschulden trifft (Beweislastumkehr).

d) Kausalzusammenhang

449 Der Fehler muss für den eingetretenen Schaden kausal gewesen sein. Außerdem muss der Geschädigte zu dem Personenkreis gehören, der gegen die Folgen des Fehlers geschützt werden soll. Schließlich muss der Schaden im Schutzbereich des Gebots der Fehlerfreiheit liegen. Dazu gehört zB bei mit Breitbandantibiotika vermischtem Fischfutter auch der Schaden aus der Beschlagnahme von Futtermitteln.[618]

2. Typische Haftungsgründe

a) Konstruktionsfehler

450 Ein Konstruktionsfehler liegt vor, wenn der Hersteller nicht alle möglichen und erforderlichen Sicherheitsvorkehrungen getroffen hat, um zu gewährleisten, dass derjenige Sicherheitsgrad erreicht wird, den die im entsprechenden Bereich herrschende Verkehrsauffassung für erforderlich erachtet.[619] Dabei ist der Sicherheitsstandard einer Vergleichsgruppe heranzuziehen, die Fehlerhaftigkeit des Produkts kann sich daher nicht allein aus der Risikoträchtigkeit eines Bauteils ergeben, solange die Gesamtfunktionsfähigkeit des Produkts gegeben ist. Typischerweise betreffen solche Fehler nicht nur einzelne Stücke, sondern die ganze Serie.[620]

Die objektive Pflichtwidrigkeit und das Verschulden des Herstellers werden bei einem Konstruktionsfehler, der einen Schaden verursacht, vermutet. Allerdings kann sich der Hersteller dahingehend entlasten, dass es sich um einen sog. Entwicklungsfehler handelt, der bei dem In-Verkehr-Bringen des Produkts nach dem damaligen

615 Zur deliktischen Haftung des Quasi-Herstellers vgl. *Wandt* Gesetzl. Schuldverhältnisse, § 23 Rn. 7.

616 Vgl. jurisPK-BGB/*Lange* § 823 Rn. 118 f.

617 Eine Vielzahl von klassischen BGH-Urteilen zur Produzentenhaftung zit. *Sossna* JURA 1996, 587.

618 *Deutsch/Ahrens* DeliktsR Rn. 375 mit Hinweis auf BGHZ 105, 346 = NJW 1989, 707.

619 BGHZ 181, 253 = NJW 2009, 2952.

620 HK-BGB/*Staudinger* § 823 Rn. 173.

Stand von Wissenschaft und Technik nicht erkennbar war.[621] Eventuell kommt in einem solchen Fall eine Haftung wegen Verletzung der Produktbeobachtungspflicht (→ Rn. 453) in Betracht.

Beispiele:
- Ein Klapphocker, der nur mit einer einfachen Feststelleinrichtung konstruiert wurde, ist fehlerhaft. Bricht jemand, der darauf sitzt, mit dem Hocker zusammen, haftet der Hersteller für den durch die Verletzungen entstandenen Schaden.[622]
- Ein schadensursächlicher und haftungsbegründender Fehler wurde verneint, als ein Traktor durch den Auspuff glühende Kohleteilchen ausstieß, die einen Wald in Brand setzten.[623]

b) Fabrikationsfehler

Ein Fabrikationsfehler liegt vor, wenn nur einzelne Exemplare eines Produkts auf- **451**
grund eines planwidrigen Fehlverhaltens eines Arbeiters oder der Fehlfunktion einer Maschine beim Herstellungsprozess, der ansonsten ordnungsgemäß verlief, mangelhaft sind. »Pfusch gehört nicht auf den Markt, weil er Abnehmer und Dritte gefährdet.«[624]

Beispiele:
- In einem Betonwerk waren Arbeiter bei der Herstellung von Spannbetonfertigteilen mit der Einspannung von Armierungsstäben beschäftigt. Beim Einsatz einer Spannkupplung platzte deren Hülse und der herausschießende Draht verletzte einen Arbeiter tödlich.
  Der BGH dehnte im »Spannkupplungsurteil« in Weiterentwicklung des »Hühnerpesturteils« die Beweislastumkehr zulasten des Produzenten auf Personen aus, die neben dem Hersteller haften und »in dessen Produktionsbereich als Produktionsleiter eine herausgehobene und verantwortliche Stellung haben.«[625]
- Haftpflichtig ist zB auch ein Abfüller von Flaschen, der keine Berstdrucksicherung durchgeführt hat.[626]

c) Instruktionsfehler

Ein Instruktionsfehler liegt vor, wenn der Hersteller die Verwender seines Produkts **452**
pflichtwidrig nicht auf die Gefahren hingewiesen hat, die sich trotz mangelfreier Herstellung aus der Verwendung ergeben können. Ein solcher Instruktionsfehler kann in unverständlichem Technikerdeutsch der Gebrauchsanweisung bestehen![627]

Beispiele:
- Im sog. »Estil-Urteil« hat der BGH[628] zu der Frage Stellung genommen, in welcher Weise der Hersteller eines Arzneimittels (Kurznarkotikum »Estil«) über die Gefahren zu informieren hat, die mit dessen Gebrauch verbunden sind. So hatte der Hersteller von »Estil« es versäumt, darauf hinzuweisen, dass es nicht verwendet werden darf, wo Vene und Arterie (zB in der Ellenbeuge) eng zusammenliegen, und war daher schadensersatzpflichtig.

621 Vgl. *Looschelders* SchuldR BT § 63 Rn. 10.
622 OLG Celle FHZivR 24 Nr. 2488 = VersR 1978, 258.
623 BGH BeckRS 1971, 30383629 = VersR 1971, 453 – vgl. hierzu auch das berühmte »Schwimmerschalterurteil«, BGHZ 67, 359 = DB 1977, 299 = NJW 1977, 379 = VersR 1977, 358 = JZ 1977, 342: Dieses Urteil zeigt unter anderem, dass die Zuordnung eines Fehlers als Konstruktions- oder Fabrikationsfehler »schwimmend« sein kann. Weitere Beispiele für Konstruktionsfehler bei BeckOK BGB/*Förster* § 823 Rn. 705 mwN.
624 *Deutsch/Ahrens* DeliktsR Rn. 378; zum Fabrikationsfehler bei einem PC s. Fallbeispiel bei *Benning/Oberrath* Computer/InternetR 31.
625 »Spannkupplungsurteil«, BGH NJW 1975, 1827 = JuS 1975, 736.
626 OLG Frankfurt FHZivR 31 Nr. 585 = VersR 1985, 890.
627 *Deutsch/Ahrens* DeliktsR Rn. 379.
628 BGH NJW 1972, 2217 = VersR 1972, 1073.

- In diesen Zusammenhang gehört auch das sog. »Baby-Bottle-Syndrom«: Hersteller und Vertreiber von Flaschen mit Schnullern haben auf die Gefahr des »Dauernuckelns« und möglicher Zahnschäden hinzuweisen.[629] Dieser Hinweispflicht wurde bei einem süßen Kindertee nach Auffassung des OLG Hamm[630] wie folgt durch einen fettgedruckten und schwarz umrandeten Hinweis auf der Teeverpackung Genüge getan:
  »Wichtige Hinweise: Flasche selbst halten und nicht dem Kind als Nuckelfläschchen überlassen; häufiges oder andauerndes Umspülen der Zähne, zB vor dem Einschlafen, kann Karies verursachen. Nach der abendlichen Zahnpflege sollte grundsätzlich nichts Süßes mehr gegessen oder getrunken werden.«

d) Produktbeobachtungsfehler

453 Den Hersteller trifft die Pflicht, seine Produkte sowohl auf noch nicht bekannte schädliche Eigenschaften hin zu beobachten als auch sich über deren sonstige, eine Gefahrenlage schaffende Verwendungsfolgen ständig zu informieren.[631] Bei gefährlichen Entwicklungen des Produkts hat er es zurückzurufen oder wenigstens vor den Gefahren zu warnen.[632] Von Rückrufaktionen hört man immer wieder in den Nachrichten aus der Kfz-Branche und auch im Supermarkt sind häufig Aushänge mit Produktrückrufen anzutreffen.

Beispiele:
- Der Hersteller von Bausätzen für Überrollbügel ist nach Aufdeckung eines möglichen Fehlers verpflichtet, in neuen Montageanleitungen deutlich auf die richtige Montageart aufmerksam zu machen.[633]
- Der Hersteller von Motorrädern ist zur Warnung der Erwerber und Benutzer über Gefahren bei der Verwendung von Zubehör anderer Hersteller verpflichtet.[634]

Prüfungsschema

Produzentenhaftung gem. § 823 I

I. Voraussetzungen:
1. Tatbestandsmäßigkeit
   a) Verletzung eines der in § 823 I genannten absoluten Rechte
   b) durch ein Handeln, das dem Anspruchsgegner (= Hersteller) zuzurechnen ist
   Hersteller muss eine herstellerspezifische Verkehrssicherungspflicht verletzt haben (Konstruktions-, Fabrikations-, Instruktions-, Produktbeobachtungsfehler)
2. Widerrechtlichkeit
3. Verschulden – wird vermutet (Beweislastumkehr)
4. Schaden

II. Rechtsfolge:
Schadensersatz
Umfang des zu ersetzenden Schadens: §§ 249 ff., gegebenenfalls §§ 842 ff.

629 BGH NJW 1999, 2273 = MDR 1999, 611.
630 BGH NJW-RR 1993, 633.
631 *Alpmann und Schmidt* SchuldR BT 4 Rn. 416 mit Beispielsfällen aus der Rspr. Bei Rn. 419.
632 *Deutsch/Ahrens* DeliktsR Rn. 380.
633 BGH NJW-RR 1986, 902 = VersR 1986, 653.
634 Sog. »Honda-Urteil«, BGH NJW 1987, 1009 = VersR 1987, 312 = BB 1987, 717.

III. Produkthaftung nach dem Produkthaftungsgesetz

Wie bereits erwähnt (→ Rn. 444) hat das Produkthaftungsgesetz zum 1.1.1990 eine verschuldensunabhängige Haftung des Herstellers eingeführt, um den Verbraucher zu schützen, für den die moderne Warenproduktion mit ihren Lieferketten kaum überschaubar ist. Nach § 16 ProdHaftG ist das Gesetz nur auf Produkte anzuwenden, die seit dem 1.1.1990 in den Verkehr gebracht worden sind. 454

1. Voraussetzungen

a) Rechtsgutsverletzung

§ 1 I 1 ProdHaftG setzt voraus, dass **durch den Fehler eines Produkts ein Mensch getötet, sein Körper oder seine Gesundheit verletzt oder eine Sache beschädigt** wird. 455

Die **Beweislast** für den Fehler, den Schaden sowie für den Kausalzusammenhang zwischen Fehler und Schaden **trägt** nach § 1 IV 1 ProdHaftG **der Geschädigte**.

Bei einer **Sachbeschädigung ist die Haftung** gem. § 1 I 2 ProdHaftG insofern **eingeschränkt**, als es sich bei der beschädigten Sache **um eine andere Sache** als das fehlerhafte Produkt handeln muss.

Für Fehler an dem Produkt selbst gilt daher das allgemeine Leistungsstörungsrecht iVm der Sachmängelhaftung beim Kauf- oder Werkvertrag.

Die »**andere Sache**« muss darüber hinaus **gewöhnlich für den privaten Ge- oder Verbrauch bestimmt** und hierzu von dem Geschädigten hauptsächlich verwendet worden sein (§ 1 I 2 Hs. 2 ProdHaftG). Geschützt wird also nur der private Verbraucher iSv § 13 (nochmals lesen!), der allerdings nicht mit dem Käufer des Produkts identisch sein muss (vgl. unten Übungsfall 29, → Rn. 463).

b) Produkt

Produkt iSv § 2 ProdHaftG sind **alle beweglichen Sachen**, auch wenn sie nur einen Teil einer anderen beweglichen oder einer unbeweglichen Sache bilden, sowie **Elektrizität**. Steine eines Bauwerks zB, die sich aufgrund eines Fehlers, der ihnen anhaftet, aus dem Bauwerk lösen und dabei Schaden verursachen, sind also auch Produkte im Sinne des Gesetzes. **Naturerzeugnisse** stehen den hergestellten Produkten ohne Rücksicht auf eine stattgefundene erste Verarbeitung gleich.[635] 456

c) Fehler

Der **Fehlerbegriff** iSv § 3 ProdHaftG ist **ausschließlich unter Sicherheitsgesichtspunkten** zu sehen. 457

Ein Produkt ist demnach nach § 3 I ProdHaftG fehlerhaft, wenn es nicht die Sicherheit bietet, die unter Berücksichtigung aller Umstände berechtigterweise erwartet werden kann (lesen Sie § 3 ProdHaftG ganz!). Als sicherheitsgefährdende Fehlertypen kommen alle bereits unter → Rn. 450–453 genannten Fehler in Betracht.

d) Hersteller

Lesen Sie zunächst § 4 ProdHaftG ganz durch! Danach ist als **Hersteller** zunächst haftbar, wer das **Endprodukt**, einen Grundstoff oder ein Teilprodukt herstellt. Darunter fallen auch Zulieferer. Ebenso ist derjenige haftbar, der eine Bezeichnung an- 458

635 Palandt/*Sprau* ProdHaftG § 2 Rn. 2.

gebracht hat, die ihn als Hersteller ausgibt (= »**Quasi-Hersteller**« nach § 4 I 2 ProdHaftG). Von § 4 II ProdHaftG werden **Importeure** erfasst. Zum Ersatz verpflichtet ist schließlich gem. § 4 III ProdHaftG auch der **Lieferant**, wenn der Hersteller des Produkts nicht festgestellt werden kann und der Lieferant dem Geschädigten seinen eigenen Vorlieferanten nicht genannt hat.

Mehrere Hersteller haften gem. § 5 ProdHaftG als **Gesamtschuldner**.

2. Rechtsfolgen

a) Schadensersatz

459 Unter den Voraussetzungen von § 1 I ProdHaftG ist der Hersteller verpflichtet, dem Geschädigten den durch den Fehler des Produkts entstehenden Schaden an den geschützten Rechtsgütern zu ersetzen. Unter diesen Schaden fällt somit **nicht** der **reine Vermögensschaden**. Das Vermögen als solches ist hier, wie auch in § 823 I, **kein geschütztes Rechtsgut**.[636]

b) Umfang des Schadensersatzes

460 Den Umfang der Ersatzpflicht bei der **Tötung eines Menschen** regelt § 7 ProdHaftG (lesen!). Danach können Ansprüche wegen Kosten der Arzt- und Krankenhausbehandlung, Minderung der Erwerbsfähigkeit und Vermehrung der Bedürfnisse während der Krankheit entstehen (§ 7 I 1 ProdHaftG), die nach § 1922 I (lesen!) auf den oder die Erben des Getöteten übergehen. Außerdem sind nach § 7 I 2 ProdHaftG Beerdigungskosten zu ersetzen sowie nach § 7 II ProdHaftG Unterhaltsansprüche, die gegen den Getöteten bestanden.

§ 8 S. 2 ProdHaftG erweitert den Umfang des Schadensersatzes bei **Körperverletzungen** auch auf Schmerzensgeld.

Im Falle der **Sachbeschädigung** sieht § 11 ProdHaftG eine **Selbstbeteiligung** in Höhe von 500 EUR vor, enthält aber keine Höchstbetragsregelung. Diese ist in § 10 ProdHaftG für **Personenschäden** zu finden, die gem. § 10 I ProdHaftG bis zu einem **Höchstbetrag** von 85 Millionen EUR ersatzfähig sind.

Bei **Mitverschulden** des Geschädigten (vgl. § 254) bei der Entstehung des Schadens gilt die Haftungsminderung gem. § 6 ProdHaftG (lesen!).

3. Ausschluss der Ersatzpflicht des Herstellers

461 § 1 II ProdHaftG stellt dem Hersteller eine Reihe von Exkulpationsgründen zur Verfügung, für deren Vorliegen er im Bestreitensfall gem. § 1 IV 2 ProdHaftG die Beweislast trägt. Stichwortartig zusammengefasst sind dies die folgenden Gründe:

- Der Hersteller hat das Produkt nicht in den Verkehr gebracht.

  Beispiel: Das Produkt wurde ihm gestohlen.

- Der Fehler ist erst nach Inverkehrbringen entstanden.

  Beispiel: Das Produkt wurde fehlerfrei hergestellt und abgefüllt und wurde erst auf dem Transport unsicher.

---

636 MüKoBGB/*Wagner* ProdHaftG § 1 Rn. 3.

- Das fehlerhafte Produkt ist weder für Verkauf noch Vertrieb hergestellt worden.

> **Beispiel:** Ein Hobbykoch bereitet eine Speise zu, die verdorben ist und bei seinen Gästen zu Gesundheitsschäden führt.

- Der Fehler beruht darauf, dass das Produkt im Zeitpunkt des Inverkehrbringens zwingenden Rechtsnormen (= Gesetze im materiellen Sinn,[637] nicht DIN-Normen oder VDE-Vorschriften) entsprochen hat.
- Der Fehler konnte nach dem Stand von Wissenschaft und Technik vom Hersteller bei Inverkehrbringen des Produkts nicht erkannt werden. Dem Hersteller soll somit nicht das Entwicklungsrisiko aufgebürdet werden.

> **Beispiel:** Eine in einem kosmetischen Artikel enthaltene Chemikalie ist krebserregend. Im Zeitpunkt des Inverkehrbringens des Artikels konnte das vom Hersteller nach dem Stand von Wissenschaft und Technik nicht erkannt werden. Dieser Haftungsausschluss gilt nur bei einem Konstruktionsfehler, nicht bei einem Fabrikationsfehler.[638]

4. Anspruchskonkurrenzen

Aus § 15 I ProdHaftG ergibt sich, dass das **AMG** für die Arzneimittelhaftung gegenüber dem ProdHaftG **lex specialis** ist. **462**

Ansonsten sind aufgrund von § 15 II ProdHaftG sämtliche vertraglichen und außervertraglichen (insbesondere deliktischen) Anspruchsgrundlagen neben dem ProdHaftG anwendbar.

■ Testen Sie Ihr (bisheriges) Wissen und überlegen Sie, welche Vorschriften das sein könnten!?

▶ In Betracht kommt – neben den Anspruchsgrundlagen des ProdHaftG – ein Anspruch wegen Verletzung einer Vertragspflicht (§ 280 I), aus §§ 823 ff. sowie aus der Gefährdungshaftung.

Diese Haftung »außerhalb« des ProdHaftG ist in den Fällen relevant, in denen das **ProdHaftG nicht eingreift**, weil zB

- die durch ein fehlerhaftes Produkt beschädigte Sache zum beruflichen oder gewerblichen Bereich des Geschädigten gehört, denn der Anspruch nach dem ProdHaftG setzt voraus, dass die Sache gewöhnlich für den privaten Ge- oder Verbrauch bestimmt ist; vgl. § 1 I 2 ProdHaftG,
  oder
- Ersatz auch in Höhe des Selbstbeteiligungsbetrages von 500 EUR (vgl. § 11 ProdHaftG) verlangt wird,
  oder
- bei der Körperverletzung der Schaden den in § 10 ProdHaftG genannten Höchstbetrag von 85 Millionen EUR übersteigt.

Nach so viel Theorie sollten wir einen Teil davon wieder einmal auf einen praktischen Fall anwenden: **463**

---

637 Vgl. dazu *Wörlen/Metzler-Müller* BGB AT Rn. 6.

638 *Deutsch/Ahrens* DeliktsR Rn. 393 mit Hinweis auf BGHZ 129, 353 = NJW 1995, 2162.

Übungsfall 29

Ina Iltis (I) importiert Feuerwerkskörper aus Taiwan, die durch Einzelhändler vertrieben werden. Der zehnjährige Fritz (F) kauft bei Volker Vogel (V) zu Silvester 2021 eine Zehnerpackung »Feuerteufel«, auf der sich außer dem Hinweis, dass die Abgabe an Personen unter 18 Jahren erlaubt sei, auch eine recht unverständliche Bedienungsanleitung in »deutsch-chinesischer« Sprache (»Herdstatt anfeuern bei schnell Versichern des Kochs 3 und niemand Umweltbeschädigung frei nur in Luft«[639]) befindet. Damit sollte vor der Benutzung der Feuerwerkskörper in geschlossenen Räumen gewarnt werden. Durch Anzünden eines »Feuerteufels« im Wohnzimmer des Nachbarn Norbert Nebenan (N) beschädigt F durch ungeschicktes Hantieren, bei dem er sich schmerzhafte Verbrennungen an der Hand zuzieht, die Wohnzimmercouch des N (Sachschaden: 1.000 EUR). Sowohl die unverständliche Bedienungsanleitung als auch die Ungeschicklichkeit des F sind für den Schaden des N ursächlich.

1. N verlangt von I Schadensersatz nach dem ProdHaftG. Zu Recht?
2. I weist auf das Mitverschulden von F hin.
3. F will von V Schmerzensgeld.

(A) Anspruch des Nachbarn N gegen den Importeur I

Lernhinweis: Die folgende Nummerierung der Tatbestandsvoraussetzungen entspricht dem unter → Rn. 468 abgedruckten Prüfungsschema.

464 (I) N könnte gegen I einen Anspruch auf Schadensersatz von 1.000 EUR gem. § 1 I ProdHaftG haben.[640]

(1) Da die Feuerteufel zu Silvester 2021 in den Verkehr gebracht wurden, ist das **ProdHaftG** gem. § 16 iVm § 19 ProdHaftG **anwendbar**.

(2) Eine **Rechtsgutsverletzung** iSv § 1 I 1 ProdHaftG liegt in der Sachbeschädigung der im Eigentum des N befindlichen Wohnzimmercouch. § 1 I 2 ProdHaftG steht dem nicht entgegen.

(3) Die Feuerwerkskörper sind ein **Produkt** iSv § 2 ProdHaftG und **fehlerhaft**, da die Bedienungsanleitung unverständlich war (Instruktionsfehler) und die Feuerwerkskörper nicht die Sicherheit boten, die man berechtigterweise erwarten konnte (§ 3 I ProdHaftG).

(4) Als Importeurin ist I **Herstellerin** gem. § 4 II ProdHaftG.

(5) Ein **Haftungsausschlussgrund** nach § 1 II oder III greift zugunsten der I nicht ein.

(6) Dem N ist durch das fehlerhafte Produkt ein **Sachschaden** an seiner Wohnzimmercouch iHv 1.000 EUR entstanden.

Zwischenergebnis: Der Anspruch des N gegen I gem. § 1 I ProdHaftG ist dem Grunde nach gegeben. Allerdings muss N gem. § 11 ProdHaftG 500 EUR selbst tragen, sodass er letztlich nur 500 EUR verlangen kann!

465 (II) Fraglich ist, ob I sich auf die **Haftungsminderung** gem. § 6 ProdHaftG berufen kann.

639 »Nur im Freien und mit ausreichendem Sicherheitsabstand zu Personen und Gegenständen verwenden. Nach dem Anzünden umgehend mindestens drei Meter zurücktreten.«

640 Der Fall wird im Folgenden gutachtlich aufgebaut, aber nicht gutachtlich ausformuliert gelöst. Zur Verkürzung wird der in Klausuren nur bei unproblematischen Stellen angebrachte Urteilsstil verwendet (vgl. dazu *Metzler-Müller* PrivatRFall 33 ff. – Gutachten formulieren).

(1) Dann müsste F **zu dem von § 6 I ProdHaftG erfassten Personenkreis** gehören. Da zwischen I und N keine (vertragliche) Sonderverbindung besteht, ist F nicht als Erfüllungsgehilfe[641] (§ 278 iVm § 254 II 2) bei der Schadensvermeidungspflicht des N aus § 254 I anzusehen. Somit greift § 6 I ProdHaftG nicht zugunsten der I ein.

(2) Die Haftung der Herstellerin/Importeurin (I) wird insbesondere nicht gemindert, wenn der Schaden – wie hier – durch einen Fehler des Produkts und zugleich durch die Handlung eines Dritten (F) verursacht worden ist (§ 6 II 1 ProdHaftG).

Ergebnis: N kann von I 500 EUR Schadensersatz gem. § 1 I iVm § 11 ProdHaftG verlangen.

(B) Anspruch des F gegen den Verkäufer V

(I) Ein Anspruch des F gegen V auf Schadensersatz mit Zahlung von Schmerzensgeld könnte sich aus § 823 I iVm § 253 II und den Grundsätzen über die Produzentenhaftung ergeben. 466

> **Beachte:** § 8 S. 2 ProdHaftG ist zwar »lex specialis« zu § 253 II, jedoch nur dann, wenn sich der zugrunde liegende Schadensersatzanspruch aus dem ProdHaftG ergibt.

(1) **Tatbestandsmäßigkeit**

(a) F muss zunächst eine Verletzung des Körpers oder der Gesundheit erlitten haben, welche mit den schmerzhaften Verbrennungen an der Hand vorliegt.

(b) Das **zurechenbare Verhalten** des Herstellers, der ein fehlerhaftes Produkt in den Verkehr bringt, liegt bei einem Verkäufer, der die Ware nicht selbst hergestellt und in den Verkehr gebracht hat, grundsätzlich nicht vor. Verkäufer unterliegen aber insoweit Verkehrssicherungspflichten, als sie **verkäuferspezifische Untersuchungs-, Instruktions- oder Beratungspflichten haben**. 467

(c) Da Feuerwerkskörper ein erhebliches Gefahrenpotential besitzen, muss ein Verkäufer damit rechnen, dass zehnjährige Kinder damit Schaden anrichten können und die Abgabe an Kinder unterlassen. Unterlässt er die Abgabe der Feuerwerkskörper – wie hier – nicht, hat er eine Verkehrssicherungspflicht verletzt und damit eine **objektive Pflichtverletzung begangen**, sodass der Tatbestand des § 823 I erfüllt ist.

(2) **Widerrechtlichkeit**
Da keine Rechtfertigungsgründe ersichtlich sind, handelte V auch widerrechtlich.

(3) **Verschulden**
Damit V die Verkehrssicherungspflicht zumindest fahrlässig verletzt hat, müsste die Gefahr, die tatsächlich von den Feuerwerkskörpern ausging, für ihn hinreichend erkennbar sein. Der BGH hat in einem ähnlich gelagerten Fall[642] ein Verschulden des V abgelehnt. Zwar hat der Importeur seiner Instruktionspflicht mit dem Hinweis, dass die Feuerwerkskörper, deren Abgabe an Personen unter 18 Jahren erlaubt war, nur im Freien zu verwenden seien, nicht genügt. Daraus habe sich aber für V die tatsächliche Gefahrenlage nicht ergeben. V habe auch nicht aus anderen Gründen Anlass zu der Annahme gehabt, dass die Feuerwerkskörper ein für zehnjährige Kinder allgemein relevantes Gefahrenpotential aufweisen. 468

641 F ist auch nicht Verrichtungsgehilfe des N iSv § 831, da er (im Umgang mit Feuerwerkskörpern) nicht den Weisungen des N unterworfen ist.

642 BGHZ 139, 79 = NJW 1998, 2905.

Auch sei V nicht im Hinblick auf Kenntnisse, die er über F hatte oder hätte haben müssen, gehalten, von einem Verkauf der Feuerwerkskörper an F Abstand zu nehmen.

Ergebnis: Danach ist der Anspruch des F gegen V gem. § 823 I iVm § 253 II mangels Verschuldens des V nicht begründet.[643]

Prüfungsschema

Produkthaftung gem. § 1 I ProdHaftG

I. **Voraussetzungen:**
1. Anwendbarkeit in zeitlicher Hinsicht, § 16 iVm § 19 ProdHaftG
2. Rechtsgutsverletzung iSv § 1 I ProdHaftG
3. Rechtsgutsverletzung verursacht durch den Fehler eines Produkts, §§ 2, 3 ProdHaftG
4. Anspruchsgegner = Hersteller iSv § 4 ProdHaftG
5. kein Haftungsausschluss, § 1 II, III ProdHaftG
6. Schaden

II. **Rechtsfolge:**
Schadensersatz
Umfang des zu ersetzenden Schadens: §§ 249 ff. + Sondervorschriften im ProdHaftG
Richtet sich danach, ob ein Mensch getötet oder verletzt worden ist oder ob eine Sache beschädigt worden ist (§§ 7 ff. ProdHaftG)
Höchstbetrag bei Personenschaden: 85 Mio. EUR; Selbstbeteiligung bei Sachbeschädigung: 500 EUR
gegebenenfalls Haftungsminderung, § 6 ProdHaftG

Die unterschiedliche Haftung für Schäden, die unmittelbar oder mittelbar durch fehlerhafte Produkte entstanden sind, ist in der folgenden Übersicht 22 zusammengefasst.

643 Dagegen wendet *Möllers* JZ 1999, 24 (28) ein, dass der BGH damit eine bisherige minderjährigenschutzfreundliche Rspr. aufgab. Die Rspr. hat schon für weit ungefährlichere Gegenstände die Gefahr des nicht bestimmungsgemäßen Gebrauchs und eine damit verbundene Haftung bejaht. Mit guten Gründen könnte man im vorliegenden Fall daher auch Fahrlässigkeit aufseiten des V annehmen.

Übersicht 22

469

Haftung für Schäden durch fehlerhafte Produkte			
	Produkthaftung	**Produzentenhaftung**	**Vertragliche Haftung**
Gesetzliche Regelung	ProdHaftG	§§ 823, 831, 836 analog	§ 437 Nr. 3 iVm §§ 280, 281, §§ 474 ff.
Geschützter Personenkreis	Jeder Geschädigte (§ 1 I 1 ProdHaftG); Beachte aber: § 1 I 2 ProdHaftG!	Jeder Geschädigte	Käufer (Verbraucher)
Anspruchsgegner/ Haftender	Hersteller (§ 4 ProdHaftG)	Hersteller	Verkäufer (Unternehmer)
Verschulden	nein	ja (§ 823 I)	nein; bei Schadensersatz: ja (§ 280 I 2)
Schäden am Produkt selbst	nein (§ 1 II 2 ProdHaftG)	nein	ja (§ 437 Nr. 3 iVm §§ 280, 281)
Schäden an anderer Sache	ja – nur falls: § 1 I 2 ProdHaftG	ja (alle)	ja (§ 437 Nr. 3 iVm § 280 I)
Personenschäden	alle	alle	alle (§ 437 Nr. 3 iVm § 280 I)
Schmerzensgeld	§ 8 S. 2 ProdHaftG	§ 253 II	§ 253 II
Selbstbeteiligung	ja: § 11 ProdHaftG = 500 EUR bei Sachschäden	nein	nein
Haftungshöchstgrenze	ja: § 10 ProdHaftG = 85 Mio. EUR bei Personenschäden	nein	nein

Merke: Der Anspruch wegen Produkthaftung aus § 1 I ProdHaftG steht zum möglichen Anspruch wegen Produzentenhaftung aus § 823 I in einem Verhältnis der **Anspruchskonkurrenz** (vgl. § 15 II ProdHaftG). Neben dem Produkthaftungsgesetz sind folglich alle vertraglichen und außervertraglichen Anspruchsgrundlagen anwendbar.

F. Haftung für Umweltschäden

Große Bedeutung hat das Prinzip der Gefährdungshaftung nicht nur für die Produkthaftung, sondern auch im Recht des Umweltschutzes erlangt.[644] Das Umweltrecht steht grundsätzlich unter dem »Primat des Öffentlichen Rechts«: Die staatliche Abwehr von Umweltgefahren und die Gefahrenvorsorge werden überwiegend als ordnungsrechtliche Aufgaben gesehen, die mit den traditionellen Instrumentarien 470

644 Vgl. *Medicus/Lorenz* SchuldR BT § 84 Rn. 12.

öffentlich-rechtlicher Ge- und Verbote, Erlaubnisvorbehalte, Sanktionsandrohungen (Bußgelder, Strafen) zu bewältigen sind.[645]

471 Im Rahmen dieses Schuldrechtsgrundrisses soll dazu nur ein kurzer Hinweis auf das **Umweltprivatrecht** gegeben werden: Das Umweltprivatrecht hat mit seinen nachbarrechtlichen und anderen Abwehr- und Schadensersatzansprüchen (vgl. §§ 906, 907, 1004; 823; §§ 89 f. WHG) vornehmlich den Schutz der privatnützigen Interessen des Einzelnen auf dessen Initiative hin zu wahren. Die genannten nachbarrechtlichen Bestimmungen und deliktischen Anspruchstatbestände ebenso wie die (→ Rn. 432) erwähnten Gefährdungshaftungstatbestände bieten bei Umweltschäden allesamt keine befriedigende haftungsrechtliche Handhabe.[646] Neben diesen Regelungen trat daher das **Umwelthaftungsgesetz** (UmweltHG) v. 10.12.1990 (BGBl. 1990 I 2634) in Kraft, das demjenigen einen Schadensersatzanspruch gewährt, der durch Umwelteinwirkungen – wie Stoffe, Erschütterungen, Geräusche oder andere Einwirkungen, die sich über die Umweltmedien Boden, Luft und Wasser ausgebreitet haben – eine Verletzung von Leben, Körper und Gesundheit oder einen Sachschaden erlitten hat.[647] Für diese Schäden begründet das Umwelthaftungsgesetz eine Gefährdungshaftung des Betreibers bestimmter umweltbelastender **Anlagen**. Besondere Bedeutung kommt daher hier der Beweislast zu: Ist eine Anlage nach den Umständen des Einzelfalls geeignet, den entstandenen Schaden zu verursachen, wird grundsätzlich vermutet (§ 6 I 1 UmweltHG), dass der Schaden durch diese Anlage verursacht ist. Diese sog. »Vermutungsklausel« soll die regelmäßig bestehende Beweisnot des Geschädigten erleichtern.

472 Einen zusammenfassenden Überblick über die Anspruchsgrundlagen des Deliktrechts gibt die folgende

645 *Schimikowski*, Umwelthaftungsrecht und Umwelthaftpflichtversicherung, 6. Aufl. 2002, Rn. 1.

646 Vgl. *Schimikowski*, Umwelthaftungsrecht und Umwelthaftpflichtversicherung, 6. Aufl. 2002, Rn. 3–5.

647 *Brox/Walker* SchuldR BT § 54 Rn. 62 f.

Übersicht 23

Anspruchsgrundlagen des Deliktsrechts

Verschuldenshaftung

Schuldhaftes Handeln = Voraussetzung	**Vermutetes Verschulden**
§ 823 I Verletzung absoluter Rechte § 823 II iVm Schutzgesetz (sofern dieses Verschulden voraussetzt) § 824 Kreditgefährdung § 825 Bestimmung zu sexuellen Handlungen § 826 vorsätzliche sittenwidrige Schädigung § 830 I 1, II Haftung von Mittätern und Beteiligten § 839 Amtspflichtverletzung	§ 823 II iVm Schutzgesetz (sofern dieses kein Verschulden voraussetzt) § 831 Haftung für Verrichtungsgehilfen § 832 Haftung des Aufsichtspflichtigen § 833 S. 1 Haftung des Tierhalters für Haustier § 834 Haftung des Tieraufsehers §§ 836–838 Haftung bei Gebäudeeinsturz

Gefährdungshaftung/ Haftung ohne Verschulden

§ 833 S. 1
Haftung des Tierhalters für Luxustier

§ 7 I StVG
Haftung des Kfz-Halters (und gegebenenfalls des Fahrers)

§ 1 I HPflG
Haftung des Bahnunternehmers

§§ 33 ff. LuftVG
Haftung des Halters eines Luftfahrzeugs

§§ 25 ff. AtomG
Haftung für Kernanlagen

§§ 89 f. WHG
Haftung für Änderung der Beschaffenheit von Wasser (Gewässerverunreinigung)

§§ 29 ff. BJagdG
Haftung für Wildschäden

§§ 114 ff. BBergG
Haftung für Bergschäden

§§ 1, 2, 6 UmweltHG
Anlagenhaftung bei Umwelteinwirkungen und Haftung für nichtbetriebene Anlagen

§ 32 I GenTG
Haftung des Betreibers gentechnischer Anlagen

§ 84 AMG
Haftung für Arzneimittelschäden

§ 1 ProdHaftG
Haftung für Produktfolgeschäden

G. Ersatz von Drittschäden

473 Im Deliktsrecht ist Geschädigter und damit grundsätzlich (gesetzliche Ausnahmen = §§ 844, 845) allein Ersatzberechtigter derjenige, dessen Rechte, Rechtsgüter oder gegebenenfalls auch Vermögen durch eine unerlaubte Handlung verletzt worden sind.

Schadensersatz als Folge eines (leistungs-)gestörten Vertrags kann grundsätzlich nur der Vertragspartner bzw. beim Vertrag zugunsten Dritter (oder mit Schutzwirkung für Dritte) der Begünstigte verlangen.

Allgemein gilt im Schadensersatzrecht der »Grundsatz der Subjektbezogenheit des Schadens«: Verletzter und Geschädigter müssen dieselbe Person sein; trifft der Schaden eine andere Person als den Verletzten, kann der Geschädigte mangels einer Anspruchsgrundlage regelmäßig keinen Ersatz verlangen.[648]

I. Drittschadensliquidation

474 Von diesem Grundsatz wird durch das Rechtsinstitut der sog. **Drittschadensliquidation** eine Ausnahme gemacht. Die Drittschadensliquidation wurde von der Rechtsprechung und Lehre zur Regelung des unbefriedigenden Zustands geschaffen, bei dem jemand einen Anspruch gegen einen Schädiger hat, ohne selbst einen Schaden zu haben. Der Schaden liegt **zufällig** bei einem Dritten, der jedoch keinen Anspruch gegen den Schädiger hat. Die Geltendmachung eines Anspruchs im Wege der Drittschadensliquidation hat (»prüfungssystematisch geordnet«) vier Voraussetzungen:

475 (1) Anspruch gegen den Schädiger,
(2) zufällige Schadensverlagerung vom Anspruchsinhaber auf den Geschädigten (wobei der Schädiger damit rechnen konnte oder musste, dass dieser Schaden beim Anspruchsinhaber eintritt),
(3) Geschädigter hat keinen Anspruch gegen Schädiger und
(4) zwischen Geschädigtem und Anspruchsinhaber muss eine Interessenverknüpfung bestehen!

Dazu folgendes **Beispiel:**

Übungsfall 30

Karlo Kaufgut (K) bestellt bei dem privaten Ebay-Verkäufer Viktor Vollmer (V) Ware. V übergibt die Ware – wie von K gewünscht – der Tonja Turbo (T) zum Transport. Während des Transports verschwindet die Ware spurlos, weil T vergessen hat, die Plane des Lastwagens richtig zu befestigen. V verlangt von K zu Recht Bezahlung der Ware. Kann K von T Schadensersatz verlangen?

648 Vgl. *Deutsch/Ahrens* DeliktsR Rn. 623.

Die Situation bei der Drittschadensliquidation verdeutlichen wir uns anhand einer Skizze: 476

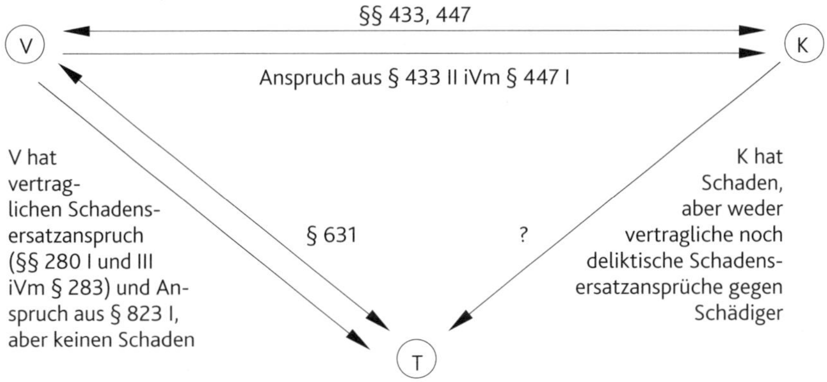

V hat gegen T einen Schadensersatzanspruch aus dem Transportvertrag und aus § 823 I (**warum?**[649]), ohne selbst einen Schaden zu haben, da er nach Aushändigung der Ware an T wegen Übergangs der Preisgefahr auf K gem. § 447 I seinen Anspruch auf Bezahlung des Kaufpreises aus § 433 II behält. K muss also zahlen, ohne die Ware zu erhalten. Der Schaden verlagert sich daher aus der Sicht der T **zufällig** von ihrem Vertragspartner V auf K. Zwischen K und T bestehen keine vertraglichen Beziehungen, und da K das Eigentum an der Ware noch nicht erlangt hat, hat er auch keinen Anspruch aus § 823 I.

Aufgrund des Kaufvertragsschlusses bestand zwischen dem Geschädigten K und dem Anspruchsinhaber V auch eine Interessenverknüpfung. Somit sind die Voraussetzungen für die Drittschadensliquidation erfüllt. Rechtsfolge ist, dass V den Schaden des K bei T geltend machen kann und diesen Anspruch dann nach § 285 I als »stellvertretendes commodum« für die untergegangene Ware an K abtreten muss. Aufgrund dieses »Tricks«[650] kann K mit dem abgetretenen Anspruch Schadensersatz von T verlangen.

II. Änderung durch die Schuldrechtsreform

Durch die Neuregelung des Verbrauchsgüterkaufs (§§ 474 ff.) zum 1.1.2002 hat das Institut der Drittschadensliquidation erheblich an Bedeutung verloren. Bei der überwiegenden Zahl der Kaufverträge des täglichen Lebens handelt es sich um Verbrauchsgüterkäufe, da meistens ein Verbraucher eine bewegliche Sache von einem Unternehmer kauft (vgl. schon → Rn. 97). Die Anwendbarkeit des § 447 I wird durch § 475 II beim Verbrauchsgüterkauf eingeschränkt: Die Gefahr des zufälligen Untergangs und der zufälligen Verschlechterung geht beim Verbrauchsgüterkauf nur dann bereits mit der Auslieferung an die zur Versendung bestimmte Person auf den Käufer über, wenn dieser die vorgenannte Person oder Anstalt mit der Ausführung beauftragt hat und der Unternehmer dem Käufer diese Person oder Anstalt nicht zuvor benannt hat. In diesem Fall ist der Beförderer der Sphäre des Verbrauchers (= Käufer) zuzurechnen. Ansonsten bleibt es bei der in § 446 getroffenen Regel. Da- 477

649 **Weil die Ware beim Verlust (vor Übergabe an K) noch im Eigentum des V stand!**

650 Vgl. *Medicus/Petersen* BürgerlR Rn. 838.

nach tritt der **Gefahrübergang** erst **mit der Übergabe** der Sache an den Käufer (oder wenn dieser im Annahmeverzug ist) ein und nicht bereits mit der Auslieferung an die zur Versendung bestimmte Person.

Wird die Ware also unterwegs durch Zufall zerstört, muss der Käufer den Kaufpreis beim Verbrauchsgüterkauf entgegen § 447 nicht zahlen und hat somit keinen Schaden. Das Problem der Drittschadensliquidation stellt sich (wie in Fall 30) daher nur noch bei den Kaufverträgen, die kein Verbrauchsgüterkauf iSv § 474 sind.

■ Welche Kaufverträge sind das?
Lesen Sie § 474 I und notieren Sie sich, welche Kaufverträge über welche Sachen zwischen welchen Vertragspartnern nicht von § 474 I erfasst werden.

▶ Antwort: Lesen Sie nochmals → Rn. 98!

III. Sonderregelung im Handelsrecht

478 Übungsfall 30 lässt sich durchaus als Schulbeispiel für die Drittschadensliquidation bezeichnen. Geht man davon aus (was man allerdings im Rahmen einer Klausurlösung tunlichst unterlassen sollte, wenn der Sachverhalt dazu keine näheren Angaben enthält), dass die meisten bei einem Versendungskauf eingeschalteten Transportpersonen **Frachtführer** im Sinne des Handelsrechts sind, hat das Institut der Drittschadensliquidation nach der Handels- und Transportrechtsreform bereits seit dem 1.7.1998 an Bedeutung verloren:

Die §§ 407 ff. HGB (lesen Sie § 407 HGB) sind anwendbar, wenn der Transport von Waren und Gütern gewerblich (auch bei Kleingewerbe, vgl. § 407 III 2 HGB) erfolgt. Nach der Regelung des § 421 I 2 HGB (lesen!) kann sowohl der Absender (Verkäufer) als auch der Empfänger (Käufer) den Schadensersatzanspruch aus § 425 I HGB (lesen!) direkt gegen den Frachtführer geltend machen. Die wesentliche Voraussetzung der Drittschadensliquidation, dass der Geschädigte (Käufer) gegen den Schädiger (Frachtführer) keinen eigenen Anspruch hat, ist somit entfallen! Mit der Formulierung in § 421 I 3 HGB dahingehend, dass es keinen Unterschied macht, ob der Empfänger oder der Absender im eigenen oder fremden Interesse handelt, ist der Grundsatz der **Drittschadensliquidation im Gesetz** verankert worden.[651]

Literatur zur Vertiefung (→ Rn. 440–478): *Alpmann und Schmidt* SchuldR BT 4, 1. Teil, 4. Abschn.; *Arnold*, Verjährungsbeginn bei Herstellerhaftung, JuS 2021, 687; *Bredemeyer*, Das Prinzip »Drittschadensliquidation«, JA 2012, 102; *Brox/Walker* SchuldR BT § 54 Rn. 28–52; *Brüggemeier*, Der Unglücksschinken (Examensklausur), JURA 2007, 536; *Fikentscher/Heinemann* SchuldR § 107 IV, §§ 108, 111, 112; *Führich* WirtschaftsPrivR Rn. 684 ff.; *Gomille*, Die Drittschadensliquidation im System des Haftungsrechts, JURA 2017, 619 ff.; *Hübner/Sagan*, Die Abgrenzung vom Vertrag mit Schutzwirkung zugunsten Dritter und Drittschadensliquidation, JA 2013, 741; *Katzenmeier*, Entwicklungen des Produkthaftungsrechts, JuS 2003, 943; *Landrock*, Das Produkthaftungsrecht im Lichte neuerer Gesetzgebung und Rechtsprechung, JA 2003, 981; *Looschelders* SchuldR BT § 63; *Looschelders*, Neuere Entwicklungen des Produkthaftungsrechts, JR 2003, 309; *Medicus/Lorenz* SchuldR BT § 16; *Medicus/Petersen* BürgerlR Rn. 650 ff.; *Medicus/Petersen* BürgerlR Grundwissen § 25 III; *Möllers*, Verkehrspflicht des Händlers beim Vertrieb von gefährlichen Produkten, JZ 1999, 24; *Steckler/Tekidou-Kühlke* WirtschaftsR D/036 und D/066; *Timme*, Produkthaftung: Eigentumsverletzung bei Verarbeitung mangelhafter Zulieferteile – BGHZ 138, 230 (»Transistoren-Urteil«), JuS 2000, 1154; *Wandt* Gesetzl. Schuldverhältnisse § 21.

651 Vgl. MüKoHGB/*Czerwenka* § 421 Rn. 24.

Sachverzeichnis

(Die Zahlen beziehen sich auf Randnummern.)